职业教育·城市轨道交通类专业教材

轨道施工技术

（第2版）

主　编　朱庆新　刘见见
副主编　彭涌涛　何淑娟　吴国安
主　审　尹　鹏

人民交通出版社股份有限公司
北　京

内 容 提 要

本教材为职业教育城市轨道交通类专业系列教材。全书共 9 个项目，内容包括轨道结构认知、轨道几何形位认知、钢轨加工作业、轨枕及轨道板预制、有砟轨道铺设、无砟轨道施工、扣件作业、道岔施工和无缝线路施工等。教材注重以真实生产项目、典型工作任务、案例等为载体组织教学，配套有丰富教学资源。

本教材可作为职业院校城市轨道交通工程技术专业、铁道运输类专业及相关专业的课程教材，也可作为从事轨道交通与铁路工程轨道施工工作的职工培训用书和技术人员自学参考用书。

* 本教材配套多媒体教学课件和丰富的习题，任课教师可通过加入"职教轨道教学研讨群"获取（教师专用 QQ 群号：129327355）。

图书在版编目(CIP)数据

轨道施工技术/朱庆新，刘见见主编. —2 版. —北京：人民交通出版社股份有限公司，2021.8
职业教育城市轨道交通类专业教材
ISBN 978-7-114-17457-5

Ⅰ.①轨… Ⅱ.①朱… ②刘… Ⅲ.①轨道(铁路)—铁路施工—职业教育—教材 Ⅳ.①U215.1

中国版本图书馆 CIP 数据核字(2021)第 127463 号

Guidao Shigong Jishu
书　名：轨道施工技术（第 2 版）
著 作 者：朱庆新　刘见见
责任编辑：司昌静
责任校对：刘　芹
责任印制：刘高彤
出版发行：人民交通出版社股份有限公司
地　　址：(100011) 北京市朝阳区安定门外外馆斜街 3 号
网　　址：http://www.ccpcl.com.cn
销售电话：(010) 59757973
总 经 销：人民交通出版社股份有限公司发行部
经　　销：各地新华书店
印　　刷：北京印匠彩色印刷有限公司
开　　本：787×1092　1/16
印　　张：21.75
字　　数：516 千
版　　次：2013 年 8 月　第 1 版
　　　　　2021 年 8 月　第 2 版
印　　次：2024 年 6 月　第 2 版　第 4 次印刷　总第 10 次印刷
书　　号：ISBN 978-7-114-17457-5
定　　价：58.00 元

(有印刷、装订质量问题的图书由本公司负责调换)

第2版前言

【修订背景】

本教材根据城市轨道交通工程技术专业人才培养目标，结合轨道工程实际，以培养学生职业能力为主线进行编写。

近年来，我国在轨道交通建设领域取得了令世人瞩目的成就，系统总结了高速铁路建设、运营实践经验，全面修订了高速铁路设计、施工等行业标准，为中国高速铁路发展以及高速铁路"走出去"提供系统规范的成套建设标准支撑。与此同时，《地下铁道工程施工标准》（GB/T 51310—2018）等地铁建设新规范也相继发布。这些都对轨道交通建设人才提出了更高的要求。为满足轨道交通建设对人才培养的迫切需要，我们组织对《轨道施工技术》进行了修订再版。

【教材特色】

（1）《轨道施工技术》（第2版）编写采用了"项目—任务"模式，围绕轨道工程建设这个中心展开，学生在完成项目、任务的过程中获得相关知识与技能，达到毕业即能上岗的目标。

（2）教材在内容组织上，以现行国家、行业等有效标准为准则，先对轨道结构整体认知，并掌握直线、曲线轨道的施工、维护应达到的轨道几何形位目标，再根据轨道工程建设中的项目、任务，从钢轨加工作业、轨枕及轨道板预制、有砟轨道铺设、无砟道床施工、扣件安装和道岔施工等依次展开，最后完成轨道无缝线路的施工。

（3）教材在内容编写上，密切联系现场实际，力求反映当前轨道施工的高速铁路CRTS系列无砟轨道与地铁减振类轨道结构的新技术、新工艺和新规范，同时根据技能的需求来确定理论基础知识，理论知识为技术技能的学习与掌握服务，达到理论与实践深度结合的目的。

（4）本教材配有丰富教学资源。部分重要知识点以二维码的形式附加动画、微课。为便于学生巩固提高，每个项目后附有练习题，题型多样，包括单选题、多选题、简答题和部分工程案例题（见本教材配套资源包）。

【编写组织】

本教材由南京交通职业技术学院朱庆新和上海交通职业技术学院刘见见担任主编，南京交通职业技术学院彭涌涛、何淑娟，中铁四局集团有限公司吴国安担任副主编，中铁四局集团有限公司尹鹏担任主审。

全书共9个项目，具体编写分工如下：项目1、项目3和项目9由朱庆新编写，项目2、项目5由何淑娟编写，项目4任务4.1、项目6任务6.3、项目7和项目8由刘见见编写，项目4任务4.2和任务4.3、项目6任务6.1和任务6.2由彭涌涛编写。

【致谢】

本教材在编写过程中得到了南京地铁集团有限公司、苏州轨道交通集团有限公司、中铁上海工程局集团有限公司、中铁四局集团有限公司、中铁十八局集团有限公司和中交集团第二公路工程局有限公司等单位有关专家的大力支持和帮助，并参考、借鉴了相关作者的文献，在此一并表示衷心的感谢和敬意。

由于作者水平有限，书中难免存在不足甚至纰漏之处，恳请各位专家、读者批评指正。最后，我们对所有为本教材的完成和出版给予支持和帮助的相关人员表示最衷心的谢意。

作　者

2021年5月

目录

项目1 轨道结构认知 / 1

任务 1.1　认识轨道 …………………………………………………………… 2
任务 1.2　有砟轨道结构认知 ………………………………………………… 3
任务 1.3　无砟轨道结构认知 ………………………………………………… 20
复习思考题 ……………………………………………………………………… 31

项目2 轨道几何形位认知 / 33

任务 2.1　机车车辆走行部分及轮轨间作用关系认知 ……………………… 34
任务 2.2　直线轨道几何形位认知 …………………………………………… 38
任务 2.3　曲线轨道几何形位认知 …………………………………………… 44
任务 2.4　曲线缩短轨布置 …………………………………………………… 59
复习思考题 ……………………………………………………………………… 63

项目3 钢轨加工作业 / 65

任务 3.1　钢轨的一般作业 …………………………………………………… 66
任务 3.2　钢轨焊接施工 ……………………………………………………… 71
任务 3.3　工厂化焊接长钢轨施工 …………………………………………… 81
复习思考题 ……………………………………………………………………… 86

项目4 轨枕及轨道板预制 / 88

任务 4.1　普通预应力混凝土轨枕预制 ……………………………………… 89
任务 4.2　CRTS 双块式轨枕预制 …………………………………………… 99
任务 4.3　CRTS 系列轨道板的预制 ………………………………………… 103
复习思考题 ……………………………………………………………………… 117

项目5 有砟轨道铺设／119

- 任务5.1　铺轨准备工作 …………………………………… 120
- 任务5.2　轨排组装 ……………………………………………… 123
- 任务5.3　轨排运输 ……………………………………………… 133
- 任务5.4　轨排铺设 ……………………………………………… 135
- 任务5.5　铺砟整道 ……………………………………………… 140
- 复习思考题 ……………………………………………………… 146

项目6 无砟轨道施工／148

- 任务6.1　轨枕埋入式无砟轨道施工 …………………………… 149
- 任务6.2　CRTS系列板式无砟轨道施工 ……………………… 162
- 任务6.3　减振无砟道床施工 …………………………………… 182
- 复习思考题 ……………………………………………………… 214

项目7 扣件作业／216

- 任务7.1　扣件认知 ……………………………………………… 217
- 任务7.2　扣件安装 ……………………………………………… 229
- 复习思考题 ……………………………………………………… 260

项目8 道岔施工／262

- 任务8.1　认识道岔 ……………………………………………… 263
- 任务8.2　普通单开道岔的构造认知 …………………………… 265
- 任务8.3　有砟道岔铺设 ………………………………………… 283
- 任务8.4　道岔区无砟轨道施工 ………………………………… 290
- 复习思考题 ……………………………………………………… 300

项目9 无缝线路施工／302

- 任务9.1　无缝线路认知 ………………………………………… 303
- 任务9.2　无砟轨道长钢轨铺设 ………………………………… 315
- 任务9.3　有砟轨道轨排"换铺法"施工 ……………………… 317
- 任务9.4　有砟轨道"单枕连续铺设法"施工 ………………… 319
- 任务9.5　铺轨后分层铺砟整道 ………………………………… 324

任务 9.6　工地钢轨焊接 ··· 326
任务 9.7　无缝线路应力放散及锁定 ·· 327
任务 9.8　钢轨胶接绝缘接头施工 ·· 330
任务 9.9　轨道精调整理 ··· 333
复习思考题 ·· 336

参考文献 / 338

项目 1

轨道结构认知

  1825 年 9 月 27 日，世界上第一条正式运营的铁路在英国斯托克顿至达林顿建成通车。1876 年，我国领土上的第一条营业铁路——上海吴淞铁路由英商建成。1881 年我国自办的第一条铁路——唐胥铁路建成通车。1905—1909 年，"中国铁路之父"詹天佑主持修建了我国自主设计的第一条铁路——京张铁路，创设了"人"字形线路和"竖井开凿法"，震惊中外，正式揭开了中国铁路建设的序幕。但由于受到帝国主义侵略的影响，直到 1949 年中华人民共和国成立，全国铁路通车里程仅 2.18 万 km（我国台湾省未计入）。

  中华人民共和国成立后，我国加快了铁路建设的步伐，到 1978 年改革开放，我国铁路营业里程达 5.17 万 km❶。2003 年秦沈客运专线全段建成通车，设计速度 250km/h，是中国第一条高速国铁线路。2005 年 6 月，石太高速铁路开工建设，我国正式进入标准化建设高速客运专线铁路阶段，此后，一大批干线高速铁路和城际高速铁路项目相继启动。2008 年 8 月 1 日，京津城际铁路开通运营，成为中国内地第一条设计速度 350km/h 级别的高速铁路。根据中国国家铁路集团有限公司公布的《中国国家铁路集团有限公司 2020 年统计公报》，截至 2020 年底，我国铁路营业里程达到 14.63 万 km，其中高速铁路 3.8 万 km，稳居世界第一。我国高速铁路、重载铁路、高原高寒铁路技术均已达到世界领先水平。

▶ 知识目标

1. 掌握传统有砟轨道结构。
2. 掌握新型无砟轨道结构。
3. 熟悉轨道结构各组成部分的作用。
4. 掌握有砟轨道与无砟轨道的优缺点。

---

❶ 数据来自国家统计局官网。

▶ **技能目标**

1. 能根据使用要求，选择合适的轨道结构。
2. 能根据具体要求，确定轨道结构的相关参数。

任务1.1 认识轨道

轨道是铁路、地铁的主要技术装备之一，是路基、桥梁、隧道等线下结构物以上的线路部分，由钢轨、轨枕及扣件、道床（有砟或无砟）、道岔及钢轨伸缩调节器等组成。轨道的作用是引导机车车辆安全平稳运行，直接承受由车轮传来的荷载，并把荷载传布给路基或桥隧结构物。

轨道结构要确保列车车辆安全运行和乘客舒适，应具有足够的强度、稳定性和耐久性等基本特征，同时还须满足以下要求：

（1）具有适量的弹性，使列车运行所引起的振动与噪声控制在容许范围内。
（2）具有一定的绝缘性能，以减少漏泄电流对周围金属构件的电腐蚀。
（3）轨道维修工作量小，具有合理的维修周期。
（4）尽可能选用通用件，减少轨道结构零部件的非标品种，以降低工程造价和养护费用。

近年来，随着我国城市轨道交通建设、铁路既有线提速改造和高速铁路等不断发展，轨道新技术、新工艺和新型轨道结构不断出现。但是，采用轮轨技术的轨道结构仍然是最主要的轨道结构，也是本书的主要研究对象。根据道床结构的不同，采用轮轨技术的轨道结构主要有两大类，分别是传统的有砟轨道结构和新型的无砟轨道结构，如图1-1所示。传统的有砟轨道是采用碎石等散粒体及轨枕作为轨下基础的轨道结构。新型的无砟轨道是采用混凝土等整体结构作为轨下基础的轨道结构。无砟轨道的累积变形小，可持久保持轨道几何形位，大幅减少养护维修工作量，因此，在城市轨道交通和高速铁路中应用较为广泛。

图1-1 有砟轨道和无砟轨道结构

钢轨是轨道结构的主要部件，它为车轮的滚动提供阻力最小的接触面，用于引导机车车辆行驶，直接承受列车荷载并将所承受的荷载传递给轨枕或其他支承结构。

轨枕是轨道结构的重要部件，一般横向铺设在钢轨下的道床上，承受来自钢轨的压力，并把它传递至道床，同时，利用扣件有效地保持钢轨的相对位置。

扣件用于连接钢轨和轨枕，其作用是固定钢轨位置，阻止钢轨相对于轨枕的纵、横向移动，确保轨距正常，并防止钢轨翻转。

道床是轨枕的基础，有砟道床由碎石和筛选卵石等道砟材料组成，在其上以规定的间隔布置一定数量的轨枕，用以增加轨道的弹性和防止轨枕纵、横向位移，并把承受的压力分布传递给线下的路基或桥隧建筑物，同时起到排水的作用。无砟轨道道床通常由现浇的道床板或预制的轨道板及混凝土底座（支承层）构成。

道岔是机车车辆从一股轨道转入或越过另一股轨道时必不可少的线路设备，在城市轨道交通车站及铁路站场布置中应用极为广泛，也是轨道结构的重要组成部分。

钢轨伸缩调节器又称温度调节器，是重要的轨道部件之一。长大桥梁上铺设无缝线路时通常需要设置钢轨伸缩调节器，其功能是在保证轨道线路通顺的同时，调整因温度引起的长大桥梁梁端伸缩位移和长钢轨伸缩位移之间的位移差，使桥上长钢轨自动调整温度力❶，从而减小轨道及桥梁所承受的荷载。

任务1.2　有砟轨道结构认知

有砟轨道是传统的轨道结构，主要由钢轨、轨枕、连接零件、道床及轨道加强设备等组成，已有上百年的历史。它具有投资小、弹性好、易于养护维修等突出的优点，且其不但可用在一般运营条件下，通过适当优化加强后，也可用在重载和高速运营条件下，因此，尽管有砟轨道有容易变形、养护维修频繁、维修条件差等缺点，在轨道交通地面线速度不超过300km/h的高速铁路中仍大量采用。有砟轨道线路一般断面结构如图1-2所示。

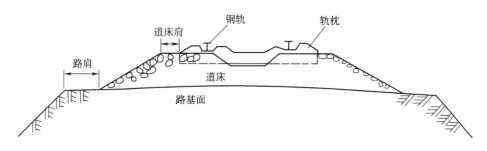

图1-2　有砟轨道一般断面结构

---

❶　无缝线路温度力，是指无缝线路长轨条因轨温变化热胀冷缩产生的内力。

一 钢轨

1. 钢轨的功用、性能和断面

1）钢轨的功用

轮轨结构的轨道线路中，无论采用何种类型、何种形式的轨道结构，钢轨都是轨道结构的主要组成部件。钢轨的功用在于引导机车车辆的车轮前进，承受来自车轮的垂直力、横向水平力和纵向水平力，并将力传递到轨枕或其他支承上。钢轨必须为车轮提供连续、平顺和阻力最小的滚动表面。在电气化铁道或自动闭塞区段，钢轨还兼作轨道电路之用。

2）钢轨的性能

为使列车能够安全、平稳和不间断地运行，钢轨除必须充分发挥上述功用外，还应保证在轮载和轨温变化作用下，应力和变形均不超过规定的限值。这就要求钢轨具有足够的强度、韧性和耐磨性，同时要有一定的塑性、刚度、可挠性；钢轨与车轮接触的踏面应粗糙，以增加轮轨间黏着力，又要光滑，以减少行车阻力。

3）钢轨的断面

作用于钢轨上的力主要是竖直力，其结果是使钢轨挠曲。钢轨可视为弹性基础上的连续长梁，而梁抵抗挠曲的最佳断面形状为"工"字形。因此，钢轨采用由轨头、轨腰和轨底3部分组成的宽底式"工"字形断面，其4个主要参数分别是轨头宽度 b、轨腰厚度 c、轨身高度 H 及轨底宽度 B，如图1-3所示。钢轨断面应满足下列要求。

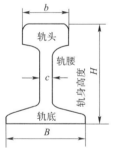

图1-3 钢轨断面形状

（1）轨头提供车轮滚动的接触面，其几何形状应与车轮踏面相匹配，且能抵抗压陷和耐磨，轨头宜大而厚，并有足够的面积以备磨耗。

（2）为使钢轨有较大的承载能力和抗弯能力，钢轨腰部必须有足够的厚度和高度。轨腰与钢轨头部及底部的连接，必须保证夹板能有足够的支承面，并使断面的变化不至于太突然，以免产生过大的应力集中。

（3）钢轨底部直接支承在轨枕顶面上，应有足够的宽度以保持钢轨稳定，同时具有一定的厚度，以增加刚度和抵抗锈蚀的能力。

（4）钢轨轨身高度应尽可能大一些，以保证有足够的惯性矩及断面系数来承受竖直动荷载作用。但钢轨越高，其在横向水平力作用下的稳定性越差，故轨身高与轨底宽之间应有一个适当的比例，一般采用 $H/B = 1.15 \sim 1.20$。

2. 钢轨的类型

钢轨的类型以每米长度钢轨的质量（kg/m）来表示。目前，我国使用的标准钢轨类型主要有75kg/m、60kg/m、50kg/m、43kg/m等，其断面尺寸及几何特性见表1-1。

常用钢轨断面尺寸及几何特性　　　　表1-1

项　目	单　位	类型（kg/m）			
		75	60	50	43
每米质量	kg	74.414	60.640	51.514	44.653
断面积 F	cm²	95.037	77.45	65.8	57.0

续上表

项 目	单 位	类型(kg/m)			
		75	60	50	43
轨身高度 H	mm	192	176	152	140
轨头宽度 b	mm	75	73	70	70
轨底宽度 B	mm	150	150	132	114
轨腰厚度 c	mm	20	16.5	15.5	14.5
螺栓孔直径	mm	31	31	31	29
垂直轴的惯性矩 I_y	cm^4	665	524	377	260
水平轴的惯性矩 I_x	cm^4	4489	3217	2037	1489
轨头断面系数 $W_头$	cm^3	432	339	251	208
轨底断面系数 $W_底$	cm^3	509	396	287	217

43kg/m 钢轨国内已基本停产，新建城市轨道交通正线及铁路大都采用 60kg/m 钢轨，车场线内一般车速较低，可选用 50kg/m 钢轨，75kg/m 钢轨一般用于重载铁路和特别繁忙的区间铁路。钢轨重型化和强韧化也是目前各国的发展方向。75kg/m、60kg/m 钢轨的断面形状如图 1-4 所示。

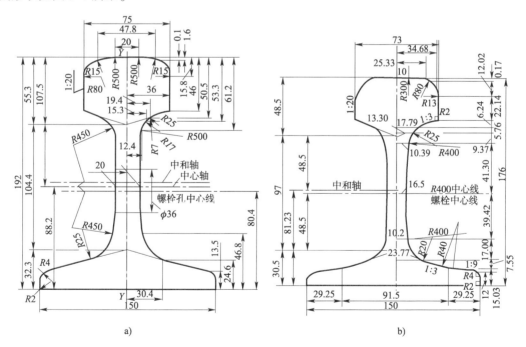

图 1-4 我国钢轨断面尺寸图（尺寸单位：mm）
a) 75kg/m 钢轨; b) 60kg/m 钢轨

此外，为了适应道岔、特大桥和无缝线路等结构的需要，我国铁路还采用了与中轴线不对称的特种断面钢轨，采用较多的为矮型特种断面钢轨（简称 AT 轨）。

从长度的角度看，我国钢轨定尺长度有 100m、75m、25m 和 12.5m 四种。无缝线路

60kg/m钢轨宜选用100m定尺长钢轨，75kg/m钢轨宜选用75m或100m定尺长钢轨。有缝线路宜选用25m定尺长钢轨。另外，还有用于曲线轨道内股比12.5m标准轨分别缩短40mm、80mm、120mm和比25m标准轨分别缩短40mm、80mm、160mm的六种标准缩短轨。

从材质上来看，钢轨的主要成分是铁（Fe），其次是碳（C），并根据强度和硬度的需要增加其他化学元素，如锰（Mn）、硅（Si）、钒（V）等，同时限制磷（P）、硫（S）等含量。

钢的含碳量高，可提高其抗拉强度、硬度和耐磨性。但含碳量过高，也会使钢轨的塑性和韧性明显下降，还会使钢轨内部产生白点并形成极微小裂纹，诱发钢轨断裂，危及行车安全。目前，普遍认为钢含碳量的极限值为0.82%。

为了进一步提高钢轨的耐磨性能和强度，可对钢轨进行全长淬火或采用合金钢轨。淬火是采用电感应加热的方法，以局部改变轨头钢的组织，从而提高钢轨的强度和韧性。而在钢轨的化学成分中增加铬（Cr）、镍（Ni）、钼（Mo）、铌（Nb）、钒（V）、钛（Ti）和铜（Cu）等元素，制成合金钢轨，可提高钢轨的抗拉和疲劳强度，以及耐磨和耐腐蚀的性能。锰可以提高钢的强度和韧性。锰含量一般为0.6%~1.0%。锰含量为1.1%~1.5%时称为中锰钢，有较高的抗磨性能。硅易与氧化合，能除去钢中气泡而使钢轨材质致密，其含量一般为0.15%~0.3%。提高钢的含硅量，能提高钢轨的耐磨性能。磷、硫都是有害成分。磷含量大于0.1%时，会使钢轨具有冷脆性，在寒冷地区易突然断裂；硫会使金属在800~1200℃时发脆，在轧制及热加工时易出现裂纹，所以，磷、硫的含量必须严格加以控制。

按钢轨材质划分，常见种类有U71、U74、U71Mn、U71MnSi、U75V（PD3）等，U为表示钢轨的符号，71、74表示钢轨含碳量为0.71%、0.74%，其他Mn、Si、V等都表示这种钢轨钢的合金成分，如U75V为高碳微钒低合金钢轨（PD3钢轨）。

二 轨枕

1. 轨枕的功能与特点

轨枕是轨下基础的部件之一。它的功能是支承钢轨，保持轨距和方向，并把钢轨传递的各个方向的力传递给道床。因此，轨枕应具有必要的坚固性、弹性和耐久性，并能方便地固定钢轨，有抵抗纵向和横向位移的能力，并应具有价格低廉、制造简单、易于铺设养护的特点。

2. 轨枕的分类

（1）轨枕按材料分为木枕、钢枕、塑料枕和混凝土枕等类型，我国轨道线路上实际应用的主要是木枕和混凝土枕。木枕由于要消耗大量优质木材，且易腐朽、磨损，使用寿命短，目前已逐渐被混凝土枕所取代。

（2）轨枕按铺设部位分为普通轨枕、岔枕和桥枕等。

线路上一般地段铺设的为普通轨枕，长度主要有2.5m与2.6m两种。岔枕是专门用于道岔区铺设的轨枕，应具有较高的稳定性，能较好地保持道岔的几何形位，保证道岔的使用寿命。混凝土岔枕的长度为 2.6~4.9m，级差为 0.1m。

岔枕应与道岔图号相配合使用，道岔图号不同时，即使长度相同的岔枕也不能替代使用。桥枕是用于有砟桥梁上，由于桥上需要设置护轮轨（图 1-5），所以，桥枕上除应设置基本轨的承轨槽外，还必须设置护轮轨的承轨槽。

（3）轨枕按构造及铺设方法分为横向轨枕、纵向轨枕、混凝土宽枕、短轨枕及双块式轨枕等。

横向轨枕与钢轨垂直、等间隔铺设，是一种最常用的铺设方法。纵向轨枕沿钢轨方向铺设，一般仅用于特殊需要的地段。混凝土宽枕宽 55cm，一般都是密铺的，几乎将道床顶面全部覆盖，因此可以防止道床污染，使道床长期保持清洁和减少线路维修，主要用于隧道和大型旅客车站。短轨枕是在左右两股钢轨下分开铺设的轨枕，常用于混凝土整体道床。双块式轨枕是在左右两块短轨枕之间采用了钢筋桁架连接，用于无砟道床内可加强预制轨枕与现浇道床板之间的连接，并提高其抗疲劳耐久性能。

图 1-5　桥上护轮轨

三　连接零件

钢轨连接零件分为连接钢轨与钢轨的接头连接零件，以及连接钢轨与轨枕的中间连接零件（又称扣件）。

1. 钢轨接头连接零件

1）钢轨接头的类型

钢轨由于受到轧制、运输和铺设等条件的制约，出厂时长度受到限制。普通轨道上钢轨铺设后，应保证相邻钢轨连接处的连续与整体性，传递和承受弯矩与横向力，同时满足钢轨伸缩的要求，因此，钢轨与钢轨之间一般需采用夹板和螺栓连接，称为钢轨接头。接头处钢轨与钢轨之间的预留缝隙，称为轨缝。普通线路上由于轨缝的存在，列车通过时车轮对钢轨接头存在动力冲击作用，容易出现钢轨接头低塌、鞍形磨耗、螺栓孔裂纹、轨枕开裂和道床翻浆等，使线路养护工作量增大。因此，钢轨接头是轨道结构的薄弱环节之一。

（1）按左右两股钢轨接头的相对位置分为相对式接头和相错式接头，如图 1-6 所示。

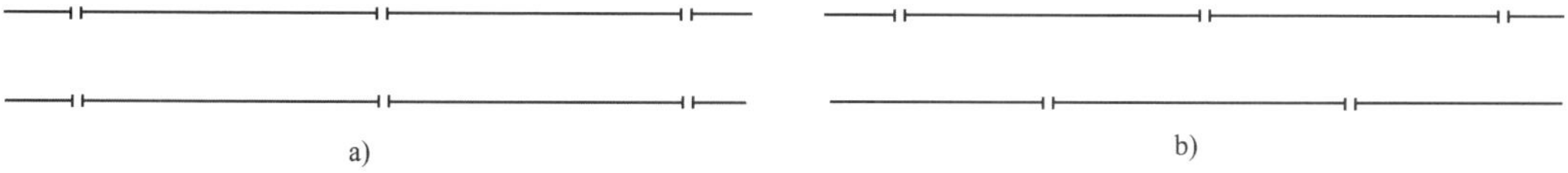

a)　　　　　　　　　　　　　　　　　b)

图 1-6　钢轨接头的相对位置

a）相对式接头；b）相错式接头

相错式接头由于左右两股钢轨接头错开，车辆通过时车轮交替冲击左右两股钢轨，增加了对钢轨的冲击次数，还会使车辆左右摇摆，使左右两股钢轨受力不均，也不利于机械化铺轨作业,因而只在一些等级较低、行车速度较小的地段利用非标准轨或旧轨时采用。相对式接头可有效克服相错式接头的缺点,因而为世界各国广泛采用。

(2)按轨枕对接头的承垫方式可分为单枕承垫式、双枕承垫式和悬空式三种,如图1-7所示。

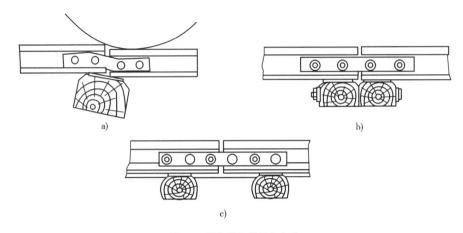

图1-7 钢轨接头的承垫方式
a)单枕承垫式;b)双枕承垫式;c)悬空式

①当车轮通过单枕承垫式接头时,车轮先后单独作用于接头前后的钢轨上,造成轨枕前后摇摆,使接头病害加剧,因而不宜在线路上使用。

②双枕承垫式接头刚度大,可有效保证接头稳定性,但枕下道砟不易捣固密实,也不利于大型机械布枕、捣固作业,一般只在采用木枕的绝缘接头处使用。

③悬空式接头将轨缝设于两轨枕之间,其结构简单,且受力条件较好,便于维修和养护,是我国线路上广泛采用的接头形式。

(3)按接头连接的用途及工作性能分为普通接头和特种接头,特种接头又包括异形接头、导电接头、绝缘接头、伸缩接头、减振接头及焊接接头等。

2)普通接头

普通接头适用于两种同型号钢轨的一般连接。普通接头连接零件由接头夹板(鱼尾板)、接头螺栓、螺母和垫圈等组成,如图1-8所示。

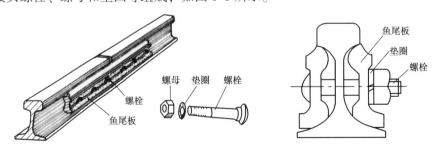

图1-8 普通接头的结构组成

(1)接头夹板:夹板是承受弯矩、传递纵向力、阻止钢轨伸缩的重要部件,要求有一定的垂直和水平刚度及足够的强度。夹板的形式很多,我国主要采用斜坡支承双头对称型夹板,简称双头式夹板。图1-9所示为我国60kg/m钢轨用夹板图。

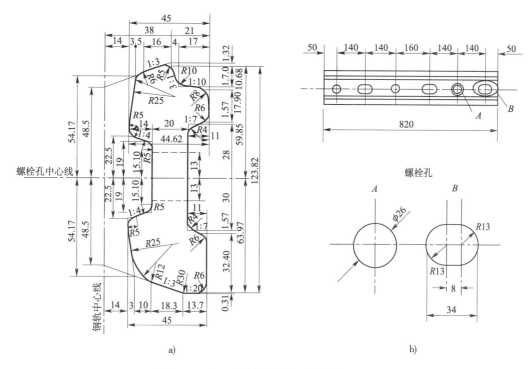

图1-9 60kg/m钢轨用夹板图（尺寸单位：mm）
a）夹板断面图；b）夹板立面图及螺栓孔大样图

双头式夹板的优点是在竖直荷载作用下，具有较强的抵抗挠曲和横向位移的能力。夹板的上下两面均有斜坡，使其能楔入轨腰空间，但不贴住轨腰。这样，当夹板稍有磨耗，以致连接松弛时，仍可重新旋紧螺栓，保持接头连接的牢固。每块夹板上设螺栓孔6个，圆形孔与长圆形孔相间。圆形螺形孔的直径较螺栓直径略大，长圆形螺栓孔的长径较螺栓头下凸出部分的长径略大。依靠钢轨圆形螺栓孔直径与螺栓直径之差，以及夹板圆形螺栓孔直径与螺栓直径之差，就可以得到所需要的预留轨缝值。

（2）接头螺栓、螺母及弹簧垫圈：接头螺栓、螺母是用来夹紧夹板和钢轨的配件，垫圈是为了防止螺栓松动。接头螺栓由头、颈、杆组成，如图1-10所示，颈为长圆形，与夹板长圆形孔相配合，拧螺母时螺栓不会转动。螺杆长度与直径应与钢轨型号相匹配，且每对夹板上的6个螺栓头部交替布置，如图1-11所示。

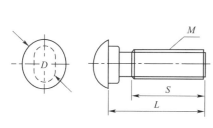

图1-10 接头螺栓

图1-11 接头螺栓布置

我国接头螺栓根据其机械性能划分为8.8和10.9两个等级，其抗拉强度相应为830MPa和1040MPa。螺母由Q275钢材制成，对应直径有22mm和24mm两种。接头螺栓紧固时，其力矩应达到表1-2的规定。普通线路上垫圈采用弹簧垫圈（单圈），断面形状有圆形和矩形两种。无缝线路伸缩区的钢轨接头应加设高强度平垫圈。

普通线路钢轨接头螺栓力矩标准　　　　　表1-2

项目	单位	25m 钢轨						12.5m 钢轨	
		最高、最低轨温差 >85℃			最高、最低轨温差 ≤85℃				
钢轨类型	kg/m	≥60	50	43	≥60	50	43	50	43
螺栓等级	—	10.9	10.9	8.8	10.9	8.8	8.8	8.8	8.8
力矩	N·m	700	600	600	500	400	400	400	400
c 值	mm	6			4			2	

注：①c值为接头阻力及道床阻力限制钢轨自由伸缩的数值；
　　②高强度绝缘接头螺栓力矩不小于700N·m。

（3）预留轨缝：为适应钢轨热胀冷缩的需要，在钢轨接头处要预留轨缝。

预留轨缝应满足如下条件：

①当轨温达到当地最高轨温时，轨缝应大于或等于零，使轨端不受挤压力，以防温度压力太大而胀轨跑道；

②当轨温达到当地最低轨温时，轨缝应小于或等于构造轨缝，使接头螺栓不受剪力，以防止接头螺栓拉弯或拉断。

构造轨缝是指受钢轨、接头夹板及螺栓尺寸限制，在构造上能实现的轨端最大缝隙值。

《普速铁路线路修理规则》第3.6.6条规定普通线路预留轨缝计算公式为

$$a_0 = \alpha L(t_z - t_0) + \frac{1}{2}a_g \tag{1-1}$$

式中：a_0——换轨或调整轨缝时的预留轨缝（mm）；

　　　α——钢轨线膨胀系数，取0.0118mm/（m·℃）；

　　　L——钢轨长度（m）；

　　　t_0——换轨或调整轨缝时的轨温（℃）；

　　　a_g——构造轨缝（mm），38kg/m、43kg/m、50kg/m、60kg/m、75kg/m钢轨均采用 $a_g = 18$mm；

　　　t_z——当地中间轨温（℃），即 $t_z = \frac{1}{2}(T_{max} + T_{min})$；

T_{max}、T_{min}——当地历史最高、最低轨温（℃）。

对于年最高、最低轨温差不大于85℃地区，为减小冬天的轨缝，预留轨缝可按式（1-1）计算以后，根据具体情况将轨缝值减小1~2mm。

由于构造轨缝以及接头和道床阻力的限制，铺设25m长钢轨时，只能在年轨温差不超过100℃的地区铺设，且更换钢轨或调整轨缝作业时的轨温限制范围为（$t_z - 30℃$）~（$t_z +$

30℃）；对于年轨温差大于 100℃ 的地区应个别设计。铺设 12.5m 长钢轨的地段，更换钢轨或调整轨缝时的轨温不受年轨温差限制。

【例 1-1】 某地区历史最高轨温为 59.7℃，最低轨温为 -25.5℃，若铺设 60kg/m 的 25m 长标准轨，采用 10.9 级螺栓，试计算在 20℃ 铺轨作业时的预留轨缝。

解：

$$t_z = \frac{1}{2}(T_{\max} + T_{\min}) = \frac{1}{2}(59.7 - 25.5) = 17.1℃$$

$$a_0 = \alpha L(t_z - t_0) + \frac{1}{2}a_g = 0.0118 \times 25 \times (17.1 - 20) + \frac{1}{2} \times 18 = 8.1 \text{mm}$$

$$T_{\max} - T_{\min} = 59.7 - (-25.5) = 85.2℃ > 85℃$$

故取 $a_0 = 8$mm。

3）特种接头

（1）异形接头：异形接头用于两种不同型号钢轨的连接，又称过渡接头。由于不同型号钢轨的高度、轨腰高度都不一致，常规连接方式有异形夹板连接和异形钢轨连接两种，如图 1-12 所示。异形夹板接头较易损坏，因此，正线轨道不同类型钢轨必须采用异形钢轨连接。

 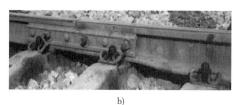

a) b)

图 1-12 钢轨异形接头

a）异形夹板连接；b）异形钢板连接

（2）导电接头：导电接头用于将钢轨作为导电体的自动闭塞区段的钢轨连接。由于钢轨表面和夹板表面生锈，会导致接头电阻增大，为减少轨道电路的电流损失，加强导电性，必须在钢轨接头处设置增强导电装置，主要有塞钉式和焊接式两种，如图 1-13 所示。塞钉式由于需在轨腰钻孔会影响钢轨的疲劳强度，现在一般多采用在轨头喷焊连接导线的方式。

 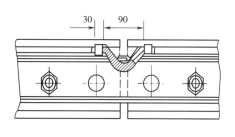

a) b)

图 1-13 钢轨导电接头（尺寸单位：mm）

a）塞钉式；b）焊接式

（3）绝缘接头：绝缘接头用于两个自动闭塞区间交界处，以确保轨道信号电流不能从一个闭塞分区传到另一个闭塞分区，主要有普通高强绝缘接头和胶接绝缘接头两种。普通高强绝缘接头在钢轨与夹板之间、夹板与螺栓之间及轨缝内都用尼龙绝缘材料隔离，以达到严格绝缘的目的，如图1-14所示。但这种结构形式的绝缘接头，由于尼龙绝缘层的存在，在列车冲击轮载作用下，接头螺栓容易松动。近年来，由于高分子胶接技术的发展和铺设跨区间无缝线路的需要，普通高强绝缘接头已逐渐被胶接绝缘接头所取代。胶接绝缘接头既保留了绝缘层与接头夹板及螺栓，又使用高分子胶黏剂把钢轨与夹板胶接在一起，如图1-15所示。其夹板采用特制的大接触面积夹板，同时采用高强度接头螺栓，使胶黏剂加压固化，增强绝缘接头夹板抗剥离性能，保证了钢轨接头冻结，可达到与无缝线路相同的养护条件。

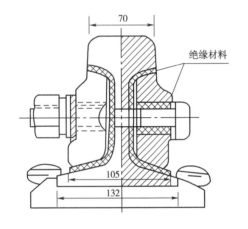
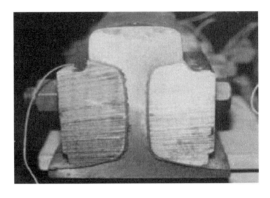

图1-14　普通高强绝缘接头（尺寸单位：mm）　　图1-15　胶接绝缘接头

（4）伸缩接头：伸缩接头即钢轨伸缩调节器，又称温度调节器，按伸缩方向可分为单向调节器和双向调节器两种类型。单向调节器由基本轨与尖轨相贴组成，双向调节器每股由两根基本轨与双向尖轨相贴组成，左右两股均对称设置，如图1-16所示。左右两股基本轨与尖轨均共同安装于铁垫板总成上，并固定在轨枕或轨道板上。温度发生变化时，尖轨位置不变，而基本轨向钢轨外侧伸缩。其伸缩量一般可达150~1200mm，适用于普通钢轨接头难以满足钢轨伸缩要求的地段，如城市轨道交通高架桥上和跨区间无缝线路的桥梁活动端等。伸缩接头能自动放散钢轨应力，有利于无缝线路的稳定，但其结构复杂，基本轨伸缩时会影响轨道的几何形位，也影响到列车运行的平稳性，所以，我国在设计高速铁路时尽量不使用伸缩接头。

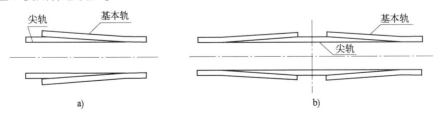

图1-16　钢轨伸缩接头
a）单向钢轨伸缩调节器结构；b）双向钢轨伸缩调节器结构

（5）减振接头：减振接头又称承越式接头，是指在钢轨接头处线路外侧夹板中间部分加高至与钢轨头部持平，当车轮通过轨缝时，减振夹板的顶面与钢轨顶面同时接触车轮，减振夹板的刚度大，可减小车轮通过轨缝的折角和台阶，减缓车轮的冲击振动，使车轮能平顺过渡，达到减振的效果，如图1-17所示。

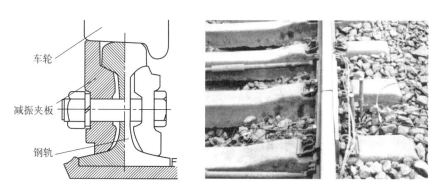

图1-17 钢轨减振接头

（6）焊接接头：焊接接头是在工厂或现场用焊接方法（如闪光接触焊、气压焊和铝热焊等）将钢轨焊接成整体，再使用焊瘤推凸机、钢轨打磨机等进行修整，使焊缝断面具有与钢轨标准断面一致的几何外形。焊接接头由于消灭了轨缝，不仅可以提高行车平稳性，降低牵引阻力，减少养护维修工作量，而且大大减少了钢轨接头破损，是无缝线路接头技术中不可替代的钢轨连接技术。

2. 中间连接零件

中间连接零件又称扣件（图1-18），用于连接钢轨和轨枕，其作用是固定钢轨位置，阻止钢轨相对于轨枕的纵、横向移动，确保轨距正常，防止钢轨翻转，并能在动力作用下充分发挥其缓冲减振性能，延缓轨道残余变形积累。

 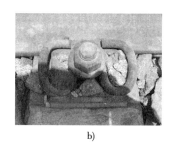 

a)　　　　　　　　　　　b)　　　　　　　　　　　c)

图1-18 几种常用扣件形式

a）扣板式扣件；b）弹条Ⅱ型扣件；c）弹条Ⅲ型扣件

扣件应具备如下性能：

（1）足够的扣压力和阻力。足够的扣压力是钢轨和轨枕连接的重要保证，以达到固定钢轨、保持轨距的目的。足够的阻力是指当钢轨弯曲或受到制动力、温度力等纵向力作用时，不致使钢轨沿垫板发生纵向位移，即要求扣件的纵向阻力大于道床的纵向阻力。当然扣件扣压力也不宜太大，否则会使扣件弹性急剧下降，影响扣件使用寿命。而特大桥上的钢轨扣件,为减小桥梁伸缩力和挠曲力对无缝线路长钢轨纵向力的影响,对扣件阻力的要求也更加严格。

(2) 适当的弹性。扣件弹性主要由轨下橡胶垫板和弹条等部件提供。适当的弹性可起到缓冲减振作用,以延长部件使用寿命。对于无砟轨道,由于无砟道床板弹性较有砟轨道弹性差许多,因而扣件的性能对无砟轨道寿命的影响更不容忽视。

(3) 具有一定的水平向和竖向调整量。为适应轨距变化和轨面高程调整的需要,钢轨扣件应在水平和竖向具有一定的调整量。尤其在无砟轨道中,道床结构的整体性好,扣件的调整量问题更为突出。

此外,钢轨扣件应构造简单,便于装卸与维修,并具有足够的耐久性和良好的绝缘性能。

扣件按连接对象不同可分为木枕扣件、混凝土枕扣件和无砟轨道扣件。有关扣件的详细分类与技术特点等将在项目 7 中详细讲述。

四 道床

1. 道床的主要作用

道床是指铺设在路基或桥隧之上,轨枕之下的道砟层,是轨枕的基础,它的主要作用包括以下方面:

(1) 直接承受轨枕传来的压力,并把这个压力扩散,均匀地传布于路基面,对路基面起到保护作用。

(2) 提供阻止轨道框架纵、横向位移的阻力,保持轨道稳定和正确的几何形位,保证行车安全。

(3) 便于排水,使路基面和轨道保持干燥,起到提高路基承载能力,减少翻浆冒泥和冻害等基床病害的作用。

(4) 增加轨道弹性,起到缓冲和减振的作用。

(5) 便于轨道养护维修作业,校正线路的平、纵断面。

2. 道床的材料

由于道床应具备以上作用,因此,要求作为有砟道床组成部分的道砟材料应具有下列性能:

(1) 质地坚韧,有足够的强度。

(2) 排水性好,吸水度小,不易风化,不易压碎、捣碎和磨碎。

(3) 在外力作用下不易被风吹动和被雨水冲走。

我国铁路的道砟分为面砟和底砟,一般所说的道砟指的就是面砟,材料有碎石(花岗岩、大理石、石灰岩)、天然级配卵石、筛选级配卵石、粗砂、中砂及熔炉矿渣等。我国新建和改建的线路道床绝大部分采用碎石道砟,其技术要求主要包括 3 方面。

1) 道砟性能

道砟材质的性能指标有抗磨耗、抗冲击性能、抗压碎性能、渗水性、抗大气腐蚀性、稳定性能等,并以此作为道砟材质的分级依据,将道砟分为特级、一级道砟。各级碎石道砟材质性能应符合表1-3的相应规定。

道砟材质性能 表1-3

性 能	项目号	参 数	特级道砟	一级道砟	评定方法	
					单项评定	综合评定
抗磨耗、抗冲击性能	1	洛杉矶磨耗率 LLA(%)	≤18	18 < LLA < 27	—	道砟的最终等级以项目号1、3、4中的最低等级为准。特级、一级道砟均应满足5、6、7、8项目号的要求
	2	标准集料冲击韧度 IP	≥110	95 < IP < 110	若两项指标不在同一等级,以高等级为准	
		石料耐磨硬度系数 $K_{干磨}$	>18.3	18 < $K_{干磨}$ ≤18.3		
抗压碎性能	3	标准集料压碎率 CA(%)	<8	8≤CA<9	—	
	4	道砟集料压碎率 CB(%)	<19	19≤CB<22	—	
渗水性	5	渗透系数 P_m (10^{-6}cm/s)	>4.5		至少有两项满足要求	
		石粉试模件抗压强度 σ (MPa)	<0.4			
		石粉液限 LL(%)	>20			
		石粉塑液限 PL(%)	>11			
抗大气腐蚀性	6	硫酸钠溶液浸泡损失率 L(%)	<10			
稳定性能	7	密度 ρ (g/cm³)	>2.55			
	8	重度 R (g/cm³)	>2.50			

目前,我国高速铁路(客运专线)要求使用特级道砟,其余标准的国家铁路、合资铁路、地方铁路应使用一级道砟。

2) 道砟级配

道砟的级配是指道砟中不同大小粒径颗粒的分布。碎石道砟属于散粒体,其级配对道床的物理力学性能、养护维修工作量有重要影响。现行道砟级配标准是按级配要求,保证道砟产品有最佳的颗粒组成,使得道砟有更好的强度和稳定性,也有利于道床作业。特级碎石道砟粒径级配见表1-4,新建铁路用一级碎石道砟与既有线大修、维修用一级碎石道砟粒径级配应分别符合表1-5、表1-6的规定(检验用方孔筛系指金属丝编制的标准方孔筛)。

特级碎石道砟粒径级配 表1-4

方孔筛孔边长(mm)		22.5	31.5	40	50	63
过筛质量百分率(%)		0~3	1~25	30~65	70~99	100
颗粒分布	方孔筛孔边长(mm)	31.5~53				
	颗粒质量百分率(%)	≥50				

新建铁路用一级碎石道砟粒径级配 表1-5

方孔筛孔边长(mm)	16	25	35.5	45	56	63
过筛质量百分率(%)	0~5	5~15	25~40	55~75	92~97	100

既有线一级碎石道砟粒径级配　　　　　　表1-6

方孔筛孔边长（mm）	25	35.5	45	56	63
过筛质量百分率（%）	0~5	25~40	55~75	92~97	100

3）道砟颗粒形状及清洁度

道砟的形状及表面状态对道床的性能有重要影响。一般棱角分明、表面粗糙的颗粒，对集料具有较高的强度和稳定性。近于正方体的颗粒比扁平、长方体的颗粒具有更高的抗破碎、抗变形和抗粉化能力。针状、片状颗粒容易破碎，使道床强度和稳定性下降。颗粒长度大于平均粒径1.8倍的称为针状颗粒；厚度小于平均粒径0.6倍的称为片状颗粒。道砟材料中，针状颗粒和片状颗粒所占的质量百分率分别称为针状指数和片状指数。我国道砟标准规定针状指数和片状指数均不大于20%。

道砟中污脏物，如污泥、土团或其他杂质、粉末等都直接影响道床强度及排水，并导致道床加速板结，因此，要求特级道砟中风化颗粒和其他杂石含量不应大于2%，一级道砟中风化颗粒和其他杂石含量不应大于5%。道砟产品须水洗，其颗粒表面洁净度不应大于0.17%，未经水洗的一级道砟中，粒径0.1mm以下的粉末含量不应大于1%。

3. 道床底砟材料

底砟是非渗水土质路基地段铁路碎石道床的重要组成部分，位于碎石道床道砟层和路基基床表层之间，具有传递、分布列车荷载，防止面砟和路基基床表层颗粒之间的相互渗透，渗水过渡和防冻保温等作用。底砟材料可取自天然砂砾材料，也可由开山块石或天然卵石、砾石经破碎、筛选而成。底砟材料的粒径级配应符合表1-7的规定，且0.5mm筛以下的细集料中通过0.075mm筛的颗粒含量应小于或等于66%。

底砟粒径级配　　　　　　表1-7

方孔筛边长（mm）	0.075	0.1	0.5	1.7	7.1	16	25	45
过筛质量百分率（%）	0~7	0~11	7~32	13~46	41~75	67~91	82~100	100

在粒径大于16mm的粗颗粒中带有破碎面的颗粒所占的质量百分率不少于30%；粒径大于1.7mm的集料其洛杉矶磨耗率不大于50%，其硫酸钠溶液浸泡损失率不大于12%；粒径小于0.5mm的细集料其液限不大于25%，其塑性指数小于6%；黏土团及其他杂质含量的质量百分率小于或等于0.5%。

4. 道床断面

道床断面包括道床厚度、顶面宽度及边坡坡度3个主要特征，如图1-19所示。

1）道床厚度

道床厚度是指直线上钢轨或曲线上内股钢轨中轴线下轨枕底面至路基顶面的距离。

道床厚度应根据运量、轴重、行车速

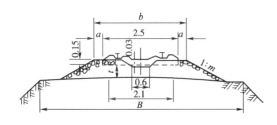

图1-19　直线地段道床断面（尺寸单位：m）

度等运营条件和道砟质量、路基强度及轨枕间距等轨道条件确定。道床厚度应以满足压力传布不超过路基面上容许的最大压力为度，道床过厚既有碍作业，也不经济。渗水性土质路基及岩石路基地段采用单层道床结构时，碎石道床厚度一般采用35cm；非渗水土质路基地段采用双层道床时，面砟厚度一般为30cm，底砟厚度20cm。在运量较小、行车速度较低的线路上，在隧道、车站范围内，以及受其他条件限制时，可以酌情降低道床厚度。

2）道床顶面宽度

道床顶面宽度与轨枕长度、轨道类型及设计速度有关，数值上等于轨枕长度加上两倍道床肩宽。道床宽出轨枕两端的部分称为道砟肩，其宽度称为道床肩宽。在一定范围内道床肩宽增大可提供更大的横向阻力，有利于保持道床的稳定，但道床肩宽在45~50cm 已能满足要求，再宽则作用不大。我国普通线路道床肩宽一般为25~30cm，无缝线路道床肩宽要求不小于45cm，道床顶宽应大于3.3m，为了提高道床的横向阻力，还需将砟肩堆高 150mm，以保持线路的稳定性，防止胀轨跑道现象发生。此外，单线铁路无缝线路设计速度为200km/h 以上的线路，其正线道床顶面宽度不得小于3.5m。

3）道床边坡坡度

道床边坡是指自道床顶面引向路基顶面的斜边，其坡度大小是保证道床坚固稳定的重要因素。道床边坡的稳定取决于道砟材料的内摩擦角与黏聚力，也与道床肩宽有一定的联系。增大道床肩宽可采用较陡的道床边坡，而减小道床肩宽则必须采用较缓的道床边坡。国内外的运营实践表明，边坡坡度为1：1.5 时不能长期保持道床稳定，因此，我国铁路规定正线区间边坡坡度均为1：1.75。

5. 道床的变形

碎石道床作为散粒体结构，本身具有弹塑性，在外荷载作用下将产生弹塑性变形。道床的塑性变形主要是道床的下沉，是轨道变形的主要原因，会引起轨道的不平顺，增加列车对轨道结构的动力冲击作用。

道床下沉有一定的规律，可分为初期急剧下沉和后期缓慢下沉两个阶段。初期急剧下沉是指新铺的道砟或起道捣固作业后，道砟处于不稳定的松散状态，在冲击振动作用下，道砟形成稳定组合及间隙被压密过程中造成的下沉。后期缓慢下沉是由于列车荷载反复作用，压力和振动力以及养护捣固时捣镐的打击使碎石破损、磨损和道砟产生流动引起的下沉，在振动加速度较大的轨枕范围内较明显。此外，雨水的渗透进一步减小了颗粒间的摩擦系数，加速道床下沉。

为减小轨道的变形，在新建轨道交通时，道砟道床应采用优质道砟，并采用分层铺设、分层捣固、多次动力稳定的作业方式。一次动力稳定下沉量可达8~10mm，相当于完成10万t的运量产生的下沉，可有效减小通车后的后期不均匀下沉。但也应认识到，道床变形是不断发生发展的，后期缓慢下沉阶段是道床的正常工作阶段，因此，控制道床变形是长期的、持续的过程。运营过程中要注意做好道床排水、加强道床养护维修、及时补充道砟等工作，保持线路的平顺性，以减小列车的动力冲击作用，保证线路的质量，确保运营的安全。

五 轨道加强设备

轨道加强设备主要有防爬设备、轨距杆、轨撑等，主要用于坡道和曲线地段线路。防爬设备用于加强钢轨与轨枕间的连接，能有效地防止钢轨与轨枕之间发生纵向的相对移动；轨距杆和轨撑一般安装于曲线线路上，可提高钢轨横向稳定性，防止轨距扩大。

1. 轨道的爬行与防爬设备

列车车轮沿钢轨运行时，除产生竖直力和横向力外，还有纵向力。由于纵向力的作用，在钢轨扣件阻力不足以抵抗这一纵向力时，会引起钢轨纵向位移；在扣件阻力大，而道床阻力不足的条件下，还会带动轨枕一起沿着道床顶面纵向移动，这种现象称为轨道的爬行，其纵向力称为爬行力。

轨道爬行的一般规律如下：

（1）在双线地段爬行方向与列车运行方向基本相同，列车运行方向在下坡道时爬行量较大。

（2）两个方向运量大致相等的单线地段，其两个方向都发生爬行，且易向下坡道方向爬行。

（3）两个方向的运量显著不同的单线地段，其运量大的方向爬行量较大，在运量大的下坡道方向爬行量更大。

（4）双线或单线的制动地段，均易向制动方向爬行。

轨道爬行对轨道的危害很大，爬行后会使一端接头挤成连续瞎缝，可能诱发胀轨跑道；另一端则拉大轨缝，易造成钢轨、夹板、螺栓损伤或拉弯、拉断螺栓，拉弯中间扣件，拉裂木枕或拉斜轨枕，造成轨道不平顺，增加维修工作量。在明桥上的钢轨爬行会使桥枕间距扩大，甚至会带动钢梁造成支座损坏，严重时使墩台发生裂纹。在道岔上的钢轨爬行将影响尖轨的正确位置或转辙器扳动的灵活性。轨道爬行往往使轨枕离开捣固坚实的道床，造成轨道沉落，轨枕吊板增多，产生和加大轨面坑洼。由此可见，爬行不仅影响线路质量，降低轨道各组成部件的使用寿命，严重时甚至会危及行车安全。

防止轨道爬行的根本措施，在于提高轨道的纵向阻力：一是提高扣件阻力，采用弹性扣件，加大螺栓力矩，防止扣件松动，保持扣件对钢轨的扣压力；二是加强道床的捣固、夯实，以提高道床纵向阻力。必要时应增设足够的防爬设备，以加大轨道抵抗纵向移动的阻力。

我国铁路目前采用的防爬设备，主要是穿销式防爬器和防爬撑相结合的方式，如图1-20所示。穿销式防爬器由轨卡、挡板及穿销等组成，如图1-21所示。轨卡的一边紧密地卡住轨底，另一边用楔形穿销将相应轨底间的空隙楔紧，使之牢固地卡住轨底，而挡板与轨枕之间须设置木制承力板，这样，当钢轨爬行时，带动防爬器及轨枕一

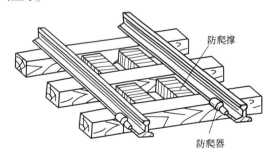

图1-20 穿销式防爬器和防爬撑

起位移，起到一定的防爬作用。但每对穿销式防爬器的防爬阻力为30~40kN，而每根木枕或Ⅰ型混凝土枕的枕下道床阻力只有7~10kN，不能充分发挥防爬器的作用。因此，为了充分发挥防爬器和道床防爬阻力的作用，在碎石道床地段，一般用1对防爬器和3对防爬撑组成一个防爬组，将4根轨枕连成一个防爬整体，这种形式称为单方向锁定组；如在反方向也安装一对防爬器时，则称为双方向锁定组。防爬撑可用木制，也可用石料、混凝土制造，一般采用12cm×12cm的断面。

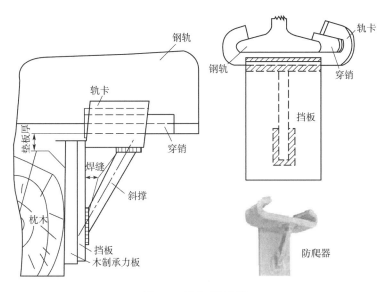

图1-21 穿销式防爬器

为使两股钢轨上的防爬阻力相等，穿销式防爬器应成对安装。无论是单方向锁定组或双方向锁定组，相邻两组不宜连接在一起，以免互相影响。防爬设备应安装在钢轨中部，在防爬锁定组较多时，也应距钢轨接头远一些，尽量减少对钢轨两端伸缩的影响。防爬撑一般安装在钢轨底下，在不使用大型养路机械的木枕地段，为了在捣固作业时不取出支撑，则需保持距钢轨中心有400mm的捣固范围，故规定可将支撑安装在离轨底边净距为350mm的道心内。

铺设混凝土轨枕的线路、道岔，使用弹条扣件，纵坡不大于6‰时，因扣件技术性能好，能保持较大的防爬阻力，故可不安装防爬设备。使用其他扣件时，对线路坡度大于6‰的地段，制动地段，驼峰线路，位于正线到发线的道岔、绝缘接头、桥梁（明桥面）前后各75m地段，可根据具体情况适当安装防爬设备，安装数量可比木枕线路适当减少，以能够防止爬行锁定线路为原则。

2. 曲线加强

列车通过曲线地段尤其是小半径曲线地段时，因横向水平力作用会导致轨距扩大，轨道框架横移，平面位置歪曲，轨枕挡肩损坏，养护维修工作量增加，因此，必须对小半径曲线地段进行加强。加强措施有如下几方面：

（1）增加轨枕配置数量，提高轨道框架横向稳定性。对于半径$R≤800m$的曲线（包括缓和曲线），采用木枕时，每千米应增加轨枕160根，采用Ⅱ型混凝土枕时，每千米应

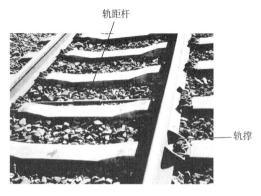

图 1-22 轨撑及轨距杆

增加轨枕 80 根，铺设 Ⅲ 型混凝土枕时不需要增加。

（2）安装轨撑及轨距杆（图 1-22），提高钢轨水平方向稳定性，防止轨距扩大。

轨撑安装在钢轨外侧以顶住钢轨下颚和轨腰，防止钢轨外倾或发生横向位移。除小半径曲线地段轨道，大多数道岔的尖轨部位，在基本轨外侧也应安装轨撑，以提高钢轨的横向刚度。

轨距杆是一端扣在外轨轨底，另一端扣住里轨轨底的拉杆，可防止钢轨位移，保持轨距。轨距杆有普通轨距杆和绝缘轨距杆两种，在有轨道电路的线路上，应当采用绝缘轨距杆。

（3）堆高曲线外侧砟肩，以增加道床横向阻力，保持线路稳定。

任务 1.3　无砟轨道结构认知

传统有砟轨道采用碎石道砟作为道床，具有铺设简便、增弹减振、排水性好、易于养护维修、造价低廉等突出的优点，长期以来是世界各国普通轨道的主要结构形式。但在高速行车的条件下，轨道振动加剧，道床变形较快，易造成轨道的不平顺，影响高速行车的舒适性和安全性。其次，高速行车时产生的强大的列车风会卷起道砟，使道床形状难以保持，若采取措施对其表面进行封闭又会丧失维修方便的优势。此外，在长大隧道及城市地铁中，因为维修不方便，也不宜采用变形快、维修工作量大的有砟轨道。

在这种背景下，世界各国争相发展无砟轨道技术。无砟轨道是用整体性较好的沥青或混凝土道床代替传统有砟轨道中轨枕和散粒道砟道床，其种类较多，但一般都具有以下特点：

（1）整体性强，纵、横向稳定性好，具有较高的可靠性，有利于高速行车。

（2）具有稳定的轨道几何尺寸，其高平顺性和均匀的轨道弹性使旅客乘坐更舒适。

（3）使用寿命长、维修工作量少，虽然初期造价比有砟轨道高，但可大幅度减少维修工作量和维修成本，综合经济效益好。

（4）结构高度比有砟轨道低，可有效减轻桥梁上恒载和节约空间，减小线下结构的土建工程量。

（5）无砟轨道上的无缝线路不会发生胀轨跑道、高速行车时不会有石砟飞溅造成伤害。

（6）施工精度要求较高，需采用特殊的施工方法。

（7）对基础稳定性有特殊要求，一旦基础变形超出容许范围或出现轨道结构损坏等病害，维修整治非常困难。

（8）轨道弹性差，振动噪声相对较大，在对噪声控制要求严格地区使用需采取特殊措施。

无砟轨道分类方法较多，根据下部结构的类型，无砟轨道可分为路基上无砟轨道、隧道内无砟轨道和桥上无砟轨道三大类。按下列参数，无砟轨道也可分为不同的结构类型，如图1-23所示。

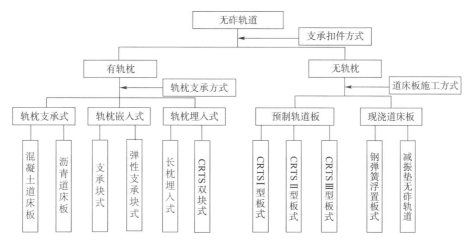

图1-23 无砟轨道分类

（1）按钢轨支承方式可分为点式和连续式。
（2）按支承扣件方式可分为有轨枕和无轨枕。
（3）按轨枕支承方式可分为埋入式、嵌入式和支承式。
（4）按道床板施工方式可分为预制轨道板和现浇道床板式。

我国城市轨道交通目前使用的无砟轨道主要类型有：整体灌注式无砟轨道、支承块式无砟轨道、长枕埋入式无砟轨道等，另外为进一步减小噪声和振动，还发展了减振扣件无砟轨道、梯形（纵向）轨枕无砟轨道、钢弹簧浮置板式无砟轨道、减振垫无砟轨道等结构类型。

高速铁路方面，我国铁路系统近年来通过对高速铁路引进技术的消化吸收及再创新，已形成了具有自主知识产权的CRTS（China Railway Track System）无砟轨道技术系列，包括板式和双块式两大系列4种形式，分别为CRTSⅠ型板式无砟轨道、CRTSⅡ型板式无砟轨道、CRTSⅢ型板式无砟轨道和CRTS双块式无砟轨道。另外，在道岔区设置道岔区轨枕埋入式和道岔区板式无砟轨道。

一 整体灌注式无砟轨道

整体灌注式无砟轨道又称无枕式整体道床，其道床混凝土强度等级为C30，全部采用现浇混凝土，整体性强，如图1-24所示。施工时自下而上进行，不架设钢轨，而用施工机具把连接扣件的玻璃钢套管按设计位置预埋在道床内，上面做成承轨台，然后再安装钢轨和扣件。其混凝土现浇量大，施工方法较烦琐，机具复杂，进度较慢，同时由于承轨台现场制作，承轨台精度不易保证，较难达到设计要求。我国北京地铁一期工程中运用了这种道床形式，经几十年的运营使用，技术状态良好。

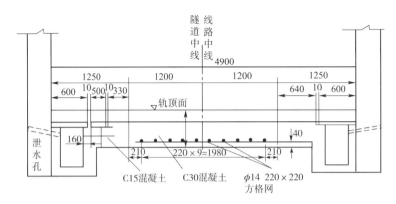

图 1-24 整体灌注式无砟轨道（尺寸单位：mm）

二 轨枕埋入（嵌入）式无砟轨道

轨枕埋入（嵌入）式无砟轨道是将预制好的支承块（短轨枕）、长轨枕、双块式轨枕等，通过埋入或嵌入的方式与混凝土道床现场浇筑成整体，形成的无砟轨道结构。其根据埋入（嵌入）的轨枕形式不同可分为支承块式无砟轨道、长枕埋入式无砟轨道和双块式无砟轨道等形式。轨枕埋入（嵌入）式无砟轨道的承轨台设在预制的支承块或轨枕上，精度较整体灌注式无砟轨道高，同时保留了灌注式无砟轨道整体性好的优点，可采用较为成熟的轨排支承架法（排架法）施工，施工相对便捷，因此，在轨道交通中得到了广泛运用，但其现场浇筑的混凝土量仍较大，施工进度受到一定的制约。

1. 支承块式无砟轨道

支承块式无砟轨道是世界上许多国家整体道床大量采用的一种形式，在我国铁路隧道和城市地铁也广为应用。它是将支承块与混凝土道床浇筑成一体，构成整体道床。根据铺设位置不同，包括铺设于隧道内的支承块式整体道床，以及铺设于高架桥上的支承块承轨台式（短枕承台式）无砟轨道，如图 1-25 所示。隧道内根据排水沟设置的位置不同，又可分为中心水沟式、单侧沟式和双侧沟式；根据支承块的材料不同，有短木枕和钢筋混凝土支承块等。

a)

b)

图 1-25 支承块式无砟道床
a）隧道内支承块式整体道床；b）桥上支承块承轨台式无砟轨道

在钢轨扣件技术未较好解决以前,采用短木枕铺设的支承块式无砟轨道较多,我国1968年以前在线路上铺设整体道床时,基本上都采用这种形式。它具有一定的弹性,易于调整轨距和水平,扣件设计得也较简单。但短木枕使用寿命较短,且更换困难,因此,在正线上已基本不再使用。

现在多采用在工厂预制的钢筋混凝土支承块,混凝土强度等级为C40～C50,尺寸约为500mm×200mm×200mm上小下大的块体,每块重40～50kg。支承块上的承轨槽根据所采用的扣件类型进行设计。为了使支承块与道床混凝土能紧密连接,支承块底面有预埋钢筋伸出,块底面一般呈倒三角形,其设计图如图1-26所示。道床混凝土一般采用C30钢筋混凝土,厚度为300～400mm,宽度约2400mm,道床内钢筋按构造和工程经验布置,通常在道床底部按220mm间距双向布设φ14mm钢筋或按200mm间距双向布设φ10mm钢筋。

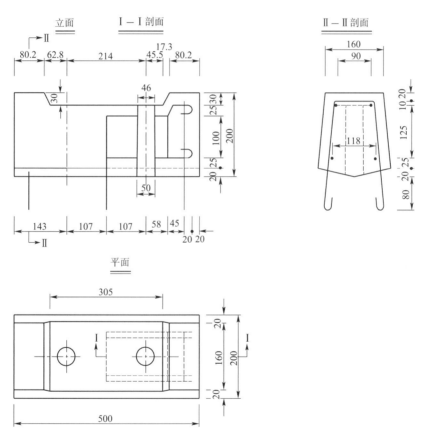

图1-26 混凝土支承块设计图(尺寸单位:mm)

混凝土支承块式无砟轨道成本较低,但整体性及减振性能较差,可采用架轨法施工,即用钢轨支承架将钢轨架起,安装扣件并挂好支承块,然后绑扎道床板(承轨台)钢筋,调整好轨道的几何形位后灌注混凝土形成整体,这种施工方法也较简便,机具轻便,也是一种成熟的施工方法。另外,也可采用轨排法施工,只需将左右两根标准轨用钢轨支承架横梁连接成轨排。混凝土支承块式无砟轨道施工较无枕式整体道床简单,而比长枕埋入式无砟轨道复杂，施工精度较易保证。

2. 长枕埋入式无砟轨道

长枕埋入式无砟轨道（图1-27）由钢轨、扣件、穿孔混凝土轨枕、混凝土道床板、隔离层（或橡胶垫层）、混凝土底座等组成，隧道内可不设混凝土底座。其混凝土道床由穿孔混凝土轨枕和混凝土道床板组成，为保证轨枕与混凝土道床连接牢固，在轨枕侧面设有5个预留孔穴，穿入纵向钢筋并与现场灌注的混凝土道床板牢固连接。一个道床板单元可设置7~8根穿孔混凝土枕，轨枕间距60cm。在穿孔混凝土枕之间的道床板顶面设置2%的人字坡，以利于排水。

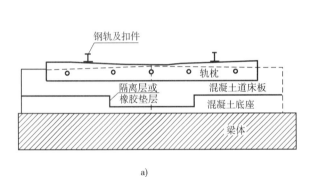

a)

b)

图1-27 长枕埋入式无砟轨道

a）桥上结构形式；b）隧道内长枕埋入式无砟轨道

长枕埋入式无砟轨道轨枕可在工厂内提前预制，现场可采用较为成熟的轨排法施工，施工方法简单，机具较轻便，施工进度快、干扰小，精度也容易保证。

3. 双块式无砟轨道

双块式无砟轨道主要由钢轨、扣件、双块式轨枕、混凝土道床板和下部支承体系（底座或水硬性支承层）等组成，与长枕埋入式无砟轨道一样，都属于轨枕埋入式无砟轨道，只是埋入的轨枕为带有桁架钢筋的双块式轨枕。根据双块式轨枕埋入的施工工艺不同，其主要分为雷达2000型和旭普林型两种类型。雷达2000型是用钢轨架立双块式轨枕形成轨排，立模后调整好轨道几何形位并浇筑道床板混凝土形成整体。旭普林型是用轨枕框架固定双块式轨枕，再利用机械振动法嵌入现场浇筑的混凝土道床内，为确保位置精确，需提前放设安装支脚，以精确控制轨枕框架位置，道床混凝土浇筑后，轨枕框架需一直固定在轨枕上直到混凝土达到一定强度后方可移开，如图1-28所示。

双块式无砟轨道由于左右两轨枕块采用了钢筋桁架连接，并与道床的纵、横向钢筋绑扎后通过浇筑混凝土形成整体道床结构，既可保持施工中的轨道几何形位，又可减少新老混凝土结合面，加强预制轨枕与现浇道床板之间的连接，并提高其抗疲劳耐久性能。但双块式轨枕的轨道弹性和几何形位调整仅靠扣件实现，轨道出现病害时较难整治。

我国高速铁路无砟轨道在创新研究中，在引进德国技术的基础上，对ZPW2000型轨道电路的适应性、路基和桥隧基础上道床板高度的统一，轨道结构纵向连续性及轨道材料的国产化等问题进行了重点研究和优化调整，逐步形成了具有自主知识产权的 CRTS 双块式无砟轨道技术。

a)

b)

图 1-28　双块式无砟轨道
a）雷达 2000 型；b）旭普林型

三　CRTS 系列板式无砟轨道

板式无砟轨道是在现浇混凝土底座基础上以水泥乳化沥青砂浆（CA 砂浆）充填层或自密实混凝土层支承轨道板的无砟轨道形式。板式无砟轨道结构中的轨道板一般为工厂预制，其质量容易控制，现场混凝土施工量少，施工的机械化程度高，可将人为控制因素减至最少，且施工进度较快，道床外表美观，线路平顺性好，适用于列车高速行驶，成为了我国高速铁路和城际铁路中的重要结构形式。我国高速铁路无砟轨道通过引进、吸收、消化再创新，已经形成了具有完全自主知识产权的 CRTS 系列板式无砟轨道。

1. CRTS I 型板式无砟轨道

CRTS I 型板式无砟轨道的结构组成主要包括钢轨、弹性扣件、预制轨道板、水泥乳化沥青砂浆（CA 砂浆）调整层、现浇钢筋混凝土底座、凸形挡台等，如图 1-29 所示。CRTS I 型板式无砟轨道的轨道板之间纵向不连接，各自形成独立的单元，主要靠凸形挡台限位并承受纵、横向水平力。

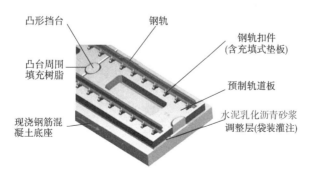

图 1-29　CRTS I 型板式无砟轨道结构

（1）弹性扣件：无砟轨道扣件将钢轨与轨道板连接在一起，轨道几何形位调整只能通过扣件系统进行，因此，扣件应具有一定的高低、左右调整能力，并可简便地对施工和维修过程中的线路状态进行调整,以实现调整线路的高平顺性。为实现对轨道板制造与施工偏差以及缓和曲线和竖曲线的精细调整,CRTS Ⅰ型板式无砟轨道的扣件系统在轨下设置了可无级调整的充填式垫板,以满足高速铁路对线路高平顺性、刚度均匀性的要求。

(2) 预制轨道板:轨道板是在工厂预制的双向配筋的混凝土板,分为钢筋混凝土(RC)轨道板和预应力钢筋混凝土(PC)轨道板,按照轨道板结构形式可分为普通型和框架型(图1-30)。框架型轨道板的混凝土和CA砂浆用量相对较小,可节约成本,有效降低噪声,还可以减缓温差引起的板翘曲。

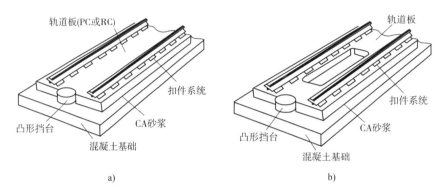

图1-30 CRTS Ⅰ型板式无砟轨道
a) 普通型;b) 框架型

(3) 水泥乳化沥青砂浆调整层:CA砂浆调整层主要由水泥、乳化沥青、聚合物乳液、细集料、混合料、水、铝粉和各种外加剂等组成,是具有混凝土刚性和沥青弹性的半刚性体,设在轨道板与混凝土底座板之间,设计厚度为50mm,施工时的容许范围为40～100mm,主要为轨道提供足够的弹性,便于进行轨道板高程调整,使下部基础施工误差不影响上部结构,同时在轨道板损坏后可方便地进行维修更换。CA砂浆是板式无砟轨道结构的关键组成部分,其性能的好坏直接影响板式无砟轨道的耐久性和维修工作量。

(4) 现浇钢筋混凝土底座:混凝土底座作为板式无砟轨道的基础,必须保证较高的施工精度,以获得厚度均匀的CA砂浆调整层,保证轨道弹性均匀;同时在曲线上用于设置调整曲线超高。

(5) 凸形挡台:在混凝土底座上每隔一定间距(一般为5m)垂直设置半径为250mm的圆形或半圆形的凸形挡台,在曲线超高地段,凸形挡台竖轴线与底座的顶面也应保持垂直。凸形挡台采用C40级混凝土,高度250mm,应与轨道板端部的半圆形缺口共圆心,间隙部分用树脂填充密实。凸形挡台用于固定轨道板的纵向和横向位置,同时可作为板式无砟轨道铺设和整正时的基准点。

2. CRTS Ⅱ型板式无砟轨道

CRTS Ⅱ型板式无砟轨道结构(图1-31)由钢轨、弹性扣件、轨道板、水泥乳化沥青砂浆充填层及水硬性支承层(或底座板)等组成,桥梁地段还包括滑动层、高强度挤塑板、侧向挡块及台后锚固结构等。轨道板铺设后须用连接锁件将相邻轨道板纵向张拉连接并绑扎钢筋后浇筑成纵向连续整体。

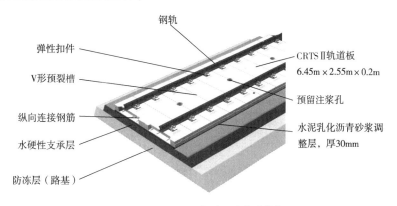

图1-31 CRTSⅡ型板式无砟轨道结构

(1) 弹性扣件：应采用WJ-8型带挡肩和承轨槽的有螺栓不分开式弹性扣件，具有一定的高低、左右调整能力，另外通过改变轨距挡板型号可以用于不同类型钢轨，还可以用于超高为180mm的曲线轨道地段。

(2) CRTSⅡ型轨道板：为横向预应力轨道板，混凝土的设计强度为C55或C60级，为控制轨道板裂纹不通过承轨台，板上每组承轨台之间设有一道V形预裂槽，即使轨道板沿V形槽完全开裂形成宽轨枕，也不会影响其承载性能，可靠性较高。轨道板包括标准板、特殊板和补偿板三种，每块标准板长6450mm、宽2550mm、厚度200mm，重约9t，特殊板和补偿板依据具体设计确定。CRTSⅡ型板的主要特点是制作精度要求高，每个混凝土承轨槽均采用数控机床进行打磨加工，精度为0.1mm，轨道板一经施工完成即可保证轨道的最终精度，无须用充填式垫板进行二次调整。

(3) 水泥乳化沥青砂浆调整层：采用高性能水泥乳化沥青砂浆，设计厚度30mm，施工时应具有良好的工作特性（流动性、扩展度等），凝固后具有早强、高强、微膨胀、耐久、黏结、密实等特性，作用主要是为轨道提供竖向支承和足够的弹性，并提供纵、横向阻力，同时方便施工调整。

(4) 混凝土底座或水硬性支承层：底座板为桥上设置的纵向连续的C30钢筋混凝土结构，宽度为2950mm，底座板宽度范围内，梁面应设置滑动层。直线地段的底座板厚度不宜小于190mm，曲线超高在底座板上设置，曲线内侧的底座板厚度不应小于175mm。水硬性支承层在路基基床表层上设置，支承层顶面宽度为2950mm，底面宽度为3250mm，厚度为300mm。沿线路纵向，每隔不大于5m切一横向预裂缝，缝深为厚度的1/3，轨道板宽度范围内的支承层表面应进行拉毛处理。水硬性材料支承层的作用是保证系统刚度经预制轨道板从防冻层到钢轨递增。

3. CRTSⅢ型无砟轨道

我国在吸取目前各类型无砟轨道优点的基础上，克服相应的缺点，自主研发了具有完全自主知识产权的CRTSⅢ型无砟轨道，主要由60kg/m钢轨、弹性有挡肩扣件、轨道板、自流平混凝土调整层、钢筋混凝土底座或支承层等部分组成。CRTSⅢ型无砟轨道结构设计遵循"路基和隧道连续、桥上单元"的原则：路基和隧道地段轨道板纵连，延续了连续式无砟轨道结构整体性好、线路平顺、刚度均匀的优点；桥梁地段采用单元式结构，延续了桥上双块式轨道受力简单、施工方便、可维修性好、投资降低的特点。

（1）扣件：扣件采用弹性有挡肩扣件，外形美观，承轨面设置1：40轨底坡，同时具备较好的施工性和轨距保持能力，可满足-4~+26mm钢轨高低位置调整量，单股钢轨左右位置调整量为-5~+5mm。

（2）轨道板：吸取了CRSTⅠ型板的制板工艺，不仅实现了轨道板的双向预应力结构，增强了轨道板的抗裂性，提高了轨道结构的耐久性，而且还使得轨道板制造工艺相对简单，避免了CRTSⅡ型板承轨槽的打磨工序，提高了制板效率。轨道板有5350mm和4856mm两种长度规格，板宽2500mm、板厚190mm，承轨台间距分别为687mm、617mm。轨道板底面纵向设置两排ϕ12mm的U形钢筋，板端至板端的第一个扣件节点之间，设置一根U形连接钢筋，板中每扣件节点之间，设置两根U形连接钢筋。路基地段轨道板同时留有纵向预应力钢筋，通过纵向预应力钢筋连接器将板纵向连接。

（3）自流平混凝土调整层：轨道板下调整层可将CA砂浆变为自密实混凝土调整层，简化了施工工艺，减少了对环境的污染，降低了工程投资。自密实混凝土调整层宽2700mm、厚100mm，长度与轨道板相同，配置HRB335ϕ12mm钢筋网，间距20cm。曲线超高大于50mm后，曲线内侧与轨道板平齐。自密实混凝土强度等级为C40，水泥宜选用硅酸盐水泥或普通硅酸盐水泥，混合材料宜为矿渣或粉煤灰，不宜使用早强水泥。混凝土抗渗等级≥P20，抗冻等级≥F200，56d龄期电通量≤1500C，混凝土自由收缩率应小于万分之三。

（4）钢筋混凝土底座或支承层：桥梁、隧道地段，自密实混凝土下设置C40钢筋混凝土底座，底座内配置ϕ10mm双层受力钢筋，底座长度与轨道板相同，宽2700mm，其上设置两个600mm×400mm限位凹槽，深度与底座相同，以限制轨道的纵、横向位移。底座上铺设4mm厚土工布隔离层，凹槽四周设置10mm厚复合弹性橡胶垫层，凹槽底部设置隔离层。路基地段铺设支承层，采用水硬性支承层（HGT），沿线路纵向连续铺设。支承层在板缝处设置一道横向伸缩假缝，缝深80mm、宽10mm，在假缝处铺设长260mm、厚4mm防水土工布，假缝必须在支承层初凝时施工完成。支承层施工完成后应进行拉毛处理。

四 减振降噪类无砟轨道

随着城市轨道交通的快速发展，城市轨道交通不可避免地穿越人口密集区和重要的建筑物下，列车行驶时产生的振动和噪声严重影响人们的正常工作及生活。交通引起的振动、噪声已经被列为世界七大环境公害之一，因此设法降低城市轨道的振动及噪声，成为人们普遍关注的问题，这也对轨道的减振降噪性能提出了更高的要求。

地铁线路产生的振动和噪声主要来自车辆和轮轨作用，对于车辆产生的噪声，可通过优化车辆的结构，提高车辆的防振性能等方式得以改善。除此之外还应在轨道结构上采取必要的措施。目前，根据振动减振情况及《地铁设计规范》（GB 50157—2013）有关规定，减振降噪等级分为中等减振、高等减振及特殊减振3种级别。中等减振为外轨中心距离住宅区、医院、学校、机关等建筑物大于10m且振动预测值 VL_{max} < 6dB 的地段。高等减振为外轨中心距离住宅区、医院、学校、机关等建筑物 5~10m 或振动预测值 6dB ≤ VL_{max} < 8dB 或二次结构噪声超标不大于3dB的地段。特殊减振为外轨中心距离住宅区、医院、学校、机关等建筑物不大于5m 或振动预测值 VL_{max} ≥ 8dB 或二次结构噪声超标大于3dB的地段。目前，国内中等减振地段经常采用的构件主要有轨道减振器扣件（科隆蛋扣件）、弹性支承块无砟轨道、弹性长轨枕等。高等减振地段采用的构件主要有先锋扣件、弹性支承梯形轨枕、减振垫无砟轨道。特殊地段采用的方案为钢弹簧浮置板道床及综合减振措施，如在减振效果较好的浮置板轨道的基础上，采用高弹性轨下垫板、轨腰使用减振隔噪器等。

1. 弹性支承块式无砟轨道

弹性支承块式无砟轨道在国外也称"低振动轨道（Low Vibration Track，LVT）"，适用于有振动和噪声控制要求的地段，主要由钢轨、扣件、混凝土支承块、橡胶靴套、块下橡胶胶垫、混凝土道床板及混凝土底座等组成，如图1-32所示。为取得良好的减振降噪的效果，弹性支承块式无砟轨道在混凝土支承块底部设12mm厚的橡胶弹性胶垫，其周围用7mm厚的橡胶靴套包裹，并在周围及底下灌注混凝土浇筑成整体。改进后的弹性支承块使道床弹性增加、钢轨支承刚度一致、部件受力均匀，轨道几何形位更易于保持，可达到少维修的目的。由于弹性支承块无砟轨道初期投资较大，且橡胶易老化，运营一定时间后必须更换，目前，在地铁隧道和设计速度小于或等于160km/h的铁路隧道地段铺设较多。

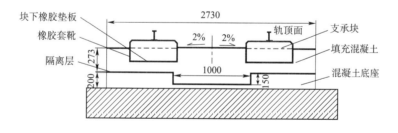

图1-32 弹性支承块式无砟轨道结构（尺寸单位：mm）

2. 梯形（纵向）轨枕轨道

弹性支承梯形轨枕轨道（图1-33）结构由日本铁道综合技术研究所开发，也是日本新干线广泛铺设的一种轨道形式。它与框架式轨道板相似，在2根纵向轨枕（PC纵梁）间以钢管连接，形成梯形轨枕，再以一定间隔的减振支墩支承在L形的钢筋混凝土台座上，从而实现了轻量级的质量-弹簧隔振系统，提高了轨道减振降噪的性能。

我国2005年首次将梯形轨枕轨道结构应用在北京地铁5号线天通苑至天通苑北站之间的高架线段，成为第二个生产和采用梯形轨枕的国家。梯形轨枕轨道具有安全、平顺、自重轻、低振动、方便施工和检修更换的特性，也为我国城市轨道交通提供了一种性价比较好的减振轨道结构，具有较好的发展前景。

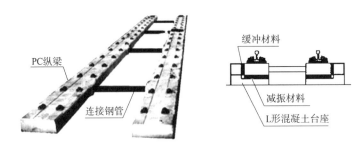

图 1-33 弹性支承梯形轨枕轨道结构

3. 浮置板式无砟轨道

浮置板式无砟轨道由钢轨、扣件、浮置板、弹性支座、混凝土底座等组成。它是将钢轨通过扣件固定在浮置板（浮置板为 C30 级普通钢筋混凝土结构，有现浇和预制两类）上，浮置板又通过可调的弹性支座（橡胶或钢弹簧）及侧向胶垫浮置于混凝土底座或其他基础上，如图 1-34 所示。这大大削弱了振动向基础的传递，具有非常好的减振效果，同时，也具有较好的降噪作用，因此，适用于对振动和噪声控制要求较高的地段，缺点是造价高昂。

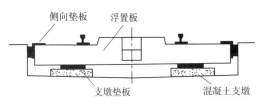

图 1-34 浮置板式无砟轨道结构

4. 减振垫无砟轨道

减振垫无砟轨道（图 1-35）主要由隔（减）振垫、现浇道床板、短轨枕、扣件及钢轨等组成，它是在道床与结构之间铺设一层天然橡胶或合成橡胶制成的道床隔振垫，利用橡胶的弹性来减弱道床与结构的刚性接触从而达到减振的目的，是继钢弹簧浮置板轨道之后又一种可有效降低列车振动的轨道形式。

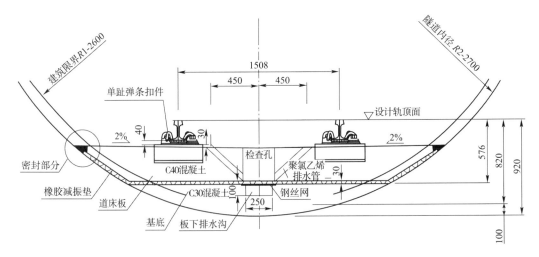

图 1-35 减振垫无砟轨道结构（尺寸单位：mm）

橡胶减振垫无砟轨道因其减振降噪效果好、造价相对低廉在城市轨道交通减振领域得到了广泛应用，南京地铁4号线、无锡地铁1号线、深圳地铁7号线、青岛地铁3号线等均铺设了减振垫无砟轨道，效果较好。

复习思考题

一、填空题

1. 轨道结构要确保列车车辆安全运行和乘客舒适，应具有足够的＿＿＿＿、＿＿＿＿和＿＿＿＿等基本特征。
2. 有砟轨道主要由＿＿＿＿、＿＿＿＿、＿＿＿＿、＿＿＿＿、＿＿＿＿及轨道加强设备等组成。
3. ＿＿＿＿和＿＿＿＿是用于自动闭塞区段上的两种接头。
4. 道床断面包括＿＿＿＿、＿＿＿＿和＿＿＿＿3个主要特征。
5. 碎石道床下沉有一定的规律，当道床新铺或清筛后，道床下沉可分为＿＿＿＿和＿＿＿＿两个阶段。

二、单选题

1. 钢轨代号U74的含义是（　　）。
   A. 每米质量74kg的标准钢轨　　B. 每米质量74kg的U形钢轨
   C. 钢轨含碳量为0.74%　　D. 钢轨含高碳钢量为74%
2. 我国有缝线路轨道采用最多的钢轨接头形式是（　　）。
   A. 相对悬空式　　B. 单枕承垫式
   C. 双枕承垫式　　D. 相错承垫式
3. 接头夹板要承受弯矩，传递纵向力，阻止钢轨伸缩，下列不属于对其要求的是（　　）。
   A. 足够的强度　　B. 一定的垂直刚度
   C. 一定的水平刚度　　D. 一定的塑性
4. 轨枕长度增加对轨道线路的性能影响不包括（　　）。
   A. 增强线路稳定性　　B. 提高线路整体刚度
   C. 增加线路纵、横向阻力　　D. 增加轨枕的配置根数
5. 某轨道线路经过居民区，为减小对周边环境的影响，宜使用的轨道类型是（　　）。
   A. 长枕埋入式、支承块式、双块式
   B. 长枕埋入式、弹性支承块式、整体式
   C. 浮置板式、弹性支承块式、减振垫式
   D. 弹性支承块式、浮置板式、双块式

三、多选题

1. 轨道加强设备主要有（　　）等。

A. 防爬设备　　B. 轨距杆　　C. 轨撑　　D. 警冲标
2. 钢轨断面采用"工"字形，包括（　　）三个部分。
　　A. 轨头　　B. 轨座　　C. 轨腰　　D. 轨底
3. 长度25m的钢轨对应的标准缩短轨长度包括（　　）。
　　A. 24.96m　　B. 24.92m　　C. 24.88m　　D. 24.84m
4. 普通钢轨接头结构由（　　）等组成。
　　A. 接头夹板　　　　B. 接头螺栓　　　　C. 垫圈
　　D. 螺母　　　　　　E. 接头平撑
5. 钢轨接头连接形式按左右两股钢轨接头的相对位置分为（　　）。
　　A. 承垫式　　　　　B. 相离式　　　　　C. 相对式
　　D. 相错式　　　　　E. 相背式

四、简答题

1. 轨道的作用是什么？应满足哪些基本要求？
2. 有砟轨道结构的主要组成及其功用是什么？
3. 钢轨有哪些类型？
4. 钢轨材质的主要成分有哪些？这些成分对钢轨性能有何影响？
5. 轨枕的作用是什么？应满足哪些要求？
6. 什么是钢轨接头？钢轨接头主要类型有哪些？
7. 普通钢轨接头由哪些部件组成？接头处预留的轨缝应满足哪些要求？
8. 什么是钢轨伸缩调节器？有哪些类型？请绘制其示意图。
9. 道砟材料的技术条件有哪些要求？
10. 碎石道床断面的特征有哪些？其含义分别是什么？
11. 曲线轨道加强的措施有哪些？
12. 试比较有砟轨道和无砟轨道各有何优缺点？
13. 试比较长枕埋入式无砟轨道和弹性支承块式无砟轨道结构组成及主要特点。
14. 简述双块式轨枕的结构组成及技术特点。
15. 试比较CRTSI型板式无砟轨道和CRTSⅡ型板式无砟轨道结构组成及主要特点。

五、工程案例

　　某地区历史最高轨温为58.1℃，最低轨温为-22.3℃，若铺设60kg/m的25m长标准轨，采用10.9级螺栓，试确定在23℃铺轨作业时的预留轨缝。

项目 2

轨道几何形位认知

> **教学导入**

2012年7月28日14时30分,10102次货运列车运行至兰州铁路局兰新铁路上行线芨岭—玉石站间K375+411处,由于轨道存在多处几何形位严重超限,多处钢轨掉块,且大机清筛后设备检查不到位,超限处整修不及时,线路质量存在严重缺陷,导致尾部一位罐车脱轨,脱轨车辆侵入下行线限界,与下行线交会的X297次列车发生侧面冲突。"7.28"兰州铁路局货物列车脱轨事故造成兰新铁路下行线行车中断5h 24min、上行线行车中断9h 12min,构成一般A类事故。

轨道各部分的几何形状、相对位置和基本尺寸要求等,称为轨道几何形位。轨道几何形位的正确与否,对机车车辆的安全运行、乘客的旅行舒适性以及设备的使用寿命和养护费用起着决定性的作用。轨道几何形位的超限是引起机车车辆掉道、爬轨以及倾覆的直接因素。同时,轨道的几何形位直接影响机车车辆的横向和垂向加速度,并产生相应的惯性力。在高速铁路和快速铁路中,随着运行速度的提高,该影响特别显著。因此,轨道施工及养护中必须严格控制轨道的几何形位,确保轨道几何形位符合相应规范要求。

> **教学目标**

▶ **知识目标**

1. 了解机车走行部分构造特点及轮轨作用关系。
2. 掌握直线地段轨道几何形位及标准。
3. 掌握曲线轨道加宽、超高的作用。
4. 掌握设置缓和曲线的作用及其几何特征。
5. 掌握曲线缩短轨布置。

▶ **技能目标**

1. 会使用轨距尺等进行轨道几何形位测量。
2. 会根据线路具体情况确定曲线轨道的超高与加宽。
3. 能根据规范进行轨道的加宽与超高的施工。

4. 会根据实际情况确定满足要求的缓和曲线长度。
5. 会根据线路具体情况进行缩短轨的配置、施工。

任务2.1 机车车辆走行部分及轮轨间作用关系认知

轨道是机车车辆运行的基础，直接支承机车车辆的车轮并引导其在轨道上走行。因而机车车辆走行部分的几何形位与轨道的几何形位之间应紧密配合。

一 机车车辆的走行部分构造特点

机车的走行部分由车架、弹簧装置、转向架及其他部件组成。车辆的转向架包括侧架、轴箱、弹性悬挂装置、制动装置、轮对及其他部件。

1. 轮对

轮对是车辆走行的重要部件，也是与轨道关系最密切的车辆部件。轮对主要由两个形状相同的车轮与一根车轴所组成，如图2-1所示。轮轴接合部位采用过盈配合，使两者牢固地组合在一起，并用轴键固定左右两轮的相互位置。轮与轴只能一起转动，绝对不允许出现任何松动，以确保车辆的运行安全。

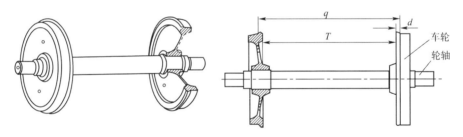

图2-1 轮对

我国轨道车辆上使用的车轮有整体轮和轮箍轮两种，目前绝大部分是整体辗钢轮。轮箍轮由轮心和轮箍组成。轮箍的内径较轮心小 1/1000～1/800，在装配时将轮箍加热至约300℃，使轮箍膨胀，内径扩大，然后将用液压机将轮心压入轮箍，轮箍冷却后，就会紧紧地压迫轮心，使两者牢固配合。

车轮与钢轨的接触面称为车轮踏面，有锥形踏面和磨耗型踏面两种形式。

锥形踏面如图2-2所示，其母线是折线，由 1∶20 和 1∶10 的两段斜线组成。列车在直线和大半径曲线上运行时，一般是 1∶20 踏面部分与钢轨接触，但当车辆在小半径曲线上运行时，轮对偏向轨道一侧，另一侧的车轮踏面的 1∶10 部分就有可能与钢轨接触。具有锥形踏面的轮对在直线轨道运行时，如果轮对的中心与轨道中心线不一致，则两个车轮就会以不同的滚动圆半径自动纠正轮对的位置，使轮对中心重新恢复到与轨道中心线重叠的状态，这样，虽然轮对的轨迹呈蛇行运动，但不会在车轮踏面上形成凹槽形磨耗。当列车在曲线上运行时，在离心力的作用下，轮对会偏向曲线外侧，轮对外轮的滚动圆半径大，内轮的滚动圆半径小，因此外轮的走行距离要大于内轮的走行距离，这正好与曲线上外轨的轨线长度大于内轨的轨线长度这一情况相一致,从而有利于减小车轮在轨面上滑行,使轮对顺利通过曲线。

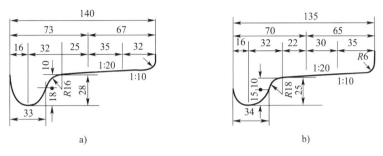

图 2-2 车轮锥形踏面(尺寸单位:mm)
a)机车轮踏面;b)车辆轮踏面

当锥形踏面轮对运行一段时间后,踏面不再是锥形,而是与钢轨顶面基本吻合的具有一定圆弧的曲线型踏面,称为磨耗型踏面。磨耗型踏面具有较好的轮轨接触几何特性,增大了轮轨接触面积,可以减轻轮轨磨耗、降低轮轨接触应力,并改善通过曲线的转向性能。

车轮踏面内侧做成凸缘(图 2-2 左侧凸起部分),称为轮缘。轮缘可引导车轮沿钢轨滚动且又不致脱轨。轮缘内侧的竖直面称为车轮内侧面,与之相对的另一面称为车轮外侧面,内侧面和外侧面之间的距离称为车轮宽度(轮辐宽)。

在车轮踏面上离车轮内侧面一定的距离上划一条水平线,称为车轮踏面测量线,由此至轮缘尖顶处称轮缘高度,从测量线往轮缘尖方向 10mm 位置,测得的厚度称为轮缘厚度,如图 2-2 所示。

一轮对左右两轮内侧面之间的距离称为轮背内侧距离 T,将此距离加上两轮的轮缘厚度 d 称为轮对宽度 q,如图 2-1 所示。即

$$q = T + 2d \tag{2-1}$$

式中:q——轮对宽度(mm);

T——轮对的轮背内侧距离(mm);

d——轮缘厚度(mm)。

轮对宽度必须与轨距相配合,为使机车车辆的轮对能安全地通过轨道的各个部分,对轮对 3 个尺寸的制造公差都有严格限制。根据《铁路技术管理规程》(简称《技规》)规定,我国铁路机车车辆轮对的主要尺寸见表 2-1。

轮对主要尺寸表(mm)　　　　表 2-1

名称	轮缘高度	轮缘厚度 d		轮背内侧距 T			轮对宽度 q		
		正常	最小	最大	正常	最小	最大	正常	最小
机车轮对	28	33	23	1356	1353	1350	1422	1419	1396
车辆轮对	25	34	22	1356	1353	1350	1424	1421	1394

注:表中数据未计车轴承载后挠曲对轮对宽度的影响。

内燃机车、电力机车和车辆的轴箱装在车轮外侧轴颈上，车轴承载后向端部上挠曲，轮对宽度因此略有缩小；蒸汽机车的轴箱装在车轮内侧轴颈上，车轴上承载后中部向下挠曲，轮对宽度略有增加。轮对宽度承载后的改变值随车辆的构造及荷载的大小而异，一般可取为±2mm。

2. 转向架

19世纪的铁路车辆是直接把轮对安装在车厢下，车辆的运行性能较差，满载质量也较小。现代车辆的走行部分都采用了转向架技术。

转向架（图2-3）是把两个或两个以上的轮对用专门的构架组成一小车，每节车体支承在两个转向架上。为了使得车辆能在线路上平稳运行，则要求转向架：能保证在正常运行条件下，车体都能可靠地坐落在转向架上；具有承受车体重量，传递轮轴牵引力，并使各轴重均匀分配的作用；具有能在直线平稳运行，并能顺利通过曲线的作用；悬挂弹簧具有良好的减振特性，以减小由于线路不平顺对车体的动力作用；能充分利用轮轨黏着，传递牵引力和制动力，以提高列车牵引效率和保证列车在规定距离内停车。

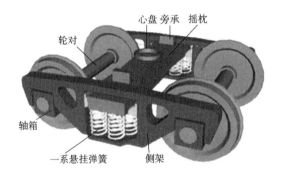

图2-3 货车转向架

转向架类型繁多，结构各异，但其基本作用和基本组成部分是相同的。为保证转向架具有以上功能，一般转向架应包括轮对轴箱装置，使轮对能与构架之间产生相对转动，并传递车辆重量和其他各种力；弹簧悬挂装置，用来减小线路不平顺和轮对对车体的各种动力影响；构架或侧架，是转向架的基础，它把转向架各零部件组成一整体；制动装置，保证列车在规定距离内停车；转向架支承车体装置，将车体荷载和各种力传递给转向架。

转向架按轴数可分为两轴转向架、三轴转向架和多轴转向架。客车与货车的转向架下一般安装两个轮对，称为二轴转向架；内燃、电力机车的转向架下多装有三个轮对，称为三轴转向架；蒸汽机车则是将多个动轮固定在一个车架上。

3. 机车车辆轴距

为防止车轮由于轮对歪斜而陷落轨道之间，安装在同一个车架或转向架上的车轴，必须保持相互间的平行位置。同一车架或转向架上始终保持平行的最前位和最后位车轴中心间水平距离称固定轴距。车辆前后两走行部分上车体支承间的距离称为车辆定距。同一车体最前位和最后位的车轴中心间水平距离称为全轴距，如图2-4所示。固定轴距和车辆定距是两个不同的概念，在采用径向转向架后，车辆定距对机车车辆通过小半径曲线不起控制作用，但一般应在18m以内；而固定轴距仍是机车车辆能否顺利通过小半径曲线的控制因素。

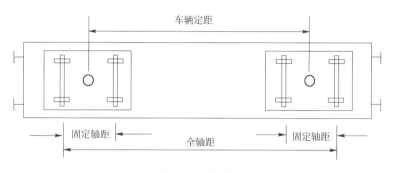

图 2-4　车辆轴距

二　轮轨间相互作用

轨道是由不同力学性能材料组成的工程结构物，它支承并引导着车辆车轮在其上行走，承受着车轮传递来的不同方向的复杂的力。一般来说，轨道越平顺，行车越平稳，车轮作用于轨道的破坏力也越小；反之，当轨道不平顺时，会影响列车的平稳运行，同时车轮作用于轨道的破坏力增大，也进一步加大了轨道的不平顺，极端情况下甚至会发生列车脱轨事故。

因此，分析轨道上承受的各种竖向力、横向水平力和纵向水平力等（图2-5），对评定轨道结构的受力情况和确定车轮的脱轨条件是非常重要的。

1. 竖向力

竖向力是指车轮的静轮载和动轮载增量，是轨道所受的主要荷载。静轮载与机车车辆的类型及其载重有关，动轮载增量的起因多且复杂，与轨道结构、机车车辆和运行条件等有关，如机车车辆本身的构造和车轮踏面不圆顺而产生的动轮载增量，轨道的各种不平顺如轨道的不均匀下沉、钢轨波形磨耗（波磨）、轨缝和焊缝、道岔等引起的动轮载增量等，这些不平顺产生的动轮载增量随着不平顺的加剧和行车速度、轴重的增加而增大。因此，高速铁路、重载铁路等轨道保持良好的平顺性是至关重要的。

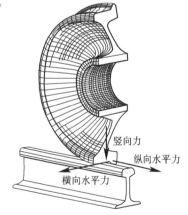

图 2-5　轮轨之间作用力

2. 横向水平力

横向水平力是指轨道平面上与轨道方向垂直的水平力。在直线轨道上，横向水平力主要是机车车辆的蛇行运动而产生的周期性的横向力以及轨道方向不平顺处车辆冲击钢轨的横向力；在曲线轨道上，横向水平力主要是因转向架转向，车辆轮缘作用于钢轨侧面上的导向力，以及车辆未被平衡的离心力等。横向水平力会导致钢轨的侧面磨耗，甚至造成行驶中的列车脱轨等事故，因此，轨道施工及养护维修时保持恰当的轨距和良好的方向很重要。

3. 纵向水平力

纵向水平力是指沿轨道方向的水平力，包括列车启动、制动、加速时产生的纵向水平力，坡道上列车重力的水平分力，因钢轨温度变化而产生的温度应力等，可能导致钢轨波磨、轨道爬行等病害。

任务2.2　直线轨道几何形位认知

轨道各部分的几何形状、相对位置和基本尺寸要求等参数，称为轨道几何形位。轨道几何形位按照静态与动态两种状况进行管理。静态几何形位是轨道不行车时的状态，采用轨距尺、轨道几何状态检测仪（轨检小车）等工具进行测量。动态几何形位是行车条件下的轨道状态，采用轨道检查车（轨检车）测量。

直线地段轨道应保持顺直，其轨道几何形位要素有轨距、水平、高低、方向和轨底坡。各种轨道几何形位都存在一定的偏差，但不得超过其容许值，称之为轨道几何尺寸的容许偏差。不同的铁路等级，容许偏差的大小也不一样，我国铁路当前在线路维修养护中使用的容许偏差可参见《普速铁路线路修理规则》《高速铁路有砟轨道线路维修规则》（暂行）和《高速铁路无砟轨道线路维修规则》（暂行）。

一　轨距

轨距是指钢轨头部踏面下16mm范围内两股钢轨工作边之间的最小距离，应在钢轨头部内侧下16mm处量取。因为车轮轮缘与钢轨侧面接触点发生在钢轨顶面以下10~16mm处，而在钢轨头部内侧下16mm处量取轨距一般不受钢轨磨耗和肥边❶的影响。

目前，世界大多数国家铁路普遍采用1435mm轨距，称为标准轨距。轨距宽于1435mm称为宽轨距，常用的有1542mm、1600mm和1676mm等，主要有俄罗斯、印度及澳大利亚等国采用。轨距窄于1435mm为窄轨距，有1067mm、1000mm和762mm等，日本的非高速铁路采用1067mm轨距，越南则采用1000mm的轨距。

图2-6　使用轨距尺测量轨距

我国城市轨道交通和铁路直线轨道的轨距值大多规定为1435mm，目前只在滇越铁路（昆明至老街段）保留1000mm窄轨距，部分地方铁路和矿山专用线中也有采用窄轨距的线路。

用轨距尺测量轨距（图2-6）时，应将轨距尺两个测座分别置于左右两股钢轨轨顶并使轨距尺大致与轨向垂直，再将固定测头紧贴一股钢轨内侧工作边，然后前后慢慢滑动轨距尺活动测头端并操纵

---

❶　因列车车辆对基本轨、尖轨的串击挤压，造成其边缘肥大，统称为肥边。

活动挡块把手,使活动测头紧贴另一股钢轨内侧,读出最小数据即为轨距测量值。

高速铁路新线建设一般采用轨道几何状态检测仪连续采集轨距数据,所测得的均是静态的轨距。利用轨检车可测得列车通过时轨距的动态变化,这对于需要运行高速列车的线路来说是非常重要的。

轨距容许偏差按列车速度和轨道种类应采用不同的偏差标准,见表2-2。轨距变化应和缓平顺,当设计速度超过160km/h时,客货共线铁路、重载铁路正线的轨距变化率不应超过1/1500;当设计速度超过200km/h时,高速铁路、城际铁路正线的轨距变化率也不应超过1/1500。普速铁路线路大中修后的轨距变化率(不含规定的递减率),允许速度大于120km/h的正线不得大于1‰,允许速度不大于120km/h的正线及到发线不得大于2‰,其他站线不得大于3‰。因为在短距离内,如轨距有显著变化,即使不超过轨距容许偏差,也会使机车车辆发生剧烈摇摆,因此,限制轨距变化率对保证行车平稳是非常重要的。

轨距的容许偏差值   表2-2

速度(km/h)	高速铁路、城际铁路正线轨距的容许偏差值(mm)		速度(km/h)	客货共线铁路、重载铁路正线轨距的容许偏差值(mm)	
	有砟轨道	无砟轨道		有砟轨道	无砟轨道
$v=120$	+6,-2	+3,-2	$v \leq 120$	+6,-2	+3,-2
$v=160$	+4,-2	±2	$120<v \leq 160$	+4,-2	±2
$v=200$	±2	±2	$160<v \leq 200$	±2	±2
$250<v \leq 350$	±2	±1			

为使机车车辆车轮顺利通过轨道,轨道的轨距必须略大于轮对宽度。当轮对的一个车轮轮缘紧贴一股钢轨的作用边时,另一个车轮轮缘与另一股钢轨作用边之间便形成了一定的间隙,这个间隙称为游间,如图2-7所示。游间可由式(2-2)确定:

$$\delta = S - q \quad (2-2)$$

式中:δ——游间(mm);
S——轨距(mm);
q——轮对宽度(mm)。

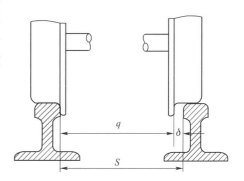

图2-7 轮轨游间示意图

游间大小对列车运行的平稳性和轨道的稳定性有重要影响。游间不能过大,否则,会使车辆行驶时的蛇行运动的幅度加大,横向加速度、轮缘对钢轨的冲角及作用于钢轨上横向力也随之而增加,加剧钢轨磨耗和轨道变形。行车速度越高,这种影响越严重。但如轮轨游间太小,则增加行车阻力和轮轨磨耗,严重时还可能楔住轮对、挤翻钢轨或导致爬轨事件，危及行车安全。因此，必须对游间值加以限制。我国机车车辆轮轨游间值的最大值、正常值及最小值规定见表2-3。

轮 轨 游 间 值　　　　表 2-3

车轮名称	轮轨游间值（mm）			车轮名称	轮轨游间值（mm）		
	最大	正常	最小		最大	正常	最小
机车轮	45	16	11	车辆轮	47	14	9

三　水平

水平是指线路左右两股钢轨顶面的相对高差。为使左右两股钢轨受力均匀，并保证车辆平稳行驶，直线地段上两股钢轨应保持在同一水平面上。

水平同样可用轨距尺、轨检小车或轨检车进行测量。使用轨距尺测钢轨水平时，在测量完轨距后即可进行。直线区段无超高时可使用只有水准泡而无超高显示装置的轨距尺，测量水平时须将手从轨距尺上拿开，待水准气泡稳定后直接读数。曲线地段宜使用有超高显示装置的轨距尺，读水平前应先将水平读数转盘指针归零，以使水平气泡窗口杆与轨距尺尺身平行，再用大拇指转动水平读数转盘，使水准气泡居中，估读水平读数转盘数值取整，详细方法可参考人民交通出版社股份有限公司出版的《轨道交通工程检测及监测技术》教材。

实践中，有两种性质不同的钢轨水平偏差，对行车的危害程度也不一样。一种称为水平差，另一种称三角坑或称轨道扭曲。

水平差是指在一定长度范围内，一股钢轨的轨顶面始终较另一股的高，且高差超过容许偏差值，此种水平偏差对行车的影响较小。水平容许偏差按列车速度和轨道种类应采用不同的偏差标准，见表2-4。

水平的容许偏差值表　　　　表 2-4

速度（km/h）	高速铁路、城际铁路正线水平的容许偏差值（mm）		速度（km/h）	客货共线铁路、重载铁路正线水平的容许偏差值（mm）	
	有砟轨道	无砟轨道		有砟轨道	无砟轨道
$v=120$	4	4	$v \leqslant 120$	4	4
$v=160$	4	2	$120 < v \leqslant 160$	4	2
$v=200$	3	2	$160 < v \leqslant 200$	3	2
$250 < v \leqslant 350$	2	2			

注：水平偏差不含圆曲线、缓和曲线上的超高值。

三角坑（扭曲），是左右两股钢轨顶面相对轨道平面的扭曲状态，用相距一定基长（3m、6.25m或18m）水平的代数差表示。表现为一段不太长的距离内，先是左股钢轨高，后是右股钢轨高（或相反情况），如图2-8所示。三角坑对行车安全危害大，如果在18m范围内出现水平差超过4mm的三角坑，就会出现一个转向架的4个车轮不能全部正常压紧钢轨的现象,在最不利的情况下甚至可以爬上轨顶,引起脱轨事故。因此,一旦发现三角坑,必须立即予以消除。

线路扭曲检测包含于水平检测中,可用相邻两点的水平正负偏差值的代数差的绝对值来表示三角坑值,如图2-9所示三角坑值为|3-(-4)|= 7(mm)。不同列车速度和轨道种类的扭曲容许偏差见表2-5。

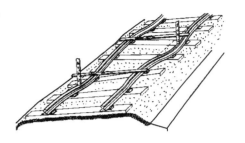

图2-8 线路上三角坑示意图

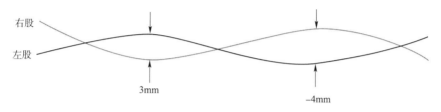

图2-9 三角坑计算示意图

扭曲的容许偏差值表 表2-5

速度（km/h）	高速铁路、城际铁路正线扭曲的容许偏差值（mm）		速度（km/h）	客货共线铁路、重载铁路正线扭曲的容许偏差值（mm）	
	基线长3m			基线长6.25m	
	有砟轨道	无砟轨道		有砟轨道	无砟轨道
$v=120$	3	3	$v \leq 120$	4	4
$v=160$	3	2	$120 < v \leq 160$	4	4
$v=200$	2	2	$160 < v \leq 200$	3	3
$250 < v \leq 350$	2	2			

注:扭曲偏差不含缓和曲线上由于超高顺坡造成的扭曲量。

三 高低

轨道沿线路方向的纵向平顺情况称轨道的前后高低,即轨面不平顺,包括静态不平顺和动态不平顺。新铺设的轨道或大修后验收合格的线路,经过列车运行一段时间后,因道床的累积变形、路基不均匀下沉、木枕腐朽、三角坑和弹性不均匀等原因,使轨面出现高低不平,这种不平顺称为静态不平顺。而线路的有些地段,从表面上看轨面是平顺的,但在钢轨与铁垫板或轨枕之间存在间隙(间隙超过2mm时称为吊板),或轨枕与道砟之间存在空隙(空隙超过2mm时称为空板或暗坑),或轨道的弹性不均匀,当列车通过时,轨面下沉形成不平顺,这种不平顺称为动态不平顺。

轨面前后高低不平顺的危害很大,当车轮通过这种不平顺时,车轮不触及不平顺的底部,造成较大的轮轨冲击作用。长不平顺使车轮对钢轨产生的附加动压力,其值随着不平顺的深度和行车速度的增加而增大;短不平顺使车轮对钢轨产生振动冲击力。不平顺长度越短,深度越大和行车速度越高,振动冲击力越大。例如在速度250km/h时,对于同样的波深为 0.5mm 时的波磨，波长为 20cm 时引起的最大振动冲击力达 514kN，约为波长 50cm 时的 2.6 倍。同时，这种动力作用加速了道床变形，进而扩大了不平顺，加剧了轮轨的动力作用，形成恶循环。因此控制不平顺的大小，对降低轮轨间的动力作用，减小对轨道的破坏是十分重要的，尤其是在高速和重载的轨道上。

施工完成的轨道要求目视平顺，一股钢轨的前后高低检测用 10m 弦或一定长度的基线沿轨顶纵向测量轨面的最大矢度值，如图 2-10 所示。测量结果扣除竖曲线影响后，不同列车速度和轨道种类的高低容许偏差见表 2-6。

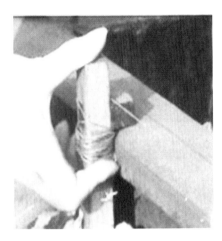

图 2-10　高低检测

高低的容许偏差值表　　　　　　　　　　　　　　表 2-6

速度（km/h）	高速铁路、城际铁路正线高低的容许偏差值		速度（km/h）	客货共线铁路、重载铁路正线高低的容许偏差值	
	有砟轨道	无砟轨道		有砟轨道	无砟轨道
	弦长 10m（基线长 30m、300m）	弦长 10m（基线长 48a、480a）		弦长 10m	
$v=120$	4mm	4mm	$v\leqslant 120$	4mm	4mm
$v=160$	4mm	2mm	$120<v\leqslant 160$	4mm	2mm
$v=200$	3mm (3mm/5m、10mm/150m)	2mm (3mm/8a、10mm/240a)	$160<v\leqslant 200$	3mm	2mm
$250<v\leqslant 350$	2mm (2mm/5m、10mm/150m)	2mm (2mm/8a、10mm/240a)			

注：无砟轨道基线长中 a 为扣件节点间距，单位取 m。

四　轨向

轨道的方向又称轨向，是指轨道中心线在水平面上的平顺性。直线地段轨道应保持顺直，但实际上直线轨道往往由肉眼看不出的长度在 10~20m 的波浪形"曲线"组成，如果方向偏差超过容许范围，则会导致轨道方向不良，引起列车的蛇行运动，对行车的安全和平稳具有特别大的影响。在无缝线路地段，若轨道方向不良，则到了高温季节，在一定条件下，还会引起胀轨跑道，严重威胁行车安全。

因此，为了确保行车安全和平稳，必须定期检查轨向，并及时加以整正。直线轨道首先应目测线路方向是否顺直（图 2-11），必要时采用 10m 弦或一定长度的基线沿钢轨内侧、头部踏面下 16mm 处测量正矢，如图 2-12 所示。测量结果扣除曲线影响后，不同列车速度和轨道种类的轨向容许偏差见表 2-7。

图 2-11　目测检查轨向　　　　　　　　图 2-12　10m 弦检查轨向

轨向容许偏差值表　　　　　　　　　　　　　表 2-7

速度（km/h）	高速铁路、城际铁路正线轨向容许偏差值		速度（km/h）	客货共线铁路、重载铁路正线轨向的容许偏差值	
	有砟轨道	无砟轨道		有砟轨道	无砟轨道
	弦长10m（基线长30m、300m）	弦长10m（基线长48a、480a）		弦长10m	
$v=120$	4mm	4mm	$v \leqslant 120$	4mm	4mm
$v=160$	4mm	2mm	$120 < v \leqslant 160$	4mm	2mm
$v=200$	3mm（3mm/5m、10mm/150m）	2mm（3mm/8a、10mm/240a）	$160 < v \leqslant 200$	3mm	2mm
$250 < v \leqslant 350$	2mm（2mm/5m、10mm/150m）	2mm（2mm/8a、10mm/240a）			

注：无砟轨道基线长中 a 为扣件节点间距，单位取 m。

五　轨底坡

车轮踏面的与钢轨顶面的主要接触部分为 1∶20 的斜坡，为了使钢轨轴心受力，钢轨不应竖直铺设，而要适当地向内倾斜，我们称钢轨底面对轨枕顶面的倾斜度为轨底坡（也叫内倾度）。

设置轨底坡可使车轮压力集中于钢轨的中轴线上,减小荷载偏心矩,提高钢轨的横向稳定性,还可降低轨腰侧弯应力,避免轨头与轨腰连接处发生纵裂。此外,车轮踏面的1∶20的部分能与轨顶面的中部接触,增加轮轨间的接触面积,减小接触应力和由此产生的塑性变形,减轻轨头的不均匀磨耗,延长钢轨使用寿命。

从理论上讲,轨底坡的大小应与车轮踏面主要部分的斜度相同,即1∶20。我国铁路在1965年前,轨底坡规定为1∶20,但在列车的动力作用下,轨道被弹性挤开,轨枕产生挠曲和弹性压缩,加上垫板与轨枕不密贴等原因,实际的轨底坡与原设的轨底坡有较大的偏差。此外,车轮踏面经过一段时间的磨耗后,原来1∶20部分也接近1∶40的坡度。因此,在1965年以后我国铁路把直线地段的轨底坡从1∶20改为1∶40,而城市轨道交通由于荷载较小、车速不高,一般设置1∶40~1∶30的轨底坡。当轨顶面由于不均匀磨耗形成横向坡度时,轨底坡也应按轨顶磨耗情况予以适当调整,但在任何情况下,轨底坡都不应大于1∶12或小于1∶60。

轨底坡设置的正确与否,可根据钢轨顶面由车轮踏面碾磨形成的光带位置来判断。一般情况下,要求光带宽度一致,并稍偏向轨头中心内侧。如光带偏向钢轨中心内侧较多,说明轨底坡不足;如偏向轨顶中心外侧,则说明轨底坡过大。所以,在线路维修养护工作中,可根据轨顶面的光带位置判断轨底坡设置的正确与否。

任务2.3 曲线轨道几何形位认知

曲线是轨道线路的一个重要组成部分,也是轨道结构的三大薄弱环节之一。提高曲线地段轨道的施工质量,保持其正确良好的轨道几何形位,对于保证列车安全、平稳运行具有重要的意义。

一 曲线轨距加宽

列车由直线进入曲线轨道时,仍然存在保持其原来的行驶方向的惯性,但由于转向架的最前轴的外轮受到外轨的导向作用,迫使整个转向架的车轮沿曲线轨道行驶。为使列车转向架能顺利通过曲线而不被楔住,以减小轮轨间的横向水平力和钢轨磨耗,在半径很小的曲线轨道上,轨距要适当加宽。

1. 曲线轨道轨距加宽值确定

铁路轨道上,曲线半径不小于295m的轨道均不需要加宽,而我国正线曲线半径远高于此标准,因此,新建铁路干线均无须加宽,仅当既有线改建困难或站场线路中采用小半径曲线时可能需要加宽。城市轨道交通运行的车辆不同于铁路,轨距加宽的标准也不一样,在其线路受到地形限制,最小曲线半径小于250m时也需要设置加宽。为简化轨道铺设工作,曲线轨道轨距加宽数值应尽可能少,表2-8列出铁路和城市轨道交通的轨距加宽标准。

曲线轨距加宽标准 表2-8

铁　　路		城市轨道交通		
曲线半径（m）	轨距加宽（mm）	曲线半径（m）	轨距加宽（mm）	
			A 型车	B 型车
$R \geqslant 295$	0	$200 \leqslant R < 250$	5	0
$245 \leqslant R < 295$	5	$150 \leqslant R < 200$	10	5
$195 \leqslant R < 245$	10	$100 \leqslant R < 150$	15	10
$R < 195$	15			

2. 曲线轨道轨距加宽递减方法

曲线轨距加宽应按规定的标准在内股加宽，即曲线外股钢轨位置保持不变将曲线轨道的内轨向曲线中心方向移动。

1）铁路曲线轨距加宽递减方法

（1）曲线轨距加宽应在整个缓和曲线内递减。如无缓和曲线，则在直线上递减，递减率不得大于1‰。

（2）复曲线应在正矢递减范围内，从较大轨距加宽向较小轨距加宽均匀递减。

（3）两曲线轨距加宽按1‰递减，其终点间的直线长度不应短于10m。不足10m时，如直线部分的两轨距加宽相等，则直线部分保留相等的加宽；如不相等，则直线部分从较大轨距加宽向较小轨距加宽均匀递减。

（4）在困难条件下，站线上的轨距加宽可按2‰递减。

2）城市轨道交通曲线轨距加宽递减方法

曲线轨距加宽应在缓和曲线内递减，无缓和曲线或其长度不足时，应在直线地段递减，递减率不宜大于2‰。

二　曲线轨道外轨超高

列车在曲线上行驶时，由于惯性离心力作用，若不设置超高，外股钢轨受力必然大于内股钢轨，可导致外轨磨耗加剧、轨距增大，同时使旅客产生不适、货物移位，严重时甚至会造成列车脱轨及倾覆。因此，需要把曲线外轨适当抬高，使机车车辆的自身重力产生一个向心的水平分力，以平衡离心力作用，达到内外两股钢轨受力均匀和垂直磨耗均匀的目的，满足旅客舒适感，提高线路的横向稳定性，保证行车安全。

1. 外轨超高的确定

1）按基本平衡条件确定外轨超高

质量为 m（kg）的列车沿半径为 R（m）的圆曲线轨道以速度 v（m/s）运行时，产生离心力 J（N）：

$$J = \frac{mv^2}{R} \tag{2-3}$$

为了平衡这个离心惯性力，需在曲线轨道上设置外轨超高，即把曲线外轨适当抬高，借助车辆重力 G 的水平分力平衡离心惯性力 J（图2-13）。把 J 和 G 各分解为与轨顶线平

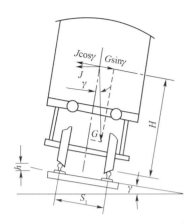

图 2-13 外轨超高计算示意图

行和垂直的两个分力。为使两股钢轨上所受的压力相等，应有 $J\cos\gamma = G\sin\gamma$。由于 γ 角甚小，近似有 $\tan\gamma = \sin\gamma = \dfrac{h}{S_1}$，由此得 $J = G\dfrac{h}{S_1} = \dfrac{mgh}{S_1}$，因此，$h = \dfrac{JS_1}{mg}$。

将式（2-3）代入上式即可得外轨超高 h（mm）的表达式：

$$h = \frac{S_1 v^2}{gR} \tag{2-4}$$

取 $S_1 = 1500\text{mm}$，$g = 9.81\text{m/s}^2$，代入式（2-4）得：

$$h = 153\frac{v^2}{R} \tag{2-5}$$

由式（2-5）可见，对一定半径的曲线来说，超高与列车速度的平方成正比。所以，超高设置是否合适，取决于平均速度的选择是否恰当。

(1) 新线设计施工确定超高。

新线设计与施工时，采用平均速度 $v_p = 0.8 v_{\max}$，并取列车速度的单位为 km/h，代入式（2-5），得到应设置超高：

$$h = 153\frac{(v_p/3.6)^2}{R} = \frac{11.8(0.8 v_{\max})^2}{R} = 7.6\frac{v_{\max}^2}{R} \tag{2-6}$$

式中：$v_{\max}$——该段线路最大的设计行车速度（km/h）。

为便于管理，圆曲线外轨超高按 5mm 的整倍数进行设置。

新线经过一段时间运营后，可根据实际运营状态对外轨超高进行适当调整。

(2) 运营线曲线超高确定。

线路上通过的每一次列车的质量和速度是不同的，通过曲线时产生的离心力也不相同，为使内外轨垂直磨耗均衡，平均速度 v_p 应取为每昼夜通过该曲线列车牵引质量的加权平均速度：

$$v_p = \sqrt{\frac{\sum NP v^2}{\sum NP}} \tag{2-7}$$

式中：P——列车质量（kg）；

v——列车速度（km/h）；

N——每昼夜通过的质量和速度相同的列车次数。

则该段曲线应设置超高 $h = 153\dfrac{(v_p/3.6)^2}{R} = 11.8\dfrac{v_p^2}{R}$。

2) 按旅客舒适感校核曲线超高设置

一段曲线轨道上，一旦按上述方法实设超高后，在运行过程中是不能随意改变的，而只有当列车速度等于平均速度 v_p 时向心力正好等于离心力，当实际列车速度 v 大于或小于平均速度 v_p 时，就会产生未被平衡的离心力。

由式（2-5）可知，列车以速度 v（m/s）通过曲线时，要求设置的超高为 $h_1 = 153\dfrac{v^2}{R}$，而实际设置的超高为 $h_0 = 153\dfrac{v_p^2}{R}$。若 v 与 v_p 不等，则 h_1 与 h_0 不等，二者的差值，即未被平衡的超高 Δh 为

$$\Delta h = h_1 - h_0 = 153\left(\dfrac{v^2}{R} - \dfrac{v_p^2}{R}\right) = 153a \tag{2-8}$$

式中：$\dfrac{v^2}{R}$ ——离心力产生的离心加速度（m/s²）；

$\dfrac{v_p^2}{R}$ ——由于外轨超高的存在而产生的向心加速度分量（m/s²）；

a ——离心加速度与向心加速度之差（m/s²）。

当 $a > 0$ 时，说明离心力超过外轨超高所能提供的向心力，存在未被平衡的离心力，此时，$\Delta h > 0$，超高设置不足，称为欠超高；当 $a < 0$ 时，说明外轨超高所能提供的向心力超过离心力，存在多余的向心力，此时，$\Delta h < 0$，超高设置过大，称为过超高或余超高。当未被平衡的横向加速度 a 超过一定限值时，旅客将感觉不舒适直至无法克服。根据我国实践经验，未被平衡的离心加速度容许值 $[a]$ 宜为 $0.4 \sim 0.5\text{m/s}^2$，特殊情况下可为 0.6m/s^2。为保证旅客乘车的舒适性，必须对未被平衡的超高进行限制：

$$\Delta h \leq 153[a] \tag{2-9}$$

我国《地铁设计规范》（GB 50157—2013）第3.3.5条规定，未被平衡的横向加速度 $[a]$ 不宜超过 0.4m/s^2，因此，未被平衡的超高度 Δh 应为 61mm。当 $[a]$ 分别取为 0.5m/s^2、0.6m/s^2 时，Δh 应分别不超过 76mm 和 92mm，据此我国《普速铁路线路修理规则》第3.1.1条规定，未被平衡的欠超高一般不应大于 75mm，困难情况下不得大于 90mm。随着我国铁路的提速和高速铁路的修建，为提高旅客列车的舒适性，未被平衡欠超高的控制更加严格，我国《铁路轨道设计规范》（TB 10082—2017）第3.2.5条规定了高速铁路和城际铁路曲线欠超高、过超高的允许值及客货共线铁路和重载铁路曲线欠超高、过超高的允许值，分别见表2-9、表2-10。

高速铁路和城际铁路曲线欠超高、过超高的允许值（mm）　　表2-9

铁路等级	欠超高允许值			过超高允许值		
	优秀	良好	一般	优秀	良好	一般
高速铁路	40	60	90	40	60	90
城际铁路	40	80	110	40	80	110

客货共线铁路和重载铁路曲线欠超高、过超高的允许值（mm）　　表2-10

铁路等级	欠超高允许值		过超高允许值	
	一般	困难	一般	困难
客货共线、重载铁路	70	90	30	50

3）按安全条件确定曲线轨道外轨超高最大值

曲线轨道设置一定的超高，可有效平衡列车通过曲线轨道时受到的离心力，提高旅客列车的舒适性，但当低速列车行驶于外轨超高很大的曲线轨道时，或特殊情况下列车在曲线轨道停车时，就存在倾覆的危险，因此，为保证行车安全，必须限制曲线轨道外轨超高最大值。

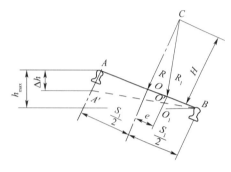

图 2-14 外轨最大超高计算示意图

设曲线外轨最大超高为 h_{max}，与之相适应的行车速度为 v，离心力与重力的合力 R 通过轨距中点 O 点，如图 2-14 所示。当某一车辆以 $v_1 < v$ 的速度通过该曲线时，曲线超高设置过大，过超高为 Δh，离心力与重力的合力 $R_1 \perp A'B$，其与轨面线 AB 交于点 O_1，偏离轨道中心的距离为 e，随着 e 值的增大，车辆在曲线上运行的稳定性下降，其稳定程度可采用稳定系数 n 来表示，将其定义为两股钢轨中线间距离的一半（即 $S_1/2$）与偏心距 e 的比值，即

$$n = \frac{S_1/2}{e} = \frac{S_1}{2e} \tag{2-10}$$

当 $e = 0$，$n \to \infty$ 时，车辆处于绝对稳定状态；

当 $e < \frac{S_1}{2}$，$n > 1$ 时，车辆处于稳定状态，且 n 越大，车辆越稳定；

当 $e = \frac{S_1}{2}$，$n = 1$ 时，车辆处于临界稳定状态；

当 $e > \frac{S_1}{2}$，$n < 1$ 时，车辆丧失稳定而倾覆。

由上述分析易知，图 2-14 中 $\triangle COO'$ 与 $\triangle BAA'$ 相似，由此得：

$$OO' : CO = AA' : BA$$

因 $OO' = e$，$CO = H$（车辆重心至轨顶的高度），$AA' = \Delta h$，$BA = S_1$，所以：

$$e = \frac{H}{S_1} \Delta h \tag{2-11}$$

代入式（2-10）得：

$$n = \frac{S_1^2}{2H\Delta h} \tag{2-12}$$

根据我国铁路运营的经验，为保证行车安全，n 值不应小于 3。而列车在曲线轨道上行驶，其最不利的情况是在曲线上临时停车，此时外轨超高全是过超高，即 $\Delta h = h_{max}$，代入式（2-12）可得：

$$h_{max} = \Delta h = \frac{S_1^2}{2nH} \tag{2-13}$$

将 $n = 3$，$S_1 = 1500\text{mm}$，$H = 2220\text{mm}$ 代入式（2-13），得：$h_{max} = \Delta h = \frac{S_1^2}{2nH} = \frac{1500^2}{2 \times 3 \times 2220} = 169\text{mm}$。

我国《铁路轨道设计规范》(TB 10082—2017) 第 3.2.2 条规定，有砟轨道外轨超高最大值为 150mm，若同时考虑内外轨允许水平差 4mm，则列车在曲线上临时停车的最不利情况下，过超高最大可达 154mm，由式（2-12）可算得列车的稳定系数 n 得：

$$n = \frac{S_1^2}{2H\Delta h} = \frac{1500^2}{2 \times 2220 \times 154} = 3.3 > 3$$

列车能保证有足够的稳定系数。

应注意到，行车条件不同，外轨超高最大值规定也不同。如普通铁路复线为单方向行驶，同一曲线上行驶的速度相差较小，故最大超高可大些，规定为 150mm；普通铁路单线上，上、下行两个方向的运量不同，轻、重车的行驶速度相差比较大，为保证安全，并不使内轨偏载过大，规定最大超高不得超过 125mm。此外，我国采用无砟轨道的高速铁路最大超高采用 175mm，城市轨道交通的最大超高为 120mm。

2. 曲线轨道超高设置方法

曲线轨道在设置外轨超高时，主要有外轨提高法和线路中心高度不变法两种方法。外轨提高法是保持内轨高程不变而只抬高外轨的方法。线路中心高度不变法是内外轨分别各降低和抬高超高值一半而保证线路中心高程不变的方法。前者使用较普遍，后者仅在建筑限界受到限制时才采用。

我国《铁路轨道设计规范》(TB 10082—2017) 第 3.2.3 条和第 3.2.4 条规定，新建铁路外轨超高应在缓和曲线全长范围内递减顺接，超高顺坡率最大值应符合表 2-11 的规定，且不应大于 2‰。改建铁路外轨超高宜在缓和曲线全长内递减顺接。特殊困难条件下，保留复曲线时应在正矢递减范围内，从较大超高向较小超高均匀顺坡。

超高顺坡率最大值　　　　　　　　　　表 2-11

铁路等级	一般	困难	铁路等级	一般	困难
高速铁路	$1/(10v_{max})$	$1/(9v_{max})$	客货共线铁路	$1/(10v_{max})$	$1/(9v_{max})$
城际铁路	$1/(10v_{max})$	$1/(8v_{max})$	重载铁路	$1/(9v_{max})$	$1/(7v_{max})$

注：①客货共线铁路设计速度为 80km/h 及以下时，超高顺坡率最大值，一般条件取 $1/(9v_{max})$，困难条件取 $1/(8v_{max})$；
②v_{max} 为列车最高运行速度（km/h）。

我国《地铁设计规范》(GB 50157—2013) 第 7.2.4 条规定，曲线超高设置应符合下列规定：

（1）隧道内及 U 形结构的无砟道床地段曲线超高，宜采用外轨抬高超高值的 1/2、内轨降低超高值的 1/2 设置；高架线、地面线的轨道曲线超高，宜采取外轨抬高超高值设置。

（2）超高顺坡率不宜大于 2‰，困难地段不应大于 2.5‰。曲线超高值应在缓和曲线内递减。无缓和曲线或其长度不足时，应在直线段递减。

3. 曲线轨道上最高行车速度

任何一段曲线轨道，当按一定的平均速度设置超高后，除了行车速度有较大的变化外,一般是固定不变的。在已设超高的条件下,通过该段曲线的最高容许速度必定受到未被平衡的容许欠超高的限制,据此可得出允许通过该曲线轨道的最高行车速度。

由式(2-5)可知:

$$h + [\Delta h] = 153 \frac{v_{max}^2}{R} \tag{2-14}$$

则该曲线轨道的最高行车速度 v_{max} 为

$$v_{max} = \sqrt{\frac{(h + [\Delta h])R}{153}} \text{ (m/s)}$$

或

$$v_{max} = \sqrt{\frac{(h + [\Delta h])R}{11.8}} \text{ (km/h)} \tag{2-15}$$

式中:R——曲线半径(m);

h——按平均速度在线路上的实设超高(mm);

$[\Delta h]$——未被平衡的容许欠超高(mm)。

在铁路复线上,当最大超高 $h = 150$mm 时,容许的最高行车速度与曲线半径的关系如下:

$$[\Delta h] = 75\text{mm}, v_{max} = 4.3\sqrt{R}\text{(km/h)}$$

$$[\Delta h] = 90\text{mm}, v_{max} = 4.5\sqrt{R}\text{(km/h)}$$

一般情况下,曲线上的最高行车速度 v_{max} (km/h) 按式(2-16)计算:

$$v_{max} = 4.3\sqrt{R} \tag{2-16}$$

在铁路单线上,当最大超高 $h = 125$mm 时,未被平衡的容许欠超高按特殊情况采用 90mm 时,最高行车速度为 $v_{max} = 4.25\sqrt{R}$ (km/h)。

在城市轨道交通线路上,在正常情况下,允许未被平衡横向加速度为 0.4m/s^2,当曲线超高为 120mm 时,最高速度限制为 $v_{0.4} = 3.91\sqrt{R}$ (km/h);在瞬间情况下,允许短时出现未被平衡横向加速度为 0.5m/s^2,当曲线超高为 120mm 时,瞬时最高速度限制为 $v_{0.5} = 4.08\sqrt{R}$ (km/h)。

采用未被平衡的容许欠超高值来确定通过曲线地段列车的最高行车速度,是保证行车安全的一项重要指标。

三 缓和曲线

1. 缓和曲线的作用及其几何特征

行驶于曲线轨道的机车车辆,会出现一些与直线轨道运行显著不同的受力特征,如曲线运行的离心力,外轨超高不连续引起的冲击力等。为使上述诸力不致突然产生和消失,以保持列车运行的平稳性,在直线轨道和圆曲线轨道之间应设置一段曲率半径渐变的连接曲线,称为缓和曲线。缓和曲线具有以下几何特征:

(1)缓和曲线连接直线和半径为 R 的圆曲线,其曲率由零至 $1/R$ 逐渐变化;

(2)缓和曲线的外轨超高,由直线上的零值逐渐增至圆曲线的超高度,与圆曲线超高相连接；

（3）缓和曲线连接半径小于350m的圆曲线时，在整个缓和曲线长度内，轨距加宽呈线性递增，由零至圆曲线加宽值。

因此，缓和曲线是一条曲率和超高均逐渐变化的空间曲线。

2. 缓和曲线的几何形位要求

图2-15是连接直线与圆曲线的一段缓和曲线。其起点和终点分别为 ZH 点和 HY 点。要达到设置缓和曲线的目的，根据如图所取的直角坐标系，缓和曲线线型必须满足以下几何形位要求。

1）坐标要求

在缓和曲线始点（ZH）处，横坐标 $x=0$，纵坐标 $y=0$；在缓和曲线终点（HY）处，$x=x_0$，$y=y_0$，两者之间坐标连续变化，如图2-15所示。

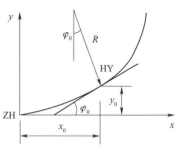

图2-15 缓和曲线坐标系

2）偏角要求

在 ZH 处，偏角 $\varphi=0$；在 HY 处 $\varphi=\varphi_0$，两者之间偏角连续变化。

3）曲率要求

在 ZH 处，应有曲率 $k=\dfrac{1}{\rho}=0$；在 HY 处，$k=\dfrac{1}{R}$，两者之间曲率应连续变化。

4）超高要求

在 ZH 处，超高 $h=0$；在 HY 处，$h=h_0$，两者之间应以顺坡方式连续变化。顺坡方式有两种：一种是直线型顺坡，如图2-16a）所示；另一种是曲线型顺坡，如图2-16b）所示。直线型顺坡的特点是在 ZH 和 HY 处均有一个折角 γ，列车通过时会产生冲击。在行车速度不高，超高顺坡相对平缓时，列车对外轨的冲击不大，可以采用直线型顺坡。直线型顺坡的缓和曲线，在始点处 $\rho=\infty$；终点处 $\rho=R$，即可满足曲率与超高相配合的要求。

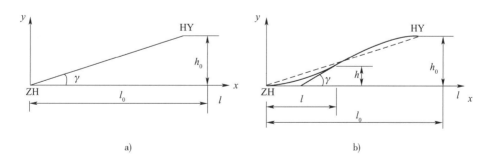

图2-16 超高顺坡
a）直线型；b）曲线型

当行车速度较高时，为了消除列车对外轨的冲击作用，应采用曲线型超高顺坡。其几何特征是缓和曲线始点及终点处的超高顺坡折角 $\gamma=0$，即在始点和终点处应有：

$$\tan\gamma = \frac{\mathrm{d}h}{\mathrm{d}l} = 0 \tag{2-17}$$

式中：h——外轨超高度，其值为 $h = 11.8\frac{v_p^2}{\rho}$；

l——曲线上任何一点至缓和曲线起点的距离。

对某一特定曲线，平均速度 v_p 可视为常数，令 $E = 11.8 v_p^2$，则 $h = E \cdot \frac{1}{\rho} = E \cdot k$，即缓和曲线上任一点的超高 h 与曲率 k 成正比。因此，在缓和曲线始终点处应有：$\frac{\mathrm{d}h}{\mathrm{d}l} = 0$，即 $\frac{\mathrm{d}k}{\mathrm{d}l} = 0$，在缓和曲线始终点间，$\frac{\mathrm{d}k}{\mathrm{d}l}$ 应连续变化。

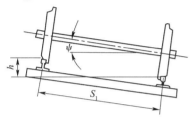

图 2-17 车体在缓和曲线上的倾转

5) $\frac{\mathrm{d}k}{\mathrm{d}l}$ 的变化率 $\frac{\mathrm{d}^2 k}{\mathrm{d}l^2}$ 的要求

列车在缓和曲线上行驶时，车轴与水平面倾斜成一角度 ψ，如图 2-17 所示。随着超高 h 的增大，ψ 角也不断增大，使车体逐渐倾转。为使车体倾转对钢轨的作用不突然产生或消失，应在缓和曲线始终点处，使车轴的角加速度 $\frac{\mathrm{d}^2 \psi}{\mathrm{d}t^2} = 0$，两者之间连续变化。因 $\psi \approx \sin\psi = \frac{h}{S_1}$，

而 $h = E \cdot k$，所以 $\frac{\mathrm{d}^2 \psi}{\mathrm{d}t^2} = \frac{E}{S_1}\frac{\mathrm{d}^2 k}{\mathrm{d}t^2}$，又因 $v = \frac{\mathrm{d}l}{\mathrm{d}t}$，可得 $\frac{\mathrm{d}^2 \psi}{\mathrm{d}t^2} = \frac{Ev^2}{S_1}\frac{\mathrm{d}^2 k}{\mathrm{d}l^2}$。

在缓和曲线始终点处要使 $\frac{\mathrm{d}^2 \psi}{\mathrm{d}t^2} = 0$，应有 $\frac{\mathrm{d}^2 k}{\mathrm{d}l^2} = 0$，在缓和曲线范围内连续变化。

综上所述，对缓和曲线的形位要求，归纳为表 2-12 所示。

缓和曲线线型条件　　　　　　　　　　　　　表 2-12

符　号	始点（ZH）$l=0$	终点（HY）$l=l_0$	始点与终点之间
y	0	y_0	连续变化
φ	0	φ_0	
k	0	$\frac{1}{R}$	
$\frac{\mathrm{d}k}{\mathrm{d}l}$	0	0	
$\frac{\mathrm{d}^2 k}{\mathrm{d}l^2}$	0	0	

3. 常用缓和曲线

满足表 2-12 前三项要求的缓和曲线，在轨道线路上最为常用，故称为常用缓和曲线，其外轨超高顺坡成直线型，在缓和曲线的始终点处存在一个折角 γ，列车通过时会产生一

定冲击,但在行车速度不高的线路上,基本可满足列车运行的需要。

常用缓和曲线的基本方程必须满足的条件:$l=0$ 时,$k=0$;$l=l_0$时,$k=k_0=\frac{1}{R}$;$0<l<l_0$时,$0<k<\frac{1}{R}$。满足这些条件的基本方程应为

$$k = k_0 \frac{l}{l_0} = \frac{l}{c} \tag{2-18}$$

式中:k——缓和曲线上任一点的曲率;

l——为缓和曲线上任何一点离 ZH(或 HZ 点)的距离;

k_0——缓和曲线终点 HY(或 YH 点)的曲率,等于 $\frac{1}{R}$;

l_0——缓和曲线长度;

c——常用缓和曲线特征常数,$c=Rl_0$。

由式(2-18)可见,缓和曲线长度 l 与其曲率 k 成正比,符合这一条件的曲线称为放射螺旋线,其近似参变数方程式为

$$x = l - \frac{l^5}{40R^2 l_0^2}, \quad y = \frac{l^3}{6Rl_0} \tag{2-19}$$

消去上两式的参变数 l,可得其近似的直角坐标方程式:

$$y = \frac{x^3}{6Rl_0}\left(1 + \frac{2x^4}{35R^2 l_0^2} + \cdots\right) \tag{2-20}$$

由于式(2-20)括号内的第二项以后的数值甚小,略去后方程即为三次抛物线方程:

$$y = \frac{x^3}{6Rl_0} \tag{2-21}$$

当曲线半径较大,缓和曲线较短时,三次抛物线方程与放射螺旋线接近重合,是普速铁路最常用的缓和曲线方程。常用缓和曲线的优点是铺设和养护维修比较容易,缓和曲线长度比较短;但其缺点是直线型超高顺坡,始终点存在折角,影响行车的平稳性。因此,当行车速度较高时,可以适当采取一些措施来改善其始终点运行条件,如适当增加缓和曲线长度,在其始终点各增加圆形竖曲线或余弦形竖曲线,以消除其始终点的折角,减小轮轨冲击。

4. 高次缓和曲线

满足表 2-12 中前四项或全部五项要求的缓和曲线统称为高次缓和曲线,其外轨超高顺坡为曲线顺坡。列车经过高次缓和曲线时,各种力的作用不会突然产生和消失,可适应高速行车的需要。因此,高速铁路一般采用高次缓和曲线。

求高次缓和曲线方程的方法,可先确定一个符合 $\frac{dk}{dl}$ 或 $\frac{d^2k}{dl^2}$ 条件的基本方程,再逐步推导,最后得出所需求的缓和曲线方程式。

表 2-13 列出的是可用于高速铁路的几种高次缓和曲线。

几种高次缓和曲线　　　　　　　　　　　　　　表 2-13

缓和曲线	基本方程	线型方程
五次抛物线	$\dfrac{d^2k}{dl^2} = \dfrac{6}{Rl_0^2}\left(1 + \dfrac{l}{2l_0}\right)$	$y = \dfrac{l_0^2}{2R}\left[\dfrac{1}{2}\left(\dfrac{x}{l_0}\right)^4 - \dfrac{1}{5}\left(\dfrac{x}{l_0}\right)^5\right]$
赵氏七次式	$\dfrac{d^2k}{dl^2} = Bl\left(l - \dfrac{l_0}{2}\right)(l - l_0)$	$y = \dfrac{l_0^2}{2R}\left[\dfrac{2}{7}\left(\dfrac{x}{l_0}\right)^7 - \left(\dfrac{x}{l_0}\right)^6 + \left(\dfrac{x}{l_0}\right)^5\right]$
沙氏正弦形	$\dfrac{d^2k}{dl^2} = B\sin 2\pi \dfrac{l}{l_0}$	$y = \dfrac{l_0^2}{2R}\left[\dfrac{1}{3}\left(\dfrac{x}{l_0}\right)^3 - \dfrac{1}{2\pi^2}\left(\dfrac{x}{l_0}\right) + \dfrac{1}{4\pi^3}\sin\dfrac{2\pi x}{l_0}\right]$
半波正弦形	$\dfrac{dk}{dl} = B\sin\pi\dfrac{l}{l_0}$	$y = \dfrac{l_0^2}{2R}\left[\dfrac{1}{2}\left(\dfrac{x}{l_0}\right)^2 + \dfrac{1}{\pi^2}\left(\cos\dfrac{\pi x}{l_0}\right) - \dfrac{1}{3}\right]$

注：赵氏七次式是我国原长沙铁道学院赵方民教授于 1957 年提出。

从理论上讲，缓和曲线始终点等于 0 的导数阶数越高，其安全、平顺、旅客舒适性能越好。但是，在满足相同舒适性的条件下，缓和曲线始终点导数为 0 的阶数越高的线型，其超高和支距在始终点附近的增量越小，所需缓和曲线长度越长，有的可达三次抛物线型缓和曲线长度的两倍以上。这不仅增加了工程量，而且给缓和曲线的测设、施工和养护维修增加了困难，特别是在碎石道床条件下，线型难以保持。因此，选择缓和曲线线型时，不能盲目追求高舒适性的复杂线型，而应在充分考虑安全、平顺、舒适的条件下，尽可能选择施工、养护维修方便的线型。

5. 确定缓和曲线长度

缓和曲线长度是铁路线路平面设计的主要参数之一。从保证行车安全和旅客乘坐舒适性角度要求缓和曲线具有一定的长度，但缓和曲线过长将制约平面选线和纵断面变坡点设置的灵活性，且会导致工程投资增大。因此，需要合理确定缓和曲线长度。缓和曲线长度的确定受许多因素的影响，其中最主要的是保证行车安全和旅客舒适两个条件。

1）按安全条件确定缓和曲线长度

机车车辆行驶在缓和曲线上，若不计轨道弹性和车辆弹簧的作用，则转向架上的车轮可能形成如图 2-18 所示的三点支承。

为了保证安全，应使车轮轮缘不爬越内轨顶面。设外轨超高顺坡坡度为 i，最大固定轴距为 l_{max}，则车轮踏面离开内轨顶面的高度为 il_{max}。当悬空的高度大于轮缘最小高度 f_{min} 时，车轮就有可能形成三点支承脱轨的危险。因此必须保证：$il_{max} \leqslant f_{min}$，即 $i \leqslant \dfrac{f_{min}}{l_{max}}$。

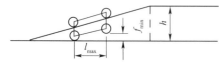

图 2-18　转向架在轨道上形成三点支承

对于直线型超高顺坡的缓和曲线,其长度 l_0 应为

$$l_0 \geqslant \frac{h_0}{i} \tag{2-22}$$

式中:h_0——圆曲线外轨超高(mm)。

根据我国的经验,要保证不脱轨,超高顺坡率不宜大于2‰。

对曲线型超高顺坡的缓和曲线,i 的最大值均出现在缓和曲线中点,即 $l = l_0/2$ 处,此处的外轨超高顺坡的最大坡度也应满足式(2-22)对 i 的要求。易知,当曲线型超高顺坡缓和曲线与直线型超高顺坡缓和曲线有相同的最大顺坡坡度时,前者的曲线长度须大于后者。

2)按舒适条件确定缓和曲线长度

车轮在外轨上的升高或降低速度 μ(或称超高时变率)由式(2-23)计算:

$$\mu = \frac{h_0}{t} = \frac{h_0 v_{\max}}{3.6 l_0} \tag{2-23}$$

式中:μ——容许的升高或降低速度(mm/s);

$v_{\max}$——通过曲线的最高行车速度(km/h);

h_0——圆曲线外轨超高(mm);

l_0——缓和曲线长度(m),$l_0 = \frac{h_0}{3.6\mu} v_{\max}$。

根据我国的经验,μ 的容许值规定为:一般地段 $\mu \leqslant 32$ mm/s;困难地段 $\mu \leqslant 40$ mm/s。则有:

$$\begin{aligned}&\text{当}\ \mu \leqslant 32\text{mm/s 时}, l_0 \geqslant 9 h_0 v_{\max};\\&\text{当}\ \mu \leqslant 40\text{mm/s 时}, l_0 \geqslant 7 h_0 v_{\max}\end{aligned} \tag{2-24}$$

此外,对高速铁路的缓和曲线还应考虑未被平衡的离心加速度变化率 γ(或称加速度时变率)来确定缓和曲线长度,以保证舒适的要求。γ 的计算如下:

$$\gamma = \frac{a}{t} = \frac{a}{3.6 l_0 / v_{\max}} = \frac{a v_{\max}}{3.6 l_0} \leqslant \gamma \tag{2-25}$$

由此得到缓和曲线长度:

$$l_0 \geqslant \frac{a v_{\max}}{3.6 \gamma} \tag{2-26}$$

式中:a——缓和曲线上未被平衡的离心加速度(m/s²);

$v_{\max}$——缓和曲线上最高行车速度(km/h);

γ——未被平衡的离心加速度变化率(m/s³)。

由于欠超高与未被平衡的离心加速度关系为 $\Delta h = 153 a$(mm),代入式(2-26)得:

$$l_0 \geqslant \frac{\Delta h \cdot v_{\max}}{153 \times 3.6 \gamma} \tag{2-27}$$

根据我国铁道科学研究院的研究数据，γ 值一般取 0.29m/s^3；困难时取 0.34m/s^3。

综上所述，在目前我国铁路上，客货混跑线路缓和曲线长度应以式（2-24）和式（2-26）算出的值中选取其中最大者为标准；对于高速铁路，还要增加考虑加速度时变率，即式（2-27）。同时，为了铺设和维修养护方便，将计算结果取 10m 的整倍数。若既有线上原设置的缓和曲线长度比计算结果大，则采用原来的长度；若原长度不足，则应依照计算结果予以延长。

《铁路线路设计规范》（TB 10098—2017）第 5.2.3 条规定，缓和曲线长度应根据设计速度、曲线半径和地形条件按表 2-14、表 2-15 合理选用。

缓和曲线长度（m） 表 2-14

曲线半径（m）	设计速度（km/h）								
	350			300			250		
	（1）	（2）	（3）	（1）	（2）	（3）	（1）	（2）	（3）
12000	370	330	300	220	200	180	140	130	120
11000	410	370	330	240	210	190	160	140	130
10000	470	420	380	270	240	220	170	150	140
9000	530	470	430	300	270	250	190	170	150
8000	590	530	470	340	300	270	210	190	170
7000	670 680*	590 610*	540 550*	390	350	310	240	220	190
6000	670 680*	590 610*	540 550*	450	410	370	280	250	230
5500	670 680*	590 610*	540 550*	490	440	390	310	280	250
5000	—	—	—	540	480	430	340	300	270
4500	—	—	—	570 585*	510 520*	460 470*	380	340	310
4000	—	—	—	570 585*	510 520*	460 470*	420	380	340
3500	—	—	—	—	—	—	480	430	380
3200	—	—	—	—	—	—	480	430	380
3000	—	—	—	—	—	—	480 490*	430 440*	380 400*
2800	—	—	—	—	—	—	480 490*	430 440*	380 400*

注：① （1）、（2）、（3）分别对应超高时变率 $\mu=25\text{mm/s}$、$\mu=28\text{mm/s}$、$\mu=31\text{mm/s}$；
② * 号标志，表示为曲线设计超高 175mm 时的取值。

限速地段缓和曲线长度（m） 表2-15

曲线半径（m）	设计速度（km/h）							
	200		160		120		80	
	（1）	（2）	（1）	（2）	（1）	（2）	（1）	（2）
12000	80	70	50	40	20	20	—	—
11000	80	70	50	40	20	20	—	—
10000	90	80	50	40	20	20	—	—
9000	100	80	60	50	30	30	—	—
8000	110	90	60	50	30	30	20	20
7000	130	100	70	50	40	30	20	20
6000	150	120	70	60	40	30	20	20
5500	170	140	80	70	40	30	20	20
5000	180	150	90	80	40	40	20	20
4500	200	160	100	80	50	40	20	20
4000	230	180	120	100	50	40	20	20
3500	260	210	130	100	50	50	20	20
3200	280	230	140	120	60	50	20	20
3000	300	230	160	130	60	50	20	20
2800	330	260	160	130	70	60	30	20
2500	340	270	180	150	80	60	30	30
2200	360	290	200	160	80	70	30	30
2000	360	290	230	180	100	80	40	30
1900	—	—	240	190	100	80	40	30
1800	—	—	250	210	100	90	40	30
1600	—	—	270	220	120	100	40	40
1500	—	—	290	230	120	100	50	40
1400	—	—	290	230	140	110	50	40
1300	—	—	—	—	140	120	50	40
1200	—	—	—	—	160	130	60	50
1100	—	—	—	—	170	140	60	50
1000	—	—	—	—	190	160	70	60
900	—	—	—	—	200	170	80	60
800	—	—	—	—	200	170	80	70
700	—	—	—	—	—	—	100	80
600	—	—	—	—	—	—	110	90
550	—	—	—	—	—	—	110	90
500	—	—	—	—	—	—	120	90
450	—	—	—	—	—	—	130	110
400	—	—	—	—	—	—	140	110

注：（1）、（2）分别对应超高时变率 $\mu=25$ mm/s、$\mu=31$ mm/s。

《地铁设计规范》（GB 50157—2013）第 6.2.2 条规定，缓和曲线长度应根据曲线半径、列车通过速度，以及曲线超高设置等因素，按表 2-16 的规定选用。

线路曲线超高 – 缓和曲线长度　　表 2-16

R	v	100	95	90	85	80	75	70	65	60	55	50	45	40	35
3000	L	30	25	20	20	20	20	20	—	—	—	—	—	—	—
	h	40	35	30	30	25	20	20	15	15	10	10	10	5	5
2500	L	35	30	25	20	20	20	20	20	—	—	—	—	—	—
	h	50	45	40	35	30	25	25	20	15	15	10	10	10	5
2000	L	45	40	35	30	25	20	20	20	20	20	—	—	—	—
	h	60	55	50	45	40	35	30	25	20	20	15	10	10	5
1500	L	55	50	45	35	30	25	20	20	20	20	20	—	—	—
	h	80	70	65	60	50	45	40	35	30	25	20	15	15	10
1200	L	70	60	50	40	40	30	25	20	20	20	20	20	—	—
	h	100	90	80	70	65	55	50	40	35	30	25	20	15	10
1000	L	85	70	60	50	45	35	30	25	20	20	20	20	20	—
	h	120	105	95	85	75	65	60	50	45	35	30	25	20	15
800	L	85	80	75	65	55	45	35	30	30	25	20	20	20	20
	h	120	120	120	105	95	85	70	60	55	45	35	30	25	20
700	L	85	80	75	75	65	50	45	35	25	20	20	20	20	20
	h	120	120	120	120	110	95	85	70	60	50	40	35	25	20
600	L	—	80	75	75	70	60	50	40	30	25	20	20	20	20
	h	—	120	120	120	120	110	95	85	70	60	50	40	30	25
550	L	—	—	75	75	70	65	55	40	35	25	25	20	20	20
	h	—	—	120	120	120	120	105	90	75	65	55	45	35	25
500	L	—	—	—	75	70	65	60	45	35	30	25	20	20	20
	h	—	—	—	120	120	120	115	100	85	70	60	50	40	30
450	L	—	—	—	—	70	65	60	50	40	30	25	20	20	20
	h	—	—	—	—	120	120	120	110	95	80	65	55	40	30
400	L	—	—	—	—	—	65	60	55	45	35	30	25	20	20
	h	—	—	—	—	—	120	120	120	105	90	75	60	50	35
350	L	—	—	—	—	—	—	60	55	50	40	30	25	20	20
	h	—	—	—	—	—	—	120	120	120	100	85	70	55	40
300	L	—	—	—	—	—	—	—	55	50	50	35	30	25	20
	h	—	—	—	—	—	—	—	120	120	120	100	80	65	50

续上表

R	v	100	95	90	85	80	75	70	65	60	55	50	45	40	35
250	L	—	—	—	—	—	—	—	—	50	50	45	35	25	20
	h	—	—	—	—	—	—	—	—	120	120	120	95	75	60
200	L	—	—	—	—	—	—	—	—	—	50	45	40	35	25
	h	—	—	—	—	—	—	—	—	—	120	120	120	95	70

注：R 为曲线半径（m），v 为设计速度（km/h）；L 为缓和曲线长度（m）；h 为超高值（mm）。

任务2.4 曲线缩短轨布置

在我国轨道线路上，左右两股钢轨接头一般采用对接式，即两股钢轨的接头应尽量左右对齐，但容许一定的相错量。曲线地段外股轨线比内股线长，为了使曲线上钢轨也形成对接接头，需在内股轨线上铺入适量的厂制缩短轨。曲线地段内外两股钢轨接头位置相错量，在正线和到发线上，容许的相错量不应大于 40mm 加所采用的缩短轨缩短量的一半；其他站线、次要线路上，应不大于 60mm 加所采用的缩短轨缩短量的一半。为此需进行缩短轨计算，合理配置缩短轨位置，以达到接头对接的目的，具体方法如下。

一 选配缩短轨类型

曲线布置缩短轨时，选配缩短轨的长度应按式（2-28）计算：

$$L_0 = L_y \left(1 - \frac{S}{R}\right) \tag{2-28}$$

式中：L_0——相应于长度为 L_y 钢轨的缩短轨长度（m）；

L_y——外股延续铺设的钢轨长度（m）；

S——两股钢轨中心距，取 1.5m；

R——圆曲线半径（m）。

当 L_y 为 25m 或 12.5m 的标准长度时，按式（2-28）计算的结果宜参照表 2-17 选用缩短量较小的缩短轨。

标准缩短轨选择参照表　　表 2-17

曲线半径（m）	缩短轨缩短量（mm）			
	25m 钢轨		12.5m 钢轨	
1000～4000	40	80	40	—
500～800	80	160	40	80
250～450	160	—	80	120
200	—	—	120	—

二　内轨缩短量的计算

图 2-19 中，AB 和 $A'B'$ 分别为曲线轨道上外股及内股轨线，内外股轨线弧长之差，即为对应的内轨缩短量 Δl：

$$\Delta l = \int_{\varphi_1}^{\varphi_2}(\rho_1 - \rho_2)\mathrm{d}\varphi = \int_{\varphi_1}^{\varphi_2} S_1 \mathrm{d}\varphi = S_1 \varphi \tag{2-29}$$

式中：φ_1、φ_2——外股轨线上 A、B 点的切线与曲线始点切线的夹角（°）；

ρ_1、ρ_2——内外股轨线半径（m）；

S_1——内外股轨线中心线间的距离，一般取 1500mm。

对于圆曲线，如 A、A' 及 B、B' 分别为其始终点，由于 $\varphi = l_c/R$，则整个圆曲线内轨缩短量为

$$\Delta l_c = \frac{S_1 l_c}{R} \tag{2-30}$$

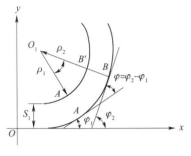

图 2-19　缩短量计算图

式中：l_c、R——圆曲线长度、半径（m）；

S_1——内外股轨线中心线间的距离，一般取 1500mm。

对于缓和曲线，由于 $\varphi_1 = \dfrac{l_1^2}{2Rl_0}$，$\varphi_2 = \dfrac{l_2^2}{2Rl_0}$，则缓和曲线段内轨缩短量为

$$\Delta l = S_1(\varphi_2 - \varphi_1) = \frac{S_1}{2Rl_0}(l_2^2 - l_1^2) \tag{2-31}$$

式中：l_0——缓和曲线长度（m）；

l_1、l_2——缓和曲线起点至 A、B 点的曲线长度（m）。

当 A、B 点分别为缓和曲线的始终点时，$l_1 = 0$，$l_2 = l_0$，则整个缓和曲线的内轨缩短量为

$$\Delta l_0 = \frac{S_1 l_0^2}{2Rl_0} = \frac{S_1 l_0}{2R} \tag{2-32}$$

据此可算得整个曲线（包括圆曲线和两端的缓和曲线）的总缩短量为

$$\Delta l_z = 2\Delta l_0 + \Delta l_c = \frac{S_1 l_0}{R} + \frac{S_1 l_c}{R} = \frac{S_1}{R}(l_0 + l_c) \tag{2-33}$$

如两端缓和曲线不等长，则应分别计算缩短量，然后与圆曲线缩短量相加得到总缩短量。

三　确定缩短轨的数量

计算出曲线缩短量后，若选用缩短量为 ε 的缩短轨，则可求整个曲线上所需的缩短轨根数 N：

$$N = \frac{\Delta l_z}{\varepsilon} \tag{2-34}$$

N 应按四舍五入取整,显然 N 不能大于外股轨线上铺设的标准轨根数 N_0,否则,应改用缩短量更大的缩短轨。

$$N_0 = \frac{2l_0 + l_c + \Delta}{l_{标} + a} \tag{2-35}$$

式中:l_c、l_0——圆曲线、缓和曲线长度(m);

$l_{标}$——采用标准轨的长度(m);

a——预留轨缝宽度(m);

Δ——曲线外股钢轨较线路中线的增长量(m)。

$$\Delta = \frac{S}{2R}(l_0 + l_c) \tag{2-36}$$

式中各符号含义同前。

四 进行缩短轨配置

配置缩短轨时,必须逐根计算内外股钢轨接头的错开量,按规定的容许错开量设置缩短轨。配置原则:凡内外股钢轨错开量达到缩短轨标准缩短量的一半时,即应设置一根缩短轨。由于缓和曲线和圆曲线的缩短量计算不同,故需分段计算如下。

(1)第一缓和曲线(ZH~HY):将坐标原点置于ZH点,则任一接头处内轨累计缩短量 Δl(m)为

$$\Delta l = \frac{1.5\,l^2}{2Rl_0} \tag{2-37}$$

式中:l——第一缓和曲线上任一钢轨接头至缓和曲线起点的曲线长度(m);

l_0——缓和曲线长度(m);

R——圆曲线半径(m)。

(2)圆曲线(HY~YH):坐标原点仍置于ZH点,则任一接头处内轨累计缩短量 Δl(m)为

$$\Delta l = \frac{1.5l_0}{2R} + \frac{1.5l}{R} \tag{2-38}$$

式中:l——圆曲线上任一钢轨接头至圆曲线起点的曲线长度(m)。

(3)第二缓和曲线(YH~HZ):将坐标原点置于缓和曲线终点(HZ),算出每个钢轨接头处的内轨缩短量,再由总缩短量减去该值,得该钢轨接头至缓和曲线起点(ZH)的内轨累计缩短量 Δl(m)为

$$\Delta l = \Delta l_z - \frac{1.5\,l^2}{2Rl_0} \tag{2-39}$$

式中:Δl_z——曲线内轨的总缩短量(m);

l——第二缓和曲线上任一钢轨接头至缓和曲线终点的曲线长度(m)。

【例2-1】 已知某曲线,ZH点里程为K259+186.45,其圆曲线半径 $R=600$m,圆曲线长度为 $l_c=119.73$m,两端缓和曲线各长100m,铺设标准长度25m的钢轨。直线段顺序铺设的最后一根钢轨进入缓和曲线的长度为5.5m,试进行配轨计算(不考虑线路纵坡对

轨道长度的影响)。

解：

(1) 选配缩短轨类型：

$$L_0 = L_y\left(1 - \frac{S}{R}\right) = 25 \times \left(1 - \frac{1.5}{600}\right) = 24.938\text{m}$$

参照表 2-17 选用缩短量为 80mm 的缩短轨，即缩短轨长度为 24.92m。

(2) 计算曲线内股轨线的总缩短量：

$$\Delta l = \frac{S_1}{R}(l_c + l_0) = \frac{1500 \times (119.73 + 100)}{600} = 549\text{mm}$$

(3) 计算缩短轨的根数 N：

$$N = \frac{\Delta l_z}{\varepsilon} = \frac{549}{80} = 6.9 \text{ 根}$$

因此应采用 7 根。

曲线外股钢轨较线路中线的增长量为

$$\Delta = \frac{S}{2R}(l_0 + l_c) = \frac{1.5}{2 \times 600}(100 + 119.73) = 0.275\text{m}$$

外轨标准轨根数 N_0（预留轨缝按 8mm 考虑）为

$$N_0 = \frac{2l_0 + l_c + \Delta}{l_{标} + a} = \frac{2 \times 100 + 119.73 + 0.275}{25 + 0.008} = 12.8 \text{ 根} > N$$

上述选配的缩短轨类型满足要求。

(4) 缩短轨配置。

根据缩短轨配置原则，缩短轨配置计算列于表 2-18。缩短轨布置如图 2-20 所示。

曲线缩短轨配轨计算表　　　　表 2-18

曲线里程	K259+186.45～K259+506.18		缩短轨长度 (m)		24.92
圆曲线半径 R (m)	600		曲线总缩短量 (mm)		549
圆曲线长度 l_c (m)	119.73		使用缩短轨根数		7
缓和曲线长度 l_0 (m)	100		第一个接头距 ZH 的距离 (m)		5.5

接头编号	由缓和曲线或圆曲线起点至各接头的距离 (m)	计算总缩短量 (mm)	钢轨类别	实际缩短量 (mm)	接头错开量 (mm)	附注
1	至 ZH 点 5.5	$=\frac{1500}{2\times600\times100}\times5.5^2$ $=0.0125\times5.5^2$ $=0.4$	○	0	+0.4	进入缓和曲线 5.5m
2	5.5+25.008=30.508	$=0.0125\times30.508^2$ $=12$	○	0	+12	—
3	30.508+25.008=55.516	$=0.0125\times55.516^2$ $=39$	○	0	+39	—
4	55.516+25.008=80.524	$=0.0125\times80.524^2$ $=81$	×	80	+1	—
5	80.524+25.008=105.532 105.532−100=5.532	$=0.0125\times100^2+\frac{1500\times5.532}{600}$ $=125+2.5\times5.532$ $=139$	×	160	−21	进入圆曲线 5.532m

续上表

接头编号	由缓和曲线或圆曲线起点至各接头的距离（m）	计算总缩短量（mm）		钢轨类别	实际缩短量（mm）	接头错开量（mm）	附注
6	5.532 + 25.008 = 30.540	= 125 + 2.5 × 30.540	= 201	×	240	-39	—
7	30.540 + 25.008 = 55.548	= 125 + 2.5 × 55.548	= 264	○	240	+24	—
8	55.548 + 25.008 = 80.556	= 125 + 2.5 × 80.556	= 326	×	320	+6	—
9	80.556 + 25.008 = 105.564	= 125 + 2.5 × 105.564	= 389	×	400	-11	—
10	105.564 + 25.008 = 130.572 130.572 - 119.73 = 10.842 至 HZ100 - 10.842 = 89.158	总缩短量 = 549 = 549 - 0.0125 × 89.158²	= 450	×	480	-30	进入缓和曲线 10.842m
11	89.158 - 25.008 = 64.150	= 549 - 0.0125 × 64.150²	= 498	○	480	+18	—
12	64.150 - 25.008 = 39.142	= 549 - 0.0125 × 39.142²	= 530	×	560	-30	—
13	39.142 - 25.008 = 14.134	= 549 - 0.0125 × 14.134²	= 547	○	560	-13	—

注："○"表示标准轨，"×"表示缩短轨，"+"表示内轨接头超前量，"-"表示内轨接头落后量。

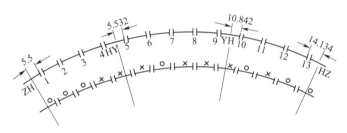

图 2-20 缩短轨布置示意图（尺寸单位：m）

复习思考题

一、填空题

1. ＿＿＿＿＿是指轨道各部分的几何形状、相对位置和基本尺寸。
2. 直线轨道几何形位的五要素指的是＿＿＿＿＿、＿＿＿＿＿、＿＿＿＿＿、＿＿＿＿＿和＿＿＿＿＿。
3. 曲线轨道在设置外轨超高时，主要有＿＿＿＿＿和＿＿＿＿＿两种方法。
4. 缓和曲线是一条＿＿＿＿＿和＿＿＿＿＿均逐渐变化的空间曲线。
5. ＿＿＿＿＿线的近似参数方程式是我国普速铁路常用的缓和曲线方程式，在曲线半径较大而缓和曲线较短时，＿＿＿＿＿线与其接近重合，故常用作该线的近似式简化施工。

二、单选题

1. 对于同一机车车辆而言，下列距离最大的是（　　）。
　　A. 固定轴距　　B. 车辆定距　　C. 全轴距　　D. 无法判断

2. 轨道承受的力按作用方向划分不包括（　　）。
   A. 垂直力　　　　　　　　　B. 离心力
   C. 纵向水平力　　　　　　　D. 横向水平力
3. 曲线轨距加宽时，应将曲线轨道的（　　）向曲线中心方向移动。
   A. 内轨　　　　　　　　　　B. 外轨
   C. 内外轨一起　　　　　　　D. 外轨向曲线外侧、内轨
4. 下列不属于轨道垂直不平顺的是（　　）。
   A. 水平　　　B. 高低　　　C. 方向　　　D. 三角坑
5. 缓和曲线长度计算后应进整为（　　）的整倍数，最短不应小于（　　）。
   A. 10m　　　B. 12.5　　　C. 20m　　　D. 25m

三、简答题

1. 固定轴距、车辆定距和全轴距有何区别？
2. 直线地段轨道几何形位要素有哪些？其含义是什么？应满足哪些要求？
3. 小半径曲线轨道为何要加宽？如何进行加宽？
4. 曲线轨道超高设置的目的是什么？应如何进行设置？
5. 曲线为何要限制最高容许速度？如何确定通过曲线轨道的最高行车速度？
6. 曲线线路上为什么要设置缓和曲线？其几何特征有哪些？
7. 缓和曲线长度应如何确定？

四、工程案例

某曲线 ZH 点里程为 K289+036.55，其圆曲线半径 $R=1000$m，圆曲线长度为 $l_c=130.87$m，两端缓和曲线各长 80m，铺设标准长度 25m 的钢轨。直线段顺序铺设的最后一根钢轨进入缓和曲线的长度为 7.5m，试进行配轨设计（不考虑线路纵坡对轨道长度的影响）。

项目 3

钢轨加工作业

2013年8月3日4时13分，西安铁路局81705A次列车通过宝成线大滩车站后，丁家坝至大滩间下行第一接近区段红光带不消失。4时15分大滩线路一工区工长接到车站通知，迅速组织人员全面检查该区段线路设备，检查至宝成下行线K295+415处，发现K295+18号钢轨右股铝热焊缝折断、拉开5mm，立即使用急救器紧急加固，5时34分限速25km/h开通线路。"8.3"西安铁路局钢轨焊缝折断事故造成线路行车中断1h 21min，构成一般D类事故。

钢轨作为轨道结构与机车车辆直接接触的部件，担负着引导机车车辆行进方向的重任，同时承受着车轮传来的巨大压力及纵、横向水平力。钢轨加工作业出现质量问题，轻则导致列车中断行车，重则会导致车毁人亡，给人民群众生命安全和国家财产带来极大的损失。因此，轨道线路施工中必须高度重视钢轨加工作业，确保施工质量。

▶ **知识目标**

1. 掌握钢轨锯轨、钻孔、矫直、打磨等一般作业方法与要点。
2. 掌握钢轨焊接方法与技术要点。
3. 掌握工厂化闪光焊进行长钢轨焊接施工流程与技术要点。

▶ **技能目标**

1. 会进行钢轨的锯轨、钻孔、矫直、打磨等一般作业。
2. 能根据具体情况选择恰当的钢轨焊接方式。
3. 能编制焊轨基地焊接长钢轨施工作业指导书。

任务3.1　钢轨的一般作业

一　锯断钢轨作业

1. 锯断钢轨作业目的

锯断钢轨简称锯轨，也称切轨，如图3-1所示。我国标准轨或焊接长钢轨标准设计长度都是一定的，但在明桥面小桥的全桥范围内，钢梁横梁顶、无砟无枕梁端，拱桥温度伸缩缝和拱顶等处前后各2m范围内等均不得有钢轨接头，这就要求用非标准长度的钢轨以错开钢轨接头的位置，故需要对钢轨进行锯轨作业。另外线路上插入短钢轨或钢轨焊接接头质量检测不合格时，也需要进行锯轨作业。

图3-1　锯轨作业

2. 锯轨机锯轨作业程序

1）准备工作

（1）备齐锯轨所用的工具材料，包括锯轨机、砂轮片、钢尺、撬棍、锤子、直尺、直角尺、活口扳手、卷尺、石笔、轨温计等。

（2）检查锯轨机护罩和机具状态，检查砂轮片是否有裂纹，并用直尺检查两侧面是否平整。安装砂轮片时，螺栓旋紧力要适当，只需稍拧紧螺栓，砂轮片也不会松动，过分用力容易造成砂轮片破裂。

（3）将待锯钢轨拨正、垫平、固定，在待锯钢轨上标明应锯尺寸。应使用大钢尺把要锯制的钢轨长度测量准确，并有两人以上复核，以确保无误，用卡具或直角尺在钢轨上划锯轨线（从轨头顶面划至轨底），划线时适量考虑锯轨磨耗量。

2）安装锯轨机锯制钢轨

（1）安装前，扭动锁定板使卡轨器与摆杆体不能相互转动，然后将卡轨器卡到钢轨上，同时，要将砂轮片对准锯轨线，大致上紧卡轨器，再复核砂轮片是否准确对准锯轨线，若不对准，要进行微调后，上紧卡轨器螺栓。上卡轨器顶紧螺栓时，用力要适当，不必用很大的力量就可使切轨机牢固卡在钢轨上。

（2）操作前将锁定扳扭转90°，使卡轨器与摆杆体可以相互转动。

（3）发动锯轨机，机械先空转30s，然后接触钢轨开始锯轨。

（4）选择适当的切割方法进行锯断作业。

①一般方式：左手拉动扳杆，使切轨机处于钢轨上方，此时，右手要注意接应操作杆，以防砂轮片撞到钢轨上。首先切割轨头及轨腹，对于新安装的砂轮片，由于各处回转半径不同，会产生跳动现象，此时，右手要向上稍微提拉操作杆，使砂轮片和钢轨渐渐接

触,随着砂轮片的磨圆,跳动现象会很快消失。切割时,砂轮片的进给完全依靠自重,右手不要向下施加压力,而要向上稍稍提拉。左手握持扳杆要不停顿,往复摇动,摆动频率为每分钟60次左右,摆动幅度150~200mm,使砂轮片在轨头宽度范围内来回移动,绝对不可停留在某一处,否则,极易烧毁砂轮片。切割轨腹时,摆动幅度可小一些,频率快一些。切完轨头及轨腹后,右手抬起操作杆,左手抬起操作杆将切轨机转到内侧位置切割轨底,此时仍要按切割轨头及轨腹时的注意事项进行操作,切割完内侧后,用同样的方法转向另一侧轨底,直至将钢轨切断。

②用于切割焊接轨的三向切割法:此方法用于切割断面垂直要求较高的焊接钢轨作业。首先,按一般方式切割钢轨头部(不切割轨腹部分),再从钢轨内侧切割轨底、轨腹,切透轨腹并超过轨底三角区;然后,将切轨机恢复至初装卡位置,从钢轨外侧切割剩余部分,此时,左手仍要不停地扳动扳杆,改变砂轮片位置,直至将钢轨切断。

③在无缝线路上的切割方法:在无缝线路上切割钢轨时,为防止钢轨被切断时夹碎砂轮片,可采用三向切割法,但从外侧切割轨底时,不将钢轨切断,留5~10mm,然后用锤敲击钢轨使其断裂,并用砂轮机将断口打磨平整。

3)卸下锯轨机并进行轨端倒棱

卸下锯轨机,使用角磨机或手提砂轮进行轨端倒棱(就是对工件的外直角或者内直角略微倒角,避免应力集中,不至于在安装时划伤手指)。

3. 质量标准

(1)锯后钢轨长度误差不超过±2mm。

(2)锯后断面上下、左右偏斜不超过±1mm。

二 钢轨钻孔作业(图3-2)

1. 钢轨钻孔作业目的

对于有缝线路,锯轨后应按标准化作业程序使用钻孔机具(内燃钢轨钻孔机、电动钢轨钻孔机、手扳钻等)进行钢轨钻孔作业,以满足现场安装普通接头或其他需采用螺栓连接的特种接头的需要。

2. 钢轨钻孔作业程序

1)准备工作

(1)备齐钢轨钻孔所用的工具材料,包括钢轨钻孔机、钻头、钻孔模具、冲子、小锤、活口扳手、卷尺、直尺、石笔、喷壶、水等。

(2)将钢轨摆平放稳,将钻孔模具靠贴轨腹摆正。精细量出螺栓孔中心位置,用冲子冲出小圆坑(若钻孔机自带螺栓孔定位标尺,可省略该步骤)。

图3-2 钢轨钻孔作业

2）钻孔作业

（1）上钻孔机：将钻孔机安设平稳牢固，钻杆与轨腹面垂直，钻孔对准小圆坑或用螺栓孔定位标尺定好钻孔位置。

（2）钻孔机试转：按动开关，让钻孔机空载运转1min；备好皂化液或水，测试确保水路畅通。

（3）钻孔：开始要轻钻，防止错位；中间要用力适当，速度均匀，钻孔中应随时观察确保水路畅通；接近钻透时要轻钻直至钻透。

（4）停机：钻孔完成后空载运转3~5min后停机，待钻头完全停止转动时取下钻孔机。

3）清理检验

清除螺栓孔毛刺，用倒棱器进行倒棱。检验螺栓孔位置及孔棱质量。

3. 作业控制要点

（1）空心钻头与主轴紧密配合，不得松动。

（2）把定位器和定位尺调整到适当位置后，机身要正，防止倾斜，压轮卡紧钢轨。

（3）机器运转正常后，转动手柄（以顺时针转动加力，钻削时均匀用力转动手柄），使钻头均匀钻削，严禁用力过大，增加钻削量，以免损坏钻头或机件，孔快钻透时，应减小进给力，避免钻头卡死。

（4）钻削过程中，要集中精力，密切注意机械运转动态，若发现钻削声过大，应适当减小进给力，如发现机械运转异常，应立即停机检查，待故障排除后，方可继续工作，严禁带病工作。

（5）钻削过程中要使用专用气压冷却液罐，用手压泵加压后，即可推上止回阀，快速接头，给钻头供加乳化液进行冷却。严禁无冷却液钻削。

（6）钻孔机停机前应减小油门，空载运转3~5min后，方可停机。

（7）钢轨孔钻完后，应用倒棱器进行倒棱，倒棱后方可使用。

4. 质量标准

（1）在钢轨上钻螺栓孔时，两螺栓孔的净距不得小于孔径的2倍，直径不同时，按大孔直径计。钻孔位置上下、左右偏差及孔径误差不超过2mm。

（2）钻孔边缘不准有裂纹、毛刺，若有应使用倒棱器倒棱。

三 矫直钢轨硬弯

1. 矫直钢轨硬弯作业目的

钢轨在使用过程中，由于列车冲击的作用等原因，某一部位会出现弯曲现象，称为硬弯，从而破坏了线路的标准状态。未经使用的新钢轨，在运输过程中，由于装卸不当，也会使钢轨出现硬弯。正在使用中的钢轨，出现硬弯后，应使用液压直轨器及时矫直，如图3-3所示。未使用的新钢轨出现硬弯后，也应经过矫直后才能使用。

图 3-3　液压直轨器矫直钢轨作业

2. 使用液压直轨器矫直钢轨硬弯作业程序

1）准备工作

（1）备齐矫直钢轨硬弯所用的工具材料，包括液压直轨器、抬杠、T 形扳手、扭力扳手、撬棍、弦绳、直尺、石笔、轨温计、轨距尺、道钉锤、液压起拨道器等。

（2）调查钢轨硬弯。跨在距钢轨硬弯 10～15m 处，背向阳光，以站、蹲姿势仔细观察轨距线，判断真假硬弯。在轨头非工作边侧面找出硬弯始终点及顶点，在轨枕上用白油漆或石笔标出捏轨方向，并将调查资料填入记录簿。

（3）确定矫直量。硬弯钢轨的矫直量，不能恰好等于硬弯的矢度，必须留有一定的回弹量，一般矫直量为矢度的 1.5～2.0 倍。

2）矫直钢轨作业

（1）测量轨温，确认轨温不低于 25℃，否则，应用喷灯加温。

（2）根据硬弯起止点，起掉道钉或卸下扣件。

（3）安装直轨器，直轨器要垫平放稳，位置摆正，各支点与钢轨密贴，直轨器的中间支点安上一块衬垫，使轨头、轨底、轨腹全部密贴。

（4）施工指挥者跨轨站在距捏轨点 10～15m 处，指挥捏轨，要根据轨型和轨温情况预留回弹量，当弯到适当程度时，要停闷一会儿再松扣。硬弯较长可多捏几点。

3）检查收尾

（1）检查轨距、补齐扣件，使其顶严、压实、靠紧。

（2）撤除直轨器。

3. 质量标准

（1）矫直后钢轨用 1m 直尺测量，钢轨工作边矢度不得大于 0.3mm。

（2）目视无方向不良、无不直，用 5m 弦量，其误差不超过 2mm。

（3）轨距、轨向符合作业验收标准。

四　钢轨、焊缝等打磨作业

1. 打磨作业目的

钢轨在线路上使用一段时间后，在车辆轮载等外力作用下，会出现马鞍形磨耗、波浪形磨耗及鱼鳞裂纹等病害，如不及时整治会影响列车运行的平稳和旅客乘坐的舒适性，甚

图 3-4 钢轨仿形打磨作业

至影响到轨道结构使用寿命和列车运行安全。此外，焊接后的钢轨接头断面与钢轨标准断面不一致，也必须采用仿形打磨机打磨（图3-4）到相应等级线路的容许偏差范围内，以延长钢轨使用寿命，保证高速列车按线路允许速度安全平稳的运行，确保旅客乘车的舒适性。

2. 打磨作业程序

1）准备工作

（1）工具：小型仿形打磨机、1m 直尺、塞尺、轨距尺、弦线、钢板尺、护目镜和石笔等。

（2）检查：检查打磨机状态、校对轨距尺、直尺平直度。用弦线检查焊缝（绝缘接头）高低，用1m 直尺检查轨面平顺，标划确认打磨范围及打磨量。

2）打磨钢轨

（1）起平需打磨的焊缝（胶结绝缘），并用冲击镐捣固密实。

（2）作业人员戴好手套、护目镜。检查添加机具油量，安装打磨砂轮片，检查打磨机砂轮罩和打磨机各零部件是否完好无松动。对砂轮升降螺杆加润滑油，检查单边轮绝缘装置。

（3）试运转打磨机，怠速和高速空载运转 1~2min。

（4）均匀平稳往返推动打磨机，使之往复运动，注意掌握打磨机的平衡；旋转螺杆控制砂轮片的垂直和水平横向移动，控制打磨量。

（5）打磨时可从外到内，也可从内到外，往复运动要均匀，转动螺杆控制打磨量也要均匀，打磨时要对准打磨（缺陷）部位，控制一定的打磨量，先少后多，由厚到薄（或由高到低）。打磨马鞍形接头时，两轨头如一样高时，可随意磨任一端轨头；如有高低差时，则应先磨高的一端接头，后磨低的一端接头。

（6）在打磨过程中，要注意观察打磨部位，经常检查轨面状态，可分多次用1m 直尺对钢轨平面进行检测，防止打磨过量。接头处的肥边应同时打磨消除。

①轨顶面凸出焊缝的打磨。对于 $0.2\text{mm} < h \leq 0.4\text{mm}$ 的高焊缝，焊缝两侧打磨范围长度不能少于 0.5m，砂轮片的正压力要适当，每打磨 1 个来回使用1m 直钢尺进行检测 1 次，杜绝焊缝打亏；对于 $h > 0.5\text{mm}$ 的高焊缝起始打磨时，焊缝两侧打磨范围长度不能少于 0.5m，砂轮片的正压力可适当加大，待焊缝接近 0.3mm 时，焊缝两侧打磨范围长度不能少于 1.0m。

②轨顶面低塌焊缝的打磨。对于 $-0.2\text{mm} \leq h < 0\text{mm}$ 的低焊缝，焊缝两侧打磨范围长度不能少于 1.0m，砂轮片的正压力要适当，每 1 个来回检测 1 次；对于 $-0.2\text{mm} < h \leq -0.4\text{mm}$ 的低焊缝，焊缝两侧打磨范围长度不能少于 1.5m。

③轨头内侧工作边的打磨。对于轨头内侧工作边 "-" 值焊缝，焊缝两侧打磨范围长度不能少于 0.5m；对于轨头内侧工作边 $h > +0.3\text{mm}$ 焊缝，焊缝两侧打磨范围长度不能少于 1.0m。

(7) 打磨尖轨、岔心（翼轨）时，往复推机要均匀、到位。要扶正机器以防止砂轮片碰撞连接杆或在翼轨槽内碰撞其他部位。

(8) 打磨作业后，关机摇高砂轮片，抬机下道。

3) 质量检查

用 1m 直尺、塞尺复查打磨作业质量；用弦线检测焊缝（绝缘接头）高低，用 150mm 钢直尺测量翼轨槽间隔；用轨距尺检查打磨肥边后的轨距。

3. 质量标准

(1) 钢轨打磨作业验收标准（小型打磨机）见表 3-1。

钢轨打磨作业验收标准　　　　表 3-1

钢轨轨顶面病害	$v_{max}<120km/h$	$120\sim160km/h$	$200\sim350km/h$	测 量 方 法
工作边肥边（mm）	<0.5	<0.3	≤0.2	1m 直尺测量
焊缝凹陷（mm）	<0.5	<0.3	≤0.2	
钢轨母材轨顶面凹陷或马鞍形磨耗（mm）	<0.5	<0.3	≤0.2	1m 直尺测量矢度
波浪形磨耗（mm）			≤0.1	

(2) 马鞍形磨耗打磨位置要正确，打磨后轨面要平顺，无明显凹陷。

(3) 工作肥边打磨顺坡满足轨距变化率要求。

任务 3.2　钢轨焊接施工

一　钢轨焊接概知

轨道交通的高速发展对轨道线路提出了更高的要求，我国城市轨道交通和铁路对新建线路都要求铺设无缝线路，而钢轨焊接技术是实现无缝线路铺设的关键技术之一。钢轨焊接是指用焊接方法将轨端不钻螺栓孔、未经淬火的钢轨端部对正，焊接成连续长轨条。焊接接头应基本达到钢轨母材的力学性能，以安全承受轮载和无缝线路温度力等的作用。

钢轨焊接按焊接方法可分为闪光焊、气压焊、铝热焊和窄间隙电弧焊，我国主要采用闪光焊、气压焊、铝热焊；按焊接设备可分为固定式闪光焊、移动式闪光焊、小型人工气压焊、小型数控气压焊、大型气压焊轨车和铝热焊；按焊接地点可分为工厂焊、焊轨基地焊和现场焊。闪光焊接头约占我国无缝线路接头总数的 87%，气压焊接头约占接头总数的 10%，铝热焊接头约占接头总数的 3%。从焊接质量看：闪光焊的质量最稳定，折损率仅为 0.007%；铝热焊最差，折损率为 0.5%。可见闪光焊是最主要且为最可靠的钢轨焊接方法。

二 钢轨闪光焊施工

1. 闪光焊概述

钢轨闪光焊（图3-5），也称作闪光接触焊或接触焊。施焊时，闪光焊机电极钳口将两根待焊钢轨分别上下夹紧，钢轨待焊面两端相互接近直至接触，如图3-6所示，大量电流通过待焊钢轨端部产生热量，不断形成金属过梁，随着过梁爆破产生闪光、飞溅使被焊端面加热至表面熔化状态，随后加压顶锻，在压力下两端金属相互结晶，使两根钢轨焊接在一起。闪光焊操作简单、便于自动化控制、生产效率高，且焊缝力学性能接近钢轨母材，焊接质量稳定，出现的问题较少，是我国钢轨焊接的发展方向。

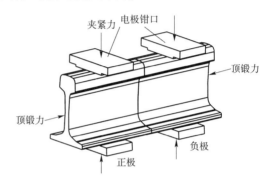

图3-5　钢轨闪光焊　　　　　　图3-6　钢轨闪光焊工作示意图

钢轨闪光焊机可分为固定式和移动式两种，固定式钢轨闪光焊机主要用于钢轨的工厂或基地焊接，移动式钢轨闪光焊机主要用于钢轨的线上焊接以及钢轨锁定焊。

2. 闪光焊工作过程

钢轨闪光焊按照闪光过程的特征分为预热闪光焊、连续闪光焊、脉动闪光焊3种类型。

1）预热闪光焊

预热闪光焊的主要焊接阶段有：闪平阶段、预热阶段、闪光烧化、顶锻和保持阶段。

（1）闪平阶段：是在预热前对钢轨进行闪光，烧掉端面不平处，使两钢轨端面形成平行接触。钢轨经过闪平以后，端面温度升高，分布均匀，保证第一次预热时的钢轨全端面密贴，使预热电流对全端面加热，加热效果均匀。

（2）预热阶段：是接通电流，使两根钢轨端面多次短路接触，以增大加热区宽度，减少温度梯度，缩短预热后的烧化时间，减少烧化量。

（3）闪光烧化：是闪光对焊的重要阶段，其实质是过梁的液态金属在钢轨的间隙中形成和快速爆破的交替过程。这一过程中，部分热量导入焊件纵深而加热构件。爆破时部分液态金属连同其表面的氧化物一起飞溅抛出端口，因此，新的过梁必在另一隆起处形成。

（4）顶锻：是在闪光结束时对钢轨迅速施加足够大的顶锻力，使液态金属层迅速从焊接钢轨端面挤出，封闭端面间隙，产生塑性变形，形成共同结晶，获得牢固的焊接接头。顶锻量偏小时，钢轨端面残留液态金属氧化物不能充分排出，焊头没有足够的塑性变形；

顶锻量偏大时，接头塑性区过多挤压，塑性、韧性下降。

（5）保持阶段：是无电顶锻保持压力的阶段，以保证金属结晶过程和充分塑性变形。

预闪的作用有：一是闪平钢轨倾斜的端面、使随后开始的焊接过程保持全断面接触闪光；二是对钢轨端面预加热，减少焊接初期不稳定闪光时间。其余焊接过程与预热闪光焊类似。

2）连续闪光焊

连续闪光焊取消了钢轨的预热阶段，焊接过程中的焊接电流是连续的，钢轨端面一直进行连续不断的、均匀的闪光，依靠连续闪光对钢轨进行加热，直到顶锻。连续闪光焊分为预闪、连续闪光烧化、加速闪光烧化、顶锻、保持5个阶段。

连续闪光焊的主要工艺参数有：焊接时间、焊接电压变化程序、烧化速度、反馈电流、顶锻量等。连续闪光焊因触点交替全端面均匀加热，故焊接后出现灰斑的概率和面积都小。

3）脉动闪光焊

脉动闪光焊一种通过计算机控制的自适应闪光对焊新方法。脉动闪光焊焊接过程主要包括脉动闪光烧化、加速闪光烧化、顶锻等。脉动闪光焊在加热钢轨的主要阶段，可根据监测的接触电阻与焊接电流数值，自动调整高灵敏液压伺服阀动作，不断调整钢轨端面间隙。脉动闪光焊与连续闪光焊相比较，其闪光电流是不连续的，但加热效率更高，焊接时间明显较小，一般至少可以减少1/3的时间。在减少时间的同时，加热量却明显升高，闪光过程中几乎没有过梁的自发爆破现象，由此，弥补了连续闪光工艺的不足。脉动闪光工艺目前已经比较成熟，广泛应用于U75V等特重型钢轨的焊接，取得了良好的抗落锤冲击的效果。

三 钢轨气压焊施工

1. 钢轨气压焊概述

钢轨气压焊（图3-7）是通过气体火焰对钢轨两紧密贴合的清洁端面加热至塑性状态，然后对贴合面加压顶锻，在高温高压的条件下施以足够的挤压力，使焊接表面之间的距离缩短到原子之间的相互作用半径，达到分子之间的金属键连接，完成重新再结晶，从而获得两钢轨牢固连接的焊接接头。钢轨气压焊的焊接温度相对较低，只加热到约1250℃，为固相结合，故具有焊接强度高等一般压接法所具有的优点。气压焊焊缝的特征是焊缝表面光滑的隆起或墩粗，而且在焊缝中心线上通常没有铸态组织。

钢轨气压焊可分为小型人工气压焊、小型数控气压焊（图3-8）、大型气压焊轨车（图3-9）3种。小型人工气压焊依靠人工经验，焊接质量波动较大，目前已基本不再使用；小型数控气压焊应用灵活，焊接质量较稳定，现场广泛使用；大型气压焊轨车集成焊接、热处理于一体，适用线上锁定焊接，将

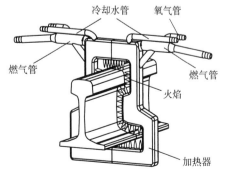

图3-7 钢轨气压焊工作示意图

是气压焊发展应用方向。

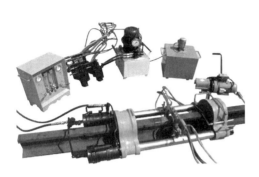

图 3-8 小型数控气压焊设备

图 3-9 大型气压焊轨车

2. 钢轨气压焊施工工艺流程

不同类型的钢轨气压焊焊接过程大体相同，一般分为氧气乙炔（或丙烷等）火焰预热、预顶施压、低压顶锻、高压顶锻、保压推凸等阶段。小型数控气压焊主要设备包括压接机（包括推凸装置）、加热器、控制箱、水冷装置、高压电动泵站和辅助设备，包括直轨器、除瘤割炬、端磨机、顶磨机、手提砂轮机、氧气瓶、乙炔瓶及发电机组等，其施工工艺流程，如图 3-10 所示。

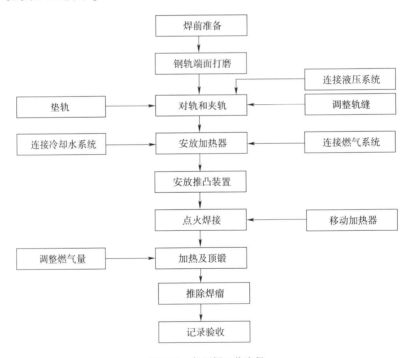

图 3-10 气压焊工艺流程

1）焊前准备

焊接工作环境要求施焊场所无雨，气温应不低于 0℃，风力应不大于 5 级。焊前全面检查水路、油路、气路系统是否畅通，加热器点火火焰是否正常；检查推凸装置各部件运转灵活与否,与轨型是否适合,刀刃完整状态。一切正常后,把后垫、前刀体、底刀均放在便于操作的位置上,以备使用。

2)钢轨端面打磨

焊接前钢轨接缝两端必须调直,调直后用1m直尺检查,其矢度不得超过0.5mm。然后用钢丝刷和液体四氯化碳清除距钢轨端面50mm以内轨面的油污、水锈、泥沙等,再用打磨机对钢轨端面进行打磨,使钢轨端面斜度偏差不大于0.2mm。处理好的端面应在30min内焊接。

3)对轨和夹轨

(1)对轨包括拨轨、垫轨和轨缝调整3项内容。

①拨轨和垫轨:在待焊轨的下面,焊缝的两侧各垫4块枕木墩或专用的垫轨装置。第一块距离焊缝1.2~1.5m,其余相距4.0~5.0m。符合要求后,安放钢轨,并将钢轨人工拨正。

②轨缝调整:在轨缝调整之前,应把压接机扣放在一侧待焊的钢轨上,然后把轨缝调整至8~15mm。调整好轨缝后,把压接机移至焊缝处,保持压接机的推凸座工作面距焊接中心280~290mm。

(2)夹轨。夹轨时,待焊两根钢轨的轨底要求齐平,不平时要加垫片垫平,并用靠尺精调,然后拧紧轨顶螺栓,开动油泵进行预顶,预顶压力控制在15~17MPa,完成后再用300mm钢直尺检查,应达到以下标准:

①两轨顶面焊缝处拱度≤0.3mm,高低错牙≤0.3mm,严禁下凹。

②两轨工作边平直,误差≤0.3mm,当轨头宽度偏差过大或轨端有旁弯无法调直时,应保持内侧工作面在1m范围内偏差<0.5mm。两轨底角应对齐,两轨如有误差,相差量应对称布置。两轨底平行,错牙≤1.0mm。

③两待焊端面间隙在预顶后应≤0.3mm,两轨底角必须保证密贴。

如达不到以上要求,应重新松开处理,调整垫平,不得强行焊接。

4)安放加热器

固定好压接机后,将已分解开的加热器两侧体的火孔平行于钢轨的纵向轴线,自上而下分别插入钢轨与压接机导柱间的空隙中,旋转90°,表面贴合,两侧体相对,以上下合口处的定位装置为基准,扣合拧紧螺栓,使火孔平面与钢轨纵轴线垂直,并与钢轨周边平面保持24~25mm的距离,然后接通气、水管路(注意在装加热器时,防止水滴入焊缝)。

5)安放推凸装置

推凸装置安装分刀垫和前刀体两步安装。安放推凸装置前,首先,要检查推凸装置各部件活动部分是否灵活,定位是否准确等;另外,要检查推刀的刃口与钢轨周边的距离是否符合以下要求:轨头1~1.5mm,轨腰1.5~2mm,轨底1.5~2mm。

(1)刀垫的安放:刀垫安放可在点火焊接前安放也可在顶锻焊接前安放(约在点火后270s)。放置时,应使刀垫块挂在压接机左横梁的内侧端板上,使下部的凸条放进压接机的拉块的槽内,确保刀垫与端板内侧面密贴。

(2)前刀体的安放:在顶锻完成加热器灭火的同时放置前刀体,放置时,使连接体挂住刀垫的凸缘，并落实；同时推进腰刀，使定位销落在定位孔内；然后插入底刀，直到底刀的垫圈贴紧刀体侧面。装底刀时，注意刀刃朝向焊缝部位，不能放反。

6）点火焊接

点火前，必须按焊前准备逐项重复检查各项设备、安全防护是否符合要求；所需工具是否齐全；所放的位置是否合适。一切正常后，即可点火焊接。点火采用爆鸣点火，即无烟点火方式，调整好火焰应成为中性焰或弱碳化焰后，迅速将加热器移向焊缝处，以焊缝为中心左右摆动，并调整好摆动量和摆动频率。

7）加热及顶锻

加热及顶锻分为三个阶段：

第一阶段：预顶及加热。点火后的加热器移动向已预顶的焊缝后，同时用秒表计时，开始以焊缝为中心，摆动加热器加热，此时预顶的压力、时间、加热器的摆动频率按型检确定的参数执行，并观察两侧轨底角调整火焰，防止过烧。

采用 26MPa 的高压力，随着加热时间的延长，被焊轨的焊区由冷态逐渐升温，直至钢轨表面产生微量塑性凸起为止。

第二阶段：低压。压力由 26MPa 降至 16MPa，被焊端面达到全面接触，迅速形成新的金属键连接。

第三阶段：焊接阶段。轨温应控制在约 1250℃，此时钢轨表面温度达到 1350～1400℃，随着相互接触的金属屈服强度的提高，对金属的挤压力也迅速增加，直至钢轨端面上的压力达到 54MPa 为止。焊接过程中，顶锻量的控制是保证焊接质量的重要步骤，当顶锻量达到要求时，加热器熄火，再续顶 2mm，便停止顶锻，焊接结束。

8）推除焊瘤

在焊接顶锻结束，加热器熄火的同时（时间控制在 10～15s 内），迅速摘掉加热器的挂钩并拉向大横梁，同时松开活动端轨顶螺栓，油缸换向倒车，使活动端带动刀垫后退，并松开活动端两侧的斜铁，后退到一定距离，其间距能放下推刀刀体时，将推刀放入，进行推除焊瘤（推凸）。对于寒冷天气装刀速度要加快，否则，可能完不成推凸的任务。推凸工作是分两刀进行的：第一刀为腰刀，轨腰焊瘤推下后，高压泵站油压下降约 2s，开始第二刀推除；第二刀主要推除轨头及轨底焊瘤。当第二刀将焊瘤推下后，马上停止推凸，油泵换向，准备倒车。拆除时，注意先抽出底刀，提起定位销，拉出二侧腰刀，再提起前刀体，最后提起刀垫。与此同时，拆开加热器，取下压接机，至此，焊接过程全部完成。

9）记录验收

焊接完成的钢轨应经正火、粗磨、焊缝探伤并做好记录，对于超过接头错边量最大允许值的焊接接头，应在焊缝两侧各 100mm 的位置切掉钢轨焊接接头，重新进行焊接。

四 钢轨铝热焊施工

1. 铝热焊概述

钢轨铝热焊（图 3-11）是热剂焊的一种。施焊时在待焊两钢轨端部间留出一定的间隙，周围用砂模封闭，并对砂模和钢轨接头进行预热，同时将配置好的铝热焊剂（由金属铝、氧化铁、铁合金、石墨粉和铁钉头等配制），放入特制的坩埚中，如图3-12所示。用高温火柴引燃焊剂后会产生强烈的氧化还原反应，得到高温钢水和熔渣，待反应平静后自熔塞熔化，钢水进入砂模中，冷却后除去砂模，即形成了铝热焊接头。

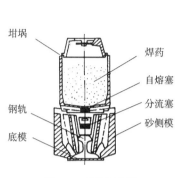

图3-11 钢轨铝热焊

图3-12 铝热焊施工示意图

2. 钢轨铝热焊施工工艺流程

钢轨铝热焊焊接设备主要包括坩埚、砂侧模、砂底模、砂模固定夹具、灰渣盘、1m对正钢直尺、预热装置（包括预热枪、调压表、胶管及接头）和支架（包括丙烷、氧气及配套导气管、调压表）。铝热焊施工工艺流程如图3-13所示。

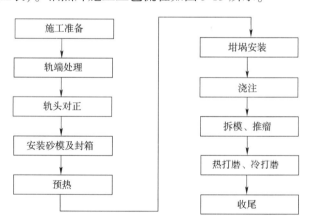

图3-13 铝热焊施工工艺流程

1）施工准备

（1）检查施工所需的机具、材料是否齐全。

（2）测量轨温，掌握施工时的轨温情况。

（3）确认钢轨类型并记录，检查是否和焊剂类型一致。

（4）待焊接头两端钢轨各拆除3~6根轨枕上的扣件，垫起钢轨，使接头处的钢轨与行车梁有一定的缝隙。一般要求是能垫入底模板和底砂模。如果是曲线部分，需依据曲线半径的大小卸掉更多的扣件。

2) 轨端处理

检查钢轨端头位置，其距离轨枕应≥10cm，否则应调整轨枕。检查轨头是否有缺陷，如是否有压塌现象，是否受到过冲击和气焊电焊过，表面是否有弯曲、疲劳、龟裂、毛刺等现象。如果有缺陷，则需要把钢轨有缺陷部位切除，切割须使用锯轨机，并保证钢轨切割断面的垂直度不大于1mm。然后对轨端200mm范围内，包括端头、四周，用手提式砂轮机进行铁锈、油渍等机械清理，再用钢丝刷人工清除干净，特别是钢轨底部不能遗漏。

3) 轨头对正

轨头对正是焊接过程中的一道重要工序，轨头对正时，须依次考虑4个参数，即间隙、尖点（垂直对正）、水平对正和扭转（倾斜对正）。

(1) 间隙调整：复核并调整两根钢轨轨端间隙为（25±2）mm，即用钢直尺测量钢轨的两侧、头部和底部，得到4个测量值，4个测量值必须均在数据允许范围内，否则预热达不到效果。此外，间隙小于23mm，熔化的钢水会因过量而溢出；间隙大于27mm，熔化的钢水不足以填满整个间隙。

图3-14 尖点值测量

(2) 尖点（垂直对正）：在焊接之前，两端钢轨顶面应有一定上拱度，这样就不会因施焊后的冷却造成焊缝凹陷，并能保证留有一定的凸余量供打磨调平。将对正钢直尺置于钢轨运行表面的正中央，如图3-14所示，钢直尺端头与钢轨运行表面的间隙就是尖点值。尖点值控制标准需要根据现场多次测定值确定最佳值，一般为1.0~1.5mm，两边尖点值相同。

(3) 水平对正：用对正钢直尺分别检查钢轨对接处的钢轨轨头、轨腰和轨底，如果两根钢轨宽度稍有差异，将两端钢轨的中心线对齐，差异均分。

(4) 扭转（倾斜对正）：轨头内侧表面和轨腰的底部必须同时对直。调整方法为根据目测钢轨端头时所了解的情况以及直尺的测量情况，判定哪一侧钢轨偏离了中心线，将偏离的钢轨调节至最后对正。

钢轨端头的对正是铝热焊接工艺中最难也是最关键的一个步骤，将直接影响到焊接接头的质量。在钢轨端头对正的过程中，绝对不能扰动施焊地段的钢轨、轨枕，对正后，还要按照同样的程序再检查一遍，确保对正的准确性。

4) 安装砂模及封箱

(1) 安装砂模：砂模安装前将两侧的砂模在钢轨上轻轻摩擦，使其与钢轨结合得更紧密。砂模的中心线与钢轨接头的轴线必须在同一条直线上。

(2) 封箱：先用专用封箱泥均匀地抹在砂模与砂模、砂模与钢轨的各缝隙处，从下向上进行第一遍密封，然后再加抹一层封箱泥（图3-15），并使其略高于模具表面。同时在夹具螺纹处抹上少量封箱泥，以保护工具。封箱泥密封好后在模具上放置坩埚的支撑。

(3) 划测温线：用200℃测温笔在钢轨端部两侧低弧处离端部170mm和180mm处划

2 条 70mm 垂直测温线，同时，在轨顶离端部 200mm、210mm 和 220mm 处划 3 条 70mm 垂直测温线。

5）预热

预热也是焊接过程中的一道重要工序，其作用在于消除砂模中的湿气及提高钢轨和砂模的温度，预防焊头出现气孔、夹渣等质量缺陷。预热以氧气、丙烷为燃料，通过加热器来完成，预热过程如下：

（1）安装氧气和丙烷的调压表，用氧气和丙烷导气管接通预热枪，并记录钢轨的温度。

图 3-15　安装砂模及封箱

（2）将加热器装于支架上，调整喷嘴对准砂模的中心，并将分流塞放在砂模的边缘上。

（3）将加热器从支架上拿开，点燃喷火嘴。调整丙烷气和氧气的压力混合比，得到最佳的火焰。预热时间从火焰调节好之后计起，用秒表严格控制在 5min 以内（60kg/m 钢轨），预热时要注意观察各缝隙上的防漏泥是否有裂纹或掉下。

（4）当钢轨端头温度预热至 850～900℃时，预热完成，此时钢轨端应清晰发红，170mm 处和 210mm 处的测温线变黑。然后依次关掉丙烷气、氧气，将预热器拿出，操作时注意不要碰撞砂模壁。

6）坩埚安装

在预热的同时，取出一次性坩埚，检查包装箱内组件是否齐全、焊药包是否破裂或受潮、一次性坩埚是否有破损裂纹裂缝及碎片和自熔塞是否安全地位于底部中央，如果有以上缺陷，禁止使用。确认无误后首先在包内混合焊药，然后打开焊药包并将其中的焊药慢慢旋转着倒入一次性坩埚，使焊药再次混合，形成锥尖，再将高温火柴插入焊药内并盖上坩埚盖，将坩埚放置在工作区附近的干燥处。

预热结束后，移开加热器喷嘴，将分流塞放入顶部的入口处，并轻轻向下推，迅速将一次性坩埚放置在砂模的正中央。

7）浇注

焊工穿戴好安全保护装备，待预热结束后，在砂模的内侧点燃火引信，并将其插入坩埚焊药中 25mm 深，迅速盖上坩埚盖，反应持续十余秒钟，浇注在反应结束后自动发生。在浇注的过程中，在钢轨的两侧分别准备两根裹有防漏泥的短棒，以防万一有熔化钢水漏出的情况发生。浇注完成后，用坩埚夹将坩埚移至安全的地方，然后移走坩埚支架。

注意焊药必须在预热结束后 30s 内点燃；火引信的插入深度不能过深或过浅，否则，会导致因反应剧烈钢水镇定时间不足或因反应不充分坩埚内含有钢渣；当废渣停止流出时，按下跑表开始计时。

8）拆除砂模、推瘤

在浇注结束 5min 时，移走废渣盘和一次性坩埚，拆除砂模；在浇注结束 6.5min 时，将多余的焊料推除，并把轨底两侧凸出的焊料打弯。

9)热打磨、冷打磨

热打磨是重新恢复交通前必做的一道工序。在热打磨过程中应注意以下事项:

(1) 打磨工穿戴好安全保护装备。

(2) 在钢轨踏面上保留高出钢轨 0.3~0.8mm 的焊头金属。

(3) 焊头的内侧及外侧与钢轨的两侧平齐。

(4) 在浇注结束 15min 时去掉楔子。

(5) 若使用了起轨器,在浇注后 30min 将其撤掉。

冷打磨目的是除掉由于焊接生成的任何几何不连续表面缺陷。冷打磨应在浇注结束 1h 后进行,为保证打磨精度,必须在线路恢复施焊前的原有状态下进行。注意:千万不能集中在某一处过度打磨,避免在短时高温的条件下产生易断裂的马氏体晶粒;要边检测边打磨直至符合质量要求。

10) 收尾

清理好焊接现场,在焊头旁打上焊接印记,完成焊接记录报告。

五 钢轨焊接方式的比较与选择

目前,我国现场常用的 3 种焊接方法中,从焊缝外观质量和焊接质量稳定性上看,闪光焊最优,铝热焊次之,气压焊垫底;从焊缝强度上看闪光焊和气压焊大于铝热焊。各种主流焊接方式特点及适用性如下:

(1) 固定闪光焊工艺先进、自动化程度高,受人为因素影响小,焊接设备配有计算机控制,焊接质量稳定,焊接生产率高,而且焊缝表面光滑,易于打磨成型;但焊机价格高,所需电源功率也较大。在正常情况下与气压焊、铝热焊相比,钢轨的焊缝强度较高,线路上断头率在 0.5/10000 以内。闪光焊主要用于钢轨的工厂或焊轨基地内将长定尺钢轨焊接成长钢轨(如高速铁路一般将 100m 长定尺钢轨焊接成 500m 长钢轨)。

移动闪光焊与固定闪光焊原理相同,质量最接近,但一般需要配备发电机组作为移动电源,且工艺受环境影响较大,在天气不好,如有风、雨条件下焊接质量容易产生缺陷。尽管如此,移动闪光焊在钢轨的现场焊接中仍然是最可靠的方式,主要应用于新建线路现场钢轨焊接,包括单元轨节焊接、道岔内及道岔两端与区间线路钢轨的锁定焊等。

(2) 小型人工气压焊由于在焊接过程中需要人工对轨和肉眼观察加热状况,所以,受人为因素影响很大,易出现焊接接头错口和接头缺陷,目前已基本不再使用。小型数控气压焊钢轨气压焊设备简单,体积小、质量轻、焊接时间短,应用灵活,焊接质量较好;缺点是在焊接时对接头断面的处理要求十分严格,并且在焊接时需要钢轨有一定的纵向移动,因此,对超长钢轨的焊接有一定难度,主要用于既有线施工中单元轨节的焊接、道岔内及道岔两端与区间线路钢轨的锁定焊。大型气压焊轨车集成焊接、热处理于一体,效果与移动闪光焊较为接近,但无须配备大功率电源,可用于现场单元轨节焊接以及钢轨锁定焊。

(3) 铝热焊焊缝为铸态组织,其强度低,质量欠稳定,断头率高,综合性能较差,因此,铝热焊接头是无缝线路的薄弱环节,特别是如果焊接工艺选择不当产生焊接缺陷时,将更易出现焊接接头的早期损伤和折断。但铝热焊焊接设备质量轻、体积小、操作维修方便，因而非常适合既有线的现场焊接，尤其是道岔焊接、线路应急抢修中不可缺少的方法。

任务3.3 工厂化焊接长钢轨施工

一 焊接长钢轨认知

焊接长钢轨是指用轨端不钻螺栓孔，不淬火的100m（受条件限制可为25m或75m）标准轨焊接成150~500m（新建铁路一般采用500m）的长钢轨。焊接长钢轨经全长淬火热处理后，用专用运轨列车运往铺轨现场，再通过移动焊机焊连成单元轨节，作为无缝线路施工管理的基本单元。

二 工厂化闪光焊焊接长钢轨施工工艺

为确保焊接长钢轨焊接质量，长钢轨焊接应在工厂或焊轨基地内采用固定闪光焊焊接，主要设备包括钢轨除锈机、固定式钢轨闪光焊机、钢轨双频正火设备、钢轨四向调直机、钢轨仿形打磨机和超声波探伤仪等。下面以上海地铁11号线焊接150m长钢轨为例，介绍工厂化焊接长钢轨施工。

工厂化闪光接触焊焊接长钢轨施工

1. 工厂化闪光焊焊接长钢轨工艺流程（图3-16）

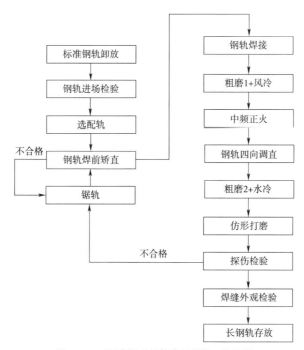

图3-16 工厂化闪光焊焊接长钢轨工艺流程

2. 钢轨卸车及堆放

进场钢轨采用两台10t移动门式起重机卸车。钢轨要排列整齐、稳固。多层堆码时，层间垫木必须平直，上下同位。同一层垫木的间距为4.5~5m。不同钢种及轨型的钢轨分类堆放，禁止混放。

3. 钢轨进场检验

（1）检查进场钢轨的钢种、型号。

（2）检查钢轨外观有无硬弯、扭曲、裂纹、毛刺、折叠、重皮、夹渣、结疤、划痕、压痕、碰伤等缺陷。

（3）对钢轨批次、炉号、长度做好记录；钢轨形式、尺寸、检验项目、要求和方法见表3-2，缺陷超标钢轨严禁使用。

钢轨形式、尺寸、检验项目、要求和方法　　　　　　表3-2

项目	偏差（mm）	检查工具和方法
轨身高度	±0.6	专用样板检查、游标卡尺测量尺寸
轨头宽度	±0.5	专用样板检查、游标卡尺测量尺寸
轨头顶部断面	±0.6	专用样板检查测量是否合格
轨腰厚度	±1.0	专用样板检查、游标卡尺测量尺寸
轨底宽度	±1.0	专用样板检查、游标卡尺测量尺寸
距轨底边缘20cm处轨底厚度	±0.5	专用样板检查是否合格
轨底边缘厚度	+0.75，-0.5	专用样板检查是否合格
轨底凹陷	≤0.3	直角尺、塞尺检查是否合格
端面垂直度（垂直、水平方向）	≤0.6	直角尺、塞尺检查是否合格
端面不对称性	±1.2	专用样板极限检查是否合格并分等级
长度	±6	钢卷尺实测

注：①垂直方向（V）平直度测量位置在轨头踏面中心；水平方向（H）平直度测量位置在轨头侧面圆弧以下5~10mm处；

②轨身为除去轨端0~1.5m的其他部分；

③当钢轨正立和倒立在检测台上时，钢轨端部的上翘不应超过5mm；

④当钢轨轨头向上立在检测台上能看见明显的扭曲时，用塞尺测量钢轨端部轨底和检测台面的间隙，当间隙超过2.5mm时钢轨报废；

⑤钢轨端部和距之1m的横断面之间的相对扭曲不超过0.45mm。以轨端断面为测量基准，用特制量规（长1m）对轨底表面两点（分别距轨底边缘10mm处）进行测量。

4. 选配轨

（1）根据无缝线路设计图纸，编制配轨表。

（2）按配轨表的顺序和要求，丈量每根钢轨长度，依次配轨，并在自动流水作业线上按顺序焊接钢轨。配轨时，用于正线钢轨的最小长度不得短于9m，特殊地段不小于6m，两根短轨不得焊接在一起。

(3) 选配轨前对钢轨的端部尺寸进行测量。以 1.5m 钢直尺检查钢轨端部平直度，游标卡尺检测钢轨断面尺寸，目视检查钢轨全长表面质量，做好焊接顺序编号。被焊两根钢轨轨头宽度、轨底宽度、轨身高度、钢轨不对称性的尺寸偏差不得大于 0.3mm。对于轨端 1.5m 范围内平直度超标的钢轨，用焊前矫直机矫正至合格，不合格钢轨单独存放并做好标识。钢轨平直度、扭曲检验项目和要求需符合表 3-3 规定，并按要求进行检测。

钢轨平直度、扭曲检验项目和要求　　　　　　表 3-3

部　　位	项　　目	允 许 偏 差
距轨端 0～1.5m 部位	垂直方向（V）（向上）	≤0.5mm/1.5m
	垂直方向（V）（向下）	≤0.2mm/1.5m
	水平方向（H）	≤0.7mm/1.5m
距轨端 1～2.5m 部位	垂直方向（V）	≤0.4mm/1.5m
	水平方向（H）	≤0.6mm/1.5m
轨身	垂直方向（V）	≤0.4mm/3m，≤0.3mm/1m
	水平方向（H）	≤0.6mm/1.5m

5. 钢轨矫直

（1）矫直是用 1.5m 钢直尺检测钢轨的平直度和扭曲，用液压调直机对超出规定公差范围的钢轨予以适当的调直。

（2）距轨端 0.5m 范围内无法调直的死弯、翘头和扭曲超限的钢轨，需要用锯轨机锯掉。

6. 钢轨除锈

采用手提砂轮机清除钢轨表面锈斑、脏物以及其他有害物质，保证焊机的电极与钢轨有良好的导电性能。

（1）钢轨的焊接质量与端面的除锈刷磨加工质量有重要的关系，必须十分严格地对钢轨电极面、端面进行除锈处理。处理好的钢轨除锈面应显出金属光泽，在距端面 400mm 以内的钢轨应无锈垢。母材打磨深度不超过 0.2mm。焊前轨面除锈时，打磨光泽应达到母材的 90% 以上。

（2）除锈结束，用除锈质量专用检验表测量，并且及时、准确、真实填写除锈记录。除锈刷磨面待焊时间超过 24h 以上，必须重新处理。

7. 钢轨焊接

钢轨在基地焊接采用 K922 型触焊车进行焊接，经对中、调尖峰、闪光、顶锻、推凸工序将短轨焊接成 150m 的长钢轨。

（1）焊接前要确认前一班的焊接记录，并确认供电、液压、控制、冷却等系统正常。

（2）焊机的各项参数一经选定，不得随意改动。确认待焊钢轨除锈处理符合工艺要求，焊接参数与所焊轨种一致。

(3) 焊机主机、附属设备及控制、记录系统必须完好，各工艺参数应按标准工艺调整定位，并使作业保持稳定正常。

(4) 选定焊轨基准面，进轨、夹持、对齐、确认、焊接。对中后，工作边错位偏差≤0.1mm，非工作边错位偏差≤0.6mm。

(5) 当轨端加热到塑性状态后，焊机能自动夹紧钢轨，轨端顶压，使轨端焊成整体。

(6) 钢轨焊接后，由于焊接时的顶压，使焊接轨端处凸出，利用推瘤刀将焊瘤推掉。

(7) 为保证钢轨与钳口接触良好，每焊接1个焊头对钳口清理一次，每焊接5个焊头用高压风对钳口清理一次。

(8) 焊后不得有夹渣、电击伤、推亏母材等缺陷。

(9) 对焊后情况进行确认，并及时、准确、真实填写焊接记录。

8. 粗磨1+风冷

粗打磨是对焊接接头范围内轨底角上表面、轨底面、轨顶面及内侧工作面的焊瘤打磨到规定程度。

(1) 焊后打磨质量是影响焊接接头几何形状质量的关键。打磨前先要对接头进行检查。

(2) 粗打磨时，应将轨顶面和两侧面及颚部、轨底角上表面及轨底面的残留焊接瘤凸及全部毛边除尽，保持轨顶面弧部形状，但不能打亏母材。

(3) 人工打磨过程中，砂轮不得冲击钢轨，不得在钢轨上跳动，打磨力量不宜过大。打磨面应平整、光洁，不得有凹坑；打磨钢材表面不得有发黑、发蓝现象。

(4) 将钢轨轨底角上表面及轨底面的全部焊瘤及毛边除尽，轨底的平直度达到≤1mm/m。焊接接头的轨腰及其上下圆角、轨头的非工作边等部位的平直度≤1mm/m，使轨顶面及工作边打磨余量≤0.8mm/m。

(5) 打磨应纵向打磨，不得横向打磨。

用4台SF4-4型号的轴流通风机对焊头进行吹风冷却，使钢轨焊头温度冷却至200℃以下。

9. 中频正火

正火是细化焊缝结晶颗粒，以提高其延伸率和冲击韧性。正火后立即进行强制风冷以提高焊缝的硬度。当焊头温度降到500℃以下后，利用正火机把焊头重新加热到860℃（轨底角）~920℃（轨头）。所选择最佳正火温度是以焊接接头为对象，通过试验确定的，焊接接头表面正火加热温度检查，采用测温仪自动测量，并且焊接接头的正火都应逐个做好记录，以备考查。

10. 钢轨四向调直

用四向调直机对焊接接头进行焊后冷调直。

(1) 调直前按操作规程对设备进行检查确认。钢轨焊接后必须经过四向调直机调直处理，先垂直方向调直，后水平方向调直。在成品焊缝两侧各500mm范围内调直，使焊接接头的平直度轨顶面和工作面都≤0.3mm/m。四向调直机的测量系统可以记录储存测量数据，应妥善保管，不得随意删除。

（2）焊后调直人员，应在每班工作前对液压四向调直机做运行状态检查，做好接班记录。如发现异常，应立即通知工班长及领工员进行维修检查。

（3）焊后调直人员应根据规定，对焊接接头焊后的错位及推凸后的残留量进行检查。发现有超出工艺要求范围的焊接接头，立即与焊机操作人员联系，及时调整。若发生连续超限情况，应立即报告质量检验人员，进行质量控制处理。

11. 粗磨 2 + 水冷

再次对焊好的钢轨进行粗打磨。打磨方法如粗磨 1。用水泵抽水循环喷淋焊缝区 300mm 范围，使焊缝快速冷却，确保调直工位前焊头温度降至 50℃ 以下。

12. 仿形打磨

（1）用 FMG-22/2 型电动手推摆式钢轨仿形打磨机对焊接接头左右 500mm 范围内的轨顶面和工作面做进一步打磨，使得钢轨工作面的平直度 ≤0.3mm/m。

（2）打磨过程中辊轮和导向凸缘应紧贴钢轨两侧，确保仿形精确。打磨钢轨时，只能往复运动打磨，不得静止打磨，也不得一面纵向往复打磨，一面又摆动打磨机，造成斜向打磨痕迹。摆动只能在往复运动到头后，再摆动一个适当的角度。

（3）打磨钢轨必须注意磨削量的调整，磨削量不得过大，严禁打亏，打磨表面严禁发黑、发蓝。

13. 探伤及检验工位

探伤采用 CTS-23 型探伤仪进行探伤。探伤是为了判定焊缝各部位是否存在损伤缺陷以检验焊接质量。对焊缝逐个探伤，探伤人员必须持有二级以上无损检测资格证书。

（1）按照规定要求，每一个焊接接头均应进行超声波探伤。

（2）探伤仪使用前，先用对比试块校准，再进行基线校准和灵敏度测试，确认性能良好。

（3）清理焊缝两侧各 40cm 范围内的锈斑、焊渣、水渍，确保探头和钢轨接合良好并减少探头磨损。

（4）探伤范围：轨头、轨腰、轨底角、轨底三角区。

（5）锁上输送线、探伤。探伤时要一看波形显示，二量水平距离，三做波形分析，四定缺陷性质，以便采取措施。

（6）探伤记录必须完整、及时、准确。发现缺陷，应将情况附图说明，并填写处理意见。

14. 钢轨焊缝外观检验

（1）长钢轨进入存放区存放前，还要对钢轨焊缝进行外观质量检验。用 1m 直靠尺和塞尺测量，记录焊接接头平直度。

（2）钢轨焊缝要纵向打磨平顺，不得有低接头。用 1m 直靠尺测量，焊缝平直度允许偏差见表 3-4。

焊缝平直度允许偏差表　　　　　　　表3-4

部位	轨顶面	轨头内侧工作面	轨底
平直度	0 ~ +0.3mm	±0.3mm	0 ~ +0.5mm

（3）轨头及轨底上圆角在1m范围内圆顺。不允许横向打磨，母材打磨深度不超过0.5mm。

（4）轨底上表面焊缝两侧各150mm范围内及两侧轨底角边缘各35mm的范围内，要打磨平整。

（5）焊缝两侧各100mm范围内不得有明显压痕、碰痕、划伤缺陷。焊头不得有电击伤。

15. 长钢轨存放

（1）150m长钢轨的存放采用8台2t固定门式起重机，同步集中控制吊送作业。

（2）固定门式起重机在起吊、横移、落钩时同步进行。

（3）长钢轨在存放台上存放时，整齐摆放，存放台在同一水平面上。多层堆码时，层间设轻型旧钢轨或方木支垫，支垫上下同位，间距5~5.7m。

复习思考题

一、填空题

1. 在无缝线路上切割钢轨时，为防止切断时夹碎砂轮片，可采用_____法。
2. 用锯轨机切割钢轨时，砂轮片的进给应完全依靠_____。
3. 钢轨钻削过程中要使用专用_____罐，严禁无_____钻削。
4. 钢轨在使用过程中，由于列车冲击的作用等原因，某一部位会出现弯曲现象，称为_____，可使用_____进行矫直。
5. 矫直钢轨作业前应测量轨温，确认轨温不低于_____℃，否则应用_____加温。

二、单选题

1. 钢轨锯断作业时最后切断的是（　　）。
   A. 轨头　　　B. 轨腹　　　C. 轨腰　　　D. 轨底
2. 钢轨打磨方法不正确的是（　　）。
   A. 从外到内　B. 从内到外　C. 先多后少　D. 由厚到薄
3. 钢轨焊接质量最稳定的是（　　）。
   A. 闪光焊　　B. 铝热焊　　C. 电弧焊　　D. 气压焊
4. 钢轨铝热焊间隙调整时，两根钢轨轨端间隙合格的是（　　）。
   A. 12mm　　B. 18mm　　C. 21mm　　D. 26mm
5. 无缝线路配轨时，用于正线钢轨的最小长度不得短于（　　）。
   A. 5m　　　B. 6m　　　C. 9m　　　D. 10m

三、多选题

1. 硬弯钢轨的矫直量为硬弯矢度的（　　）不恰当。
   A. 0.5 倍　　　　B. 1 倍　　　　C. 1.5 倍　　　　D. 2 倍

2. 我国目前钢轨焊接方法主要有（　　）。
   A. 闪光焊　　　　B. 铜热焊　　　　C. 铝热焊
   D. 气割焊　　　　E. 气压焊

3. 气压焊对轨作业内容包括（　　）。
   A. 拨轨　　　　B. 直轨　　　　C. 垫轨　　　　D. 轨缝调整

4. 钢轨气压焊焊接过程包括（　　）阶段。
   A. 预热　　　　B. 预顶施压　　　　C. 低压顶锻
   D. 高压顶锻　　　E. 保压推凸

5. 钢轨铝热焊作业前应在轨顶离端部处（　　）划 3 条 70mm 垂直测温线。
   A. 180mm　　　B. 200mm　　　C. 210mm　　　D. 220mm

四、简答题

1. 简述锯轨机锯轨作业程序与作业要点。
2. 简述钢轨钻孔作业程序。
3. 预热闪光焊的主要焊接阶段有哪些？分别起到什么作用？
4. 钢轨气压焊过程中对轨和夹轨应如何进行？
5. 钢轨铝热焊过程中轨头应如何对正？
6. 对比分析钢轨常用焊接方法的特点及适用性。
7. 简述工厂化闪光焊焊接长钢轨施工工序。

项目 4

轨枕及轨道板预制

教学导入

混凝土构件预制是在工厂或工地预先加工制作建筑物或构筑物的混凝土部件,预应力施加方法有先张法和后张法两类。采用预制混凝土构件进行装配化施工,具有节约劳动力、克服季节影响、便于常年施工等优点。

混凝土轨枕是有砟轨道的重要组成部分,现场大量采用预制后运输到施工现场进行铺设的方式以确保轨道施工进度。混凝土轨枕是由水泥、砂、石、水和外加剂按一定比例拌和成混合料注入装有钢丝或钢筋、轨枕配件的组合式模型内,采用振动成型或加荷振动成型,并经过蒸汽养护、放松钢丝或钢筋、切割轨枕端部等工序制成混凝土轨枕产品。

为了适应高速度、高安全性、高舒适性的要求,我国高速铁路无砟轨道经过引进、消化、吸收再创新形成了以 CRTS Ⅰ 型、CRTS Ⅱ 型、CRTS Ⅲ 型板式无砟轨道和 CRTS 双块式无砟轨道 4 种典型的无砟轨道技术系列。CRTS 双块式轨枕和 CRTS 系列轨道板作为它们的重要组成部分,为保证施工质量和进度,同样主要采用工厂预制、现场铺设的方式进行施工。

教学目标

▶ 知识目标

1. 了解混凝土轨枕与轨道板的类型、尺寸及技术特点。
2. 掌握不同类型轨枕和轨道板的技术特点。
3. 熟悉 CRTS Ⅰ 型轨道板、CRTS Ⅱ 型轨道板、CRTS Ⅲ 型轨道板等板式轨道结构的区别。

▶ 技能目标

1. 能够进行普通预应力混凝土枕和双块式轨枕的预制。
2. 能够进行无砟轨道 CRTS Ⅰ 型轨道板、CRTS Ⅱ 型轨道板、CRTS Ⅲ 型轨道板的预制。

任务4.1 普通预应力混凝土轨枕预制

一 混凝土轨枕发展概况

混凝土轨枕是一项重要的铁路器材,也是我国产量和用量都很大的一项重要水泥制品。以前我国铁路轨枕采用的是优质木材制成的木枕,由于我国木材资源匮乏,从第二个五年计划(1958—1962年)起便大量发展预应力混凝土轨枕。60多年来,随着我国铁路建设事业的不断发展和高速、重载铁路的需要,作为铁路重要器材之一的预应力混凝土轨枕产品不断升级换代,预应力混凝土轨枕的生产工艺越来越完善,混凝土轨枕的铺设技术、养护维修技术及设备配套更加完善,从而使得我国预应力混凝土轨枕不仅在生产数量和铺设数量方面跃居国际前列,而且在产品结构性能、生产工艺技术装备水平、产品质量等方面均逐步达到国际先进水平。

目前,全国有固定的混凝土轨枕生产企业50多家,还有若干为适应新线建设应运而生的现场制枕场,年生产能力可达2000万根以上。根据新线建设和旧线大修、维修换枕需要,混凝土轨枕年需求量为1000多万根。此外,根据对外经济援助和经济贸易的需要,我国曾帮助坦桑尼亚、蒙古、委内瑞拉等国设计并建造了混凝土轨枕厂。回顾我国混凝土轨枕发展的历史,大体可分为三个阶段。

第一个阶段为1958—1980年,是预应力混凝土轨枕研制成功并开始推广应用的阶段。这个阶段是在以前研制了多种形式混凝土轨枕的基础上,统一了外形尺寸,采用两种不同的预应力钢材,即直径为3mm的高强碳素钢丝(每根轨枕共36根)和直径为8.2mm的高强热处理低合金钢筋(每根轨枕共4根),配筋率基本相同,混凝土强度等级同为C50,轨枕型号分别为S69(钢丝轨枕)和J69(钢筋轨枕),后改称为S-1和J-1型,统称为Ⅰ型枕。二者除预应力钢筋品种不同外,其他在外形尺寸、张拉力、混凝土强度等级、构造配筋、轨枕力学性能等方面基本一样。这个阶段的生产工艺主要是流水机组法,生产效率不是很高,工人劳动强度较大。

第二阶段为1981—1995年,是推广应用Ⅱ型枕的阶段。Ⅱ型枕的预应力钢材是直径3mm的高强碳素压波钢丝(数量比Ⅰ型枕有所增加,每根轨枕共44根)和直径10mm的高强热处理低合金钢筋(每根轨枕共4根),分别称S-2和J-2型。由于采用了减水剂,混凝土强度等级提高到C60,截面高度、张拉力等均比Ⅰ型枕有所增加,轨枕力学性能有所加强。这一阶段混凝土轨枕的生产工艺也有了比较大的改进,从桥式吊车移动模型的流水机组法发展为模型以辊道传送为主,吊车仅用来将模型吊出、吊入养护池的流水机组-传送法。这阶段轨枕行业为保证产品质量稳定,在洁净集料、科学级配、准确计量、均匀搅拌、低温蒸汽养护(蒸养)、蒸养温度和预应力钢筋张拉自动控制、工艺设备改进方面均有了很大进步。

第三阶段是1995—至今,是应用推广Ⅲ型枕并改进Ⅱ型枕的阶段。这阶段首先是进一步提高Ⅱ型枕的质量，在产品设计上，采用以直径7mm和直径6.25mm的螺旋肋钢丝，设计并生产新Ⅱ型枕，同时在重要干线上逐步推广应用Ⅲ型枕，以适应中国铁路高速、重载发展的需要。这阶段还研制成功500kN轨枕静载试验机和轨枕外形尺寸专用量器具，为进一步提高轨枕质量提供了更强大的保障。

二 混凝土枕外形及尺寸

混凝土枕结构设计主要决定于其受力状况。轨枕视为支承在弹性基础上的短梁，在钢轨传来的荷载作用下，轨枕底面对轨枕产生反力，轨枕各截面则承受弯曲应力。通常规定轨枕截面上部受拉为"−"，下部受拉为"+"。

混凝土枕受力状况与道床支承条件有密切关系，支承条件有中间不支承、中间部分支承和全支承三种情况，如图4-1所示。在不同支承条件下，轨枕截面弯矩的分布是不同的，由图中可以看出，轨下截面正弯矩以中间不支承时为最大，而枕中截面负弯矩则以全支承时为最大。

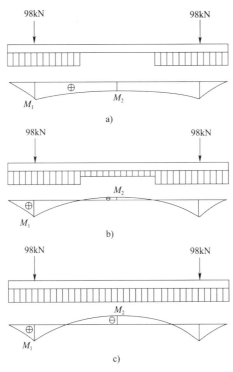

图4-1 轨枕弯矩与道床支承的关系图示
a) 中间不支承；b) 中间部分支承；c) 全支承

1. 轨枕形状

混凝土枕截面为梯形，上窄下宽。梯形截面可以节省混凝土用量，减少自重，也便于脱模。

轨枕顶面宽度应结合轨枕抗弯强度、钢轨支承面积、枕下衬垫宽度、中间扣件尺寸等因素综合考虑加以确定。轨枕顶面支承钢轨的部分称为承轨槽，做成1∶40的斜面，以适应轨底坡的要求。轨枕底面在纵向采用两侧为梯形、中间为矩形的形状,两端有较大的道床支承面积,以提高轨枕在道床上的横向阻力。当中间部分不支承时,能使钢轨压力与道床反力的合力尽量靠拢,有利于防止枕中截面出现过大的负弯矩。轨枕底面宽度应同时满足减少道床压力和便于捣固两方面的要求。底面上一般还做出各种花纹或凹槽,以增加轨枕与道床间的摩阻力。

2. 轨枕长度

轨枕长度与轨枕受力状态有关,根据图4-1所示的三种不同支承情况,对不同轨枕长度进行计算的结果表明,长轨枕可以减少中间截面负弯矩,但轨下截面上正弯矩将增大,两者互相矛盾,一般应以轨下截面正弯矩与枕中截面负弯矩保持一定比例来确定轨枕的合理长度。混凝土枕长度一般在2.3~2.7m,我国Ⅰ、Ⅱ型枕长度均为2.5m。为适应铁路高速、重载发展的需要,国外向增加轨枕长度的方向发展,在主要干线上普遍采用长度2.6m的轨枕。有关试验结果表明,轨枕长度增加有以下优点:①可减少枕中截面外荷载弯矩,以提高轨枕结构强度;②提高纵、横向稳定性和整体刚度,改善道床和路基的工作状况,对无缝线路的铺设极为有利;③提高了道床的纵、横向阻力,可适当减少轨枕配置根数。我国新设计的Ⅲ型轨枕长度有2.5m和2.6m两种。

3. 轨枕高度

混凝土枕的高度在其全长是不一致的,轨下部分高些,中间部分矮些。这是因为轨下截面通常在荷载作用下产生正弯矩,而中间截面则在荷载作用下产生负弯矩。而混凝土枕采用直线配筋,且各截面上的配筋均相同,所以,配筋的重心线处于轨下部分的应在截面形心之下,而在中间部分则应在截面形心之上,如图4-2所示。这样可以对混凝土施加的预压应力形成有利的偏心矩,使混凝土的拉应力不超过允许限度,防止混凝土枕裂缝的形成和扩展。

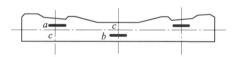

图4-2 混凝土枕配筋重心线示意图
a-轨下截面形心;b-中间截面形心;c-应力筋重心线

三 我国混凝土枕现状及技术特点

我国现行混凝土枕分3类,分别与不同类型轨道配套使用。

1. Ⅰ型混凝土轨枕

包括69型、79型。79型是在69型枕配筋不变的情况下,将轨枕外形尺寸统一到与Ⅱ型枕一样,强度与69型等强,最后统一为Ⅰ型混凝土枕。Ⅰ型混凝土轨枕的承载能力是按建设型蒸汽机车、轴重21t、最高速度85km/h、铺设密度1840根/km设计的,适用于中型、轻型轨道。随着国民经济和铁路运输发展,机车车辆轴重不断提高,年通过总重也不断增长,Ⅰ型混凝土轨枕的承载能力已不能适应这些条件的变化,破损加剧,寿命缩短。因此,在我国线路上已逐步被淘汰。

2. Ⅱ型混凝土轨枕

Ⅱ型混凝土轨枕设计有S-2、J-2、YⅡ-F、TKG-Ⅱ型等,承载力是按韶山型机车、轴重25t、最高速度120km/h标准设计的，适用于重型、次重型轨道。随着铁路提速、运输能力增加，Ⅱ型混凝土轨枕某些参数不能满足轨道结构发展需要，新Ⅱ型是Ⅱ型混凝土轨枕的替代产品，图4-3和图4-4分别为新Ⅱ型混凝土轨枕成品图和铺设在青藏铁路上的新Ⅱ型混凝土轨枕。

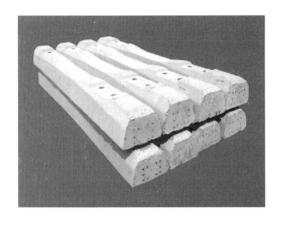

图4-3　新Ⅱ型混凝土轨枕成品图　　　　　　图4-4　铺设在青藏铁路上的新Ⅱ型混凝土轨枕

3. Ⅲ型混凝土轨枕

由于Ⅱ型轨枕在重型、次重型轨道上使用时，在某些区段会出现轨枕中顶面横向裂缝、沿螺栓孔纵向裂缝、枕端龟裂、侧面纵向水平裂缝、挡肩斜裂等病害，轨枕年失效下道率平均1.2%，难以适应重型和特重型轨道的承载条件，为了适应强轨道结构的要求，我国又研制了Ⅲ型轨枕。Ⅲ型混凝土轨枕是从1988年开始研制，1995年通过铁道部组织的技术审查。Ⅲ型混凝土轨枕分有挡肩和无挡肩两种形式，有挡肩轨枕适用于直线或$R \geqslant 300$m的曲线轨道，无挡肩轨枕适用于直线或$R \geqslant 350$m的曲线轨道。为适用不同线路需要，Ⅲ型混凝土轨枕长度有2.5m和2.6m两种，目前使用的主要是2.6m。该类型轨枕设计参数采用机车（三轴）最大轴重23t、最高速度160km/h、铺设密度1760根/km设计，主要适用于特重型轨道。

由于和不同类型的扣件配套使用，Ⅲ型混凝土轨枕适用范围、名称、外形、技术条件略有不同，目前主要有Ⅲa型（有挡肩，与弹条Ⅱ型扣件配套使用）、Ⅲb型（无挡肩，与弹条Ⅲ型扣件配套使用）、Ⅲk型（无挡肩，与PANDROL扣件配套使用）、Ⅲc型（有挡肩，与弹条Ⅴ型扣件配套使用）。Ⅲa型和Ⅲb型适用于一般线路，Ⅲk型、Ⅲc型均适用于速度250km/h线路。

Ⅲ型混凝土轨枕比Ⅱ型混凝土轨枕轨下和中间的承载力分别提高43%和65%，提高了轨道的整体强度。Ⅲ型混凝土轨枕轨下截面静载能力可以达到210kN，中间截面可达到170kN。Ⅲ型枕与Ⅱ型枕相比，加宽了枕底宽度，使之与道床的支承面积增加17%，端部侧面积增加20%，对于提高道床纵、横向阻力和轨道稳定性十分有利。Ⅲa型有挡肩混凝土枕如图4-5所示。

新Ⅱ型、Ⅲa型、Ⅲb型轨枕，性能参数见表4-1。

项目4 轨枕及轨道板预制

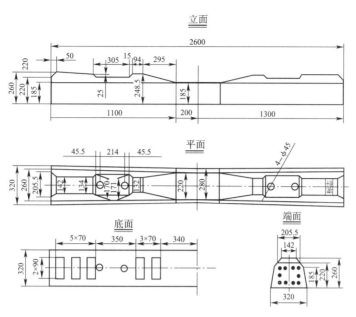

图 4-5 Ⅲa 型有挡肩混凝土枕（尺寸单位：mm）

新Ⅱ型、Ⅲa 型、Ⅲb 型轨枕，性能参数表　　表 4-1

序号	项　目		单位	新Ⅱ型		Ⅲa 型		Ⅲb 型	
1	轨枕长度		mm	2500		2600		2600	
2	截面尺寸			枕下	枕中	枕下	枕中	枕下	枕中
		高度	mm	205	175	230	185	230	185
		顶面宽度	mm	169	190	170	220	170	220
		底面宽度	mm	280	250	304	280	304	280
3	轨枕质量		kg	273		353		349	
4	枕底面积		cm²	6700		7720		7720	
5	混凝土强度		MPa	C60		C60		C60	
6		预应力钢筋		8ϕ7mm 或 10ϕ6.25mm		10ϕ7mm		10ϕ7mm	
		张拉力	kN	348		420		420	
		主筋用钢量	kg	6.04		7.852		7.852	
7	设计承载弯矩		kN·m	14.00	-12.55	19.05	-17.30	19.05	-17.30
8	静载抗裂弯矩		kN·m	23.05	-17.17	27.90	-23.50	27.90	-23.50
9	静载抗裂强度检验值		kN	170	-125	210	-170	210	-170
10	疲劳试验最大荷载		kN	180	-135	230	-190	230	-190
11	预留孔或预埋件			4 个预留孔		4 个预留孔		4 个预埋件	
12	扣件类型			弹条Ⅰ型、Ⅱ型		弹条Ⅱ型		弹条Ⅲ型	

四　混凝土轨枕的生产工艺

预应力混凝土轨枕的生产工艺就其施加预应力而言均为先张法，就其模型是否移动而言可分为流水机组-传送法（模型移动）和台座法（模型不动）。我国混凝土轨枕工厂普遍采用流水机组-传送法生产线，有少数工厂采用先张法台座工艺。图4-6就是我国援建的采用先张法台座工艺的坦桑尼亚坦赞铁路轨枕厂。下面重点介绍Ⅱ型预应力混凝土轨枕的流水机组-传送法工艺。

图4-6 坦赞铁路轨枕厂采用先张法台座工艺

1. 混凝土轨枕流水机组-传送法工艺及其特点

我国早期的混凝土轨枕生产主要是流水机组法，即模型通过桥式吊车在生产线上吊运移动到各个生产台位，在这些台位上有专用设备来完成相应的工序，整套工序就是一个将原材料转变为产成品的实现过程。由于预应力混凝土轨枕的生产有10多个工序，全部要用桥式吊车来移动模型，不仅生产效率低，而且不利于安全生产，后来就发展成主要是用辊道传送模型，桥式吊车主要是用来吊装模型出入蒸汽养护池，以及在设备检验时吊装设备，这样就使原来的流水机组法发展成为流水机组-传送法。预应力混凝土轨枕流水机组-传送法工艺是采用组合式钢模型在流水线上按照规定的工艺流程，依次通过各个生产台位，包括钢筋组装、张拉、灌注混凝土、振动成型、蒸汽养护、放张钢筋、脱模、成品堆放等，来完成混凝土轨枕制品的全部生产作业。混凝土轨枕制品的生产周期相当于模型的周转期。我国现行的轨枕流水机组-传送法的工艺特点如下：

（1）采用 2×5（主要是Ⅰ、Ⅱ型枕）或 2×4（主要是Ⅲ型枕）联组合钢模型，一次可成型 10 或 8 根轨枕。它既可以减少预应力钢筋的工艺损耗，又能提高轨枕的生产效率。

（2）为与 2×5 联组合钢模型相适应，采用 1×5 联组合式振动台，相当于每一对并列轨枕布置一个单元台面。台面之间可以安装升降辊道，以便于轨枕模型在流水线上传送。

（3）轨枕成型采用二次振动工艺。第一次振动为普通振动，使模型内的混凝土在振动台上振动密实、泛浆，同时人工将同一模型内的 8~10 根轨枕的混凝土料量调整一致（平灰）；第二次振动采用加荷振动，即振动时振动台上有加荷盖板，加荷压力不小于 5kPa。由于采用了加荷振动，从而可采用干硬性或低流动性混凝土拌和物，不但节约了水泥，提高了混凝土密实性，还使得振动成型时模型内分隔轨枕的挡浆板处不易漏浆。

（4）生产流水线由于主要采用了辊道传送，形成闭环工艺流程，实现了轨枕生产工艺的连续性和节奏性，减少了车间的非生产性运输。

（5）现行的轨枕生产线，除生产混凝土轨枕外，只要改变模型，还可生产宽枕、岔枕及其他窄长形的预应力混凝土制品。轨枕按流水机组-传送法进行生产时，每个工序的作业时间是控制轨枕生产效率的主要指标。根据生产水平的不同，目前我国轨枕生产线采用的工序节拍时间一般为 3~5min。

2. Ⅱ型预应力混凝土轨枕生产工艺流程

流水机组-传送法预应力轨枕生产过程由清模，预应力钢丝的定长、镦头及入模，张拉、安放箍筋隔板，混凝土拌制和灌造，混凝土振捣、清边，蒸养、放张、脱模，切割码垛，吊运成品入库等工序组成，具体如图4-7所示。

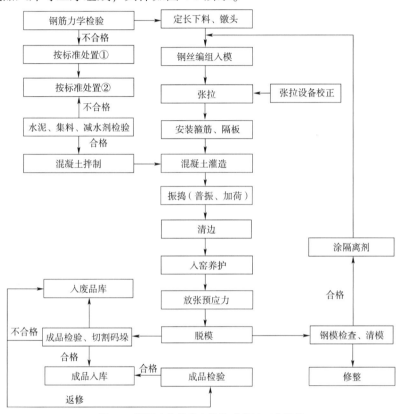

图 4-7 混凝土轨枕流水机组-传送法工艺流程

3. Ⅱ型预应力混凝土枕轨生产工艺介绍

1）清模

清模工序主要是将上一循环过来的钢模型端部及两侧面上的混凝土渣清理干净，并对钢模喷涂隔离剂，同时检查更换钢模型损坏的部件，如撑孔器等。

隔离剂喷涂时注意喷洒均匀，严禁滴状或线状进入模型，造成粉肩，孔洞等缺陷。

2）预应力钢丝的定长、镦头及入模

（1）预应力钢丝定长下料。

我国混凝土枕现阶段采用的预应力钢丝主要为直径 7mm 或 6.25mm 的低松弛螺旋肋钢丝。定长下料通过定长下料机完成，预应力钢丝的长度必须严格控制，同组钢丝长度最大值与最小值之差应不超过2mm，并应不超过下料长度的 1.5/10000。每根轨枕的数根预应力钢丝（改Ⅱ型枕配筋为 8φ7mm 或 10φ6.25mm 为一根轨枕的一组钢丝）编成一组，以便一次性进行张拉。钢丝的长度相差过大将会造成轨枕内部张拉应力不均匀,会严重影响轨枕的整体性能。

（2）预应力钢丝镦头。

将定长切断的一组钢丝穿入 4 块锚固板（张拉端和固定端各两块）和 10 块分丝隔板,一端钢丝先镦头,另一端待钢丝穿完所有分丝隔板及锚固板后再进行镦头。钢丝镦头直径不得小于 1.5 倍钢丝直径,镦头高度不得小于钢丝直径。入模时分丝隔板、锚固板均要放在正确的位置,不得出现钢丝错位、斜搭和别轴现象,以保证预应力钢丝张拉时均匀受力。

（3）预应力钢丝入模。

镦头完毕的钢丝组按设计位置入模,检查钢丝是否错位或交叉,旋紧张拉杆螺母,绷紧钢丝组。

3）张拉、安放箍筋隔板

（1）主筋预应力张拉。

张拉应力按照轨枕的技术要求严格控制,张拉应力小会严重影响轨枕的静载值,过大又会对轨枕的疲劳产生严重损害。张拉过程主要控制张拉应力,同时对预应力钢丝伸长量复核验证,张拉加载速度不得大于 30kN/s。

钢丝预应力采用自动张拉机张拉,张拉采用测力传感器计量张拉力,钢丝的预应力张拉程序：0→总张拉力→总张拉力持荷 1min→补充至总张拉力→锁紧螺母→0（张拉系统回油）,张拉力为（348±5）kN。张拉过程中若出现断丝和滑丝,应及时更换重新进行张拉作业。预应力张拉作业如图 4-8 所示。

图 4-8　预应力张拉

（2）安放箍筋隔板。

箍筋的弯制使用专用定型模具,螺旋筋采用绕（卷）簧机绕制,经点焊成型,如图 4-9、图 4-10 所示。

图 4-9　卷簧机绕制加工螺旋筋

图 4-10　螺旋筋与纵向筋点焊

安装前应检查模型内有无杂物,并清理杂物。将橡胶隔板、设计要求的箍筋、螺旋筋等按图样要求全部安放到位,严防移位。插筋应插入钩环内,螺旋筋严防倒置,安装完毕后应检查是否齐全,位置是否正确。

4) 混凝土拌制、灌造

混凝土拌和采用强制式搅拌机,混凝土拌和物配料采用自动计量装置。在配制混凝土拌和物时,水、水泥、外加剂的称量应准确到±1%,粗、细集料的称量应准确到±2%(均以质量计)。搅拌时间120s,搅拌时间以自全部材料装入搅拌机开始搅拌至搅拌结束开始卸料所用时计,投料顺序为粗细集料、水泥和矿物掺合料,搅拌均匀后,加入水和液体外加剂。

混凝土灌注采用布料机一次性往返布料,布料机容量不小于1.5m³,控制布料机行走速度与混凝土下料量相匹配,布料高度高出模型面15~20cm,在布料机返回过程中对布料不足的部位进行补料,如图4-11所示。

5) 混凝土振捣、清边

混凝土的振动采用振动台振动方式,二次振动成型工艺,新Ⅱ型轨枕初振时间≥120s,加压振动时间≥60s,保证压花深度在5~13mm范围内。轨枕底部花纹的作用是增加轨枕与道床的摩阻力,防止轨枕在线路上爬行。普振过程中注意观察轨枕厚度是否合适,以保证加荷振动后轨枕各断面厚度满足技术要求,加荷振动后还要测量压花深度,如超差应及时加以处理。振动完成后即可拆卸下轨枕钢模节间橡胶隔板等配件。振动后还要及时清除轨枕两边的飞边及轨枕节间多余的混凝土,同时注意修正撑孔器的位置。如图4-12所示。

图4-11 混凝土布料机布料

图4-12 混凝土成型、清边

6) 混凝土枕蒸汽养护

轨枕养护采用自动温控蒸汽养护,蒸汽养护按"静停→升温→恒温→降温"4个阶段工艺进行。在温度5~35℃的环境中静停时间不小于3h,升温时升温速度不大于15℃/h,降温时降温速度不大于15℃/h,养护结束时轨枕表面与坑外环境温差不大于15℃。养护过程温度监测应能覆盖同批(同线、同池)轨枕。

水泥中的三氧化硫含量低于2.0%时,枕芯混凝土的最高养护温度不应大于60℃;三氧化硫含量为3.0%时，枕芯最高养护温度不大于55℃；当三氧化硫含量在2.0%~3.0%时，枕芯最高养护温度可通过线性插值求得。

轨枕脱模后，应继续湿润养护3d以上，环境温度低于5℃时，应采取保温养护。

7）放张、脱模

（1）放张。当脱模强度不小于45MPa且混凝土表面温度与外部环境温差不大于15℃时，方可脱模。轨枕脱模前必须放松预应力钢丝，采用自动放张机放松紧固螺母，放张速率不大于80kN/s。

预应力轨枕经过蒸汽养护后，混凝土表面会有相当大的拉应力，即使在经过降温期的降温后，混凝土表面温度也比气温高，此时脱模轨枕表面温度骤降，必然引起温度梯度，从而在轨枕表面附加一拉应力，与蒸养时拉应力叠加，再加上混凝土干缩，表面拉应力达到很大数值。所以，轨枕脱模前必须放松预应力钢丝，否则，极易造成轨枕挡肩裂缝破损等缺陷，从而导致轨枕报废。

放张采用自动放张机缓慢释放应力，新Ⅱ型轨枕放张拉力为300 kN。旋松张拉杆螺母，缓慢卸荷，直至放松应力，然后再切割钢丝，绝对禁止在带应力情况下直接切割钢丝。

试验证明，骤然放张与缓慢放张相比，不利之处是锚固长度将增加20%，而且容易引起混凝土轨枕挡肩裂缝和端部纵向裂缝。岔枕更要缓慢放张，其放张速度要求是：长线台座≤8kN/s，流水机组≤80kN/s。因此，要求采用自动放张设备，首先，将预应力钢筋整体缓慢放张；然后，将模型两端钢筋切断，同时取出挂板；最后通过脱模横移装置将模型移到脱模机上进行脱模。

（2）脱模。脱模使用脱模机完成，翻模时应注意不要损坏轨枕。脱模后成品检验人员逐根对轨枕进行外观检验。

8）轨枕成品检验

轨枕检验分为形式检验和出厂检验。

形式检验项目包括外观质量、各部尺寸、缺丝与否、表面裂纹情况、混凝土总碱含量、混凝土氯离子含量、混凝土三氧化硫含量、混凝土抗压强度、混凝土弹性模量、混凝土抗冻等级、混凝土电通量、混凝土氯离子扩散系数、预埋套管抗拔力、轨枕静载抗裂强度、轨枕疲劳强度和疲劳试验后的破坏强度检验等。

出厂检验项目包括外观质量、各部尺寸、缺丝与否、表面裂纹情况、混凝土抗压强度、混凝土弹性模量等。

9）成品码垛、堆放

轨枕在成品库中堆码要求不超过10层，各层轨枕间用40mm×40mm的方垫木垫于轨枕挡肩外40mm处，并使上下轨枕之间垫木在一条直线上，保证轨枕受力均匀。

10）模型清理、喷涂脱模剂

轨枕脱模后，空模型被输送到清理打磨工位，采用抛光机、铲灰刀等清理模型内的混凝土残渣、黏皮等其他附着物，尤其要针对模型承轨台、橡胶棒部位，特别要将模型里的混凝土残渣用空压机清除干净，确保模型内表面清洁，以使轨枕有较好的外观质量。

清理完的空模型被输送到喷涂脱模剂工位，将脱模剂均匀地喷涂在模型内的表面，同时用棉纱对模型进行擦拭防止积液产生。

4. 机组流水法工序作业时间

机组流水法生产轨枕时，每个工序的作业时间是控制轨枕生产效率的主要指标。根据生产水平的不同，采用一个工序循环周期一般为 5min。以肯尼亚蒙巴萨至内罗毕标准轨铁路工程新Ⅱ型预应力混凝土轨枕厂为例：当采用 2×5 联组合钢模型时，一条生产线年生产能力可达 40 万根；当采用 2×4 联组合钢模型时，年生产能力为 30 万根。该预制厂机组流水法工序作业时间见表 4-2。

预应力混凝土轨枕流水线生产工序作业时间　　　　　　表 4-2

序号	工序名称和作业内容	单位	作业时间（min）
1	钢丝调直定长切断	1 模	3~5
2	钢丝穿束、镦头	1 模	5
3	钢丝组、橡胶板入模	1 模	5
4	张拉连接张拉杆—张拉—模型脱开	1 模	4~5
5	安装螺旋筋	1 模	3
6	混凝土浇筑	1 模	3~4
7	普通振动、平灰	1 模	4~5
8	加压振动、落压花板	1 模	3~4
9	清边、卸隔板	1 模	3~4
10	蒸汽养护	1 池（24 模）	12~14h
11	出池、放张	1 模	4~5
12	脱模	1 模	3~4
13	切割轨枕间钢丝	1 模	4~5
14	码垛	1 垛（20 根）	8~10
15	成品出库	1 模	3~4
16	清理模型、喷涂脱模机	1 模	3~4

近年来，铁路混凝土梁，混凝土轨道板以及混凝土轨枕大多发展为现场预制，即在铁路建设临时用地上建设预制工厂，生产所需的预应力混凝土梁、混凝土轨道板或混凝土轨枕等。虽然是现场工厂，但在管理、环境、产品质量各方面要求都很高，待生产任务结束后，设备拆走，场地他用，从而可大大节约运输费用，形成了一种混凝土制品在现场预制生产运作的一种新的模式。

任务 4.2　CRTS 双块式轨枕预制

近 50 年来，高速铁路先行发展的国家大力开发以混凝土或沥青混合料等取代有砟道床的各类新型无砟轨道，旨在提高轨道的稳定性、平顺性，大幅减少维修工作量。我国在新建高速铁路干线大量铺设应用中，取得了很好的技术经济效果。我国通过开展对国外双块式无砟轨道施工技术及施工设备的引进、消化、吸收及技术再创新工作，基本掌握了双块式无砟轨道轨枕制造、铺设施工关键技术，并开展了无砟轨道施工设备国产化技术研究。

为尽快打造出自己的品牌，我国在充分消化吸收已引进的双块式轨枕生产线技术的基础上，依靠国内的研发力量，对铁路双块式轨枕预制工艺及设备进行开发创新，使双块式轨枕预制工艺及设备研制实现国产化。下面简要介绍铁路双块式无砟轨道轨枕预制生产线组成、工艺流程。

双块式混凝土轨枕的预制采用环形生产线，进行工厂化制造，以保证轨枕的制造质量与精度，提高生产效率。生产组织按每天循环设计作业，流水生产节拍不大于5min，模具设计为4×1形式（即4根轨枕在一个模型中，外层采用框架钢结构形式）。生产能力约为每天800根。

一　总体平面布置

环形生产线生产车间设计尺寸为长60m×宽20m×高8m，全部置于钢结构彩钢房屋内，在车间的长尺寸方向的一侧有一个端口，用于混凝土的进料方向；在车间的短尺寸方向上，一端为用于工作人员进出车间和轨枕运出车间的大门，便于将加工好的钢筋桁架运送至安装钢筋桁架的工位，一端为方便工作人员出入车间。按各设备及系统功能，轨枕生产线包括模具清理站、涂脱模剂站、套管安装站、钢筋桁架安装站、混凝土浇筑与振捣站、养护池、翻转脱模站、轨枕检测站、装枕站。环形生产线平面布置如图4-13所示。

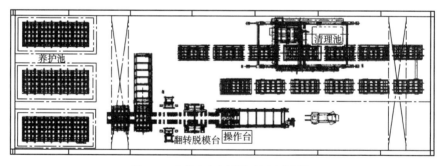

图4-13　轨枕生产车间平面布置示意图

二　动力柜及电气控制柜总体布置

1）动力柜布置

总动力柜设在车间的一角，电缆沿纵向电缆沟引出，并有两个分支，一个动力分柜设在混凝土布料及振动区域的位置，由横向电缆沟引至该区域设备；另一个动力分柜设在车间的另一端在脱模翻转装置的位置，由横向电缆沟引至该区域各设备。

2）控制柜布置

为了便于维护，控制系统采用分散独立控制方式，共分以下几个部分：布料及振动控制柜、脱模翻转装置控制柜、多功能小车控制柜、蒸养系统控制柜。各控制柜引出的控制线均沿相应沟槽或设备走向引至设备控制终端或传感器，实现对相应机构的控制。

三 主要设备功能和关键工艺

轨枕生产线应配备有钢模型、模型输送辊道、混凝土灌注设备、振动台、养护池、运模小车、翻转脱模机、模型清理侧翻平台、链式传送机等；钢模型采用4×1联短模形式；养护池应具备有自动控温系统来控制养护温度以及电控系统等，其生产工艺如图4-14所示。

1. 模具清理

主要作用是采用侧翻平台将脱模后的钢模倾斜80°，采用专用工具进行钢模型清理，将模型内的混凝土残渣、黏皮等清理干净，对钢模型进行检验。当脱模后的钢模移动到侧翻平台时，在侧翻平台上固定钢模，然后倾斜辊道（倾斜角度为80°），模板的清洗是与空气压缩室离不开的，用高压气枪清洗模板优点在于不损坏模板内部表面的光滑度，而且快捷、省力。在清洗模板时需要检查模板有无损坏、内部表面是否光滑、有无凹凸现象、有无较深或影响轨枕表面光滑度的刮痕。

2. 喷洒脱模剂

涂喷脱模剂以便于好脱模。涂喷脱模剂时须注意，先涂喷脱模剂后安装套管。严禁脱模剂与套管接触，涂膜剂要适量，不得在模板内有残留，涂喷完后检查模板角落有无少量残留的脱模剂，如有则用棉纱擦净。模板内脱模剂要涂喷完好。

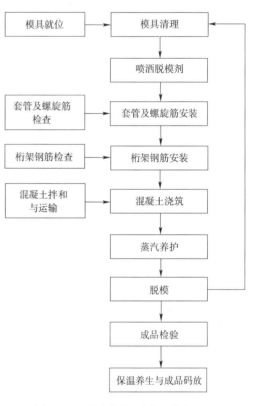

图4-14 双块式轨枕生产线工艺流程

3. 预埋套管安装

步骤是：首先，将套管的定位轴固定在钢模底部预留的预留孔上，尽可能拧到模具壳体的底部，确保定位轴被紧紧地拧到了模板上，且保证定位轴与模板底部垂直；然后，将套管紧紧地拧到定位轴上，确保与模板底面垂直。

4. 钢筋桁架安装

主要是安装两个钢筋桁架，并精确定位，然后将放置在轨槽中的弯起钢筋及钢筋网片精确定位。精确定位主要依靠模板上的桁架钢筋支承槽。在桁架钢筋固定好的情况下，将箍筋与钢筋桁架用勾筋固定连接。

5. 混凝土布料

混凝土从搅拌机出来后经混凝土运输车运至布料装置的接料斗，实现向轨枕模具内布料。该混凝土布料装置由钢支架、大车行走部分、小车行走部分、闸门装置、翻转装置等5部分组成，并配以防撞装置，对设备起到安全保护作用。其功能描述：有 x、y 两方向运动，即大车行走靠两个电动机驱动；浇筑时由4个油缸控制4个混凝土出口挡板的开启与关闭，通过4个电动机驱动4个螺旋给料器进行混凝土布料；料斗下部可旋转一定角度，当完工或停工便于清洗内部残留混凝土。

6. 混凝土的振捣

将已布料的模具通过振动台振动实现混凝土的振捣。振动台及其升降辊道的功能描述：通过辊道将空模具运送到由4个胶囊风缸支承的升降辊道上，这时风缸排风，使升降辊道下降，模具落在2个振动台上。振动台采用4个振动电动机为动力产生振动，振动结束后，开动风阀使胶囊风缸撑起升降辊道，运走带轨枕的模具。振动台激振力及振幅的大小及振动时间的长短均会影响到轨枕的质量，其频率、激振力、电动机旋向均可根据轨枕生产工艺需要调整。在激振力 $1.2 \times 4kN$ 工况下，推荐一般工艺参数为：首先，以70Hz频率段垂直振动（两振动电机异向转动）60s；然后，以50Hz频率段垂直振动90s；最后，水平振动（两振动电机同向转动）30s。

7. 蒸汽养护系统

混凝土振捣密实之后，通过吊车将钢模吊至养护池内。养护池采用半地下式，带有强制排气设施。全自动养护监控系统，带有自动记录并储存部件，带有能自动控制养护通道内温度和湿度的实时控制装置和有关部件（如蒸养系统中的喷管直径、喷气孔大小、管道在通道内的布置以及各分区间的分隔和两端的封堵等），要求满足温度变化不大于15℃的规定。蒸汽养护分为静停、升温、恒温、降温4个阶段。混凝土浇筑后在5~30℃的环境中静停2~3h后方可升温，升温速度不大于15℃/h，恒温不少于6h，枕芯温度应不大于55℃，降温速度不大于15℃/h，出坑前的轨枕表面与坑外环境温度之差不大于15℃。蒸汽养护系统是针对枕轨的连续化生产所专门开发的可自动监控系统，其养护系统参数为静停温度29℃、静停时间120min，升温速度不得大于15℃/h、升温时间120min，恒温温度为45℃、恒温时间360min，降温速度不得大于15℃/h、降温时间120min。

8. 模具翻转与轨枕脱模

轨枕达到养护周期后进入翻转脱模工序，其中，模具刚度及脱模台激振力的合理设计是保证轨枕精度和成功脱模的关键。模具翻转与轨枕脱模工作由翻转机、脱模台实现。翻转机由框架、横移架、提升装置、旋转装置4部分组成，横移、提升、夹紧由3个油缸完成，旋转由电机与减速机完成；脱模台由支承结构、振动脱模台组成，通过气路使橡胶囊充气，脱模台抬起，然后放气，模具快速下落产生冲击，轨枕在模具内产生惯性力，离开模具落在支承台上，完成脱模。

9. 模具的输送

翻转脱模区的模具输送由多功能小车完成，其功能包括：运送轨枕模具至脱模台；运送脱模后的轨枕至链条输送机上；运送空模具返回辊道上。多功能小车由车架、升降台及走行部分组成，由电机驱动4个走行轮实现走行，一个电机通过齿轮齿条传动四连杆机构使升降架升降，达到运送功能。空模具在返回过程中要完成清洗、喷洒脱模剂以及钢筋桁架安装等工作。模具返回辊道主要有两种形式：第一种为标准辊道，由1.1kW电机链轮链条驱动辊子转动，运送模具；第二种为可倾斜辊道，把辊架分为两部分，通过油缸可使辊轴部分倾斜70°，方便清理模具。由横移架车实现空模具到混凝土布料装置处的横向运送。

10. 电控系统

电气控制系统由辊道电气控制、模具横移小车电气控制、顶推和牵引装置电气控制等几部分组成。以辊道电气控制系统为例，按生产线工艺要求，辊轮控制操作分为3个区间单独控制，由一台可编程序逻辑控制器（PLC）实现逻辑控制。实现了区间全线半自动化运行，提高了生产效率。

任务4.3 CRTS系列轨道板的预制

一 轨道板的类型与技术特点

无砟轨道按是否存在轨枕可分为有轨枕式和无轨枕式两大类型，无轨枕式无砟轨道包括现浇道床板式和预制轨道板式两类，而预制轨道板式无砟轨道由于轨道板可在工厂内集中预制，其质量容易控制，同时大大减少了现场混凝土浇筑量，可大幅提高无砟轨道施工进度，因而在我国城际铁路和高速铁路上得到了广泛运用，一般所说的板式无砟轨道指的就是预制轨道板式无砟轨道。

板式无砟轨道根据板间纵向力的传递方式不同，可分为单元板式无砟轨道和纵连板式无砟轨道两大类。我国CRTS Ⅰ型、CRTS Ⅱ型板式无砟轨道结构形式从原理上讲分别是单元板式无砟轨道和纵连板式无砟轨道。在此基础上自主研发并在工程实践中运用的CRTS Ⅲ型板式无砟轨道结构，其根据轨下结构的不同特点，采用了"路基和隧道连续、桥上单元"的结构形式。

1. CRTS Ⅰ型轨道板

CRTS Ⅰ型轨道板按照是否施加预应力分为钢筋混凝土（RC）轨道板和预应力钢筋混凝土（PC）轨道板，按照轨道板结构形式可分为普通型（图4-15a）和框架型（图4-15b）。

我国在日本单元轨道板技术基础上研发的CRTS Ⅰ型轨道板，包括预应力混凝土平板、预应力混凝土框架板和普通混凝土框架板。框架型轨道板的混凝土和CA砂浆用量相对较小，可节约成本，有效降低噪声，还可以减缓温差引起的板翘曲。为减小局部应力集中，控制裂纹的发生发展，框架轨道板的中空部位应进行倒圆角处理。

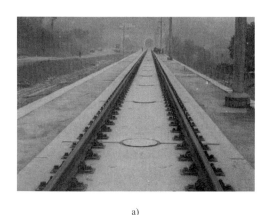

图 4-15 CRTSI 轨道板结构形式
a) 普通型；b) 框架型

Ⅰ型轨道板混凝土强度等级为 C60，宽度均为 2400mm，长度规格有 4962mm、4856mm、3685mm 等多种，厚度均不应小于 190mm，承轨台厚 20mm，承轨台中心间距不宜大于 650mm。轨道板两端中部设有与凸形挡台同心的半圆形缺口，半径为 300mm。

轨道板中预应力筋采用直径 13mm 的低松弛预应力钢棒，其抗拉强度不低于 1420MPa，为避免预应力钢筋张拉后伸出部分的切割，横向预应力筋采用单端张拉，固定端预应力筋螺纹外露量控制在 8～10mm；纵向预应力钢筋采用两端张拉，并控制两端预应力筋螺纹外露量基本一致。后张法预应力筋锚穴的封锚质量影响轨道板的耐久性，如果封锚处的砂浆开裂或者与锚穴周边的混凝土结合不牢靠，会使轨道板预应力筋锈蚀，影响其耐久性，故要求封锚砂浆填压前，应将锚穴清扫干净，并在周边均匀喷涂能够提高黏结强度的界面剂。

轨道板中非预应力筋包括Ⅱ级热轧带肋钢筋，纵、横向钢筋和预埋套管周围的低碳冷拔钢丝（螺旋筋），为保证轨道板的绝缘性能，轨道板内的纵向或横向钢筋均应采用环氧树脂涂层处理。轨道板内设置有接地端子（图 4-16），以满足高速铁路综合接地的系统要求。此外，板内还应预埋起吊套管、绝缘套管等。

图 4-16 CRTSI 型轨道板接地端子

2. CRTS Ⅱ型轨道板

纵连板式无砟轨道的典型代表是德国的博格板式无砟轨道，我国在引进德国技术的基础上，经过消化、吸收、再创新的国产化研究，形成了具有中国特色的 CRTS Ⅱ 型板式无砟轨道技术。

CRTS Ⅱ 型轨道板包括标准板、特殊板和补偿板 3 种。标准板（图 4-17）长 6450mm、宽 2550mm、厚度 200mm，混凝土的设计强度为 C55 或 C60 级，每块板混凝土用量 3.29m³，板重约 9t，特殊板和补偿板依据具体情况确定。CRTS Ⅱ 型轨道板采用先张法制作，横向配置 60 根 ϕ10mm 预应力钢筋和 6 根 ϕ5mm 定位预应力丝，纵向配置 6 根 ϕ20mm 精轧螺纹钢筋，用于轨道板的纵向连接，在纵、横向钢筋的上层及下层分别配置一层 ϕ8mm 环氧涂层钢筋网片，以保证交叉点绝缘效果。ϕ20mm 精轧螺纹钢筋与预应力丝间采用热缩管隔离绝缘。

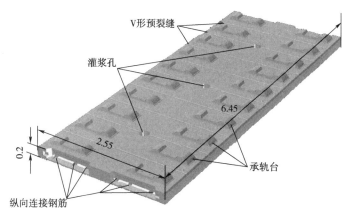

图 4-17　CRTS Ⅱ 型标准轨道板结构图（尺寸单位：m）

每块标准板布置承轨台 10 对，承轨台纵向间距均为 65cm，每组承轨台之间设置一道控制开裂的 V 形槽，共计 9 道；标准板另设有灌浆孔 3 个，分别布置于第 2、5、8 道预裂槽正中，成孔形状为直径 16cm（上）、14cm（下）的圆台；在轨道板两端各设有用于铺设时初步定位的凹槽 2 个，凹槽位是一段圆弧，其上口半径 6.9cm，下口半径 7.4cm；在轨道板的两端还设有切槽各 2 个，每个切槽伸出用于轨道板纵向连接的 ϕ20mm 精轧螺纹钢 3 根。

3. CRTS Ⅲ 型轨道板

CRTS Ⅲ 型板式无砟轨道是我国自主研发、具有完全知识产权的板式无砟轨道。其轨道结构由 CRTS Ⅲ 型轨道板、门型钢筋、橡胶垫层、土工布和混凝土底座组成（图 4-18）。其与 CRTS Ⅰ 型和 CRTS Ⅱ 型板式轨道结构比较，不同之处主要是：①调整层用自密实混凝土取代 CA 砂浆；②轨道板

图 4-18　CRTS Ⅲ 型板式轨道结构图

之间的连接分为路基上采用纵连方式，桥梁和隧道上采用单元板形式。目前，CRTS Ⅲ 型板式轨道结构已在成灌快速铁路、武汉城际铁路、盘锦至营口客运专线、沈阳至丹东客运专线等线路上应用。

二 CRTSI 型轨道板的预制

1. CRTSI 型轨道板的尺寸

我国Ⅰ型轨道板有 3 种基本结构尺寸，分别适用于不同的结构路段，见表 4-3。

Ⅰ型轨道板结构形式　　　　表 4-3

序号	轨道板几何尺寸/长×宽×厚（mm）	每块轨道板混凝土用量（m^3）	适用结构路段
1	4962×2400×200	2.4	路基、隧道、32m 标准箱梁
2	4856×2400×200	2.3	24m 标准简支箱梁
3	3685×2400×200	1.7	32m 标准箱梁配跨

同以往轨道板相比，Ⅰ型单元轨道板具有以下 3 个特点：

（1）轨道板厚度由 190mm 提高到 200mm，增大混凝土保护层厚度，提高混凝土耐久性。

（2）轨道板采用双向 PC 钢棒预应力系统，定尺下料、专用张拉千斤顶张拉、螺母锚固，完全取代了以往的钢绞线预应力系统。

（3）轨道板板面专置 20mm 高的承轨台，有利于扣件周围排水、起道和焊轨作业，并能够提高轨道信号传输的距离，增加轨道的水膜电阻。

2. CRTSI 型轨道板制作工艺

轨道板预制在工厂内集中进行。采用专用预制模具，工业化作业，流水线生产轨道板。轨道板制作工艺流程，如图 4-19 所示。

1）钢筋骨架加工

钢筋骨架加工在专用绑扎编架上进行，确保钢筋骨架绑扎的正确位置，且钢筋绑扎胎卡具与钢筋接触点均采用木质结构制作，保证环氧涂层钢筋在绑扎的过程中涂层表面不被破坏。在钢筋骨架下方、侧面采用铁丝绑扎好垫块，确保轨道板保护层厚度。钢筋骨架加工完成后，检测其绝缘性能，钢筋骨架绝缘电阻值不小于 $2M\Omega$。

2）合模及预埋件安装

首先进行内模合模，内模合模完成后，在底模及侧模均匀涂刷脱模剂。将加工好的钢筋骨架装在底模上，确定正确位置，对侧模和端模进行调整，使钢模长、宽尺寸偏差在 ±1.5mm 范围内。侧模、端模与底模的连接螺栓全部上紧，保证合缝紧密。

钢筋骨架在底模就位后，即可安装各种预埋件。安装塑料套管时必须将所有套管放置到位后再缩紧专用固定装置，并对每个套管紧固与否进行检查，发现松动立即处理；安装起吊螺母在模型侧面进行，用相应的螺栓将其固定，并绑扎螺母外螺旋筋，塑料套管外螺旋筋，保证各螺旋筋的位置正确；安装预应力钢棒时，将工厂定尺下料好的预应力钢棒从锚穴孔内穿入，直到钢棒的另一端从对应的锚穴孔穿出。检查两侧外露尺寸是否相等，采用配套螺母进行预紧固。

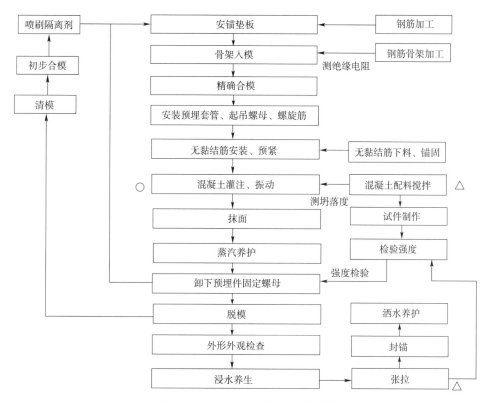

图 4-19 CRTSI 型轨道板制作工艺流程
注："○"与"△"表示特殊工序。

合模及各种预埋件安装完成后，混凝土浇筑前，再次检测钢筋骨架绝缘性能，确保钢筋骨架绝缘电阻值不小于 2MΩ。

3）混凝土浇筑

混凝土由设在预制厂内的搅拌站供应，由混凝土运输车配送至预制生产线，吊车吊运混凝土料斗至需要浇筑的轨道板上方。轨道板混凝土的浇筑以一块板为单位连续完成。

混凝土布料分 2 层，每层约 100mm，先布轨道板外围混凝土，再布轨道板中心，直至将整个模板填满。在混凝土布料的同时，开动相应位置振动器进行振动，每块轨道板振动时间不宜过长或过短，以表面泛浆、混凝土不再下沉、无气泡排出为度，保证产品内实外美。侧模和内模四周用插入式振动棒加强振动，防止出现蜂窝麻面。混凝土振捣完成后，用整面机平整混凝土浇筑表面。混凝土表面修整完成后，覆盖帆布进行养护。

4）轨道板脱模及张拉

当混凝土试件抗压强度达到 40MPa 时，便可进行脱模操作。拆除所有预埋件固定螺栓，然后利用水平丝杆将侧模和端模拆除，先用千斤顶将轨道板顶起，完全脱离塑料套管定位装置后，再用专用起吊夹具配合天车将轨道板缓慢吊离模型。

当混凝土试件的弹性模量和强度均达到设计值的 80% 时（即弹性模量大于 34GPa，抗压强度大于 48MPa），方可进行预应力张拉。按设计张拉控制应力进行张拉，预施应力值应采用双控,以油压表读数为主,以预应力筋伸长值作校核,实际伸长值与设计伸长值的差值不得超过1mm,实测伸长值宜以10%张拉力作为测量的初始点。预应力筋张拉顺序从中间向两边对称进行。横向预应力筋采用单端张拉,固定端预应力筋螺纹外露量控制在8~10mm;纵向预应力钢筋应两端张拉,并控制两端预应力筋螺纹外露量基本一致。封锚采用M40聚合物砂浆,聚合物为聚酯酸乙烯类聚合物,用量(按折固量计)应不小于胶凝材料的2%。轨道板张拉完成后,应在板侧面标识"张拉完成"标记。

3. CRTSI型轨道板混凝土控制关键技术

1)轨道板混凝土原材料质量控制

CRTSI型轨道板混凝土原材料包括水泥、特种掺合料、集料、外加剂和拌和水。通过特种掺合料和化学外加剂的复合作用可以调整胶凝材料早期水化进程,达到轨道板早期强度和长期耐久性指标的要求。

(1)水泥:必须为硅酸盐水泥或者普通硅酸盐水泥,水泥强度等级不低于42.5级。水泥碱含量不超过0.6%,三氧化硫含量不超过3%,氯离子含量不超过0.06%,熟料中铝酸三钙含量不宜超过8%。

(2)特种掺合料:特种掺合料主要用于改善混凝土的拌和性能、早期力学性能和长期耐久性能,使混凝土满足相应要求。特种掺合料的技术指标见表4-4。

特种掺合料技术指标 表4-4

序号	项目	技术指标	序号	项目		技术指标
1	氯离子含量(%)	不宜大于0.02	5	需水量比(%)		105
2	烧失量(%)	≤4.0	6	活性指数(%)	1d	≥125
3	三氧化硫含量(%)	≤3.0			28d	≥110
4	含水率(%)	≤1.0				

(3)集料:粗集料应采用材质坚硬、表面清洁的二级或多级单粒级碎石,最大粒径为20mm,含泥量不大于0.5%,氯化物含量不大于0.02%;细集料应采用材质坚硬、表面清洁、级配合理的天然中粗河砂,含泥量不大于1.5%,氯化物含量不大于0.02%。不应使用砂浆棒膨胀率大于0.20%的碱-硅酸盐反应活性的集料。当集料的砂浆棒膨胀率为0.10%~0.20%时,必须控制混凝土碱含量小于$3kg/m^3$。

(4)外加剂:必须为聚羧酸盐系减水剂。减水率不小于25%,收缩比不大于110%。

(5)拌和水:拌和水必须洁净,对混凝土性能无害。

2)轨道板混凝土新拌物工作性控制

轨道板混凝土新拌物工作性不仅影响轨道板质量,而且影响轨道板生产效率。总结轨道板生产经验可知,轨道板混凝土新拌物最佳工作性能控制在坍落度12~14cm。此时,混凝土下料顺畅、布料方便、易振捣,内部气泡易排出,混凝土振捣后均匀、密实。新拌物坍落度小于12cm,混凝土下料、振捣和平整十分困难,轨道板内部质量和表观质量难以得到保障,同时,坍落度偏小会导致混凝土浇筑时间延长,严重降低轨道板生产效率;新拌物坍落度大于14cm,混凝土在附着式振动器的振捣作用下,易出现分层和表面翻浆,混凝土硬化后表面易出现起皮。

3）轨道板混凝土养护控制

CRTSI型轨道板混凝土养护采用蒸汽高温促进养护。养护分为静停、升温、恒温、降温4个阶段，采用3—2—4—2方式，即静停3h、升温2h、恒温4h、降温2h。养护控制包括温度控制和湿度控制。

温度控制包括静停阶段环境温度控制在5~30℃，升温阶段升温速度不大于15℃/h，恒温阶段蒸汽温度不超过45℃，板内芯部混凝土温度不应超过55℃，降温阶段降温速度不应大于15℃/h。

湿度控制采取在养护棚内布设喷水管，定期向棚内补充水分，增大养护棚内的湿度，以确保轨道板混凝土在高温养护下水化加速所需的水分。静停阶段每1.5h喷水1次，升温阶段每1h喷水1次，恒温阶段每2h喷水1次，降温阶段每1h喷水1次。每次喷水时间约3min，喷水宜采用温水。

4）轨道板混凝土裂缝控制

CRTSI型轨道板混凝土强度等级高，收缩大，容易出现裂缝。轨道板混凝土在经过静停、升温、恒温、降温4个养护阶段后，揭掉帆布，准备脱模时，如果遭遇大风暴雨天气，环境温度骤降10~15℃，脱模后轨道板侧面会出现多条裂缝，裂缝主要分布在施加预应力的断面上。

分析轨道板产生裂缝的原因：主要是轨道板在拆模过程中，环境温度骤降，导致轨道板表面温度和环境温度差过大，轨道板侧面遇冷发生急剧收缩，而轨道板内部由于热量散失很慢，仍保持较高的温度，从而形成一种内胀外缩的现场，导致轨道板混凝土出现裂缝。

控制轨道板裂缝的措施：主要有加强混凝土轨道板的养护管理，严格控制降温速度小于15℃/h；轨道板混凝土表面温度与外界温度相差小于15℃时，方可拆除保温层。当遭遇气温骤降而要拆模时，应及时关闭工作车间门窗，保证工作车间温度不发生骤降。

二 CRTSⅡ型轨道板的预制

为提高轨道板铺设完成时的精度，减少后期轨道精调的工作量并在运营过程中保持良好的轨道几何形位，CRTSⅡ型轨道板每一块都有唯一的顺序编号，在预制时即按照设计确定的每块轨道板参数，通过对预制毛坯板的每个混凝土承轨槽采用数控磨床进行打磨加工，达到0.1mm的加工精度。经过打磨后的轨道板在线路上具有唯一的位置属性，一经铺设完成即可保证轨道的最终精度，无须采用充填式垫板进行二次调整。

1. 预制板场的设计

Ⅱ型轨道板毛坯板应在厂房内采用先张长线台座法预制，实行工厂化施工管理。根据制板量及施工工期及轨道板生产的特点，规划生产线并确定生产线数量。每条生产线均采用三班制作业，每24h可完成一循环轨道板预制，其中作业时间8h，蒸汽养护时间16h，作业时间见表4-5。

轨道板预制一循环工序作业时间 表4-5

序号	名称	时间（h）单项	时间（h）累计	内容与说明
1	清理模板、涂脱模剂	0.5	0.5	安装清理模板、涂脱模剂
2	底部钢筋配置	1	1.5	安装定位钢丝、底部钢筋及绝缘检测；清理模板0.5h后施工该工序，用时共计1h
3	穿预应力钢绞线	1.5	3.0	安装预应力钢绞线及张拉；底部钢筋配置施工0.5h后施工该工序，用时共计2h
4	上部钢筋配置	1.0	4.0	安装上部钢筋及绝缘检测
5	混凝土浇筑	1.5	5.5	浇筑混凝土
6	拉毛、覆膜	0.5	6.0	混凝土表面拉毛、覆盖养护膜，浇筑混凝土0.5h后施工该工序，用时共计2h
7	蒸汽养护	16	22.0	启用温控系统进行养护
8	脱模、吊装	2.0	24	用真空吊具脱模

轨道板场总体设计应按Ⅱ型板生产工艺流程进行科学合理规划，力争做到布局紧凑合理、工序衔接顺畅、物流方便、便于管理，生产规模满足工期要求，并适度预留生产能力。根据施工工艺流程和施工工艺特点，可将预制厂分为既相互独立又互相联系的7个区域。

（1）钢筋加工存放区：钢筋加工存放区主要具备钢筋网片制作、绝缘安装检测、钢筋网片存放等功能。根据日产毛坯板数量确定每日钢筋加工量，设置适当数量的钢筋加工胎具和存放台位，并配置5t或10t单梁吊车1~2台及3~4套钢筋加工设备，进行钢筋原材和钢筋网片的吊装、加工。

（2）混凝土搅拌区：主要包括混凝土搅拌站和砂石料堆放区，搅拌站生产能力应满足板场施工的技术要求，要求每条生产线的混凝土必须在2h内浇筑完成，且每盘混凝土搅拌时间不低于2min，并配备足够的水泥罐、掺合料罐和砂石料以满足材料供应。

（3）轨道板预制区：轨道板预制区主要具备完成模具安装、横向预应力筋张拉、混凝土浇筑、蒸汽养护和毛坯板临时存放等功能，应配置与生产线配套的先张台座、可移动的自动张拉系统、定长裁筋机、自动钢筋切割锯等，此外还应配置数台16t桥式行车、混凝土布料机、多功能运输车、拉毛机和蒸汽养护系统、真空吸盘吊具等，图4-20是某轨道板预制区场景。

图4-20 某轨道板预制区布置

（4）轨道板存放区：轨道板存放区分为毛坯板存放区和成品板存放区。毛坯板存放区每垛毛坯板不超过12层，存放时间不宜少于1个月。成品板存放区的轨道板成品应按型号和批次分别存放，堆放层数不超过 9 层，不合格的轨道板应单独存放。毛坯板存放区和成品板存放区的板与存放基础之间以及每层板间均应安放 4 个垫块，垫块应上下对齐，垫块的规格尺寸和支点位置应符合设计要求，垫块高度允许偏差 ±2mm，承载面应平行，误差控制在 2mm 以内。

（5）轨道板打磨装配区：轨道板打磨装配区是用数控磨床为中心完成对混凝土承轨台的精确打磨，合格后编号并安装专用扣件系统，是一套自动化生产线。轨道板打磨装配区应配置数控磨床、翻板机、自动钢筋切割锯、滚轮运输线、吸水器、定量油脂注射机各 1~2 台（套），并配备 16t 桥式行车。

（6）辅助生产区：包括中心试验室、变配电室、备用发电机组、锅炉房、维修车间、配件室、空压机房及给排水系统。板场中心试验室应包括办公室、力学室、集料室、混凝土室、养护室、化学分析室、留样室等。

（7）办公生活区：分为办公区、住宿区、生活区、活动区等，满足办公和生活需要。

四 Ⅱ型轨道板制造工艺

轨道板生产线投入生产后，首先制造出标准的毛坯板，并在毛坯板存放区存放不少于 1 个月，待混凝土收缩徐变基本完成后，才能进行板的磨削等加工。Ⅱ型轨道板制作的主要工序分述如下。

1. 模具安装

标准板模具设计长 6.45m、宽 2.55m，由地脚螺栓及支承钢板、缓冲橡胶块、支架、面板、承轨台、纵向隔模、橡胶端模以及辅助部件组成，模具组成结构如图 4-21 所示。

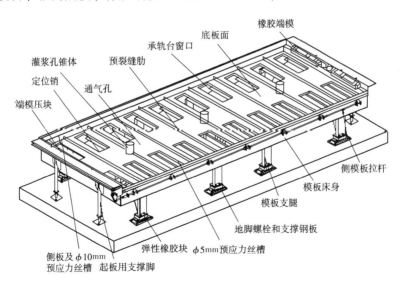

图 4-21　Ⅱ型板模具组成结构图

模具安装的具体方法如下。

1）确定模具调整参考面

模具安装首先采用数字水准仪测出张拉台座两端张拉横梁上张拉钢丝钳口的高程，并求出两端的高程平均值,要求张拉池两端张拉横梁的高度应处于同一水平,最大允许相差±1mm,全局布置模板,确定模具调整参考面。

2) 粗调模具高程

将清理干净、涂好脱模剂并将检测合格的模具放置在支承钢板上,按照模具边沿高程比张拉槽口高程平均值高1.5~2.0mm或与相邻模具基本等高的原则将模具粗调平。

3) 纵向槽口定位

采用张拉钢丝法或经纬仪定位法,以两端张拉台座上的ϕ5 mm钢丝张拉槽口中心为基准线,移动模具,使模板V形槽口中线与之对齐,其精度要求达到±1mm。

4) 精调模板高程

用数字水准仪分别测出每套板模具上第1、4、7、10列共4对承轨台的高程,具体的测量位置是在靠近模具支腿一侧的承轨台角。根据承轨台的测量值以及模具调整参考面确定各个支腿调整的方向以及调整的量,通过扳手转动支承钢板上的调节螺栓,改变支腿的高低。调整后,对模具重新进行测量、调整,直到与调整参考面误差小于1.0mm,且同一列承轨台的高程精度达到±0.3mm。

2. 预应力钢丝、钢筋及预埋件安装

Ⅱ型轨道板内钢筋由ϕ10mm、ϕ5mm预应力丝、ϕ20mm精轧螺纹钢筋及上下两层钢筋网片组成。钢筋间纵、横节点应按设计要求采取隔离绝缘措施,主要工艺要求如下。

1) 预应力筋下料

预应力筋采用机械定长切断,不应使用电焊切割;用于每个台座的预应力筋间下料长度偏差应控制在万分之二范围内。预应力筋在切断和移运时应保持顺直,防止变形、碰伤和污染。

2) 钢筋编组加工

普通钢筋加工在常温下进行,按照设计图检查尺寸,切断刀口应平齐,两端头不应弯曲。下料长度应符合设计规定,允许偏差应符合表4-6的要求。

普通钢筋下料长度允许偏差   表4-6

序 号	项 目	允许偏差(mm)
1	直径为8mm的螺纹钢筋	±10.0
2	直径为16mm的螺纹钢筋	±10.0
3	直径为20mm的精轧螺纹钢筋	0 -10.0

上、下层钢筋网片分别在专用胎具上编制,如图4-22所示。纵、横向钢筋按设计要求进行绝缘处理,钢筋间的电阻值不小于2MΩ。

ϕ20mm精轧螺纹钢筋绝缘采用热缩管,热缩管安装在专用胎具上进行,如图4-23所示。先将定长的ϕ20mm精轧螺纹钢筋抬放到加工胎具上,然后将热缩套管套在螺纹钢筋上,套管间距应符合设计规定,允许偏差±5mm,用喷火枪开始热缩加工。燃气喷火枪点火后,沿套管上下往复快速移动,此时热缩管将收缩套紧,当热缩管处能看到钢筋螺纹

时，停止喷火。喷火时，枪口与热缩管保持10～15cm距离，防止热力过于集中，避免套管绝缘性能降低或丧失。

图4-22 专用胎具上进行钢筋网片加工

图4-23 热缩管加工

3）ϕ5mm预应力钢丝及下层钢筋网片安装

ϕ5mm预应力钢丝采用人工安装，将预应力钢丝放入定位槽口，并在两端安装锚具张拉；安装完ϕ5mm预应力钢丝后，用天车和钢筋网片吊具将下层钢筋网片吊入到模具内，下层钢筋网片与ϕ5mm定位预应力筋间电阻值不小于2MΩ。

4）ϕ10mm预应力筋张拉

每次张拉前应对锚具的锚筒和锚片进行检查和清理。ϕ10mm预应力筋采用整体横向张拉方式，用大吨位张拉横梁，同时张拉60根预应力筋，张拉力达470t，如图4-24所示。

张拉分初张拉和终张拉两个阶段：初张拉将预应力钢筋张拉至设计值的约20%，安装中间挡板和扣件套管，并锁定在模具上，同时调整下层钢筋网片的位置，然后进行终张拉，将预应力钢筋张拉至设计值，张拉结束后，利用调整环使液压缸止动并卸压。预施应力值应采用双控，以张拉力读数为主，预应力筋伸长值作校核。实际张拉力、伸长值与设计值偏差不得超过5%，实际单根预应力钢筋的张拉力与设计值偏差不得超过15%。张拉过程中，始终保持同端千斤顶活塞伸长值间偏差不大于2mm，异端千斤顶活塞伸长值间偏差不大于4mm。张拉设备应整体标定，有效期不应超过一年，并定期对单根钢筋的张拉力进行检测。

图4-24 ϕ10mm预应力筋整体横向张拉

5）上层钢筋网片及预埋件安装

ϕ10mm预应力筋终张拉后开始安装上层钢筋网片。首先，将6根精轧螺纹钢筋的两端插入轨道板端切槽体的固定孔洞中；然后，抬起切槽体和钢筋，将切槽体压入销钉中，固定切槽体的平面位置；最后，搬动切槽体结合缝锁定机构，固定切槽体的高度。上层钢筋网片与φ10mm预应力钢丝间采用热缩管绝缘，上层钢筋网片与φ20mm精轧螺纹钢筋间按设计要求进行绝缘处理。钢筋安装完后，要系统地检测钢筋的电气绝缘性能，不达标时应及时采取措施解决。

钢筋在模板中的位置应符合设计规定，允许偏差应满足表4-7的要求。轨道板内所有预埋件应按设计图位置和间距准确安装，并应与模板牢固连接，保证混凝土振动成型时不移位。轨道板内钢筋不得与预埋件相碰。

轨道板内钢筋位置的允许偏差　　　　　　表4-7

序号	项目	允许偏差（mm）	序号	项目	允许偏差（mm）
1	普通钢筋	±5.0	3	精轧螺纹钢筋	±5.0
2	预应力钢筋	±3.0	4	钢筋保护层	±5.0

3. 混凝土配制和浇筑

混凝土浇筑前，应确认钢筋及预埋件的位置和间距，同时用500V兆欧表测量确认钢筋骨架的绝缘性能，各层钢筋间电阻值不得小于2MΩ，同时还应确认接地钢筋、接地端子的位置和焊接质量满足设计要求。

轨道板混凝土应具有良好的密实性，浇筑时应保证钢筋和预埋件的正确位置，每块板浇筑时间不宜超过20min，模板温度应控制在10~30℃，当温度过低、过高时，应对模板采取升、降温措施。混凝土入模温度控制在15~30℃，浇筑时采用布料机均匀布料（图4-25），可将混凝土定量投入模板，同时也保证了混凝土浇筑的均匀性和底板面平整度及轨道板厚度的可控性，采用模具下安装的附着式振动器进行捣固。

压入混凝土中的调高预埋件位置和数量应符合设计要求，高度允许偏差-3~0mm。每块轨道板浇筑成型后，混凝土初凝前，应对板底混凝土面进行刷毛，刷毛深度应为1~2mm，如图4-26所示。在保证构件棱角完整、板体不开裂前提下，应尽早将模板间的中间挡板从混凝土中取出。

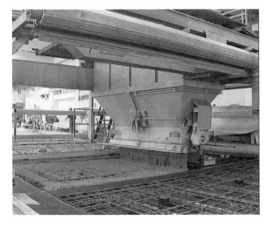

图4-25　混凝土布料

图4-26　混凝土板底涮毛

在每个台座最后一块轨道板浇筑成型过程中,取样制作3组混凝土抗压强度试件,用于混凝土脱模抗压强度和28d抗压强度的检测。每隔半个月制作1组28d混凝土弹性模量试件。脱模抗压强度试件养生采用同步养生,28d试件制作完成后直接进行标准养护,试件制作、养护的其他要求应符合《混凝土物理力学性能试验方法标准》(GB/T 50081—2019)的规定。

4. 混凝土养护

混凝土采用保温养护制度,在每块轨道板浇筑成型后应立即进行覆盖帆布养护。帆布放在专用托盘上,用多功能运输车(图4-27)运送到现场。在养护期间,板体混凝土芯部最高温度不宜超过55℃。

5. 预应力筋放张及轨道板脱模

当轨道板混凝土同条件养护试件抗压强度达到设计强度的80%,且不低于48MPa时,即可撤掉帆布,进行预应力放张及切割预应力筋,开始轨道板脱模作业。预应力筋采用整体放张方式,在放张过程中要保证4台千斤顶动作同步。预应力筋放张完成后,先切断在张拉台座1/2处模板间的预应力筋,再切断在张拉台座1/4和3/4处模板间的预应力筋,最后切断其余模板间的预应力筋,不允许在带应力情况下切割,如图4-28所示。

图4-27 多功能运输车

图4-28 专用预应力筋切割小车

轨道板脱模时,轨道板表面与周围环境温差不应大于20℃,脱模采用真空吊具(图4-29),在确认工艺配件与模板的固定装置全部卸除后,缓慢地起吊轨道板,保证轨道板不受冲击。轨道板脱模后在厂房内的专用支架上临时存放,每组支架上存放3层,并进行覆盖养护。静放24h,当轨道板表面温度与室外环境温差不大于15℃时,方可撤掉覆盖物,用电瓶车运至存板场堆放,进行自然养护。

6. 轨道板打磨

1)翻转轨道板

轨道板在存板场存放28d后即可进行打磨,打磨前应先将倒置的轨道板采用特制的翻转机进行翻转,如图4-30所示。用门式起重机、抓钩式吊梁将毛坯板运送到翻转机上,启动翻转机液压装置,将毛坯板夹紧,翻转装置上升到极限位置后翻转180°,再将轨道板下降至滚轮托架线位置后,解开翻转机锁紧装置。

图4-29 真空吊具起吊轨道板

图4-30 轨道板翻转

2）切割外露预应力筋

轨道板翻转后由滚轮托架线将轨道板运送到钢筋切割工位，用盘锯将轨道板两侧外露预应力筋切平，如图4-31所示。切割完后轨道板继续向前运送至打磨室进料口处，等待打磨作业。

打磨轨道板由数控磨床完成，数控磨床根据打磨程序给出的打磨次数和打磨量，启动承轨台进行打磨，打磨时供水、供电、供气系统及污水处理系统协同运转，如图4-32所示，直至测量系统自动检测达到质量标准，即启动雕刻程序将轨道板的布板编号雕刻在轨道板上。编号雕刻完成后，机床上的冲洗装置自动冲洗轨道板，之后夹紧油缸松开，将打磨好的轨道板放到滚轮托架线上运出，打磨室的进料口同时打开，下一块毛坯板进入打磨室。

图4-31 轨道板两侧外露预应力筋切割

图4-32 毛坯板打磨

7. 扣件安装

打磨完成的轨道板运到扣件安装工位后，首先，用吸尘器对存满水和混凝土粉末的螺栓孔清洁并吹干；其次，用油脂注射机定量（每个螺栓孔约14g）注入润滑油脂，人工摆放扣件、插入螺栓；最后，用气动扳手采用30~50N·m的固定力矩拧紧每个螺栓。

8. 成品板存放

扣件装配完成后的成品板转运到绝缘检测工位，进行整体绝缘性能检测，检测合格的轨道板运到成品板存放区，用门式起重机将其一一吊至计划存放位置堆放。成品板的堆放作业方法与毛坯板相同，但每垛最多9块。成品板堆放到台座上后，要及时形成记录，记录的内容包括：轨道板的编号、打磨日期、预制日期、模具号、质量情况等。不合格的轨道板应单独存放。

复习思考题

一、填空题

1. 混凝土轨枕底面上一般会做出_____或_____，以增加轨枕与道床间的摩阻力。
2. 普通预应力混凝土轨枕预制的常用方法有_____和_____。
3. CRTS双块式轨枕模具翻转与轨枕脱模工作由_____和_____实现。
4. 每块CRTSⅡ型标准板布置承轨台_____对，承轨台纵向间距均为_____cm。
5. CRTSⅡ轨道板预应力张拉分为_____和_____两个阶段。

二、单选题

1. 普通预应力轨枕一般采用（　　）。
   A. 先张法　　　　B. 后张法　　　　C. 无预应力　　　D. 先张然后再后张
2. CRTSⅠ型轨道板预制一般采用（　　）。
   A. 先张法　　　　　　　　　　　B. 后张法
   C. 无须张拉　　　　　　　　　　D. 横向先张纵向后张
3. CRTSⅠ型轨道板钢筋骨架绝缘电阻值不小于（　　）MΩ。
   A. 1　　　　　B. 2　　　　　C. 3　　　　　D. 5
4. CRTSⅠ型轨道板预制中混凝土布料分（　　）层完成。
   A. 1　　　　　B. 2　　　　　C. 3　　　　　D. 4
5. CRTSⅢ型轨道板调整层采用的材料是（　　）。
   A. CA砂浆　　　　　　　　　　B. 环氧树脂
   C. 自密实混凝土　　　　　　　　D. 混凝土

三、多选题

1. 普通预应力混凝土枕截面常采用梯形的原因是（　　）。
   A. 节省混凝土用量　　　　　　　B. 减少自重
   C. 便于脱模　　　　　　　　　　D. 增强抗压能力
2. 活动工作台轨排组装方法包括（　　）。
   A. 单线往复式　　B. 双线循环式　　C. 机组法　　　D. 固定台座

3. CRTS I型轨道板预应力筋张拉叙述正确的是（　　）。
   A. 横向预应力筋采用单端张拉　　B. 纵向预应力钢筋采用单端张拉
   C. 纵向预应力钢筋应两端张拉　　D. 张拉应从中间向两边对称进行
   E. 张拉应从两边向中间对称进行
4. CRTS II型轨道板预制中用到的预应力筋包括（　　）。
   A. $\phi 5mm$　　B. $\phi 10mm$　　C. $\phi 16mm$　　D. $\phi 20mm$
5. CRTS II型轨道板预制时的张法方式是（　　）。
   A. 横向先张　　B. 横向后张　　C. 横向无张拉　　D. 纵向无张拉

四、简答题

1. 调查所在地区轨枕使用情况。
2. 分析 I 型、II 型、III 型混凝土枕的技术特点。
3. 预应力混凝土轨枕的施工工艺有哪些特点？
4. 简述双块式预应力混凝土枕的预制过程。
5. 对比分析 CRTS I 型轨道板、CRTS II 型轨道板和 CRTS III 型轨道板的结构特点。
6. 简述 CRTS I 型轨道板的预制过程。
7. II 型轨道板预制厂主要由哪些区域组成？各有什么作用？
8. 简述 II 型轨道板的预制过程。

项目 5

有砟轨道铺设

教学导入

青藏铁路由西宁站至拉萨站，线路全长 1956km，其中西宁至格尔木段 814km，格尔木至拉萨站段 1142km。途经海拔 4000m 以上的地段超过 960km，海拔最高点为 5072m，连续多年冻土地段 550km 以上，是世界上海拔最高的高原铁路。青藏铁路二期工程自 2001 年 6 月 29 日开工建设，中国铁路工程总公司、中国铁道建筑总公司等施工单位的 24000 多名建设大军和监理人员，在高原上艰苦奋战，克服恶劣的自然环境，先后解决了影响施工的冻土、高寒缺氧、生态保护等三大高原施工难题，于 2002 年 6 月 29 日开始铺轨，一组组轨排穿越雪域高原，向西藏自治区首府拉萨延伸。

有砟轨道"轨排法"铺设技术是在轨排组装基地将钢轨、轨枕、扣件等组装成轨排（一根标准钢轨长度），通过轨排运输车辆运送到铺轨现场铺设于道床上。整个铺设工作由铺轨准备工作、轨排组装、运输和铺设等环节组成。有砟轨道"轨排法"铺设技术对我国铁路的发展具有重要的意义，2001 年以前我国主要铁路干线上都采用这种铺设方法。目前，我国有缝线路仍主要采用"轨排法"铺设技术，而无缝线路也有相当数量是采用"轨排法"铺设后再换铺长钢轨的"换铺法"施工技术。

教学目标

▶ **知识目标**

1. 熟悉有砟轨道铺设作业的准备工作。
2. 掌握轨排组装、运输、铺设和铺砟整道作业要点。

▶ **技能目标**

1. 能够用轨排铺设法进行有砟轨道铺设施工。
2. 掌握铺砟整道作业方法及要点。

轨道铺设按其性质可分为正常铺轨和临时铺轨。正常铺轨是在正常条件下，把正式轨道铺设在已完工的永久性路基及桥隧建筑物上；临时铺轨是为了满足工程运输的需要临时铺设的轨道，在工程竣工后予以拆除。

轨道铺设按照铺轨方向可分为单向铺轨和多向铺轨。单向铺轨是由线路起点一端循序向前铺轨至线路终点。这一线路起点既可以是新建铁路线与既有线路的接轨点，也可以是运送铺轨材料及机车车辆来源的通航港口或内河码头。多向铺轨是在工期紧迫和运输条件许可的情况下，全线分段、同时铺轨，即从两端或更多方向开展。其中，双向铺轨多用于新建铁路，更多向铺轨常在铁路增设第二线时采用。

轨道铺设按照铺轨方法可分为人工铺轨和机械铺轨两种。人工铺轨是从材料基地将铺轨材料用工程列车或汽车运到铺轨现场并就地连接铺成轨道，它主要适用于铺轨工程量小的便线、专用线和旧线局部平面改建，较为经济。机械铺轨是将基地组装好的轨排，用轨排列车运到铺轨前方，再用铺轨机械铺设于路基上，并予以逐节连接。它主要适用于铺轨工程量大的新线或旧线的换轨大修以及增建第二线的轨道铺设。我国目前现场施工通常采用机械铺轨，一般不宜采用人工铺轨，除非在特殊情况下才不得不采用人工铺轨。

轨道工程施工时，应严格按照铁路轨道施工有关规定进行，并达到相应铁路轨道工程质量验收标准的要求。同时，应积极采用先进、安全、可靠的新技术、新工艺、新材料。

任务5.1 铺轨准备工作

铺轨工程是一项时间紧、任务重、劳动强度大的多工种联合作业，主要包括轨排组装、运输和铺设3道工序。因此，必须事先做好各项铺轨前的准备工作，以使铺轨工程能顺利进行。

轨道工程开始施工前，线下路基、桥涵、隧道等主体工程及线路复测应已完成，此时形成的资料包括了平、纵断面及建筑物变更设计的重要内容，是铺轨工程重要、可靠的指导文件，应在建设单位的主持下，向有关施工单位办理接收。

施工单位所具备的施工设计文件和有关基础工程竣工资料，包括：车站平面图、隧道表、桥梁表（含孔跨）、架梁岔线位置表、曲线表、坡度表、水准基点表、断链表及线路情况说明书等。根据设计文件要求、有关基础工程竣工资料、全线指导性施工组织设计、规定的铺轨总工期、有关重点工程的施工方案以及施工单位自身的铺轨能力，编制实施性施工组织设计，指导施工。

一 筹建铺轨基地

铺轨基地是新建铁路的一项临时性工程，是铺轨材料的装卸、存放、轨料加工以及轨排组装、列车编组、发送的场所，是铺轨工程的后方基地。在筹建时，必须全面考虑，统一规划，尽量与永久性工程相结合，做到投资少、占地少、上马快、作业方便，并使铺轨列车调度灵活，充分发挥基地的生产潜力。

铺轨基地主要负责储存轨料、组装轨排和道岔,并将轨排源源不断地供应前方,保证不间断地铺轨。对于新建铁路有时铺轨基地也兼做部分架梁的准备工作,如存梁等。基地的设置原则主要有如下几个方面。

(1) 基地一般应在铺轨前 7~10 个月内开始筹建。

(2) 基地一般选在铺轨起点附近的平坦开阔处。从既有站线出岔时,用联络线引进基地。不应将基地设置在低洼进水地带。新铺线路和基地应尽量放在既有站的同侧。

(3) 基地应与附近公路相通,基地内应设置汽车、起重机械的通道和门式起重机的轨道,以便装卸材料和机械的组装作业。

(4) 基地供应半径应经济合理,新线上一般铺轨基地的最大供应半径为 200~300km。

(5) 基地的设计规模应通盘考虑,既要留有一定余地,又要考虑少占农田和资金。

铺轨基地的布置,主要包括轨料存放场、轨排组装车间和轨排储备场 3 部分。这些场地内的料具应统一规划,合理安排,使轨排组装工作顺利进行,图 5-1 是某铺轨基地平面布置图,图 5-2 是某铺轨基地俯瞰图。

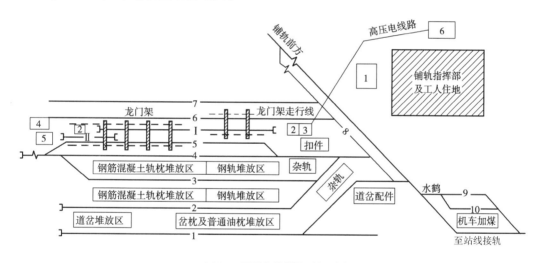

图 5-1 某铺轨基地平面布置图

铺轨基地筹建的进度和质量,直接影响铺轨任务的速度和质量。因此,必须及早筹建,在进轨料前备好卸料、堆放场地和必需的轨道,在正式铺轨前建成基地,并提前组装和储存一定数量的轨排,以保证铺轨工作的顺利进行。

二 其他准备工作

1. 路基整修

铺轨前 15d 应对已完工的路基进行全面

图 5-2 某铺轨基地俯瞰图

检查,如果存在凹凸不平、路面宽度不够等现象,必须进行整修。

路基平面和纵、横断面的形状尺寸应符合设计要求。不同土质路基交界处按1%递减率做好顺坡,路面宽度如小于设计宽度的应予补够。

如果路堤超填、欠填高度或路堑超挖、欠挖深度不足5cm时,可不做处理,铺砟时用道砟调整;欠填或超挖超过5cm时,应用同类土壤填补、夯实;超填或欠挖超过5cm时,应铲除。

路基面上的草皮、树根应彻底铲除;上面的污垢杂物应清除干净;应整平坑洼及波浪起伏的路基面。

2. 线路复测

铺架单位施工前要进行铺砟前路基面检查,复测线路中桩、基桩、路基面高程以及临时线路标志的埋设情况。在铺轨前一个月,由施工单位从铺轨起点测设线路中桩。直线地段每隔50m、圆曲线上每隔20m、缓和曲线上每隔10m钉一个桩。在缓和曲线、圆曲线起讫点、道砟厚度变更点以及道岔交点等均须加钉永久中桩。

正式线路标志未埋设时,应埋设简易的临时里程标、曲线标、坡度标等标志。

3. 铺轨前铺砟

有砟轨道铺轨前双层道床应先铺设底砟,单层道床应预铺道砟。铺轨前铺砟的作用:一是防止在铺轨时压断或损坏轨枕;二是防止铺轨后轨枕被压入路基面内,形成陷槽积水,造成路基病害;三是铺轨时能将轨排摆平,便于钢轨接头的连接,并可便于铺轨后线路纵断面的调整。铺砟施工应配备自卸车、装载机、压路机等主要机械设备。

1)铺底砟

底砟采用自卸车运输,装载机配合装车,利用沿线公路及施工便道运往施工地点,进场时应对其品种、外观等进行验收,其质量应符合设计要求,粒径级配应符合表5-1规定,不合格底砟严禁上道使用。

底砟粒径级配   表5-1

方孔筛孔边长(mm)	0.075	0.1	0.5	1.7	7.1	16	25	46
过筛质量百分率(%)	0~7	0~11	7~32	13~46	41~75	67~91	82~100	100

底砟采用人工配合机械进行摊铺,确保底砟摊铺质量。装载机摊铺时应考虑50mm的预留沉落量,粗平摊铺后,用钢钎挂线控制底砟顶面,采用人工配合机械进行细平。底砟铺设应按设计要求一次铺设,碾压后应满足设计厚度。铺设完成的砟面其宽度、厚度等外形尺寸应满足设计要求,顶面应平整,高程允许偏差为±20mm,厚度允许偏差为±50mm,半宽允许偏差为0~50mm。

2)预铺道砟

预铺道砟前应对道砟进行检验,道砟等级、材料及级配应符合设计要求及《铁路碎石道砟》(TB/T 2140—2008)的规定。预铺道砟厚度宜为150~200mm,线路各个区段卸砟方量应提前计算,采用自卸车将道砟按计算方量卸放至线路中心。线路为双线时,宜双线道砟一次卸完。平整后的道砟应目视平坦，曲线不得有反超高，虚铺砟面高程宜高出预铺道砟高程控制线20mm。虚铺道砟平整完成后，应采用压路机进行机械碾压。砟面应整平压实，中间不得凸起，可压出凹槽。

桥梁及顶面高于路肩的涵洞两端各30m的预铺道砟厚度，应使道床面高出桥台挡砟墙或涵洞顶面不小于50mm，并按5‰做好两端顺坡，如图5-3所示。桥上的预铺道砟面应高出盖板，并应与两端桥头的道床面取平，部分顶预铺道砟，可视架桥机性能预铺在梁上，随梁就位，同时应在桥头预备道砟。

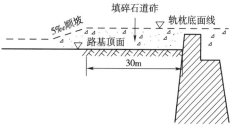

图5-3 桥梁两端铺砟示意图

道砟摊铺压实后，应对其质量按下列要求进行检测。

（1）平整度：使用3m靠尺检查砟面平整度，速度大于160km/h时允许偏差为20mm，速度小于或等于160km/h时允许偏差为30mm。

（2）预铺道砟压实密度不小于1.6g/cm³。

4. 查勘线路

铺轨之前应按照计划做好沿线的施工调查，以保证铺轨工作的正常进行。

其主要内容是：线路中心桩及标志的缺损情况，路基整修与预铺道砟是否符合规定；沿线道砟供应情况、车站、道口的地形地貌和交通等情况；限界内障碍物的拆迁情况（高压线、通信线路等）、隧道内侵入限界部分的处理情况，以及施工困难地段如陡坡、小半径曲线、长隧道等的现场情况；机车用水、隧道照明、沿线公路交通、通信线路和宿营地点等的情况。

任务5.2 轨排组装

轨排组装是在铺轨基地将钢轨、轨枕用连接零件连成轨排，然后运到铺轨工地进行铺设。它是机械化铺轨的重要组成部分。为了保证基地组装轨排的质量，防止组装中发生差错，造成返工浪费，影响铺轨进度，组装时必须仔细地按照事先编制的轨排组装作业计划表进行。

计划表主要内容包括：轨排编号及铺设里程，钢轨类型、长度和曲线内股缩短轨缩短量，相对钢轨接头相错量，轨枕种类、类型、数量和间距布置，轨枕扣件好或每块垫板道钉数，曲线半径、转向和轨距加宽值，以及其他特殊要求的说明。

轨排组装的作业方式可分为活动工作台和固定工作台两种，活动工作台作业方式组装轨排又分为单线注复式和双线循环式两种。作业方式不同，使用的机具设备和作业线的布置也不同。因此，在轨排组装前，应根据具体情况确定作业方式。

我国在20世纪50年代初期，一直采用木枕和43kg/m的12.5m长钢轨，设计出固定工作台式和双线循环式两种轨排组装生产线。20世纪60年代中期，25m长钢轨和混凝土轨枕普遍使用后，轨排组装的劳动强度骤增。为减轻劳动强度，各种新型轨排组装机械和机具相继出现。到 20 世纪 70 年代初研制出机械化程度较高的单线往复式组装生产线。单线往复式组装生产线目前已得到广泛运用。

一 轨排组装作业方式

1. 活动工作台作业方式

1）单线往复式

单线往复式生产线是我国目前新线及运营线使用最多的一种轨排组装生产线，如图 5-4 所示。其特点是作业线上采用了起落架，在起落架上完成各工序的作业内容。其作业过程为：将人员和所需机具按工序的先后固定在相应的工作台位上，再用若干个可以移动的工作台组成流水作业线，依靠工作台往复移动传递轨排，按组装顺序流水作业，直到轨排组装完毕。

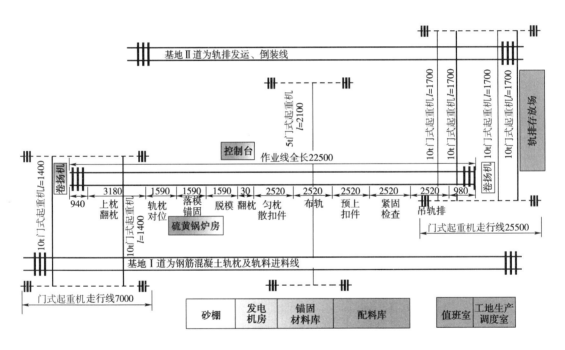

图 5-4 单线往复式组装作业生产线（尺寸单位：cm）

活动工作台由铁平车和钢轨连接而成，如图 5-5 所示。外侧虚线表示固定台，起落架的升降由设在作业线一端的 5t 卷扬机控制。工作台应高出未升起时的起落架顶面 5cm，以利于工作台的移动。作业时固定台上升 Δh，轨枕等全由固定台承托。实线表示活动台，高度不变，可沿轨道由设在作业线另一端的 3t 卷扬机牵引运行。前一个工序完成后，固定台下降 Δh，轨枕落在活动台上，运至下一个工序，再由固定台抬高进行下一个作业，直到最后一个工序把轨排组装完毕。

单线往复式作业方式的作业线，布置在进料线和装车线之间，包括吊散轨枕、轨枕硫黄锚固、匀散轨枕、吊散钢轨、上配件并紧固、质量检查及轨排装车等7个工序。作业线顺序包括散枕台→硫黄锚固台→散扣件台→上轨台等，如图5-6所示。

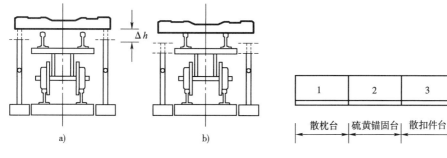

图5-5 活动工作台示意图
a）作业时；b）移位时

图5-6 单线往复式作业方式的作业线

单线往复式作业方式，既节省拼装作业场地，也节省拼装所需设备和劳动力，有利于实现轨排组装全面机械化，这对地形狭小、场地受限制时较为适宜。

2) 双线循环式

双线循环式轨排组装分设在两条作业线上完成，如图5-7所示。在第一作业线上完成其规定的几个工序后，经横移坑横移到第二作业线上，继续作业，直到轨排组装完毕，进行装车。空的工作台经另一横移坑再横移到第一作业线上，继续循环作业，每一循环完成一个轨排的组装。横移坑内有横移线路以及横移台车，横移时可用人力移动或卷扬机牵引。

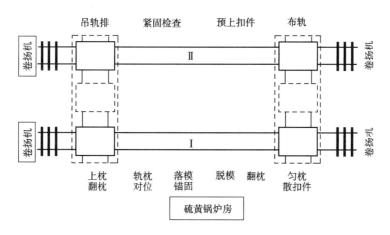

图5-7 双线循环式组装作业生产线

双线循环式作业方式，可将各工序组成循环流水作业线，从而改善工作条件。但该作业方式要求场地比较宽阔，因而受一定的限制。

2. 固定工作台作业方式

固定工作台作业方式（图5-8），是将组装作业线划分为若干个作业台位，作业时，各工序的人员和所需机具沿各个工作台位完成自己工序的作业后依次前移，而所组装的轨排则固定在工作台上不动,并在这一台位上完成全部工序。当沿作业线组装完第一层轨排后,又在第一层轨排上面继续依次组装第二层轨排,到第三层轨排后,人员再转移到作业线Ⅱ的台位上,继续组装。

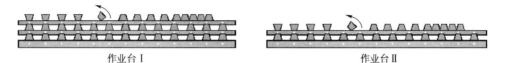

图 5-8 固定工作台作业方式

由于固定工作台作业方式所组装的轨排是固定不动的,仅仅是人员和机具沿工作台移动,所以作业线的布置比较简单,只需在组装作业线上划分一下固定工作台的台位,每一台位长 26m,而台位的多少和作业线的长短,可根据铺轨任务和日进度的需要来决定。

二 轨排组装作业过程

1. 组装前的准备工作

组装轨排应按铺设轨排计划进行。由于车站两端需要铺道岔,曲线内股铺设缩短轨,同时钢轨本身长度有公差,因此,组装轨排要按计划、编列序号组装,铺设时按序号施工,这样才不致发生错误。

组装轨排前,必须调查曲线、道岔、道口、桥梁、隧道、信号机及站场设备等有关资料,以便按技术要求编制组装轨排计划。

1) 轨枕配置

轨枕间距与每千米配置的轨枕根数有关。轨枕每千米的铺设标准应根据运量、行车速度及线路设备条件等综合考虑,合理配套,以求在最经济的条件下,轨道具有足够的强度和稳定性。对于运量大、速度高的线路,轨枕应该布置得密一些,以减少钢轨、轨枕、道床及路基面的应力和振动,同时使线路轨距、轨向易于保持。但不能太密,太密则不经济,而且净距过小,也会在一定程度上影响捣固质量。

(1) 无缝线路混凝土轨枕间距尺寸应按表 5-2 均匀布置,有缝线路标准长度轨相对式接头轨道的轨枕间距按表 5-3 布置。

混凝土轨枕间距尺寸 表 5-2

项 目	高速铁路	城际铁路	客货共线铁路		重载铁路
			Ⅰ级铁路	Ⅱ级铁路	
年通过总质量 (t)	—	—	≥20	10~20	≥40
旅客列车设计速度 (km/h)	≥250	120~200	≥160	120	≤120	—
轨枕型号	Ⅲ	Ⅲ	Ⅲ	Ⅲ或新Ⅱ	Ⅲ或新Ⅱ	满足设计轴重要求的混凝土轨枕
轨枕间距 (mm)	600	600	600	600 或 570	600 或 570	600

轨枕间距尺寸　　　　　　　　　　表5-3

钢轨长度（m）	每千米配轨枕根数	每节钢轨配置根数	混凝土枕（mm）		
			c	b	a
25	1600	40	540	579	630
	1680	42	540	573	598
	1760	44	540	549	570
	1840	46	540	538	544
	1920	48	—	—	—

注：①表中 a、b、c 符号的含义如图5-9所示；
②轨枕若采用1667根/km时，a、b、c 均为600mm。

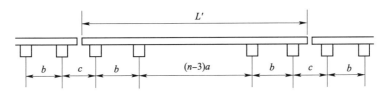

图5-9　轨枕间距布置图

（2）铺设新Ⅱ型混凝土枕的正线线路，下列地段应增加轨枕的铺设数量：
①半径小于或等于800m的曲线地段（含两端缓和曲线）；
②坡度大于12‰的地段。
上述条件重叠时，铺设数量只增加一次。
轨枕加强地段每千米增加的轨枕数量和最多铺设根数应符合表5-4的规定。

每千米增加的轨枕数量和最多铺设根数　　　　表5-4

轨枕类型	新Ⅱ型混凝土枕	轨枕类型	新Ⅱ型混凝土枕
增加的轨枕数量（根/km）	80	最多铺设根数（根/km）	1840

（3）不同类型轨枕不应混铺，在不同类型的轨枕分界处有普通钢轨接头时，应保持同类型轨枕延伸至钢轨接头外5根及以上。

2）铺设非标准长度钢轨时轨枕间距尺寸计算
（1）每节钢轨轨枕配置根数，按式（5-1）计算：

$$n = \frac{NL}{1000} \tag{5-1}$$

式中：n——每节钢轨轨枕配置根数，计算结果舍去小数取整；
　　　N——每千米轨枕标准配置根数；
　　　L——每节钢轨长度（m），不含轨缝。
（2）轨枕布置如图5-9所示，轨枕间距计算如下：

$$a = \frac{L' - c - 2b}{n - 3} \tag{5-2}$$

式中：a——中间轨枕间距（mm）；

c——钢轨接头处的轨枕间距（mm），由钢轨接头构造确定（可查表5-3）；

b——a与c之间的过渡间距（mm）；

n——每节钢轨轨枕配置根数；

L'——每节钢轨长度（mm），含一个轨缝（一般采用8mm），钢轨接头采用相错式时为两股相错接头之间的长度；

各间距关系宜为$a>b>c$。

计算时，先采用$b=\dfrac{a+c}{2}$代入式（5-2），则得：

$$a = \frac{L' - 2c}{n - 2} \quad (5\text{-}3)$$

将计算所得的a值取整，如大于表5-3中规定a值20mm，应将每个轨排或两股相错接头间的轨枕配置根数n增加1根，重新计算a值。a值应采用整数，并宜为5的倍数。再根据a及c按式（5-4）求出b值：

$$b = \frac{L' - c - (n-3)a}{2} \quad (5\text{-}4)$$

【例5-1】 某线路铺设50kg/m钢轨，长度为21.76m合拢短轨一根，每千米铺设轨枕标准为1760根混凝土轨枕，试计算轨枕间距a及b?

解：

（1）$n = \dfrac{NL}{1000} = \dfrac{1760 \times 21.76}{1000} \approx 38.3$根，取38根。

（2）$a = \dfrac{L' - 2c}{n - 2} = \dfrac{21768 - 2 \times 540}{38 - 2} \approx 575$mm。

（3）$b = \dfrac{L' - c - (n-3)a}{2} = \dfrac{21768 - 540 - (38-3) \times 575}{2} \approx 552$mm。

计算结果：$a>b>c$，且a值与表5-4中查得的a值570mm相比只大5mm，未超过20mm，符合规定要求。

3）有缝线路钢轨接头的要求

在编制组装轨排计划时要注意以下位置不得有钢轨接头。

（1）明桥面小桥的全长范围内。

（2）钢梁端部、拱桥温度伸缩缝和拱顶等处前后各2m范围内。

（3）钢梁的横梁顶上。

（4）设有温度调节器的钢梁的温度跨度范围内。

（5）道口范围内。

在信号机处的绝缘接头，轨缝不得小于6mm，其位置应符合下列规定。

（1）出站（包括出站兼调车）信号机处绝缘接头可设在信号机前方1m至后方6.5m范围内。

（2）调车信号机处绝缘接头可设在信号机前方1m至后方1m范围内。

(3) 安装在警冲标内方的钢轨绝缘接头除渡线外,应安装在距警冲标计算位置不小于3.5m、距警冲标实际位置不大于4m的范围内。

(4) 绝缘接头不得设异形接头。

4) 对钢轨的要求

组装轨排时,必须进行配轨。配轨之前先丈量新钢轨长度(精确至mm),将长度基本相同的两根钢轨配为一对(用于直线轨排),并标注长度和编列序号。

非标准长度钢轨应同一长度集中成段铺设,成段长度:正线轨道不得小于500m,站线同一股道可集中铺设两种不同长度钢轨。采用非标准轨的最短长度:正线轨道,铺设12.5m钢轨地段不得小于11m;铺设25m钢轨地段不得小于21m;到发线上不得小于10m;其他站线、次要站线不得小于8m。

曲线轨排应配置缩短轨。轨道上个别插入的短轨,正线轨道不得小于6m,站线不得小于4.5m。道岔间插入的短轨应符合设计规定。调正桥上钢轨接头位置时,短轨应铺在距桥台尾10m外。

5) 采用相对式接头轨道的配轨设计

注意编制计划表配轨时应将线路长度换算成铺轨长度。

直线地段铺轨长度增长量,根据线路各坡段的坡度分段按表5-5折算。

直线段铺轨长度增长量 表5-5

线路坡度 (‰)	4	6	8	10	12	14	16	18	20	22	24	26	28	30
增长量 (mm/km)	8	18	32	50	72	98	128	162	200	242	288	338	392	450

曲线段配轨以外股为依据,铺轨长度除按表5-5折算外,还应考虑曲线外股较线路中线的增长量,其增长量按项目2公式(2-36)计算。

2. 组装轨排作业

混凝土轨排组装质量的好坏关键在于螺纹道钉的锚固。通常有正锚和反锚两种,如图5-10所示。采用正锚时,很难控制预留孔内锚固浆灌注量,太少会影响锚固强度;太多会使得道钉插入后浆液溢流,污染承轨槽面,带来较大的清理硫黄残渣工作量。另外,仅仅凭手感很难控制道钉的插入深度和垂直度。而反锚作业是将轨枕底面向上,由轨枕底孔倒插入道钉,从轨枕底孔灌入锚固浆进行锚固,其劳动效率高、质量好,得到了更为广泛的应用。施工时,采用锚固板上的道钉模具控制形位,能保证组装质量,同时锚固浆液不污染承轨槽面,外形美观,且拼装作业场占地较少。

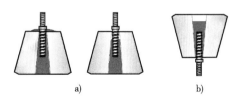

图5-10 正锚反锚示意图
a) 正锚;b) 反锚

1) 吊散轨枕

采用移动式散枕龙门架所配备的3~5t电动葫芦吊散轨枕,如图5-11所示,每次自轨枕堆码场起吊 16 根轨枕。如移动式门式起重机本身无动力时，可用卷扬机车引或人力推动。若采用反锚作业进行组装，应将散开的轨枕翻面，使所有轨枕底面向上，此工序由人工用木根配合撬棍撬拨，或用 U 形钢叉翻枕，如图 5-12 所示。

图 5-11　吊散轨枕

翻枕也可以采用安装在锚固台前端的翻枕器，在移动台前进过程中进行翻枕，如图 5-13 所示。翻枕器翻转轨枕的转速要与移动小车的运行速度相匹配，以达到轨枕翻过去的间距刚好等于所需要的轨枕间距。

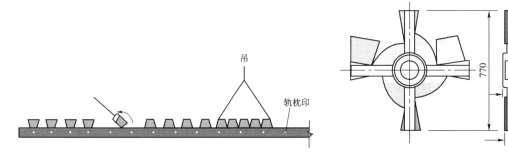

图 5-12　翻枕示意图　　　　　图 5-13　翻枕器示意图（尺寸单位：mm）

2）硫黄锚固

硫黄锚固就是用硫黄水泥砂浆将螺纹道钉固定在钢筋混凝土或混凝土枕的道钉孔中。反锚作业方式下，当轨枕由散枕台运到锚固台时，每侧一人将轨枕预留螺栓孔与预先插好的螺纹道钉上下对正，然后抬高固定台，将螺纹道钉插入轨枕孔内，如图 5-14 所示。检查合格后灌注硫黄锚固液，冷却。轨枕经锚固道钉后，由翻转机翻转，由活动台运至下一个散扣件台。

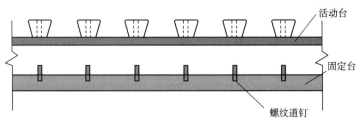

图 5-14　硫黄锚固示意图

硫黄水泥砂浆是将硫黄、砂、水泥以及石蜡按一定的配合比配置而成，参见表5-6。

硫黄锚固砂浆配合比 表5-6

项 目	硫 黄	水 泥	砂	石 蜡
批量生产	1	0.3~0.6	1~1.5	0.01~0.03
少量生产	1	0.5	1.5	0.02
材料质量要求	含硫量不小于95%，干燥	普通硅酸盐水泥强度等级不限	泥污含量不大于5%，粒径不大于2mm，干燥	一般工业用石蜡，配置前应破成碎块

按选定的配合比称好各种材料，根据生产规模及熔浆器决定一次配制量。一般用两个铁锅或熬浆锅炉轮流熔制，每锅熔量不超过50kg。先将砂放入锅内，加热炒拌至100~120℃时，将水泥倒入，继续炒至130℃，最后加入硫黄和石蜡，继续搅拌，使硫黄熔液由稀变稠呈浓胶状蓝黑色液体，温度升高至160℃，即可使用。

为保证锚固质量，锚固时可用锚固钢模固定道钉于混凝土枕预留孔中，然后灌入锚固浆液，经过约1min的冷却凝固，即可利用起落架脱模。其质量要求如下：

（1）抗压强度不低于0.4MPa，抗拉强度不低于0.04MPa，每个道钉抗拔力应大于6t。

（2）道钉方（圆）盘底面应高出承轨槽面，扣板时高出0~5mm，使用弹条扣件时高出0~2mm，道钉应与承轨槽面垂直，歪斜不大于2°，道钉中心线偏离预留孔中心线不得超过2mm。

（3）灌浆深度应比螺纹道钉插入深度多20mm以上，如图5-15所示。

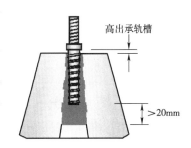

图5-15 灌浆深度示意图

锚固中要注意如下事项：

（1）熔浆火力要能控制，火候不可过猛，熔浆过程应不断搅拌，不得有水或雨雪进入锅内。熔液温度不得超过180℃。

（2）熔浆地点尽量放在下风处，与锚固作业距离不宜过远。操作人员须佩戴防护用品。

（3）锚固前，应将预留孔内杂物及螺纹道钉上的黏土等附着物清除干净。道钉温度应保持0℃以上，低于0℃时，应先予以加热。

（4）灌注时，送浆提桶不得过大，防止桶内熔浆离析，并应保持温度不得低于130℃，一孔一次灌完。锚固浆顶面宜与轨枕承轨槽面齐平，不得低于承轨槽面。

（5）道钉锚固后，应将承轨槽面残渣清除干净。

3）匀散轨枕

轨枕翻正后，应立即在轨枕承轨槽两侧散布配件，匀散扣板、缓冲垫片、弹簧垫圈及螺母等配件，如图5-16所示。散布前，应按零件类型整理堆码好。为便于匀散轨枕、调整轨枕间隔距离，在工作台两侧设有起落架，并将连接平车的钢轨改成槽钢，在槽钢上配置匀枕小车。利用匀枕小车将约30cm间距的轨枕调为标准间距，同时放好轨底板。

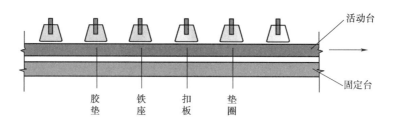

图 5-16 匀散轨枕示意图

4) 吊散钢轨

吊轨前应检查钢轨型号、长度是否与设计一致,并将钢轨长度正负误差值写在轨头上,以便配对使用。吊轨利用 3~5t 门式起重机一台及吊轨架一个来完成。按轨排计算表控制钢轨相错量,将钢轨吊到轨枕上相应的位置,然后再通过轨枕道钉纵向中心线的钢轨内侧,用白油漆划小圆点作为固定轨枕的位置。

吊散钢轨时,两端扶轨人员应注意保持钢轨稳定,如图 5-17 所示。钢轨落入承轨槽时应用小撬棍插入钢轨螺栓孔内引导,不得用手直接扶持。吊车吊重走行的范围内禁止走人。

5) 上配件、紧固

以手工操作把配件放置于正确的位置上,将螺母拧上,并用电动或风动扳手拧紧螺栓,如图 5-18 所示。

图 5-17 现场吊散钢轨示意图

图 5-18 现场上配件、紧固示意图

弹条Ⅰ、Ⅱ型扣件应使弹条中部前端的下颚与轨距挡板接触或力矩达到设计要求(Ⅰ型为 80~120N·m,Ⅱ型为 100~140N·m),不良者不超过 8%。在半径小于等于 650m 的曲线地段,弹条Ⅰ型扣件还应将螺母再拧紧 1/4 圈(力矩不小于 120~150N·m)。混凝土枕采用弹条Ⅰ、Ⅱ型扣件时,轨距挡板应靠贴轨底边,不密贴的数量不超过 6%。

6) 质量检查

轨排组装完后,应由质检员详细检查轨排是否按轨排生产作业表拼装、轨排成品质量是否符合要求,包括检查轨距、轨枕间隔、接头错开量、安装质量等,如图 5-19 所示。如果发现有不符合的地方,应加以修整,最后对合格轨排按轨排铺设计划用色泽醒目的油漆进行编号。

项目5　有砟轨道铺设

优质轨排应达到下列各项标准：

（1）无不符合使用技术条件的钢轨和轨枕。

（2）轨排组装钢轨接头错开量，应与组装计划表相符，误差不得超过5mm，缩短轨位置配置正确。

（3）由12.5m轨组成的25m轨排，轨缝预留正确，并插入轨缝片，接头上下左右错牙不超过1mm，接头扣件涂油并按规定要求拧紧。

（4）轨枕配置数量符合规定，轨枕方正，轨枕间距偏差及歪斜不得超过20mm。

（5）轨排的轨距误差为±2mm，变化率为正线不大于1‰，站线不大于2‰。

（6）道钉锚固位置正确，高低合适，螺纹道钉丝杆涂油，螺母拧紧后，螺杆顶仍有5~10mm外露。

（7）扣件齐全，位置正确密靠。扣扳或弹条不良者不超过8%，胶垫歪斜者不超过6%。

（8）按设计规定安装好防爬设备，并打紧密靠。

（9）轨排两端接头均须擦锈涂油，轨排前端摆好备用夹板、螺栓及垫圈，数量齐全并涂油。

7）轨排装车

轨排装车是轨排拼装的最后一道工序，即将编号的轨排，用2台吊重10t、跨度17m的电动葫芦龙门架按铺设计划逐排吊装在滚轮平车上，同时做好编组及加固工作，如图5-20所示。装到车上的轨排应上下左右摆正对齐，不得歪斜。至此，一个混凝土枕轨排组装完成，然后可以进行下一轨排的组装循环。

图5-19　现场质量检查

图5-20　轨排装车

任务5.3　轨排运输

为了确保机械铺轨的速度，保证前方不间断地进行铺轨，必须组织好从轨排组装基地到铺轨工地的轨排运输。

一 轨排运输车种类

1. 滚筒车运输

滚筒车一般由60t平板车组成，车面上左右两侧各装滚筒11个，相距1.0~1.2m装一个，由两辆滚筒平板车合装一组轨排，每组6~7层。如用新型铺轨机铺轨，可装8层，已达到平板车的额定载重，滚筒车布置如图5-21所示。

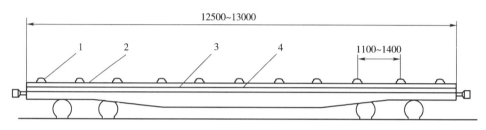

图5-21 滚筒车组装示意图（尺寸单位：mm）
1-滚轮；2-旧钢轨；3-垫梁扣件；4-车底板

2. 平板车运输

用无滚筒平板车运送轨排时，每6个轨排为一组，装在两个平板车上，7组编一列。在换装站或铺轨现场各设两台65t倒装龙门架，将轨排换装到有滚筒的平板车上，供铺轨机铺轨。轨排装车不得超载超限，上下层应摆正，轨排对齐。平板车运输轨排优点较多，无须制造大量滚筒，减少拖船轨轨距杆的止轮器数量，捆扎工作量较少，运输速度可达30km/h，节省人力和费用。

二 轨排运输的效率

轨排运输的效率取决于两个主要因素：轨排列车的数量和新铺设轨道的质量。

1. 轨排列车的数量

轨排运输所需要的列车数量与下列因素有关：
（1）铺轨机每天铺轨的能力；
（2）每列轨排列车能够装载轨排的数量；
（3）每列轨排列车的装车和运行的周转时间。

轨排运输列车的数量必须合理。如果轨排列车过少，则会产生铺轨工程停工待轨的现象，同时，轨排组装车间已组装完毕的轨排大量积压，造成存储费用的增加。如果轨排列车过多，则会造成大量车辆积压。运输列车的合理数量应能保证铺轨机和轨排运输车辆得到充分的利用。

机械铺轨时，一般有一列轨排车在工地跟随铺轨机供应轨排。当该列车的轨排铺完后，该列车应立即返回邻近车站，以便让另一列轨排车继续前进供应轨排。因此，当工地距基地较近，轨排列车装车和运行的时间之和小于或等于铺轨机铺设一列车轨排所需的时间时，则需配备两列轨排车。当基地到工地的距离逐渐增加，则需配备三列轨排列车。其中两列用于装车运输，一列用于随铺轨机供应轨排。

为了更经济合理地供应轨排，一般当铺轨工地距离组装基地超过 80km 时，宜在靠近铺轨工地附近的车站设置轨排换装站。

轨排换装站一般设在距铺轨工地较近的有给水设施的车站，至少有 3 个股道，如图 5-22 所示。一股进行调车作业，停放车辆及机车整备；另一股为轨排换装线；正线为列车到发线，应经常保持畅通。轨排换装线应设在直线股道上。

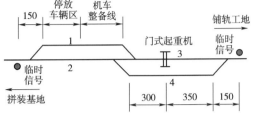

图 5-22　轨排换装站示意图（尺寸单位：m）

一般每列车装 6 组轨排，每组 6 层，每组可铺轨 150m，每组需滚筒车 2 辆，共需滚筒车 12 辆。另外，在基地还应预留备用滚筒车若干辆。

设置轨排换装站后，基地到换装站用普通的平车将轨排运到换装站，在换装站用龙门架两台将轨排倒装到滚筒车上，再拉到前方铺设。

2. 新铺设轨道的质量

轨排运输的效率还取决于新铺设轨道的质量。高质量的轨道可以改善线路技术状态，以提高行车速度，缩短列车周转时间。因此，在铺轨的同时还要抓紧铺砟整道，提高新铺设轨道的质量。

任务 5.4　轨排铺设

新建铁路的轨排铺设，大多采用铺轨机进行施工，少数情况下也有采用龙门架进行的。

一　悬臂式铺轨机铺设轨排

铺轨机在自己铺设的线路上作业和行走。随着轨排质量、长度的不断增长，铺轨机的性能也不断提高，由简易铺轨机发展到目前的 PG-28 型、PGX-30 型、PGX-15 型（东风Ⅰ）等多种形式的铺轨机，表 5-7 中列出了 3 种高臂铺轨机的主要技术性能。

高臂铺轨机技术性能　　　　　　　　　　表 5-7

项　目	PG-28 型	PGX-30 型	PGX-15 型（东风Ⅰ）
起重量（t）	28	30	15
起升速度（m/min）	7.2	7.5	8
运行速度（m/min）	50	45	37
铺轨最小曲线半径（m）	300	300	300

续上表

项　　目	PG-28 型	PGX-30 型	PGX-15 型（东风Ⅰ）
能否架桥	能	能	否
轴向架轴数（根）	4	5	4
铺轨时最大轴重（kN）	330	300	313
主机自重（kN）	1300	1560	1100
外形尺寸（长×宽×高）（m）	45.8×3.56×6.55	46.5×3.5×6.4	47.3×3.6×5.7
装运轨排层数	7	7	8

施工单位在轨排铺设时所采用的机械，应根据本单位现有的设备能力及工程的工期要求合理选型。悬臂式铺轨机有高臂和低臂之分，但它的作业形式基本一致。其轨排铺设作业程序如图 5-23 和图 5-24 所示。

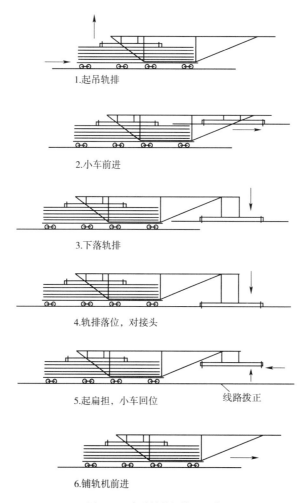

图 5-23　高臂铺轨机作业程序

项目5 有砟轨道铺设

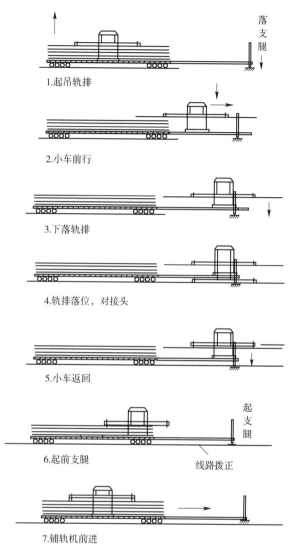

图 5-24 低臂铺轨机作业程序

1. 喂送轨排

轨排列车进入工地后，当前面轨排垛喂进铺轨机后，需要将后面的轨排垛依次移到最前面的滚筒车或专用车上，这样才能保证作业的连续性。向前倒移轨排垛的方式主要有以下两种。

1）拖拉方式

此种方式适用于使用滚筒列车。在铺轨机的后方选择一段较为平直的线路进行大拖拉作业。将滚筒列车最前面的一组轨排垛，用拖拉钩钩住第二层轨排的钢轨后端，用大小支架将 φ28mm 钢丝绳支离平板车，将底板钩等专用机具固定于线路上，然后缓慢地拉动列车。由于最前面的一组轨排垛披固定在线路上不动，所以在滑靴的引导下，这组轨排垛便移动到前面的滚筒车上。轨排垛到位后，撤去固定轨排垛的机具，再由机车推动整列车向

137

前送到铺轨机的尾部。

2) 用二号车或专用列车倒运方式

这种方式必须在铺轨工地配备两台起重量65t以上的倒装门式起重机，再配有二号车或专用车。若倒装门式起重机能够让机车通过则可省去二号车。作业方式是：将两台门式起重机吊立在离铺轨机不远且较为平直的线路上，机车将轨排列车依次推送到门式起重机下，用门式起重机吊起整组轨排垛，倒装到装有滚筒的二号车或专用车上，再由二号车或机车报送到铺轨机的尾部。

2. 铺设轨排

1) 将轨排推进主机

用铺轨机自身的卷扬设备挂千斤绳将轨排垛拖入主机内。

2) 主机行走对位

铺轨机行走到已铺轨排的前端适当位置，停下对位。需要支腿的铺轨机，在摆头以后立即放下支腿，按要求支承固定。

3) 吊运轨排

开动可以从铺轨机后端走行到前端的吊重小车，在主机框架内对好轨排的吊点位置，落下吊钩挂好轨排，然后吊高轨排至离下面轨排0.05~0.2m高度，开始前进到吊臂最前方。

吊重小车的结构和吊挂小车的设施，对于高臂铺轨机，可以是两辆吊重小车（相距2~3m）共同吊住一根13.8m长扁担，扁担两端各设挂钩可以挂住轨排送到前方；或不设纵向扁担，由两辆小车直接吊住轨排前后两个吊点（相距13.8m）送到前方铺设。

4) 落铺轨排

吊重小车吊轨排走行到位时应立即停止，并开始下落轨排至离地面约0.3m时稍稍停住，然后缓缓落下后端，与已铺轨排的前端对位上鱼尾板。对位时间一般占铺一节轨排总时间的一半以上，成为铺轨速度快慢的关键。

在后端对位上鱼尾板后，可通过摆头设施使前端对位线路中线，并立即落到路基上。轨排落实以前，为使轨排保持所需的形状，一般需人工（或用拨道器）左右拨正。

5) 小车回位

铺好一节轨排后立即摘去挂钩，将扁担升到机内轨排之上，吊轨小车退回主机，准备再次起吊。有支腿的铺轨机应立即升起支腿，主机再次前进对位，并重复以上工序。待一组轨排全部铺设完了，立即翻倒托轨，拖入下一组，轨排再按以上工序进行铺设。当一列轨排列车铺完后，利用拖拉方法，将拖船轨返回空平板车上，由机车将空车拉回前方站，并将前方站另一列轨排列车运往工地。

6) 补上夹板螺栓

为了提高铺轨的速度，铺设轨排时仅上两个螺栓，在铺轨机的后面还要组织人员将未上够的夹板螺栓补足、上紧。新线铺轨完毕后第一趟列车通过后按规定复拧一次接头螺栓，3d内每天复拧一次。各钢轨接头螺栓的拧紧度相等。

二 龙门架铺设轨排

铺轨龙门架是铁路铺轨半机械化施工机具之一，它主要用于铺设钢筋混凝土轨排、在旧线拆换轨排以及轨排基地装卸工作等。

铺轨龙门架的特点是机身不在自己铺设的轨道上行走，而在预先铺设于线路两侧的轨道上吊重和走行。它的缺点是体力劳动较强，占用人员较多，要求地面较宽。

铺轨龙门架由 2~4 个带有走行轮的框架式龙门架组成，如图 5-25 所示。每个龙门架的吊重有 4t 和 10t 两种，其中有带运行机械和不带运行机械的两种形式，相互间用连接杆连接行动。

龙门架的起重和运行依靠自带的发电机供电，发电机和拖拉用的卷扬机同放在一辆普通平板车上，挂在铺轨列车的后端，用电缆送电。铺 25m 混凝土轨排时一般用 4 台起重量 4t 的龙门架或 2 台起重量为 10t 的龙门架，或用 3 台起重量为 10t 的龙门架。铺长轨排可根据轨排重量和龙门架的起重量适当配置多台龙门架一同使用。

图 5-25　现场龙门架铺设轨排示意图

铺轨时，应先铺设龙门架的走行轨道，目前，铺设的方法主要是人力铺设和拖拉机铺设。然后将龙门架放到走行轨道上，并用滚筒车或托架车将轨排组运送到最前端，开动龙门架即可吊运轨排。把轨排运到铺设地点，降落轨排铺设在路基上，重复上述步骤，即可继续铺设轨排。

三 轨排铺设的注意事项

（1）铺轨前预先铺设的砟带，左右高差不得大于 3cm，砟带要按照线路中心桩铺设，不得偏斜。

（2）铺轨时，如果路基比较松软，在新铺轨排的前端，在落位之前，砟带应稍加垫高，以防铺轨机前端下沉，造成连接小夹板的困难。如果路基特别松软，前支腿垫木应加长加宽，增加承压面积，提高承压力。

（3）拖拉指挥人员与司机调车指挥人员要密切配合，并明确拖拉速度，时时注意平板车上的作业情况，发现异常情况及时停车。机车推送前进时，速度以小于 5km/h 为宜，在最后 5~6m 时，速度应控制在 3km/h，并派有经验者放风，以防止意外。

（4）铺轨机及滚筒平车上的滚筒，应有专人负责维护注油，以减少拖拉时的摩擦阻力。

（5）轨排起吊和走行时要平稳，下落时不要左右倾斜，铺设时要注意中线及轨缝的控制。钢筋混凝土轨枕的线路拨道比较困难，在铺设时应严格掌握对中，一次铺好，可以大大提高工作效率。

（6）轨排铺设完毕后，常常会出现因轨头不够方正而影响轨缝和对中的现象。有时，轨排对齐后，中线又会出现偏差，造成下一节轨排无法铺设。因此，为了确保轨排铺设的质量，除了在铺设过程中加强质量监控外，还必须从一开始就保证轨头的方正。

影响轨头方正的因素有很多，如丈量不准、方尺不方、钢轨本身有硬弯、吊装运送轨排时两股钢轨错动等，但主要是前面两项。通过强化对基地作业的质量管理，可以大大降低这类情况出现的概率，有如下方法。

①卸轨时严格防止摔弯。

②拼装轨排前，应对轨长重新丈量核对，严格保证两股等长，对于存在着公差的标准轨，在选配时，可允许长度差不超过3mm，但在拼装下一轨排时，须将前一轨排的两股钢轨的长度差补齐。

③制作准确的方尺，如铁质尺。

（7）上螺栓时，要随时注意指挥信号，铺轨机行进前要迅速离开股道。后面补上螺栓的工人，要随时注意轨排列车和铺轨机的动向，发现来车要迅速离开道心。禁止站在铺轨机和车辆底下作业。在线路上，禁止作业人员将工具和材料放在线路上休息，并随时注意行车安全。

任务5.5 铺砟整道

线路的轨排铺设完成后，即可通行工程列车。这既包括铺轨列车，也包括铺砟列车，同一线路上通行两种列车，在施工过程中相互间的干扰特别大，影响工作效率。但是，如果不先铺轨，大量的道砟无法利用铺砟列车运到施工地点；而刚完成轨排铺设的有砟轨道，其轨向和前后高低等几何形位均质量较低，如图5-26所示。如果铺轨后不迅速进行铺砟整道，也就无法提高线路质量，提高行车速度，保证行车安全。因此，在新建铁路进行铺轨后，应相应地抓紧铺砟整道工作。

图5-26 刚完成轨排铺设的轨道

所谓铺砟整道就是将道砟垫入轨枕下铺成设计要求的道床断面，并使轨道各部分符合《新建铁路铺轨工程竣工验收技术标准》的要求，主要包括采砟、运砟、卸砟、上砟、起道、整道等作业。铺砟整道的工作量大，作业内容多，要求的标准高，而且多在有工程列车运行的情况下进行，干扰较大，因此，必须严格按照铺砟整道的有关规定组织施工。

一 施工准备工作

1. 与线上工程有关的施工准备工作

1）测设起拨道控制桩

起拨道控制桩，是控制轨道中心线和水平高程的依据，为使整道工作便于进行，通常把起道和拨道标记设置在同一桩位上。

起拨道桩的设置：直线地段每 50m 设置一个，圆曲线每 20m 设置一个，缓和曲线上每 10m 设置一个；此外，圆曲线和缓和曲线的起讫点，线路纵断面的变坡点等，也应设置控制标桩。

起拨道桩的位置：直线地段应钉在线路前进方向左侧的道床坡脚处；曲线地段设在曲线内侧的道床坡脚处。桩距轨道中心一般控制在约 2.3m。桩的顶面应与设计轨顶等高，并标出道床顶面高度以便控制起道作业。

2）汇总技术资料

根据设计文件及测量所得数据，把各控制桩的里程与名称、线路、纵坡、曲线要素、起道高度、超高量、制动地段、曲线正矢及其他轨道标准等计算汇总成表，并按规定将整道的有关数据用铅油标在钢轨轨腰上，以便整道时使用。

2. 道砟的采备、装却和运输

道砟生产是铺砟整道的一个重要环节，它涉及确定道砟来源、砟场分布、片石的开采、道砟加工、装车、运输等问题，必须统筹考虑、合理安排，做到经济合理、质量符合要求。

1）用砟量计算

铺砟整道所需的道砟数量，可根据道床横断面计算，考虑到运输、卸砟、上砟时的损失和捣固后道床挤紧及沉落等，其增加率一般取碎石道砟 11.5%，卵石道砟 11%，砂道砟 14%。

2）砟场选择原则

砟场的选择应考虑开采费用、施工难易程度以及运输的远近等。有条件时还应考虑配合生产片石等材料，以综合利用资源；建场前必须采集样品，试验其质量是否合乎道砟技术条件的要求；建场前必须进行钻探或挖探，计算其储量是否满足产量的要求；应考虑防洪、排水、冬季施工以及有适当弃土场地等因素。

新建铁路道砟来源有三种：一是利用邻近营业线既有砟场；二是沿线零星采集；三是建立永久砟场或临时砟场。前两种砟源，在条件允许、经济上适宜时，应优先选用，但常常不是新线道砟的主要来源。新建铁路所需道砟主要依靠自建永久砟场或临时砟场，其选择原则主要有以下几方面：

（1）砟场的选择应考虑开采费用、施工难易程度以及运输的远近等。有条件时还应考虑生产片石等材料，以综合利用资源。

（2）建场前必须采集样品，试验其质量是否符合道砟技术条件的要求。

（3）建场前必须进行钻探或挖探，计算其储量是否满足产量的要求。

（4）应考虑防洪、排水、冬季施工以及是否有适当弃土场地等因素。

3）道砟的采备

道砟采备可用人工或机械钻眼爆破法开采片石，并用机械化或半自动化方法加工，其工作流程，如图 5-27 所示。

4）道砟装车与运输

道砟装车根据设备情况，可因地制宜地

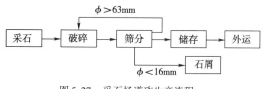

图 5-27 采石场道砟生产流程

选用高站台、棚架溜槽、活门漏斗和机械装车等方法。

运砟宜采用风动卸砟车。图5-28为K13型风动卸砟车，由走行部分、钢结构车体、漏斗装置、启门传动装置以及工作室等组成。若没有风动卸砟车，宜用敞车或改装的平车运砟。在砟场离线路较近的情况下，可用汽车甚至畜力车运砟。

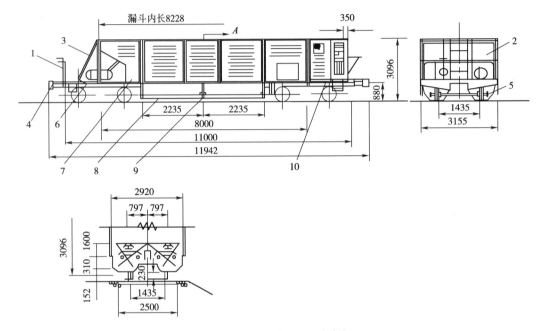

图5-28 K13型风动卸砟车（尺寸单位：mm）

1-风手制动装置；2-端墙；3-扶梯；4-车钩及缓冲装置；5-新转8型转向架；6-底座；7-侧墙；8-启门传动装置；9-漏斗装置；10-工作室钢木结构

5）卸砟

卸砟一般有风动卸砟车卸砟和人工卸砟（平板车）两种。

风动卸砟车车体下部的漏斗装置用以漏卸和散布道砟，它有四个外侧门和两个内侧门。通过启门传动装置，利用风压启闭不同的门，能使道砟按要求散布在轨道内外侧的不同部位。车内容砟量可达$36m^3$，外仰门全开时，40~50s就能卸空一车。

人工卸砟时，当运砟列车到达卸砟地段后，每辆车配备3~4人，将车门逐一打开，在列车徐徐前进中将砟卸于轨道两旁，车中部及两端的道砟用铁锹铲卸。卸下的道砟在铺入轨道以前，可按图5-29所示堆在两轨道中间及路肩上。

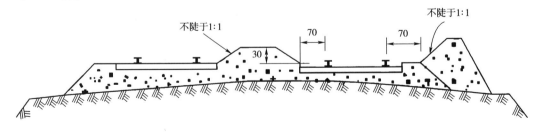

图5-29 道砟堆置界线示意（尺寸单位：cm）

二　铺砟整道技术要求

铺砟整道是将卸在线路两侧的道砟铺到轨道内,并将轨道逐步整修到设计规定的断面形状,达到稳定程度,工程列车速度亦可相应逐步提高。铺砟整道应符合以下规定:

(1) 铺轨后应随即整道,以保障铺轨列车能按 15km/h 的速度安全运行。作业重点为:方正轨枕,补足并紧固配件和扣件,拨顺轨道方向,串实承轨槽处的枕下道砟,消灭反超高和扭曲。

(2) 每次铺砟整道,应先补充枕盒内部分道砟,然后起道、方枕、串砟、捣固道床,拨正轨道方向,回填清理道砟,稳定轨道。

(3) 铺轨后第一次铺砟整道与铺轨间隔不宜过大,经整道后的轨道,应保障铺轨列车能按 30km/h 速度安全运行。

(4) 采用人工或小型机具进行第二次铺砟作业时,应在第一次铺砟整道并通过 5 对以上列车后进行,整道时应以高程控制桩为准。轨向:直线用 10m 弦量的最大矢度和曲线用 20m 弦量的实际正矢与计算正矢差不得大于 8mm,曲线头尾不得有反弯或"鹅头";轨面用 10m 弦量,最大矢度不得大于 8mm,轨面水平和延长 6.25m 范围内的扭曲不得大 8mm;轨距允许偏差为 $^{+6}_{-2}$mm。

(5) 轨道各主要尺寸,应在第二次铺砟整道后,逐步整正至验收要求标准,工程列车速度可相应逐步提高。

铺砟整道到规定的高程,在交工前应按规定做一次全面的整道作业,使轨道的轨距、水平、高低、方向等都达到规定的技术标准。未经大型养路机械整道作业的线路应经列车或单机压道。正线压道次数不得少于 50 次,站线压道次数不得少于 30 次。压道后的轨道应无明显变形,道床断面应符合设计规定。道床厚度允许偏差为 ±50mm,顶宽允许偏差为 $^{+50}_{+0}$mm。

三　铺砟整道主要作业方法要点

目前铺砟整道作业大多采用不同程度的机械化施工,其机械化可分为单项机械作业和综合机械作业两大类。单项作业机械包括:液压起拨道机、捣固机、自动捣固机等;综合作业机械是将几种作业联合在一台机械上进行的一种大(中)型轨行式机械,其特点是设备自重较大,功率大,工作效率高,常见的有配砟整形机、配砟整形车、电磁液压悬臂式铺砟机、夯实机等。图 5-30 是配砟整形车作业情景。

图 5-30　配砟整形车作业情景

整道主要包括整正轨缝、起道、捣固、拨道等作业内容。

1) 整正轨缝

整正轨缝前应按区间进行现场调查,将轨长、轨缝及接头相错量按钢轨编号逐一列表计算,做出全面的整正计划。施工前将计划好的钢轨移动量及其移动方向写在相应的钢轨上,使之符合要求。

轨缝整正工作量较大时,往往会牵动轨枕位置,使轨枕脱离捣实的道床,因此,在轨缝整正后,应进行起道、方正轨枕及捣固等工作。

为保证轨缝整正作业中不间断行车,须配备各种长度腰部有长孔的短轨头,以便夹板连接。

2) 起道

新线起道时,先选择一个标准股,在预先用水准仪测设好的水平桩外,按要求的高度起好,并按轨枕下串实道砟作为起道瞄视的基准点,如图5-31所示,每次至少起好两个基准点。人工起道瞄视方法与检查轨顶纵向水平的方法相同。当标准股连续起平30~40m后,使轨枕中线与轨腰的间隔相一致并垂直线路中心线。

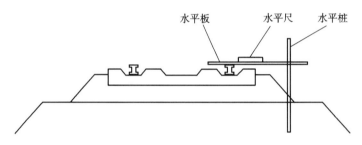

图5-31 起道基准点设置

起道后应将路肩处的道砟填入轨枕盒中,以便捣固。但应注意,在已起道与未起道的相接地段,应做成不大于5‰的顺坡,在末次起道时,为防止道床沉落和轨顶高程不足,可将起道高度适当提高3~5mm。

机械起道可用激光准直液压起拨道机,用激光准直仪控制轨顶高程。

道岔轨面高程应与连接的主要线一致,与另一线的轨面高差,应自道岔后普通轨枕起向站内顺坡。当顺坡落差不够时,可根据具体情况采取以下办法调整:调整道床厚度顺坡;顺接坡道可适当伸入线路有效长度范围内,但伸入段的坡度不得超过规定的站坪限坡。

3) 捣固

线路起道后必须进行捣固。人工捣固(图5-32)使用捣固镐,机械捣固(图5-33)可用液压捣固机。捣固范围:混凝土枕应在钢轨外侧50cm和内侧45cm范围内均匀捣固;木枕在钢轨两侧各40cm范围内捣固道床,钢轨下应加强捣固。此外对钢轨接头处和曲线外股,应加强捣实上述规定范围内的道床。人工捣固时,一般2人或4人为一组,同时捣固一根轨枕,打镐顺序先由轨底中心向外,然后再由外向内。根据起道高度分别捣18~28镐,相邻镐位应略有重叠,落镐位置应离枕底边10~30mm,以免打伤轨枕,并能把轨枕底部道砟打成阶梯形的稳固基础。

图 5-32 人工捣固示意图　　　　　　图 5-33 小型机械捣固示意图

人工捣固时应做到：举镐高度够、捣固力量够、捣固镐数够及捣固宽度够。机械捣固时，捣固质量取决于捣固时间的长短。其落镐次序及各镐位的捣固时间可参照表 5-8 所示。

落镐次序及各镐位的捣固时间　　表 5-8

镐窝顺序	1	2	3	4	5	6	7	8	镐窝位置示意图（尺寸单位：mm）
捣固时间（s）	5	4	3	2	2	3	4	5	100　400　450 4 3 2 1　1 2 3 4 5 6 7 8　8 7 6 5

路基与桥梁、桥梁与隧道、无砟道床与有砟道床、新筑路基与既有线路基连接地段 30m 范围及路基换填地段应加强捣固。

4）拨道

新线拨道时，主要按经纬仪测设的中心桩进行，把钢轨及轨枕一起横移一定距离，使其符合线路中心线的位置要求。为了不妨碍铺砟整道工作，保护中线的准确位置，中线桩一般均自线路中心位置外移，与起道用的水平桩合并设置。人工拨道一般使用 6~8 个拨道器，均匀分布在两根钢轨的同侧，分布范围 3.5~4m，一人指挥，其他人用拨道器用力拨道。机械拨道则可用激光准直仪直接控制起拨道机拨道。

设计速度为 120km/h 以下的线路，人工铺砟整道至低于轨面设计高程约 50mm 时，应用大型养路机械进行整道作业。随着养路机械的发展，我国新建铁路的铺砟整道作业正在逐步向大型机械化过渡。由动力稳定车、起拨道捣固车和配砟整形车构成的 MDZ 机组，能够高效率、高质量地进行道砟回填、起道、拨道、抄平、捣固、整形及稳定等综合整道作业。该机组进行整道作业，可以较大地提高线路质量，作业后线路的容许行车速度可以达到 80km/h 以上。目前，一个机组可由 2 台捣固车、1 台动力稳定车、1 台配砟整形车和一定数量的大型养路机械附属车辆组成,能够以1km/h的速度完成线路整道任务。

5)施工注意事项

轨道应逐步矫直。随着每次铺砟,都要做好相应的整道作业。

不同种类轨枕的交接处应以道砟调整。当同种类轨枕铺设长度短于100m时,应将该段轨道抬高或降低到与两端轨道面齐平;大于100m时,应先将较低轨道的一个半轨排抬高,与邻近轨道面齐平,然后再以不大于2‰的坡度向较低方向顺接。

在卸砟过程中,应尽量做到两边同时卸,以免造成偏重而影响行车安全。装、卸砟人员必须在列车停稳后才允许上、下车。

行车人员必须服从领车人员的指挥,特别在边走边卸时,道口、道岔、无砟桥面和整体道床地段严禁卸砟,对安装信号设备的处所应更加注意,以免压坏设备。

砟车到达卸砟地点开车门时,车上人员应站到安全位置,以免随砟溜下伤人。开车门应从前进方向的前部开始依次向后开,以免发生事故。

机械上道前必须设置防护,在未显示防护信号前不准上道作业。瞭望条件较差的地段应在车站设联络员。

运砟列车必须在规定时间内返回车站,以免影响其他列车的正常运行。

各作业车正在区间作业时,其间隔不得小于10m。出车、收车时均应连挂运行。

复习思考题

一、填空题

1. 铺轨基地主要包括轨料存放场、_____和_____三部分。
2. 铺轨基地内轨排组装的作业方式可分为_____和_____两种。
3. 轨排铺设的常用方法有_____和_____。
4. 轨排运输的效率主要取决于_____的数量和_____的质量。
5. 起拨道控制桩设置时,直线地段每_____m设置一个,圆曲线每_____m设置一个,缓和曲线上每_____m设置一个。

二、单选题

1. 在场地受限时,宜采用(　　)轨排组装工艺。
   A. 单线往复式　　B. 双线循环式　　C. 活动工作台式　　D. 都可以
2. 在进行螺纹道钉锚固时,应选用(　　)方式。
   A. 正锚　　B. 反锚　　C. 张拉　　D. 均可
3. 一组轨排组装完成需要翻枕(　　)次。
   A. 1　　B. 2　　C. 3　　D. 4
4. 检测硫黄砂浆锚固质量时,每个道钉抗拔力应大于(　　)t。
   A. 3　　B. 4　　C. 5　　D. 6
5. 下列预铺道砟厚度恰当的是(　　)mm。
   A. 50　　B. 110　　C. 180　　D. 230

三、多选题

1. 目前，轨排运输常用的方式是（　　）。
   A. 无轨运输　　　　　　　　　　B. 平板车运输
   C. 载重车运输　　　　　　　　　D. 滚筒车运输
2. 以下铺轨机可用于架梁的有（　　）。
   A. PG-28 型　　　B. PGX-30 型　　　C. PGX-15 型　　　D. 均可以
3. 铺轨作业时，以下须加钉永久中桩的位置是（　　）。
   A. 缓和曲线起讫点　　　　　　　B. 圆曲线起讫点
   C. 道砟厚度变更点　　　　　　　D. 梁端对应点
   E. 道岔交点
4. 影响轨头方正的因素主要有（　　）。
   A. 丈量不准　　　　　　　　　　B. 方尺不方
   C. 轨距偏差　　　　　　　　　　D. 钢轨本身有硬弯
5. 整道的主要作业内容包括（　　）。
   A. 整正轨缝　　　B. 起道　　　C. 拨道　　　D. 捣固

四、简答题

1. 铺轨基地的布置主要包括哪几部分？其设置应遵循哪些原则？
2. 有砟轨道结构的主要组成及其功用是什么？
3. 简述单线往复式轨排组装作业方式的作业过程。
4. 如何进行硫黄水泥砂浆锚固？其技术要点有哪些？
5. 绘图说明高臂铺轨机与低臂铺轨机铺设轨排的作业程序。
6. 铺轨机铺设轨排有哪些注意事项？
7. 铁路砟场应如何进行选择？
8. 铺砟整道有哪些基本作业？简述其作业要点。

项目 6

无砟轨道施工

无砟轨道是指采用混凝土、沥青混合料等整体基础取代散粒碎石道床的轨道结构，又称作无碴轨道，是当今世界先进的轨道技术。无砟轨道相比有砟轨道，更加适合高速行车要求。世界各主要掌握高速铁路技术的国家对无砟轨道开展了系统研究与工程实践。

我国从 20 世纪 50 年代起就开始进行无砟轨道的研究和设计，初期曾尝试采用了支承块式、整体灌注式、纵向轨枕埋入式、沥青混凝土铺装宽枕、沥青灌注固化道床、板式无砟轨道等的研究和试验。20 世纪 90 年代，随着京沪高速铁路可行性研究的深入，高速铁路无砟轨道研发被正式提上日程，在大量试验研究基础上，初步提出了弹性支承块式、长枕埋入式和板式 3 种无砟轨道形式。经过多年的努力，我国高速铁路建设取得了举世瞩目的成绩，形成了 CRTS 板式和 CRTS 双块式两大类型、4 种典型形式的无砟轨道技术系列。与此同时，城市轨道交通减振轨道也得到了充分的发展，形成了减振器扣件（科隆蛋扣件）、弹性支承块无砟轨道、弹性长轨枕、弹性支承梯形轨枕轨道、钢弹簧浮置板轨道、减振垫无砟轨道等丰富减振类型的轨道结构，满足了轨道经过城区不同级别的减振降噪需要。

教学目标

▶ 知识目标

1. 掌握常见轨枕埋入式无砟轨道构成。
2. 掌握 CRTS 系列板式无砟轨道构成。
3. 了解城市轨道交通减振降噪措施。
4. 掌握弹性支承块无砟轨道结构组成。
5. 掌握梯形（纵向）轨枕轨道的结构特点。
6. 掌握钢弹簧浮置板轨道结构组成及弹性状态。

▶ 技能目标

1. 能完成不同类型的轨枕埋入式无砟轨道的施工。

2. 能完成 CRTS 系列板式无砟轨道的施工。
3. 能完成常用减振无砟轨道的施工。
4. 能进行无砟轨道施工过程质量控制。
5. 会进行无砟轨道施工方案编制。

任务6.1 轨枕埋入式无砟轨道施工

一 长枕埋入式无砟轨道施工

1. 长枕埋入式无砟轨道结构特点

长枕埋入式无砟轨道主要由整体式穿孔混凝土枕和混凝土道床组成。图 6-1、图 6-2 分别为我国铺设于高架桥上和隧道内的长枕埋入式无砟轨道。它是由 60kg/m 钢轨、弹性扣件、WCK 型轨枕、混凝土道床板、隔离层（或弹性垫层）及混凝土底座等部分组成。

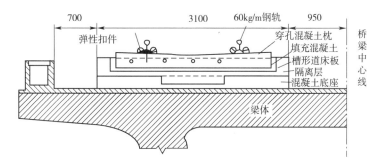

图 6-1 高架桥上长枕埋入式无砟轨道（尺寸单位：mm）

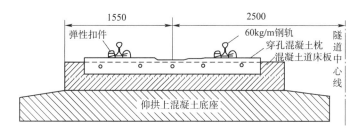

图 6-2 隧道内长枕埋入式无砟轨道（尺寸单位：mm）

长枕埋入式无砟轨道最先在秦沈线沙河特大桥和渝怀线鱼嘴二号隧道分别进行了试铺，使用情况良好，但个别轨枕与道床板连接处有裂纹产生。

目前，采用轨排支承架法由上至下施工，制造和施工简单易行，但现场混凝土施工量大。

2. 长枕埋入式无砟轨道施工工艺流程

制造和施工长枕埋入式无砟轨道采用我国较成熟的轨排支承架法由上至下进行施工，其道床结构中除横向穿孔轨枕需要工厂预制外，其余混凝土均为现场浇筑。

长枕埋入式无砟轨道轨排支承架法施工工艺流程如图 6-3 所示。

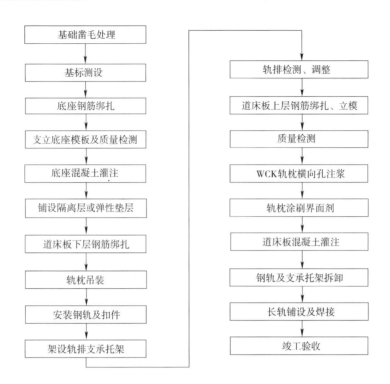

图6-3 长枕埋入式无砟轨道轨排支承架法施工工艺流程

3. 长枕埋入式无砟轨道结构具体施工工艺

1) 基础处理

施工之前必须对桥面、隧底混凝土底座宽度范围内进行凿毛处理（图6-4），用高压水或高压风清除浮砟及碎片，并宜加涂一层界面剂，做好施工排水工作，确保工作面无积水。

图6-4 桥面凿毛处理

2) 基标测设

基标测设具体要求如下：

（1）施工前根据线路测量等级设置的水准基点标，按二等测量等级增设控制线路中线、水平的控制基标和加密基标，并在混凝土底座施工前完成埋设。

（2）控制基标一般在直线上每隔100~200m、曲线上每隔50m的线路上测设一个，在线路变坡点、竖曲线起止点上均应设置控制基标。

（3）加密基标是根据控制基标加密作为施工基标，一般每隔5m设置一个，两基标间的间距偏差应在相邻两控制基标内调整。

（4）基标测量误差应满足线路中线偏移不大于2mm，水平误差不大于±2mm，纵向距离偏差不大于1/5000的要求。

（5）使用测量仪器准确埋设基标，并用不低于C15级混凝土固定桩身，同时定出铜质桩帽的准确位置。

（6）基标一经埋设，严禁撞击，如发现桩身摇动或桩帽松动须进行复测。

3）混凝土底座施工

混凝土底座施工包括布筋、立模、混凝土灌注、抹平养生几个环节，具体要求如下：

（1）布筋。在现场焊接或绑扎底座钢筋骨架，同时放好钢筋保护层垫块。底座结构钢筋要与基础预埋钢筋网连接。底座绑扎钢筋如图6-5所示。

（2）立模。根据设置的基准点，确定模板安装位置和高程，模板要采用具有一定强度、刚度和稳定性的钢模，如图6-6所示。

图6-5 底座钢筋绑扎　　　　　　　　图6-6 底座立模

（3）混凝土灌注。混凝土灌注应连续进行，间歇不超过规范规定的时间；对于不掺外加剂的混凝土，其允许间歇时间不应超过2h；当温度高达30℃时，不应超过1.5h；当温度低至约10℃时，可延长至2.5h。

（4）抹平养生。混凝土初凝前进行混凝土面的提浆、压实、抹光工作，初凝后终凝前应进行3~6次压光，以提高混凝土抗拉强度，减少收缩量，收光后12h以内根据混凝土表面湿润情况进行养生。混凝土的浇水养护时间，对采用硅酸盐水泥、普通硅酸盐水泥或矿渣硅酸盐水泥拌制的混凝土，不得少于7d；对掺用缓凝型外加剂或有抗渗性要求的混凝土，养生期不少于14d。在混凝土强度达到2.5MPa以上后方可拆除模板。

4）铺设隔离层或弹性垫层

在底座混凝土养生至少48h后，进行隔离层或弹性垫层的铺设。隔离层铺设时，应拉平，由一端向另一端平铺。粘贴时的关键部位是四周边缘，否则会产生气臌、卷边，如图6-7所示。

5）轨排架设

（1）轨排组装。轨排组装一般在轨排基地或就地组装，为确保轨道施工质量，必须熟知钢轨、轨枕及其连接扣件的使用技术条件、轨排组装作业流程、作业标准、工艺要求和质量标准。轨排组装具体作业顺序为：技术交底→

图6-7 隔离层粘贴

铺放穿孔轨枕→轨枕间距精确定位→选配安放钢轨→安置扣件→轨排质量检查→装运存储待用轨排。基地轨排拼装如图6-8所示。

具体要求如下：

①选配钢轨。选配好轨排的左右股钢轨是正确组装轨排、顺利进行施工和确保线路质量的前提。选配钢轨工作人员必须熟悉有关钢轨断面尺寸及特性，以及钢轨尺寸公差和对钢轨外观的技术要求。轨排架设宜采用新轨施工，并以轨顶设计高程作为控制基准。新轨应无波浪弯曲和硬弯，表面不得有裂纹、扎痕。

②WCK型轨枕。WCK型轨枕系侧面预留有5个横向孔的预应力混凝土枕，如图6-9所示。其外形尺寸及承载能力应符合设计规定，并要求悬挂准确，不得歪斜，埋入道床板，在线路中心线处轨枕顶面应高出道床板表面17mm。

图6-8 基地轨排拼装

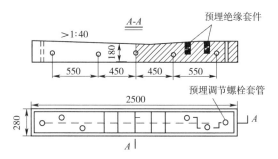

图6-9 WCK型预应力混凝土穿孔轨枕（尺寸单位：mm）

（2）轨排架设与调整。用千斤顶将轨排大致就位后，采用轨排支承架架设承托轨排。支承架要与钢轨垂直，不得歪斜。轨排洞内运输与架设如图6-10所示。

轨排调整以基标为准，先调整一股钢轨的高程和方向，以此为准再调整另一股钢轨至正确位置。钢轨高程和方向准确定位后，应对所有支承架的直立螺杆、轨卡螺栓再行复拧。调整分为粗调和精调两个步骤：先调高低、水平，后调方向、轨距；先调桩点，后调桩间；先粗后精，反复调准。轨排调整如图6-11所示。

图6-10 轨排运输及架设

图6-11 轨排调整

(3) 轨排架设质量检查。轨排架设完成后的允许偏差应满足表6-1的要求。

轨排架设的允许偏差 表6-1

检 查 项 目	允 许 偏 差
轨枕间距	±5mm
轨距	±1mm,变化率不大于1‰
水平	以一股钢轨为准,按设计高程偏差应在±2mm以内,两股钢轨相对水平不大于1mm,在6.25m距离内,不得有大于1mm的三角坑
轨向	以一股钢轨为准,距线路中线偏差应在±1mm之内,最大矢度不大于1mm/10m弦
高低	最大矢度不大于2mm/10m弦

6)道床板混凝土施工

轨排经过精调验收合格后方可进行道床混凝土灌注,并采用C40级混凝土现场浇筑。具体要求如下:

(1)灌注混凝土前要将轨枕润湿,以保证新灌混凝土与轨枕的黏结。

(2)在混凝土灌注前,应预先将WCK型轨枕横向孔内纵向连接钢筋周边的缝隙用水泥砂浆填塞饱满。在灌注过程中应加强对轨枕底部及其周围混凝土的振捣,捣固时应避免捣固棒接触轨排与支承架,插点布置均匀,不得漏振。

(3)灌注混凝土过程中,应时刻注意轨排几何状态的变化。

(4)道床板混凝土灌注振捣密实后,道床板表面需抹面整平,抹面应形成自板面中心向两侧有2%人字横向排水坡。道床抹面如图6-12所示。

(5)道床板顶面与轨枕顶面的高差应符合设计要求。

图6-12 道床抹面

(6)道床板混凝土尺寸允许偏差:道床板顶面宽度±10mm;道床板表面与轨枕顶面的相对高差±3mm;道床板间伸缩缝±5mm。

7)工具轨与支承架的拆除与备用

当道床板混凝土强度达到2.5MPa以后,即可拆除工具轨与支承架,并进行清洗与调正,以备下一施工单元倒用。

8)铺设长钢轨无缝线路

待无砟轨道施工完毕后,拆除所有短轨,一次换铺长钢轨。长轨就位后,按无缝线路铺设工艺焊接长轨及线路锁定,形成跨区间无缝线路。已完工长枕埋入式无砟轨道如图6-13所示。

图 6-13 已完工长枕埋入式无砟轨道
a）隧道内；b）桥上

4. 主要施工机具及劳力组织

1）主要施工机具

长枕埋入式无砟轨道作业主要施工机具，见表 6-2。

长枕埋入式无砟轨道作业主要施工机具　　　　表 6-2

序号	设备名称	规　格	单位	数量
1	混凝土搅拌机	JDY500	台	1
2	混凝土运输车	NT0500D	台	4
3	混凝土输送泵	HBT6060m^3/h	台	1
4	插入式振动器	CHD	台	6
5	平板式振动器	PZ-501	台	2
6	轨排支承架	—	套	75
7	钢筋切断机	GQ-6/40	台	2
8	钢筋弯曲机	GWB-40	台	2
9	底座钢模板	24.6m	套	4
10	道床板钢模板	24.6m	套	3
11	水泵	扬程20m	台	1
12	电焊机	ZX5-400	台	2
13	汽车吊	25t	台	1
14	轨道车	—	台	1
15	平板车	—	辆	4
16	门式起重机	10t	台	2

2）劳力组织

长枕埋入式无砟轨道作业劳力组织见表 6-3。

长枕埋入式无砟轨道作业劳力组织   表6-3

序号	工 序	人员	序号	工 序	人员
1	整体道床底板凿毛	6	8	钢轨精调	8
2	划立模线	3	9	灌注道床混凝土	18
3	绑扎底座钢筋网	8	10	养护	2
4	绑扎道床板钢筋网	8	11	铺轨门吊司机	4
5	安装拆立模板	16	12	测量员	5
6	铺设隔离层	6	13	总计	96
7	轨排铺设、架轨、初调钢轨	12			

二 CRTS 双块式无砟轨道施工

1. 双块式无砟轨道结构及特点

双块式无砟轨道道床主要由双块式轨枕、现浇混凝土道床板和支承层（路基地段）或底座（桥梁地段）组成，属于埋入式无砟轨道，即把预制的双块式轨枕通过一定的方式浇筑到钢筋混凝土道床内形成整体，其主要代表类型是德国雷达（Rheda）2000 型无砟轨道和旭普林型无砟轨道。我国在引进德国技术的基础上逐步形成具有自主知识产权的 CRTS 双块式无砟轨道技术。

CRTS 双块式无砟轨道结构特点如下：

（1）由 2 根桁架型配筋组成的特殊双块式轨枕取代了原雷达型中的整体轨枕，有利于提高施工质量和结构的整体性。

（2）取消了原结构中可能开裂和渗水的槽形板，统一了隧道、桥梁和路基上的结构形式，技术要求、标准相对单一，施工质量容易控制，更适用于高速铁路。

（3）由于桁架式轨枕与现浇道床混凝土为非预应力混凝土，最大限度地降低了混凝土体积收缩和温度应力形成的变形。

（4）两轨枕块之间用钢筋桁梁连接，有利于轨距保持稳定。

（5）道床表面简洁、平整、美观漂亮。

（6）采用专门的机械设备和调整定位装置及精确的铺设技术。

2. CRTS 双块式无砟轨道施工工艺

二维码 6-1
双块式无砟轨道施工

我国目前主要采用的 CRTS 双块式无砟道床施工方法有机组法、排架法和轨排框架法。机组法本质就是成套引进德国雷达（Rheda）2000 型定型设备，自动化程度较高，但设备投入很大。排架法对机组法设备进行了优化，但还是引进了散轨和精调等设备。轨排框架法引入了类似旭普林型无砟轨道采用的轨排固定框架，轨枕安装精度高，可以有效减少小轨距病害，但设备投入较排架法大，工效较低。各种施工法的工艺流程基本相同，下面以排架法为例进行讲述，其工艺流程如图 6-14 所示。

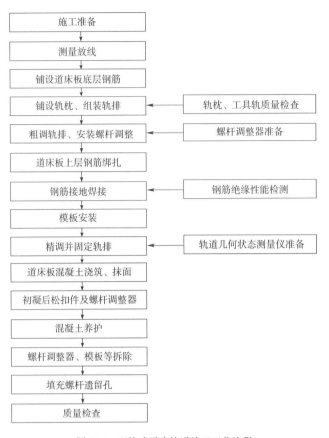

图 6-14 双块式无砟轨道施工工艺流程

1) 支承层与底座板施工

支承层施工可以采用人工模筑法（图 6-15）或滑模摊铺机摊铺法（图 6-16）施工，底座板可以采用人工模筑法施工，均与其他板式无砟轨道施工方法大致相同，此处不再赘述。

图 6-15 人工模筑法

图 6-16 滑模摊铺机摊铺法

2) 轨枕、工具轨等施工材料运输和线间存储

轨枕、工具轨和钢筋、模板等施工材料采用载货汽车或自制的轨道平板车经过二次倒

运后运输到施工现场,在现场可采用移动式吊车或轮胎式门式起重机将双块式轨枕、工具轨等沿线路方向纵向散布。

双块式轨枕每 5 根一层,每 4~6 层一垛沿线路纵向分布堆放,每垛底部及层间用 10cm×10cm 方木支垫,如图 6-17 所示。每垛轨枕间距为 6.5~10m,堆放数量要满足铺设需要,特殊情况下,轨枕垛之间最小间距不得小于 0.5m。

工具轨、道床板钢筋和模板等亦可采用载货汽车或自制的轨道平板车运输,并紧靠轨枕边散布。路基地段施工材料可沿线路中心散布,桥梁和隧道地段施工材料应存放在线路两侧。

图 6-17 双块式轨枕存储

3) 铺设道床板底层钢筋

工作面清理完成后,利用复测合格的 CPⅢ控制网采用全站仪进行道床板中线、边线以及轨枕边线的放线,各控制桩直线地段间距为 6.25m,曲线地段为 5m。在施工放线完毕后,人工在下部基础顶面按底层纵向钢筋设计数量及间距均匀散布。散布后的钢筋应平顺无重叠,并满足两根纵向相对钢筋搭接长度大于 70cm,且接头错开最少 1m。钢筋绑扎完成后,应在底层钢筋下设置混凝土保护层垫块。

4) 布枕、组装轨排

(1) 布枕。底层钢筋摆放完毕后,由跨线门式起重机上的散枕装置进行散枕,门式起重机司机将液压散枕器落下,听从指挥人员命令,将散枕器落到轨枕上面,从轨枕垛上一次夹取 5 根轨枕进行布枕,如图 6-18、图 6-19 所示。布枕时相邻两组轨枕的间距应控制在 5mm 的误差范围内,轨枕的边线控制在 10mm 的范围内,且要控制两组轨枕的左右偏差。

图 6-18 跨线门式起重机及散枕装置

图 6-19 布枕

(2) 铺设工具轨。工具轨采用与正线轨型相同的 60kg/m 钢轨,进场后应按表 6-4 要求进行检验,合格后方可使用。工具轨在使用、拆卸、装载和运输过程中,应采取措施加强保护,防止变形、污染,并经常进行检验,确保工具轨能满足施工要求。

工具轨检测内容 表6-4

序号	检验项目	技术要求	检验要求	检验方法
1	平直度	轨端0~2m范围： 垂直方向向上≤0.4mm/2m；向下≤0.2mm/2m。 水平方向≤0.6mm/2m 轨身： 垂直方向0.25mm/1.5m； 水平方向0.45mm/1.5m	在钢轨两端和中部3个位置测量。垂直方向的平直度在踏面中心线上测量；水平方向的平直度在距离轨顶面下约20mm的侧面进行测量	（1）对自动检测数据进行检查； （2）端头采用2.0m直尺，轨中采用1.5m直尺及塞尺进行手工复查
2	扭曲	钢轨端部和距其1m的横断面之间的相对扭曲不应超过0.45mm	在钢轨两个轨端测量	采用技术条件要求的扭曲尺测量
3	表面质量	表面裂纹：钢轨表面不应有裂纹，轨底下表面不应有划痕； 表面缺陷修磨（最大表面修磨深度）：钢轨踏面0.35mm，钢轨其他部位0.5mm； 钢轨10m长范围内表面缺陷不应多于3处，每10m可修磨一处	（1）轨头、轨底部位涡流自动探伤结果； （2）人工肉眼检查钢轨全表面	（1）自动检测； （2）肉眼检查

在双块式轨枕铺设达50m后，将轨枕承轨槽表面清理干净，即可利用起重运输车或跨线门式起重机等通过专用吊架将工具轨吊放到轨枕上。工具轨接头应使用鱼尾板连接（图6-20），且每处不少于4个螺栓，以确保接头平顺，无错牙错台，工具轨接头轨缝宜控制在10~30mm内。左右两股工具轨接头应对齐，且不得位于承轨槽上。

（3）组装轨排。铺设完工具轨后，应检查工具轨的轨距及工具轨与轨枕的垂直度等（图6-21），不合格时进行调整。合格后使用螺栓紧固机同步拧紧扣件螺栓，并用力矩扳手复检螺栓力矩，使用塞尺检查扣件弹条中部下颚与塑料轨距挡板是否密贴（间隙不大于0.5mm）。轨排组装允许偏差见表6-5。

图6-20 工具轨接头鱼尾板连接

图6-21 工具轨与轨枕的垂直度检查

轨排组装允许偏差　　　　　　　　　　表6-5

序　号	检 查 项 目	允许偏差（mm）	附　　注
1	轨距	±1	变化率不大于1/1500
2	轨枕间距	±5	

5）安装螺杆调整器托盘

轨排组装完成后，应安装螺杆调整器托盘。直线地段每隔3根轨枕、曲线地段每隔2根轨枕安装一对螺杆调整器托盘，同时应在轨排端头轨枕间安装一对螺杆调整器托盘。调整器安装位置应在两轨枕中间，如图6-22所示。在遇到道床板钢筋时，将钢筋或调整器进行微量调整，保证调整器处于受力位置。螺杆调整器托盘安装前应清理干净并确保托盘伸缩灵活居中。托盘安装时应检查插销与插孔对应位置正确，确保托盘与轨底密贴，各部螺栓紧固到位。

6）粗调轨排

使用全站仪和轨排粗调机（图6-23）或人工粗调的方式对轨排进行初步调整，将轨排方向和高程调整到正确位置。采用轨排粗调机调整应按照"先中间后两端"的顺序进行，人工粗调应遵循"先中线、后高程"的原则进行。调整后轨顶高程允许偏差为0，-5mm；中线位置允许偏差为5mm。轨排粗调后的高程只允许比设计低，是因为后期精调时降低轨排的调整难度很大，且不利于轨排稳定。

图6-22　螺杆调整器

图6-23　轨排粗调机粗调

轨排粗调到位后，应及时安装螺杆调整器螺杆，确保各螺杆受力均匀无松动，螺杆下部应安装波纹管或其他隔离套管。检查螺杆基本垂直后，拧紧侧面锁定小螺栓。

7）道床板上层钢筋绑扎、综合接地处理

（1）上层钢筋绑扎。轨排粗调完成后，即可安装道床板上层钢筋，钢筋施工过程中不得扰动粗调过的轨排。对纵向钢筋与横向钢筋交叉处、纵向钢筋与轨枕桁架钢筋交叉处、纵向钢筋搭接范围搭接点，按设计要求设置绝缘卡并用塑料带绑扎，绑扎后剪去多余的塑料带。

（2）综合接地处理。根据设计要求，利用道床板内两根纵向结构钢筋和一根横向接地钢筋作为综合接地钢筋，综合接地钢筋交叉处采用搭接焊工艺，用φ16mm的"L"形钢筋进行单面或双面焊接。单面焊焊缝长度不小于200mm，双面焊焊缝长度不小于100mm，焊接厚度不小于4mm。接地端子采用焊接方式固定在道床两侧接地钢筋上，如图6-24所示。

（3）绝缘检测。首先，通过目测检查每处钢筋的搭接接触情况，绝缘卡安装是否良好，有无脱落现象；然后，用手摇的兆欧表测量钢筋间的绝缘电阻，如图6-25所示，道床板绝缘电阻实测值必须超过$2M\Omega$。

图6-24 接地钢筋及接地端子焊接

图6-25 钢筋绝缘处理及电阻测试

8）安装纵、横向模板

道床板模板分纵向模板、横向模板。纵向模板长度分4m、4.6m两种类型，横向模板长度为2.8m。钢筋绝缘性能检测合格后，清除钢筋网内的杂物，根据提前弹好的模板边线安装道床模板，相邻的两块模板应采用螺栓连接，以保证相邻两块模板之间不出现错台，并在两模板连接面处贴双面胶或胶条，以防止模板间出现缝隙漏浆。模板安装后应加固牢靠，加固装置不得依托轨排进行固定。

9）精调轨排

精调轨排前需对前面已施工工序进行检查验收。由下往上依次检查基层表面杂物、钢筋绑扎、钢筋焊接、接地端子设置、保护层厚度、模板尺寸、轨枕间距、扣件力矩、施工缝布置等，各项尺寸及位置在监理旁站下经现场检查确认满足设计要求后，方可进行精调作业。

精调是关键的一道工序，它对轨道的几何尺寸最终位置能否达到设计及验标的要求起着决定性作用。最终线型调整应在混凝土浇筑之前1.5~2h开始进行。调整长度比当班计划浇筑段长度保持50m以上距离。精调应使用钢轨调整器和GRP1000测量系统配合进行，如图6-26所示。将轨道状态测量仪（轨道小车）放置于轨道上，安装棱镜，使用全站仪测量轨道状态测量仪棱镜，轨检小

图6-26 轨排精调作业

车自动测量轨距、超高、水平位置，接收全站仪观测数据并通过配套软件计算轨道平面位置、水平、超高、轨距等数据，与设计值校差后将误差值迅速反馈到轨检小车的电脑显示屏上，现场通过转动螺杆调整器竖向螺杆，调整轨排高程，通过转动钢轨调整器水平螺杆，实现水平调整。

轨排精调工作必须满足以下要求：

（1）高温、大风、雨雪等恶劣气候条件下不得进行精调作业。

（2）每次精调时需与上次或前一站重叠至少8根轨枕，同一点位的横向和高程的相对偏差均不应超过2mm。精调过程中，应先调整偏差较大处，相邻几对螺杆调整器同时调整，调整时步调协调一致。曲线地段调整时竖直和水平方向同时调整。

（3）轨排精调到位后，应对轨排采取相应的措施进行加固，防止混凝土浇筑时轨排横向移位及上浮，并采集数据作为最终的精调数据。

（4）精调合格后，对线路进行保护，禁止轨排上进行任何作业或行人。

（5）轨排精调好后，应及时浇筑混凝土。如间隔时间过长，或环境温度变化超过15℃，或受到外部条件影响，必须重新检查或调整轨排。

精调后支承点处的轨道位置误差控制在中线±0.5mm，高程－0.5～0mm，水平0.5mm。

10）混凝土浇筑

在进行无砟轨道道床板混凝土浇筑之前，应综合检查前面各工序的施工质量，尤是轨道几何状态和各种预埋件、钢筋网架绝缘性能等，合格后方可进行混凝土的浇筑。

混凝土浇筑采用拌和站集中拌和、混凝土运输车运送，配置软管泵送混凝土，使用高频插入式振动器振捣密实、人工收面的施工方法。混凝土浇筑时，必须1个轨枕间距接1个轨枕间距单向连续浇筑，如图6-27所示。让混凝土从轨枕块下漫流至前一格，不致在轨枕下形成空洞，当混凝土量略高于设计高程后，前移到下一格进行浇筑。混凝土振捣时振动器应快插慢拔，直到轨枕底部没有气泡为止，但也不得过振，以防止混凝土离析。振捣过程中应防止振动器触碰模板和钢轨支承架，并跟踪监测轨排几何形位的变化。浇筑完的混凝土，应经过3次抹面收光（图6-28）：第一次是在浇筑完成后，第二次是在混凝土刚初凝的时候，第三次是在初凝后快产生强度的时候。第三次收光之后，立即清理轨枕和钢轨面的污染。

图6-27 道床混凝土浇筑

图6-28 道床混凝土抹面收光

11）初凝后松螺杆调整器及扣件

混凝土浇筑后 0.5~1h（掺加缓凝剂时可延长至 2~3h），竖向调节螺杆放松 1/4 圈（即逆时针旋转 90°，高度降低约 1mm）。混凝土浇筑后 2~4h，当用手指压混凝土表面无痕迹时，提松横向模板和施工缝模板，松开全部扣件，释放钢轨应力，否则，会因为钢轨温度力而产生的对轨枕的纵向力，影响新浇混凝土的结构，破坏轨枕和道床板混凝土的黏结性。螺杆调整器的放松须始终沿逆时针，否则将会抬高轨道，破坏轨道几何形位，导致无法恢复。

12）混凝土养护

每浇筑 10~12m 道床混凝土，在浇筑完毕后 12h 以内应对混凝土开始进行覆盖洒水或喷养护剂养护，养护时间不宜少于 7d。混凝土达到设计强度的 75% 前禁止在道床板上行车及碰撞轨枕。

13）拆除模板、螺杆调整器及工具轨

拆除模板、螺杆调整器、工具轨应符合下列规定。

（1）侧模应在混凝土强度达到 2.5MPa 以上，其表面及棱角不因拆模而受损时，方可拆除。

（2）道床混凝土强度达到 5MPa 后，即可拆除螺杆调整器及工具轨。拆除模板、螺杆调整器及工具轨时，应避免对道床板混凝土的扰动。

（3）拆除下来的模板、螺杆调整器及工具轨应及时清理干净并涂油，利用道床板混凝土浇筑的间歇时间往前倒用，不得堆放在道床上。

（4）螺杆调整器的松解须始终沿逆时针旋转，应缓慢施力，避免破坏调整器和道床。取出螺杆调整器后，应采用同强度无收缩混凝土及时封堵拆除螺杆后留下的孔洞。

浇筑完成的混凝土道床板外形尺寸允许偏差应满足表 6-6 要求。

混凝土道床板外形尺寸允许偏差　　　　表 6-6

序　号	检 查 项 目	允许偏差
1	顶面宽度	±10mm
2	道床板顶面与承轨台面相对高差	5mm
3	中线位置	2mm
4	平整度	3mm/1m

任务 6.2　CRTS 系列板式无砟轨道施工

一　CRTS I 型板式无砟轨道施工

1. CRTS I 型板式无砟轨道结构及特点

CRTS I 型板式无砟轨道是在路基基床顶面或梁面上浇筑钢筋混凝土底座及凸形挡台，

将高精度单元轨道板铺设在底座上,并在轨道板与凸台混凝土间用树脂填充,在底座及轨道板间灌注 5cm 厚的水泥乳化沥青砂浆(CA 砂浆)调整层,承受轨道板传来的荷载,并将其传至底座上,如图 6-29 所示。

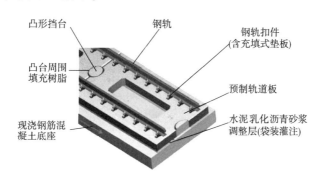

图 6-29　CRTS I 型板式无砟轨道结构

同其他类型轨道结构相比,CRTS I 型板式无砟轨道具有以下特点。

(1) 桥上、隧道和路基上轨道结构形式基本相同,有利于轨道结构与线下工程的标准化设计。

(2) 轨道板为工厂预制,质量易于保证;轨道板通用性较好,方便预制,建厂投资相对较小。

(3) 可采用框架结构,经济性好。

(4) 现场混凝土施工量少;水泥乳化沥青砂浆袋装灌注,施工工效高、进度快。

(5) 轨道板下的 CA 砂浆调整层和轨下的充填式灌注袋可校正下部结构带来的误差。

(6) 可修复性较好,水泥乳化沥青砂浆可实现上下部结构分离,维修时只需将损坏的单元板或 CA 砂浆调整层置换即可。

(7) 钢轨铺设后,轨道精细调整工作量较大。

(8) 水泥乳化沥青砂浆、凸形挡台填充树脂、充填式垫板材料的生产、施工等专业性强。

2. CRTS I 型板式无砟轨道施工工艺

我国目前主要采用轮胎式运输法和线间运输轨道法作为 CRTS I 型板式无砟轨道的主要施工方法,其施工工艺流程基本相同,如图 6-30 所示。

1) 混凝土底座施工

(1) 底座板及凸形挡台结构形式。底座板为 C40 钢筋混凝土,双层配筋。凸形挡台分圆形和两个半圆形两种,梁端及路基上无砟轨道结束端为半圆形,其余为圆形,半径为 260mm,高度为 250mm,均与底座板连成一体,如图 6-31 所示。

路基上的底座板在基床表层上分段设置,标准底座宽 3000mm、厚度 300mm,通常每 4 块轨道板长度设置 1 道宽 20mm 伸缩缝,伸缩缝对应凸形挡台中心并按行车方向向前绕过凸形挡台,如图 6-32 所示。伸缩缝下部采用聚乙烯发泡板填充,上部 30mm 范围采用聚氨酯封闭。为了增加底座与 CA 砂浆调整层的摩擦力,轨道板底座顶面应进行横向拉毛,拉毛深度 1mm。

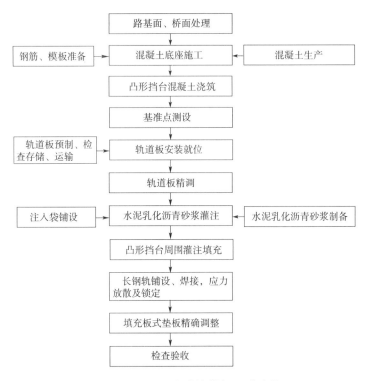

图 6-30 CRTS Ⅰ 型板式轨道施工工艺流程

图 6-31 凸形挡台的形式

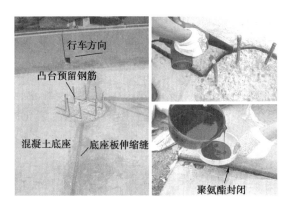

图 6-32 凸形挡台伸缩缝布置及施工

桥上底座板在梁面构筑并分段设置,箱形桥上标准底座板宽 3000mm、厚 200mm,简支梁、连续梁及其他形式桥梁上标准底座板宽 2800mm、厚 198.8mm,在每块轨道板端部对应位置均应设置伸缩缝,方法与路基底座板伸缩缝设置相同。

在路基上底座伸缩缝将凸形挡台分割成两个半圆形的凸形挡台,桥梁上底座伸缩缝对应凸形挡台中心位置,并按行车方向向前绕过凸形挡台。

(2) 路基面、桥面凿毛清理。

①路基基床表面清理:清理路基上的杂物和积水,局部需修整的地方用钢钎人工整平,清理完的地段限制通行。

②桥面凿毛清理：先对桥上预埋钢筋进行复位，按图纸对预埋钢筋清点，如有缺失，可按图纸及相关规范要求进行植筋。用小型风镐对桥面底座范围进行凿毛，局部用钢钎凿毛。凿完后人工将浮渣、杂物清理干净，并用吹风机将灰尘吹干净，如图6-33所示。清理的废弃物严禁向桥下和伸缩缝中倾倒。清理完毕的桥面限制通行。

处理完成后的路基表面、桥面应无杂物和积水，桥面凿毛的新鲜面不得小于50%。

（3）底座及凸形挡台钢筋绑扎。底座钢筋网根据现场情况可采用现场绑扎成型，也可采用在加工场分段绑扎钢筋网片再运输到工地现场组装连接成整体的方案。

图6-33 桥面凿毛清理

现场绑扎时，人工将钢筋按设计间距摆放，在钢筋交叉点放上绝缘卡，然后用绝缘扎丝和绝缘扎带绑扎好。底层钢筋用预制的砂浆垫块垫起。对于凸台位置的绝缘钢筋或采用分段绑扎好的钢筋网片，在运输和搬运的过程中注意对绝缘漆（卡）的保护，钢筋之间、钢筋和其他接触物之间尽量避免发生碰撞。

路基上在每一单元伸缩缝位置应安放剪力棒。先将剪力棒一端涂上沥青，裹上一层麻布，再套上塑料套筒。剪力棒应与混凝土断面垂直。

钢筋间距允许偏差为±20mm，保护层厚度允许偏差为-5~10mm；钢筋绝缘检测须合格。

（4）模板安装。模板应采用工厂加工而成的定型钢模。

路基上模板可采用方木或角钢支承，用钢钎固定在路基上，如图6-34所示。为防止损坏桥梁顶面防水层，桥上不允许采用钻孔的加固方式，左右两幅内侧模板宜采用钢管互为支承的加固方法，外侧模板可直接支承在箱梁防撞墙上，如图6-35所示。

图6-34 路基上底座模板加固方式

图6-35 桥上底座模板加固方式

底座模板安装必须牢固稳定、接缝严密、不得漏浆，安装施工质量应符合表6-7要求。

底座模板安装施工质量验收标准 表6-7

序号	检验项目	允许偏差（mm）	检验方法
1	顶面高程	−5	每5m测1处
2	宽度	±5	每5m测3处
3	中线位置	2	每5m测3处
4	伸缩缝位置	5	每条伸缩缝检查一次

（5）底座混凝土浇筑。立好模板后，清理底座范围内的杂物，用喷雾器将路基或桥面表面湿润。Ⅰ线混凝土施工时，混凝土运输车行走于另一线的路基上，对立好的模板直接布料；Ⅱ线混凝土施工时，混凝土运输车行走于Ⅰ线混凝土底座之上，通过移动溜槽进行布料。混凝土入模前进行温度和坍落度检测，坍落度不得超过设计要求范围。混凝土宜采用插入式振动棒振捣，振捣时不得漏捣、过振，尽量避免振捣棒触碰钢筋，以防钢筋发生移位或绝缘卡脱落，同时应加强检查模板支承的稳定性和接缝的密合情况，以防漏浆。振捣完成后，用抹光机对混凝土表面进行抹光，在底座边缘30cm范围内，人工用抹子对混凝土表面抹光，做出向外的2%的坡度。混凝土抹光后，用靠尺检查混凝土表面的平整度和顶面高程。

底座混凝土施工质量应符合表6-8要求。

底座混凝土施工质量验收标准 表6-8

序号	检验项目		允许偏差	检验方法
1	外观		混凝土结构表面应密实、平整、颜色均匀，不得有露筋、蜂窝、孔洞、疏松、麻面和缺棱角等缺陷	目测
2	底座外形尺寸	顶面高程	+3，−10mm	每项每5m测1处
3		宽度	±10mm	
4		中线位置	3mm	
5		平整度	10mm/3m	

2）凸形挡台混凝土浇筑

底座板混凝土硬化后，将凸形挡台范围内的底座混凝土凿毛，准备进行凸台施工，施工时注意不要损坏绝缘钢筋。

凸台精确放样需要先用全站仪对凸台中心进行定位，测量凸台前后左右模板位置底座混凝土高程，计算出此4个位置凸台顶面高程，再以放设的中心点为圆心安装凸台模板，如图6-36所示。根据已测4个位置的高程确定混凝土浇筑位置，在模板上做出标记。用膨胀螺栓和角钢将模板固定好。立好模板后，湿润底座混凝土，然后浇筑混凝土。轨道板精调采用基准器法时需要在凸台中心位置放入规定尺寸的木模，预留基准器的位置，如图6-37所示。

凸形挡台模板安装要求接缝严密、稳固牢靠，其偏差符合表6-9规定。

项目6　无砟轨道施工

图6-36　凸形挡台模板施工　　　　　　　图6-37　凸台顶基准器凹槽预留

凸形挡台模板安装允许偏差　　　　　　　　　　　　　表6-9

序号	项　　目	允许偏差（mm）	序号	项　　目	允许偏差（mm）
1	圆形挡台模板的直径	±3	4	挡台中心间距	±2
2	半圆形挡台模板的半径	±2	5	顶面高程	+40
3	中线位置	2			

3）基准点测设

基准点应埋设在凸形挡台顶部，并位于线路中心线上，纵向间距与凸台中心间距一致，是轨道板铺设的重要量测依据，其测设精度直接影响到轨道板的精调结果。当采用基准器法时，其测设主要方法如下：

（1）用全站仪精确测定出基准点的设计坐标中心位置，并在凸形挡台上做出十字线。

（2）在凸台预留槽中放入基准器，使其中心大致对准凸台上的十字中心线，用膨胀螺栓固定好。

（3）在凸台前后中线点拉上悬线，调节基准器的横向螺钉，使基准点位于悬线上，锁定横向调节螺钉。

（4）测定基准点的高程，根据实测高程与设计高程的差值拧动基准点螺杆上下移动，使基准点高程与设计高程相同，调整完成后用锚固砂浆将基准器锚固，进行编号并记录基准点三维坐标。

基准器埋设如图6-38所示，基准点测设偏差应符合表6-10规定。

图6-38　基准器埋设

基准点测设允许偏差　　　　　　　　　　　　　表6-10

序号	项　　目	允许偏差（mm）	序号	项　　目	允许偏差（mm）
1	与线路中线差	2	3	距离	1/5000
2	高程	±2	4	相邻基准点高程差	±1

4）CRTS I 型轨道板的铺设

（1）轨道板运输。轨道板在工厂集中预制，经检查验收合格后用载货汽车运往铺装现场。运输时，单元板中心尽量与车厢中心重合，装载高度不得超过 3 层，每层横向放置 2 根 80mm×80mm×2200mm 方木在单元板起吊螺母处支垫，且每块板支承位置上下一致，如图 6-39 所示。用尼龙带将单元板捆绑牢靠、稳固，保证运输过程中不发生相对位移。

（2）轨道板存放。轨道板运到施工现场可在施工沿线每隔 200m 设一轨道板临时存放平台。轨道板长时间存放时，为防止其发生挠曲变形，应采用立放，如图 6-40 所示。短时间（7d 内）临时存放可采用平放，存放高度不得超过 4 层，每层之间用 80mm×80mm×2200mm 方木垫起，方木放置位置距板端 1m。

图 6-39 轨道板运输

图 6-40 轨道板存放

（3）轨道板粗铺。

①铺板前对所铺设处的底座板高程进行复测，确保板腔最小空间不小于 4cm（控制在 4~6cm 内），以避免 CA 砂浆充填层厚度不足。

②将底座板表面清理干净。利用 CPⅢ点放样出轨道板两边缘点并弹划墨线（轮廓线）。

③吊装前先在轨道板四角起吊螺栓附近布置 4 块支承垫木，支承垫木为 50mm×50mm×300mm 的杂木条，用变跨门式起重机将板吊起，施工人员扶稳轨道板缓慢下落，同时按底座板上弹好的轮廓线控制轨道板横向、纵向位置，将其落于支承垫木之上，如图 6-41 所示，并保证轨道板和前后凸台的间隙差值不要大于 10mm。

粗铺板直线段定位要控制横向误差 ±10mm；曲线段向超高侧偏移 +5 ~ +15mm，以利于后期精调。

5）CRTS I 型轨道板精调

（1）基准器法。基准器法轨道板精调技术形成于 40 多年前的日本东北新干线，该法根据每个凸形挡台中埋设的基准器的三维坐标经内业计算出对应三脚规的调整参数，通过调整游标来调整三角规，再根据三脚规气泡指示刻度进行轨道板调整，具体调整方法如下：

①轨道板粗就位后，在侧面起吊螺栓孔内安装四个精调爪（图 6-42），取出支承垫木。

项目6 无砟轨道施工

图6-41 轨道板粗铺

图6-42 轨道板精调

②将两把三角规带标尺的一端分别置于待调板两端凸台顶基准点上,如图6-43所示。两把三角规对称放置。根据当前施工段的线路设计超高及纵坡,首先将三角规通过游标预调整到位。

③调节精调爪使轨道板的中线与两端基准器连接弦线重合,板端距凸形挡台的距离与设计相符,板空间位置符合设计要求。

④进行轨道板高低的调整,直至三角规的两个气泡都对中为止。待轨道板高低水平调整完成后,重新检查纵、横向的位置,若位置发生改变,重复以上步骤,直至合格为止。调整好的轨道板用木楔楔好,以防发生位移,如图6-44所示。

图6-43 三角规测量

图6-44 轨道板精调完成

(2)速调标架法。速调标架法是先利用CPⅢ控制网进行凸形挡台加密基标(基准点)测量后,将全站仪设于待调轨道板端基准点上,完成定向后,精调软件遥控智能全站仪自动跟踪测量待调轨道板上2副精调标架4个棱镜的三维坐标,软件对轨道板纵、横向坐标和高程实测值与设计值进行校差后,将轨道板需调整量即时发送至与调整工位对应的显示器上,指导工人对轨道板进行纵、横向和竖向调整,并对轨道板的实际调整结果做出即时评价。速调标架法精调板施工如图6-45所示。

速调标架法进行轨道板精调的具体操作流程如下:

图 6-45 速调标架法精调板施工

①在基准点上通过强制对中三脚架分别架设智能全站仪和后视棱镜。

②对全站仪和笔记本电脑进行通信配置，通过精调标架上的蓝牙与集成电台建立三者的互联通信。

③全站仪通过后视基准点棱镜和已经精调完毕的轨道板的一对承轨台上的速调标架上的 2 个棱镜，进行定向后系统自动测量待调板 2 副精调标架上的 4 个棱镜。

④系统自动将轨道板空间坐标实测值与设计值进行比对，计算出各棱镜处的调整量，发送待调整数据至对应工位的无线数据显示器上。

⑤各工位根据显示器显示的调整量用精调爪对轨道板进行纵向、横向和竖向调整，直至残差符合设计规定。

⑥系统再次重测各标架上的棱镜，获取精调成果的残差，合格后保存测量成果，开始调整下一块板。

轨道板的调整精度为板内 4 个承轨台螺栓孔位处的平面和高程差控制在 0.3mm，板与板间相邻承轨台螺栓孔位处的平面和高程差控制在 0.4mm。

6）水泥乳化沥青砂浆施工

水泥乳化沥青砂浆简称 CA 砂浆，由水泥、乳化沥青、聚合物乳液、细集料、混合料、水、铝粉和各种外加剂等组成，混合灌注于轨道板和混凝土底座之间作为 CRTS Ⅰ 型板式无砟轨道的调整层，其设计厚度为 5cm。其力学性能和耐久性能直接影响到整个轨道系统的使用性能与维护周期，其拌和物是否具有良好的可工作性也直接影响施工进度，所以 CA 砂浆技术是无砟轨道的关键技术。

CRTS Ⅰ 型板式无砟轨道 CA 砂浆施工，系在轨道板精调完成后，在板下布设灌注袋，将搅拌好的 CA 砂浆灌进袋子硬化而成。其主要工艺包括 CA 砂浆的拌制、运输、灌注和养生等。

（1）CA 砂浆的拌制。

①根据灌注点的位置，就近选择地势较平坦的地点安放砂浆搅拌车，如图 6-46 所示。

②将干粉料、乳化沥青、P 乳剂、消泡剂和引气剂用载货汽车运至搅拌现场，乳化沥青宜采用吨桶运输。

③检查砂浆搅拌车运转是否正常，试验人员检测车内和环境温度，并做好记录。

④将袋装的干粉料拆袋加入加料斗中。用吊车吊起,从砂浆搅拌车车顶加料口放入,乳化沥青和P乳剂用泵抽入储料仓,消泡剂和引气剂等外加剂分别由人工加入。每次加完乳化沥青和P乳剂后,必须用水清洗齿轮泵。

⑤现场试验人员开具CA砂浆施工配料单,砂浆搅拌车操作人员向电脑中输入配料单上的施工配合比,并设定预先确定的搅拌时间和搅拌转数等参数,启动按钮,开始搅拌。

图6-46 CA砂浆搅拌现场

⑥搅拌完成后,打开搅拌机检修口取样进行检测。测定砂浆的温度、空气含量和流动度,所检指标合格方可进行灌注。

CA砂浆的性能指标要求见表6-11。

水泥乳化沥青砂浆的技术要求　　　　表6-11

序号	项　　目		单　　位	指 标 要 求
1	砂浆温度		℃	5~35
2	流动度		s	18~26
3	可工作时间		min	≥30
4	含气量		%	8~12
5	表观密度		kg/m³	>1300
6	抗压强度	1d	MPa	>0.10
		7d		>0.70
		28d		>1.80
7	弹性模量(28d)		MPa	100~300
8	材料分离度		%	≤1.0
9	膨胀率		%	1.0~3.0
10	泛浆率		%	0
11	抗冻性			300次冻融循环试验后,相对动弹模量不得小于60%,质量损失率不得大于5%
12	耐候性			无剥落、无开裂、相对抗压强度不低于70%

(2) CA砂浆的运输。CA砂浆拌制完成后,用吊车将储料斗吊至带中转仓的运输车上,经左、右两线之间运输至灌注工作面,如图6-47所示。注意应保证CA砂浆在运输和灌注过程中一直在搅拌。

(3) CA砂浆的灌注。CA砂浆的灌注设备布置方法如图6-48所示。具体施工工艺如下:

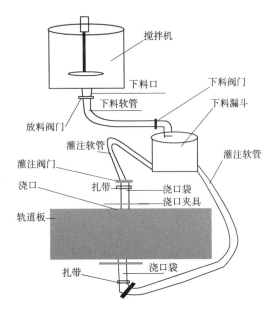

图 6-47 CA 砂浆线间运输　　　　　图 6-48 CA 砂浆灌注示意图

①压紧及防滑移处理。CA 砂浆灌注时浮力可以使板上浮或侧移（曲线超高段），故须在轨道板灌注前设置防止轨道板上浮的扣压装置和在曲线段设置防侧滑装置，如图 6-49、图 6-50 所示。扣压力分别为桥上 15kN、路基上 18kN，必须保证灌注 CA 砂浆时轨道板不能上浮。

图 6-49 轨道板扣压装置施工　　　　　图 6-50 轨道板压紧和防滑移装置布置

②灌注前须复查轨道板的安装精度，用钢尺检查水泥乳化沥青砂浆注入厚度，并做好记录。厚度检查 10 个点，两边各 3 个点，中间 4 个点。

③清理轨道板下杂物和积水。先人工将混凝土块、木屑等杂物清理干净，再用高压风进行清理。

④放置灌注袋。检查灌注袋的型号是否与轨道板型号一致，是否有破损。将灌注袋平铺于轨道板上，两端向中间对折，从轨道板中部放入，然后拉直，灌注袋横向中心线和轨道板横向中心线重合。在直线地段，使灌注袋的袋口向轨道板外侧；在曲线地段，使灌注

袋袋口朝向低的一侧。铺好后用木楔固定。

⑤用塑料布覆盖轨道板,以防CA砂浆污染轨道板。并在袋口位置的底座上也铺上塑料布。

⑥将灌注漏斗放在轨道板上,使灌注口和袋口对齐,把灌注袋口套在灌注漏斗的出料口用尼龙绳捆好,准备灌注。在灌注点放置两个塑料桶,用来装漏斗中剩余的砂浆。

⑦带中转仓的运输车到达灌注点后,接好灌注软管,打开阀门,使砂浆缓缓流进灌注袋,如图6-51所示。注意观察砂浆在灌注袋中的流动情况,在砂浆即将充满木楔位置时,要及时拔掉木楔,在即将灌满的时候,放慢灌注速度,用手感觉每个支承螺栓的松动情况,每条灌注袋对应的两个支承螺栓有一个松动即停止灌注。

⑧当砂浆灌注饱满后,用扎带扎紧袋口,在灌注袋口部分,要留约20cm的砂浆,并用支承架支承。

图6-51 CA砂浆灌注施工

⑨砂浆灌注40min后,将袋口砂浆慢慢挤入灌注袋,然后用铁夹沿灌注袋缝纫线夹住。

CA砂浆施工时的控制标准如下:

①保证砂浆灌注厚度为4~10cm;

②砂浆灌注要饱满,砂浆灌注袋不得有褶皱;

③砂浆灌注后悬空长度不得大于3cm。

(4) CA砂浆的养生。CA砂浆采用自然养生。由于CA砂浆在经过了24h后,会出现收缩现象,轨道板和砂浆充填层之间会产生空隙,所以,在24h后必须迅速拆除轨道板支承螺栓,让CA砂浆支承轨道板自重,但要注意避免外力对轨道板的冲击。待养生强度大于0.7MPa后,方允许在轨道板上行走;CA砂浆强度大于1.8MPa时机车方可通行。

在拆掉支承螺栓的同时,可沿袋口缝纫线将袋口砂浆切除,并用胶水或防水卷材将袋口封好。

7) 凸形挡台周围灌注填充树脂

在CRTS I 型板铺设完成后,板两端圆弧与凸台之间有宽约40mm的间隙,该空隙现场用树脂填充,作为轨道板与凸台之间的纵向传力的媒介。其主要施工工艺如下:

(1) 施工准备工作。

①将凸台周围杂物、积水和灰尘清理干净,如有凸台施工的混凝土残留,也应凿除清理干净。

②在灌注树脂的轨道板表面周围和凸形挡台表面用木板或塑料布覆盖,以防树脂污染轨道板和凸台。

③确保灌注部位干燥。若凸形挡台和轨道板在灌注位置潮湿,需用酒精喷灯或热风机

烘干。

(2) 灌注袋的安放。

①将聚乙烯泡沫条塞入灌注袋底部衬孔内，然后将灌注袋沿凸形挡台与单元板空隙塞入。

②用方木条顶紧泡沫使之与混凝土底座完全接触，并沿凸形挡台的弧形将灌注袋理顺。用手拉紧灌注袋的两个侧面，使其完全展开并使左右长度均等。

③分别在轨道板凹面和凸形挡台侧面涂上胶水，将灌注袋的两个侧面分别与其粘接，一般先粘凸形挡台的一侧，再粘轨道板的一侧，粘接时要避免出现褶皱，如图6-52所示。

④在直线地段，切除灌注袋多余部分，使灌注袋上沿和轨道板倒角下沿平齐。

⑤将侧面聚乙烯泡沫塞入轨道板中间，使其挡住灌注袋的侧面。

(3) 树脂的搅拌。

①打开A组分桶盖，用手持搅拌机将桶底的沉淀物搅起。

②待搅拌均匀后，将B组分缓缓倒入，用手持搅拌机搅拌，使A、B组分充分混合均匀，如图6-53所示。注意将B组分倾倒干净，否则会影响树脂的硬化。

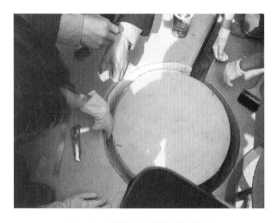

图6-52 凸形挡台灌注袋的安放

图6-53 凸形挡台周围填充树脂的搅拌

图6-54 凸形挡台周围灌注填充树脂

(4) 树脂的灌注。将搅拌好的树脂倒入较小容器里，以方便灌注。

①在灌注口放好漏斗，将树脂缓缓倒入，即将灌满时，要放慢速度灌注，使树脂完全流平，如图6-54所示。

②树脂灌注至轨道板倒角下沿位置，停止灌注。在曲线段，要以灌注口为准，必要时在第一次灌注后约10min进行补灌。

③树脂灌满后，在表面会出现气泡，影响树脂表观质量，此时要用带针尖的工具将其刺破。

④树脂灌注完成后，用塑料薄膜撑紧后覆盖住树脂，并用封箱胶粘牢，防止在树脂凝固前杂物及雨水侵入。

（5）树脂浇铸体的修整处理。

①在曲线地段，树脂高出部分用钢刀凿除，表面修理平整。

②特殊情况下，在树脂硬化后需进行二次灌注时，可以在要灌注的树脂表面插入螺钉增加连接强度，螺钉长度应大于40mm，螺钉插入深度控制在25mm以上，宜10cm间距均匀分布，并在原来的树脂表面拉毛，增加黏结力。

凸台周围树脂灌注质量控制标准应满足如下条件。

①灌注树脂的凸台间隙要大于3cm。

②树脂混合液性能指标要求见表6-12。

树脂混合液性能指标要求 表6-12

序号	项 目	单 位	指标要求
1	黏度	Pa·s	≤10
2	可工作时间（工艺适应性）	min	≤20
3	硬化时间	h	≤24
4	承载时间	h	≤48
5	固化收缩量	mm	≤10

③树脂常规检验指标：弹性系数（10±2）kN/mm。

④树脂浇筑体指标要求：

a. 外观质量：表面无明显杂质、气泡、皱褶、裂纹；

b. 硬度（绍尔C）≥50度。

二 CRTS Ⅱ型板式无砟轨道施工

京津城际轨道交通工程是我国首次采用CRTS Ⅱ型板式无砟轨道技术的客运专线，因板式无砟轨道系统的特点和工程的实际特点，轨道板的生产及运输存放、底座混凝土施工、CA砂浆灌注和轨道板精调是施工中的重点工程，也是施工工艺上需要突破的难点。CRTS Ⅱ型板式无砟轨道系统，是指通过沥青水泥砂浆，将已精调到位的轨道板和浇筑在梁面滑动层上的底座板混凝土黏结在一起的无砟轨道。从轨道板生产预制到现场安装全部实现自动化控制，机械使用率较高，具有高精度性、高平顺性、高稳定性、维修少等特点。

1. 桥上CRTS Ⅱ型板式无砟轨道施工工艺

桥上CRTS Ⅱ型板式无砟轨道的施工工艺流程：施工准备→桥上两布一膜铺设→硬泡沫板铺设→桥上底座板混凝土施工→线间和两侧堆砟（设计有要求时）→圆锥体安装定位→轨道板粗放→轨道板精调→轨道板沥青水泥砂浆灌注→轨道板纵向连接→轨道板锚固和剪切连接→侧向挡块施工。

2. 桥上CRTS Ⅱ型板式无砟轨道施工方法

1) 滑动层施工

滑动层铺设前首先检查桥面，核对梁面高程、平整度，检查梁面防水层质量等，检查验收合格后，对桥面进行清洗，保证桥面清洁，表面无残留的细小石子、砂粒等杂质。根据测量放样的中线点，用墨斗弹出底座板的边线，因两布一膜的铺设宽度比设计宽10cm，弹线宽度比设计的要宽10cm，以便于施工。

（1）两布一膜滑动层铺设。两布一膜滑动层的铺设方向，从桥梁的固定连接端开始至支座活动端为止，由一层土工布+聚乙烯薄膜+一层土工布组成。由于土工布整卷能够达到一跨梁的长度，所以为整体铺设。

铺设第一层土工布：先将黏结剂在土工布范围纵向两边和中间30cm宽在桥面上用刮板刮涂均匀，人工沿着墨线推着辊轴进行铺设。该层土工布可以连续铺设，也可以接缝，搭接长度不小于20cm，且最小单块长度不小于5m。

铺设聚乙烯薄膜：在第一层土工布上铺设聚乙烯薄膜，薄膜不得起皱。接缝采用熔接的方法，接缝长度和最小单块长度的要求同第一层土工布，熔接采用电烙铁使其接缝充分融合，满足滑动系数的要求。

铺设第二层土工布：连续整块铺设，不留对接缝，铺设前将该层土工布先用水润湿，这样铺设时可使土工布吸附在聚乙烯薄膜上便于铺设，不易起皱。两布一膜铺设完成后，任何一层都不得起皱或破损，如出现起皱应立即处理，若出现破损，第一层土工布和聚乙烯薄膜的处理方法是：全部更换或以破损处为中心，截去不小于4.6m的范围，搭接一块不小于5m的土工布（聚乙烯薄膜）；第二层土工布若出现破损，则要全部更换掉。

两布一膜铺设完成后，上面不得行车，施工人员作业区内禁止吸烟。安装底座板钢筋笼时，选择大平面的混凝土垫块，以免钢筋笼将无纺布刺破。底座板混凝土浇筑完毕后，将土工布和聚乙烯薄膜的外露部分，紧贴底板座混凝土剪去。

（2）硬泡沫塑料板铺设。为了平衡梁段两端高低不平，减弱底座板因温度变化产生变形形成的剪切力，要在梁缝两端各1.5m范围设硬泡沫塑料弹簧板。铺设前先将桥面彻底清洗干净，防止桥面残留的细小石子、砂粒等杂质损伤硬泡沫塑料板。桥梁固定端处的硬泡沫塑料板与桥面采用胶合剂粘贴处理，先将胶合剂用刮板均匀满涂在桥面上，然后将硬泡沫塑料板粘贴在桥面上。桥梁活动端处的硬泡沫塑料板直接铺设在滑动层上，该处的硬泡沫塑料板不用胶合剂黏结。硬泡沫塑料板可采用榫接或阶梯连接，四周多余部分切直，接缝要严密不得有通缝。泡沫板必须在桥梁接缝的中心线处对接，为避免混凝土的渗入，在硬泡沫塑料板上覆盖一层薄膜。铺设的硬泡沫塑料板不能破损，安装钢筋笼时要选择合适的垫块间距，以免钢筋将硬泡沫塑料板刺穿，如有损坏必须更换。

2）底座板混凝土施工

底座板混凝土施工主要包括钢筋的制作安装，模板安装，混凝土浇筑，后浇带连接器的张拉及混凝土浇筑。因为京津城际轨道交通工程桥梁占有很大的比例，桥上CRTSⅡ型板式无砟轨道底座板为连续钢筋混凝土板带结构，为适应长桥施工需要，底座板与桥梁之前的固定连接通过增设临时端刺的方案，起路基上常规端刺的作用，靠临时端刺段底座板混凝土的自重产生的摩擦力来实现，通过增设后浇带连接器来解决混凝土温度应力及变形应力放散等一系列问题。

（1）钢筋的制作安装。

①钢筋加工连接。底座混凝土钢筋采用HRB500型精轧钢筋，因为我国铁路信号传输

采用轨道传输,为避免由钢筋笼内产生磁场影响信号传输,其纵、横向连接均采用绝缘卡连接进行绝缘。底座板钢筋加工制作前复核钢筋加工表与设计图,检查无误后,按下料表放出实样,试制合格后成批进行制作。对不同曲线段的底座板,根据不同的超高地段,选择加工区段内相对应超高的钢筋笼进行加工,加工完成后钢筋笼必须进行"身份"注明,并注明超高、适应的墩跨、左右线、方向等。钢筋笼的制作是在固定的钢筋模具上进行,并根据不同超高范围安装钢筋间距定位卡。绑扎前模具必须经过检查和复核,防止钢筋间距定位卡放置出现偏差,所有钢筋不得进行搭接焊,采用绝缘卡连接。绝缘卡采用硬质绝缘有机合成材料制成,分为同向和异向两种形式,绝缘卡设圆形卡口,弹性小、硬度大,将钢筋压入卡口内就能将钢筋牢靠固定,起到隔离作用。在纵、横向钢筋交叉点处,安装异向绝缘卡,绝缘卡上下两个方向的卡口(互相垂直)分别卡住纵、横向钢筋;通长钢筋则采用同向绝缘卡,两个卡口分别卡住主筋和连接筋。上下两层钢筋网之间的构造钢筋,则采取涂层钢筋,以保证两层钢筋网之间不形成回路。钢筋交叉点采用强度高、耐久性好的有机合成材料代替扎丝绑扎,严禁用铁丝绑扎或焊接,绑扎完的钢筋骨架必须能保持稳定,运送钢筋笼时钢筋的位置不变。

②钢筋笼存放。钢筋笼加工完成、检查合格后,挂上注明超高范围、墩跨、左右线以及方向的标牌,存放至钢筋笼存放区。每个存放台座长为15m、宽3m,分4层,每层间距50cm,采用40mm钢管搭设。为了保证施工进度,另外在存放台座上设置钢筋笼存放区,每个存放台座分2层设置,尺寸同钢筋厂存放区相同。

③连接器安装。底板座后浇带的钢筋连接器由一块钢板组成,钢板的一边用防松螺母与HRB500型精轧钢筋焊接(也可以采用HRB500型精轧钢筋与连接器钢板直接焊接),另一边的精轧螺纹钢筋通过钢板的预留洞穿过钢板,用分置于钢板两边的螺母与钢板连接,在其施工完后铺设底座板钢筋,如图6-55所示。

为了避免底座板混凝土因温度变化和收缩引起变形而产生的强制力传入下部结构,特别是传入桥梁支座和桥墩,在底座板浇灌混凝土前,人工拧紧底座板后浇带中与精轧螺纹钢筋连接的螺母,在后浇带接缝处用不导电的金属网格遮挡。混凝土浇筑硬化结束后,立即松开后浇带中连接器中的螺母,等到全桥底座板施工完成后,在24h内将所有的后浇带螺母再次拧紧,并同时浇筑后浇带混凝土。

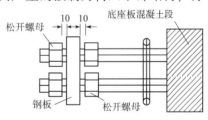

图6-55 连接器后浇带示意(尺寸单位:mm)

④钢筋笼安装。在吊装绑扎的钢筋笼前,必须安装较大面积的混凝土垫块,以确保混凝土保护层厚度。钢筋笼吊装采用悬臂门式起重机垂直提升吊装就位。吊装不能损坏桥面上的滑动层、硬塑料泡沫板和防水层,如有损坏应及时更换。由于底座板整体施工要求精度高,吊装钢筋骨架时钢筋在钢筋骨架中的位置不能变动,否则,会直接影响定位锥锚杆的安装。

(2)底座板模板安装。模板安装前采用全站仪每隔6.5m(一块轨道板的长度)放1个底座板的左右边线及中线点,并根据放样点用墨斗弹出底座板的左右边线(弹线宽度比设计宽10cm,因两布一膜铺设宽度比底板尺寸大10cm),模板沿着墨线安装;对梁面高程进行测量，根据超高选择合适的模板组合，并根据所测高程的情况，从根部采用调节螺栓调整模板高度。模板使用前先清污、满涂脱模剂，模板安装采用凸缘螺杆式调节杆件和方木组合加固，模板接缝处采用双面胶条填塞，根部内贴角钢。每75cm一道调节螺杆有效地将角钢固定于滑动层上，内用垫块支承，有效地解决了根部漏浆、烂根、线型的平顺性等问题。

(3) 混凝土施工。混凝土浇筑采用泵送混凝土或门式起重机（悬臂）加吊斗。混凝土从装车运输到灌注结束，不得超过90min，为避免离析，混凝土的自由落度不大于1m，新拌混凝土的温度不允许超过+30℃，环境温度低于+5℃或超过+30℃时，必须测量和记录混凝土的温度（以便采取相应的措施），记录每次混凝土灌注的起止时间、持续时间及每个施工段从施工到拆模期间的环境温度和气候情况。混凝土灌注和振捣时，应派专人检查模板的稳定性和接缝有无变化，混凝土施工应安排有经验的混凝土工进行操作，提浆整平采用混凝土三辊轴整平机施工，振捣到没有气泡冒出和表面封闭时为止。混凝土灌注时必须稍微凸出一点，然后用刮板刮平，并刮到施工设计图中规定的高度为止，最后用毛刷进行表面刷毛处理。待底座板混凝土初凝后将超高面做出2%的倒角反坡，以利于底座板混凝土表面排水。底座板施工完成后，进行后浇带的施工。底板施工过程中所有的后浇带连接器是拧紧的，在段落混凝土浇筑完24~48h后松开，当全部的底板混凝土施工完成后，以800m临时端刺为施工单元，在24h之内将全部的连接器拧紧，48h内浇筑混凝土。

3) 轨道板铺设

(1) 轨道板现场粗铺。底座板粗铺前首先要进行轨道基本点（GRP）的测设，并经过复核满足要求的方可进行轨道板粗铺。粗铺前先进行定位锥的安装，圆锥体用硬塑料制成，高120mm，最大直径135mm，圆锥体有一中心孔，直径20mm，在上缘设有凹槽或孔，利用它可借助夹具将圆锥体从圆筒形窄缝中取出。固定圆锥体前，清洗混凝土底座板，测出轨道基准点和安装位置，轨道基准点GRP和安装点位于Ⅱ型板的横接缝中央且接近轴线，圆锥体的轴线与安置点重合。用电钻钻孔，孔径20mm，直线上孔深为15cm，有超高的线路上为20cm，将锚杆用合成树脂胶泥胶粘于钻孔内。锚杆的胶粘需注意：孔要绝对垂直于底座板；安装锚杆前先将锚杆上涂润滑脂，以便于精调灌浆后拆除锚杆；保证每个孔内锚杆能承受30kN的拉拔力；锚杆必须伸出底座板表面35cm方可保证轨道板的正确安装。轨道板采用沿线存放的方式储存，存放地点在悬臂式起重机横移范围内。轨道板运到铺设地点后应核对轨道板的编号，检查合格后的轨道板才能进行吊装铺设。轨道板安装前，要在精调装置的安放部位放上发泡材料制成的T形模件，用硅胶固定，在垫层灌浆时作密封使用，以防砂浆溢出。轨道板采用悬臂式门式起重机进行轨道板的垂直提升（图6-56），起吊横梁上装有距离定位器，直接对准轨道板，挂上吊钩以后起吊，转到铺设地点的正上方下落，放在已安放好的长为30cm、宽为5cm、厚为3.3cm的木条上，并和定位圆

图6-56 悬臂式起重机

锥结合紧密。接近混凝土底板时必须缓慢下降,以便放置时不损伤轨道板。轨道板粗铺的允许偏差控制在 1cm 内。

(2) 轨道板精调。测量仪器必须达到以下要求。

①智能全站仪:测角精度 <1″,测距精度 $(1+1\times10^{-6})$ mm(如:徕卡 TCA1800)。

②电子数字水准仪:高程测量标准偏差每千米往返水准测量使用因瓦水准尺时 <0.9mm,使用标准水准尺时 <1.5mm;测距标准偏差 <1cm/20m $(5\times10^{-4}$ mm),并含精密水准配件(如:徕卡 Na3003)。

精确定位装置安装在轨道板两侧的指定位置,旋紧高度调节轴使所有的支承点几乎相同,使其保持一天的均匀受力,以便提前产生沉降。轨道板精调前,要旋开中部轴杆,使之有约 10mm 的余量。精调时使用专用三角架将全站仪安置在轨道定位标志点 GRP 点上,开启无线电装置建立设备间的通信;将带有棱镜的测量标架架设在所需要精调轨道板的第一、中间、最后以及已精调好的轨道板的承轨台上

二维码 6-2

轨道板精调

(图 6-57),并通过固紧调节装置单面与支点面相触。利用全站仪进行程控设站,通过已精确调好轨道板上的棱镜进行定向,铺设第一块板时则不用参考此数据,根据 6 个显示器上的测量数据,使用调节装置千斤顶对轨道板进行纵向、横向和高程调整,先调整板四角的方向、高程再调整板的中间高程,最后进行完测,数据满足要求后可转入下一块板,否则,重新测量调整直至合格后转入下一块板的作业。

图 6-57 轨道板精调示意图

4) 水泥乳化沥青砂浆灌注

(1) 安装轨道板扣压装置。在轨道板精调完成以后,不得再踩到轨道板上面去,以防轨道板移位。同时,为了保证在垫层砂浆灌浆时轨道板不浮起,应安装钢构件扣压装置。在轨道板的中央两侧各设"L"形固定装置(图 6-58a),两块板的接缝处中间部位设置"一"字形固定装置(图 6-58b),利用预埋在混凝土底座板中的锚杆向下压住。安装"一"字形固定装置前先要拆除圆锥体,利用在轨道板粗放时固定圆锥体的锚杆压紧,用翼形螺母拧紧,以防轨道板移动。在超高大于 45mm 时,固定装置设在轨道板的侧面中部和底座板上,超高为 0 时,只在中部设"一"字形压紧装置。轨道板垫层砂浆硬化后再拆除锚杆。

(2) 轨道板封边。

①轨道板封边准备。轨道板和混凝土底座板之间有 2～4cm 厚的缝隙,为防止灌浆时

砂浆从轨道板侧面溢出，在轨道板精调完成且安装扣压装置后，应对每块轨道板的两侧及端部进行封边处理，如图 6-59 所示。在密封工作开始前，应将混凝土底座板的表面，包括轨道板以外的部分清扫干净，并进行润湿处理。

图 6-58 轨道板扣压装置
a)"L"形扣压装置；b)"一"字形扣压装置

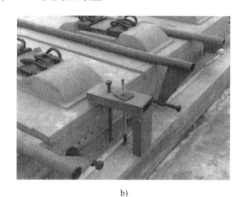

图 6-59 轨道板封边
a) 砂浆封边及预留排气孔；b) 两侧无砂浆纵向封边

②轨道板两侧封边。轨道板两侧封边可采用稠度较大的砂浆来完成（图 6-59a）。封边砂浆用砂浆搅拌机在施工现场配制，人工操作，并确保轨道板与底座板之间的密实粘连不脱落。从节约材料、减少砂浆等强时间以加快进度，同时使成型后的轨道结构更加美观等方面考虑，目前现场开始大量采用 50 角钢内衬薄泡沫板并辅以自制对称夹紧装置代替砂浆纵向封边，如图 6-59b) 所示。为确保灌浆过程中使轨道板下面全面积灌满砂浆，应按要求预留排气孔，如图 6-59a) 所示。排气孔应紧贴轨道板底向上留出，一般边角附近设 4 个，轨道板中间每侧 1 个，最小直径为 20mm。

③轨道板端部封边。轨道板端部应采用稠度较大的沥青水泥砂浆或力学性能相近的材料封边，高度应高于轨道板底面至少 2cm，封边砂浆浇筑后要压实并均匀抹平。灌浆时为防止轨道基准点被污染、掩盖，可使用一段短管来保护标志点。

（3）轨道板充填层砂浆灌注。

①灌浆前的准备。混凝土底座板和轨道板底面预先浇湿，可采用喷雾器或带喷嘴的高

压水枪进行润湿。充填层砂浆的拌制,用移动式搅拌设备在灌浆地点生产充填层砂浆,砂浆从搅拌设备注入中间储存罐,一块板的灌注必须连续完成。

②轨道板的充填层灌浆。轨道板灌浆时将已装满料的中间储存罐从搅拌设备下方向后面旋转伸出,并同时被吊装到桥面高度。充填层砂浆通过一条软管注入轨道板的灌浆孔,软管的两端各设有截断装置。一般情况下灌浆过程利用3个灌浆孔的中间孔进行,灌浆孔中有PVC管,充填层砂浆从管中注入,通过其他两个灌浆孔和排气孔观察灌浆过程。所有的气孔处冒出充填层砂浆,证明砂浆充填层全部灌满,用小木塞塞住排气孔,灌浆孔内充填层砂浆表面高度至少要达到轨道板的底边,不能回落到底边以下,灌浆过程即告结束。储存罐可重新转回到搅拌设备下面改换到下一块轨道板的施工。充填层砂浆灌注时砂浆保持在搅动状态,不断测量搅拌器的传动电动机耗用电流,砂浆的稠度越大电动机耗用电流也越大,当耗用电流超出某一固定值时砂浆的稠度也就超出设计值,储存罐内的砂浆必须倒入配备的废物容器中,用新材料继续灌浆。

5)轨道板纵向连接及灌注孔填补

(1)清洁接缝和拆除安装件。在灌缝开始前,将所有的安装件和组装辅助件清除到连接接缝区以外,并清理干净连接接缝区表面。

(2)填充窄接缝。充填层砂浆灌注后填充窄接缝。首先,安装模板,设在轨道板的外侧固定在窄接缝的侧面,用螺杆张紧,此模板也用于宽接缝的填充;然后,进行窄接缝砂浆灌注,高度控制在轨道板上缘以下6cm,砂浆颗粒规定为0~10mm,填充时的环境温度不得高于25℃。

(3)张拉装置的安装和张拉。充填层砂浆的强度达到9MPa和灌注窄接缝砂浆强度达到20MPa时可对轨道板实施张拉。强度达到后再将内模板拆除。

(4)填充宽接缝。填充宽接缝时的环境温度不允许高于25℃。

安装配置钢筋:根据配筋图配置钢筋,每个宽接缝安放两个钢筋骨架并附加一根宽8mm、长2.45m的钢筋,安装在横向接缝的上方,配筋要绑扎牢固,并进行绝缘处理。

灌注宽接缝:采用添加抑制剂和膨胀剂的灌注砂浆填充,材料28d以后达到的抗压强度至少为45MPa,最大颗粒粒径为10mm。填充时应灌注稠度较大的砂浆,以避免有超高的区域内出现"自动找平"现象。灌注的材料用插入式振动器捣实,表面与轨道板表面齐平并找平,并通过使用合适的楔形垫块生产轨道板连接带。

(5)填充灌浆孔。宽接缝填充时也要将灌浆孔填充封闭。灌浆孔填充与连接接缝区的填充使用同样的灌注混凝土和同样的操作方法。

6)轨道板锚固连接

在接缝混凝土达到设计值后,即可对轨道板进行锚固连接。锚固连接的施工工序流程如下:

(1)应按设计位置进行轨道板钻孔,钻孔应垂直于轨道板板面进行。应采用无振动钻孔设备及专用钻头进行钻孔施工。

(2)钻孔时必须严格控制钻孔位置和钻孔深度,钻孔后立即将孔内杂物清除,确保孔内洁净、干燥、无杂物。如不能立即植筋施工,则应采用保护盖将孔密封。

（3）剪力销表面应事先均匀涂抹一层植筋胶，并确保表面无遗漏之处。在已钻好的孔内注入适量植筋胶，注入应采用胶枪等专用设备，以保证植筋胶注入到孔底，剪力销植入时应轻轻旋入，并避免与孔壁接触。剪力销顶部的孔用植筋胶密封，植筋胶顶面不低于轨道板顶面，也不得溢出污染轨道板。

7）侧向挡块施工

侧向挡块可分为 C 型和 D 型两种形式，其中，C 型挡块为侧挡型，D 型挡块为扣压型（压住底座板）。一般在每孔简支梁上设 2 对 D 型挡块，其余为 C 型挡块。常规区地段的侧向挡块可安排在轨道板安装完成后施工，易产生横向移位地段的侧向挡块应在早期安排，曲线超高地段尚应在底座板连接前设置临时（或过渡）侧向挡块。侧向挡块施工工序流程如下：

（1）施工准备。

①混凝土底座板与侧向挡块的接触面应平整光滑无错台，对有错台的部位应打磨处理，打磨范围应超出接触面两侧各 10cm。

②用于锚固侧向挡块的预埋套筒和齿槽必须进行检查和验收。预埋套筒平面位置允许偏差为 5mm，齿槽的深度不得小于 30mm，施工前应对齿槽进行凿毛处理。

③施工前，侧向挡块与轨道板、底座板接触面按设计铺贴高强度挤塑板等隔离材料，防止侧向挡块混凝土与轨道板及底座板粘连。隔离材料应与轨道板或底座板接触严密，高强度挤塑板与弹性限位板之间的缝隙通过胶带密封。

（2）钢筋绑扎。侧向挡块连接钢筋的位置、长度、数量及规格应符合设计要求，钢筋表面应清洁。

（3）模型安装。

①侧向挡块施工宜使用组合钢模具，并应考虑曲线超高引起的高度变化。

②按设计预埋相应的弹性限位板，弹性限位板与钢筋连接并与底座板密贴。弹性限位板与底座板混凝土全面积贴靠，并固定牢靠，避免在浇筑混凝土时发生偏移。

（4）混凝土浇筑及养护。混凝土浇筑之前清理浮渣、碎片、油渍等并湿润基础面，混凝土浇筑时，可使用微型振动器振捣密实。混凝土浇筑完成后的侧向挡块应及时养护。

（5）质量检查。侧向挡块拆模后及时检查和底座板粘连情况，发现问题及时整修。成型的侧向挡块应保证外观方正，纵、横向一条线，横向靠底座侧应与底座或轨道板密贴并隔离。侧向挡块平面位置允许偏差 10mm；截面尺寸允许偏差 0，+15mm。

任务6.3 减振无砟道床施工

一 弹性支承块无砟道床施工

1. 弹性支承块无砟轨道结构组成及特点

弹性支承块无砟轨道结构由弹性支承块、混凝土道床板和混凝土底座及配套扣件构成。弹性支承块由橡胶靴套包裹的钢筋混凝土支承块以及块下大橡胶垫板组成。胶靴靴套与块下胶垫的双层弹性可实现特殊减振要求，减振效果可达到 6~8dB，弹性支承块无砟轨道组成如图 6-60、图 6-61 所示。

（1）支承块采用普通钢筋混凝土结构，混凝土强度等级为 C50 级，顶面尺寸为 624mm×324mm，底面尺寸为 600mm×290mm，轨下截面高度为 200mm，支承块内设两个绝缘套管。

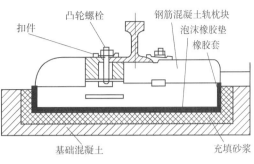

图 6-60 弹性支承块式无砟轨道

图 6-61 弹性支承块无砟轨道及块下大垫板

（2）橡胶弹性胶垫放置在支承块下，平面尺寸为 596mm×284mm，略小于支承块底面，厚度为 12mm，上下表面均设置平行槽纹，以提供较好的竖向变形空间和弹性，静刚度要求为 95~110kN/mm。

（3）橡胶靴套包裹支承块及块下橡胶胶垫，其外形尺寸要求严格，靴套的周边和底层厚度均为 7mm，在横向端面上设置平行槽纹，以平衡列车荷载的横向冲击作用，而在底部不设槽纹，主要起到隔离的作用，达到方便修复的目的。

（4）混凝土道床板由混凝土支承块、橡胶靴套和块下橡胶垫板组成的弹性支承块和C40 道床填充混凝土组成。支承块纵向间距 600mm，每 7~8 个支承间距作为一个道床板单元。道床板截面按设计要求配筋，顶面应设置 2%"人"字形排水坡。

（5）混凝土底座截面尺寸为 2730mm×200mm，应与隧道仰拱或桥面的预留钢轨连接，并用混凝土灌注成一整体结构。在混凝土底座中部设置凹槽，以防止其纵、横向移动。混凝土底座还可用于设置曲线超高。另外，底座与道床板之间一般需设置隔离层，以便道床板损坏后进行修复。

弹性支承块无砟轨道结构简单，施工相对容易。其支承块为钢筋混凝土结构，可在工厂预制，现场只需将钢轨、扣件、靴套及垫板的支承块加以组装，经准定位后，就地灌注道床混凝土即可成型。弹性支承块无砟轨道结构的缺点是中初期投资较大，且橡胶易老化，运营一定时间后必须更换。

2. 弹性支承块无砟道床施工方法

弹性支承块无砟道床根据施工环境、轨道结构不同，一般采用散铺架轨法、轨排架轨法施工,下面具体介绍轨排架轨法施工工艺流程及具体施工方法。

1)施工工艺流程

弹性支承块无砟轨道的施工工艺因采用的作业步骤不同而使施工方法有所不同,但作业流程都大同小异。其基本工序为:清洗基底→设置中线控制桩和可调标桩→安设道床钢筋网→吊装轨排→支承块悬挂→轨排组装→调试、精调→安设伸缩缝沥青板→道床混凝土灌注(抹面、成型)养生→拆除轨排→进入下个工作循环。施工工艺流程如图6-62所示。

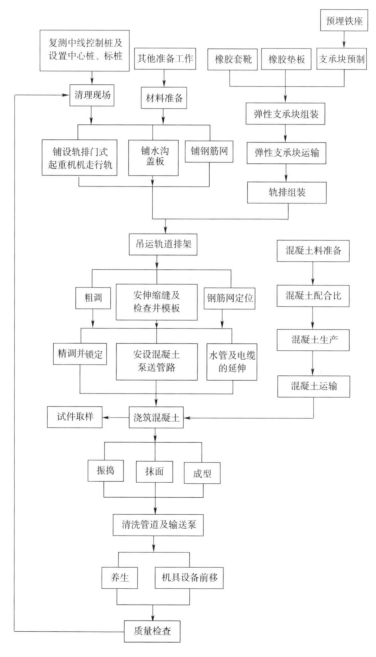

图6-62 弹性支承块无砟道床施工工艺流程

2）施工过程

（1）清理施工场地。将施工现场的石渣及其他杂物清除，然后用高压水冲洗干净，确保混凝土整体道床基底无杂物和积水，如图 6-63 所示。

（2）中线桩和基准标桩的设置。

中线桩和标桩的设置必须超前设置，超前轨排位置 200m，增设中线桩和线路标桩，控制桩由精测队测设，直线间距 100m，曲线 50m，中线桩偏移不得大于 2mm，距离偏差不得大于 1/5000。

基准标桩设在线路中线上，其直线间距 6.25m，曲线为 5m，标桩间距偏差应在两中线桩内调整。调整后基准点的误差，纵向距离为 ±5mm，横向距离为 ±1mm，高程 ±1mm。水准点间距 100m，高程允许偏差为 ±2mm。

图 6-63　冲洗道床基底

根据中线桩用经纬仪和精密水准仪测定标桩位置及高程测量，标桩应用与道床同级混凝土埋设牢固。

（3）整体道床钢筋骨架绑扎、伸缩缝间隔板安装工艺。

①道床钢筋设计为双层钢筋网。钢筋铺设前应按要求放置砂浆垫块作为钢筋保护层。然后铺设下层钢筋网，纵向和横向钢筋间距按防杂散电流要求焊接。纵向钢筋搭接处采用双面搭接焊，搭接长度不小于钢筋直径的 5 倍，焊缝高 6mm。道床每隔 5m 选一横向筋与所有纵向筋焊接，同时，选两根纵向筋和所有横向筋焊接。道床伸缩缝处的纵向筋电气连接及杂散电流收集网，按相关要求进行施工，伸缩缝处的道床钢筋应断开。

②道床混凝土应按设计要求设置伸缩缝，伸缩缝设置结合隧道构造缝，每隔 12.5m 设置一道，车站两端圆形隧道洞口及区间旁通道处 50m 范围内每隔 6m 设置一道，伸缩缝宽度为 20mm，可用 20mm 厚沥青板形成。伸缩缝间隔沥青板按设计里程安装在两支承块中间，与线路中线垂直，板两侧钻孔插入固定钢筋，确保沥青板垂直不移位。

整体道床钢筋骨架绑扎、伸缩缝间隔板安装工艺如图 6-64 所示。

图 6-64　整体道床钢筋骨架绑扎、伸缩缝间隔板安装

(4) 轨道排架吊装及弹性支承块的架设。

①弹性支承块悬挂。支承块按顺序摆放到安有等距隔板的组装平台上（注意支承块轨底坡面向道心），排架移动至组装平台上方对位，再用快速扣件将支承块与排架下挂篮扣紧（即形成可供铺设的轨排）。组装时注意使支承块外侧铁座与挂篮外侧紧贴，以保证轨距合适，并及时校正支承块的外八字现象。

组装平台应设置轨枕定位线或卡具，并满足设计间距要求，轨枕定位间距允许偏差±5mm。

②轨排铺设。门吊吊起轨排运到铺设地点，对轨排高程、中线进行粗调定位，定位控制在设计值±1cm。轨排间距预留6~10mm轨缝，接头间按1—3—4—6顺序拧紧4套螺栓，消除错台、错牙现象。铺设竖曲线轨排时，要依次从曲线头铺到曲线尾。

轨道排架吊装及弹性支承块的架设如图6-65所示。

图6-65 轨道排架吊装及弹性支承块的架设

(5) 轨道排架精调锁定。轨排组装结束后，即可进行轨面系数精细调整。采用半轨距尺、一字尺、万能轨距尺，利用已埋设好的基准标桩进行精调，轨面系的精调锁定由排架支腿和轨向锁定器完成。其中1435mm的轨距和1:40的轨底坡为定值不调，高低、水平由左右支腿螺柱调整，轨向由轨向锁定器调整。调整时应严格按"内轨高程→中线→轨面高低及轨向→水平及三角坑→复核高程及中线"的程序进行。排架精度达到要求时，拧紧支腿螺栓，锁定左右轨向锁定器。

轨道精调具体步骤如下：

①轨排铺设小组利用测量班技术交底的数据对轨排轨面高程进行调整，最后测量班用水准仪对轨面高程进行精细调整，使其达到标准要求。

②当轨面高程调整好后，即可调整轨面中线，利用安装好的轨向锁定器进行轨向、轨排中线调整，当轨排三横梁结构中线与线路中线相吻合后，锁定轨向锁定器。

③轨面高程调整完后,再次复测轨面高程,进行精细调整,消除轨面三角坑现象,使轨面高程达到设计标准要求。

④用10m的弦线对轨排基本轨进行高低、轨向检查与调整,2人拉弦1人用小钢尺(刻度0.5mm)量测,配合4人进行调整及锁定轨道排架。轨向调整时的顺坡率为1‰。高低调整时先调基本轨,再根据基本轨用万能轨距尺调整轨排另一条钢轨。曲线地段因矢度变化,HY点易出现三角形,可用20m的弦线进行精调消除。

⑤最后由测量班对轨排结构中线进行复测,检查每处轨向锁定器的牢固性,使中线达标。

中线高程调整后,即可进行轨面状态检查验收,其值必须达到设计标准要求,否则必须返工重调。

轨道排架精调过程,如图6-66、图6-67所示。

图6-66 轨道排架精调过程①

⑥检查弹性支承块安装是否正确、橡胶套靴包装是否密贴、轨排支腿套筒及支垫块是否完好,逐一检查并使之达标。

(6)伸缩缝沥青板安设。隧道内整体道床每隔6.25m设一伸缩缝,伸缩缝采用2cm厚预制沥青板隔离。伸缩缝沥青板按每6.25m设置一块,安放在两组轨道前后两支承块正中,并垂直于线路中线。上部楔板在混凝土初凝后拆除,缝内填塞沥青胶砂。伸缩缝板安设必须牢固,确保不变形、不跑模。

(7)道床混凝土浇筑。在浇筑道床混凝土之前,应对已调好的轨道排架进行二次复核检验,使左右股钢轨至设计轨面高程允许误差±2mm,同时应检验以下项目:支承块橡胶套靴密封情况、支承块悬挂方向是否正确;厂标向外侧,即保证支承块轨底坡度向内侧;钢筋骨架支垫情况、伸缩缝安装是否合格,经检查工程师和监理工程师检查认可后方可进行混凝土浇筑施工。

图 6-67 轨道排架精调过程②

混凝土浇筑过程中,应密切注意轨排轨面系状态的变化,发现有超标情况应立即校正。道床面抹面整平,允许偏差为 ±0.5mm,应留好 1% 横向排水坡,同时混凝土施工时要保证混凝土面在橡胶套靴帽檐下 2mm,否则,混凝土埋设橡胶套靴会造成列车行驶过程中对道床板的刚性破坏,失去弹性支承块的意义。混凝土必须一次抹面成型。

道床混凝土灌注后加强养生,养生期不少于 14 天。道床混凝土强度达至 5MPa 时,可拆除轨道排架,达到强度 70% 之前,不准车辆在上行走。

3. 施工验收标准

(1) 支承块与橡胶套靴应密贴。支承块是弹性整体道床的一个重要组成部分,其质量的高低直接影响着道床的质量。弹性支承块应在厂内将支承块、块下橡胶垫板和橡胶套靴胶粘组装在一起。

(2) 轨排精调后允许偏差应符合表 6-13 和表 6-14 的规定。

(3) 道床板中线、外形尺寸允许偏差符合表 6-15 的规定。

(4) 道床板顶面应低于橡胶套靴帽檐底部 2mm。

客货共线铁路轨排精调后允许偏差　　　　表 6-13

序号	项目	允许偏差 (mm)			备注
		160km/h<v≤200km/h	120km/h<v≤160km/h	v≤120km/h	
1	轨距	±2	±2	+3 −2	相对于标准轨距 1435mm
		速度 200km/h, 轨距变化率 1/1500			

续上表

序号	项目	允许偏差（mm）			备 注
		160km/h<v≤200km/h	120km/h<v≤160km/h	v≤120km/h	
2	轨向	2	2	4	弦长10m
3	高低	2	2	4	弦长10m
4	水平	2	2	4	不包含曲线、缓和曲线上的超高值
5	扭曲	3	4	4	基长6.25m 不包含缓和曲线上由于超高顺坡所造成的扭曲量
6	高程	±2	±5	±5	—
7	中线	2	5	5	—

城际铁路轨排精调后允许偏差　　　　　　　　　　　　　　表6-14

序号	项目	允许偏差（mm）			备 注
		v=200km/h	v=160km/h	v=20km/h	
1	轨距	±2 速度200km/h，轨距变化率1/1500	±2	+3 −2	相对于标准轨距1435mm
2	轨向	2	2	4	弦长10m
3	高低	2	2	4	弦长10m
4	水平	2	2	3	不包含曲线、缓和曲线上的超高值
5	扭曲	3	4	4	基长3m 不包含缓和曲线上由于超高顺坡所造成的扭曲量
6	高程	±2	±5	±5	—
7	中线	2	5	5	—

道床板中线、外形尺寸允许偏差　　　　　　　　　　　　　表6-15

序号	项 目	允许偏差（mm）	序号	项 目	允许偏差（mm）
1	道床板顶面宽度	±10	4	道床板间伸缩缝宽度	±10
2	道床面与承轨台顶面相对高差	±5	5	中线	2
3	道床面平整度	5/1000	6	承轨面高程	+2 −8

二 梯形（纵向）轨枕无砟道床施工

1. 梯形（纵向）轨枕无砟轨道结构特点

弹性梯形轨枕无砟轨道是一种预制钢筋混凝土纵梁支承轨道结构。梯形（纵向）轨枕是由预应力混凝土纵梁，横向连接杆件（钢管），减振垫，纵、横向限位及缓冲垫等构成的轻量级浮置轨道，形状似梯子，如图 6-68 所示。梯形轨枕轨道结构具有安全、平顺、自重轻、低振动、方便施工和检修更换的特性。

1）结构受力特性

梯形轨枕的预制预应力混凝土纵梁与钢轨共同承载列车荷载，属于双弹性结合梁形成的复合轨道，一方面增大轨道抗弯刚度，扩大轮轨力分布范围，使动应力分布更均匀，降低基底轮轨动态力的峰值和变化幅度，从而改善轮轨动力学性能；另一方面，两个纵向长梁中间用钢管连接形成整体框架式的构造，可确保高精度的轨距和轨底坡，从而实现高质量的轨道平顺性，起到主动隔振和降低噪声的作用。另外，梯形轨枕与其下部点支承减振垫形成了轻型质量弹簧系统，起到减振作用。

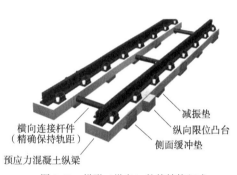

图 6-68 梯形（纵向）轨枕结构组成

2）减振降噪特性

基于上述特点，梯形轨枕具有良好的减振降噪性能。与橡胶浮置板相比由于其减轻了参振质量，减振效果低于浮置板，但是和弹性支承块轨道相比，减振效果优于弹性支承块轨道，理论研究其减振效果可达 15dB；系统固有频率 25～30Hz，梯形轨道在人体能感觉到的频率范围 60～2000Hz 的减振效果较好。

2. 梯形轨枕无砟道床施工工艺流程

梯形轨枕无砟道床位于地下线，一般采用轨排法，地面线、高架线一般采用架轨法。地下线梯形轨枕无砟道床施工工艺流程，如图 6-69 所示。

3. 主要施工过程及要求

1）施工准备

（1）梯形轨枕轨道工程施工前应具备下列条件。

①设计文件齐全，图纸有效且会审完毕；
②施工方案经审批并进行技术交底；
③建筑结构验收合格并办理移交手续；
④线路复测、调线调坡、铺轨基标测设完毕；
⑤梯形轨枕长度模数调整完毕；
⑥施工区段供水、供电和照明准备完毕；
⑦材料、预埋件、配件经检验合格；
⑧器材和施工机具、模板等齐备。

项目6 无砟轨道施工

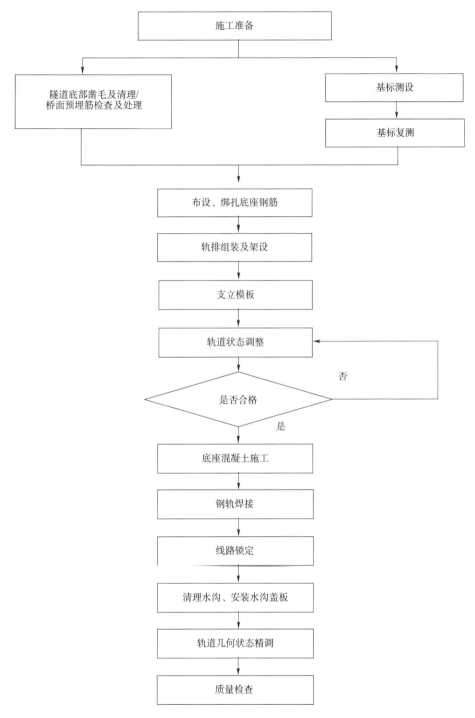

图 6-69 地下线梯形轨枕无砟道床施工工艺流程

（2）轨排吊装、运送及架设设备应满足梯形轨枕轨排的荷载及尺寸要求。

2）进场验收

（1）梯形轨枕及隔振部件和缓冲部件进场时，应按下列规定进行验收，并应形成验收文件：

①质量证明文件应齐全；

②梯形轨枕外观质量和外形尺寸应符合现行行业标准《梯形轨枕技术条件》（CJ/T 401）的规定；

③梯形轨枕预埋套管应封堵完整。

梯形轨枕上预埋的扣件安装套管在出厂前通常会注入润滑脂、安放防冻块（露天铺设地段）并加设防尘盖，运输吊装过程中套管孔盖易丢失。为避免杂物或水进入预埋套管内，导致扣件螺栓无法安装或力矩不满足设计要求甚至管内积水结冰造成梯形轨枕开裂，因此，施工单位在梯形轨枕堆放就位后，应对预埋套管孔进行检查，杂物或冰渣应予以清理，润滑脂及防冻块缺失时应及时补全，孔盖缺失时应对预埋套管孔采取临时封闭措施。

④隔振部件和缓冲部件的形式尺寸应符合设计规定，允许偏差应符合表 6-16 的规定，外观质量应符合表 6-17 的规定。

隔振部件、缓冲部件形式尺寸允许偏差　　　　表 6-16

项　目	允许偏差（mm）	检验方法
长度	±5	尺量
宽度	±5	尺量
厚度	±2	尺量

隔振部件、缓冲部件外观质量　　　　表 6-17

项　目	要　求	检验方法
缺角	长度≤2mm	尺量
气泡（工作面上）	直径≤2mm	尺量
表面裂痕	不可见	观察
凹面皱痕	不可见	观察
毛边	≤1mm	尺量

（2）验收合格的梯形轨枕堆放应符合下列规定。

①梯形轨枕应按型号和批次分别堆放，堆放场地应平整、坚实；

②堆放层数、承垫位置和承垫物应符合现行行业标准《梯形轨枕技术条件》（CJ/T 401）及设计规定；

③隔离材料粘贴完毕的梯形轨枕堆放层数不应超过 4 层，层间在隔振部件位置应放置宽度不小于 200mm 的垫木，同层垫木厚度偏差不应大于 2mm，各层垫木应上下对齐，并应与梯形轨枕纵向保持垂直。

3）轨排组装

（1）缓冲部件粘贴。无砟道床梯形轨枕轨排组装前应按设计要求在梯形轨枕外侧面及限位凸台两侧粘贴缓冲部件。为避免行车过程中梯形轨枕与底座直接接触，造成底座和梯形轨枕的破坏，在梯形轨枕外侧面和限位凸台两侧设有缓冲部件，以减缓梯形轨枕对底座的冲击作用。因此，在轨排组装时，应按设计要求粘贴缓冲部件，这是轨排组装中一项关键工序，必须严格加以控制。

（2）隔离材料粘贴。无砟道床梯形轨枕轨排组装时，为保证底座混凝土浇筑时不与梯形轨枕结构接触，轨排组装时需要将梯形轨枕结构与底座衔接的表面采用施工辅助材料加以隔离，目前，通常采用泡沫板或低密度聚乙烯泡沫（珍珠棉）等作为隔离材料，这类隔离材料的刚度低，对梯形轨枕轨道的振动性能影响较小。

具体应按下列规定粘贴隔离材料。

①除隔振部件及缓冲部件之外的梯形轨枕底面及外侧面应粘贴隔离材料；当设计文件有特殊规定时，应按设计规定执行。

为保证隔离效果，设计单位可能提出不同的隔离细节要求，例如，要求采用护角对隔离材料的边角进行保护，或采用包裹套对整个梯形轨枕进行隔离等。

②隔离材料的尺寸及性能应符合设计规定。隔离材料的性能一方面是满足隔离的可靠性，如具有一定的强度和韧性等；另一方面是避免影响梯形轨枕的减振性能，如具有较低的刚度等。

③隔离材料应粘贴牢固，与梯形轨枕、隔振部件和缓冲部件之间的缝隙应采取密封措施。隔离材料本身以及其与减振部件和缓冲部件之间的缝隙容易成为道床混凝土浆液的渗漏部位，这些部位需采用胶带或包裹套进行密封处理，隔离材料粘贴如图6-70所示。

（3）梯形轨枕吊装。轨排组装时，梯形轨枕应按设计要求吊装，吊装过程中不应损伤梯形轨枕、隔振部件、缓冲部件和隔离材料。

梯形轨枕为左右两道预应力混凝土纵梁及若干连接钢杆组成的框架纵梁轨枕板，吊装时一般采用4点吊装，4个吊装点分别为梯形轨枕两端连接钢杆的根部或预埋的吊装孔，但根据不同的工程条件和要求，梯形轨枕的长度和结构会有所差异，相应的具体吊装位置和要求可能也会有所不同，一般在设计文件中对此作具体详细的要求。吊装点若少于4个，一方面会使梯形轨枕局部受力过大而整体变形，导致结构局部损坏甚至整体报废；另一方面容易发生起重吊装事故，导致现场人员伤亡，因此应禁止。现场吊装如图6-71所示。

图6-70 隔离材料粘贴

图6-71 梯形轨枕吊装

图 6-72 梯形轨枕轨排组装

吊装过程中还应避免损伤梯形轨枕、减振部件、缓冲部件和隔离材料，避免梯形轨枕轨排架设就位后对损伤部件进行修补和更换，一方面增加了施工难度，另一方面还降低了施工质量。

（4）轨排组装。轨排组装过程中应注意梯形轨枕和扣件型号的正确性；梯形轨枕轨道的轨底坡是在铁垫板上实现的，因此，应避免铁垫板的反向安装，且轨距、扣件力矩等参数应符合设计的规定。轨排组装如图 6-72 所示。

4）轨排架设及调整

（1）梯形轨枕轨排调整。梯形轨枕轨排架设前，应根据施工图对梯形轨枕铺设范围内的人防门、结构分界点、梁缝及道岔铺设范围进行核查，发现与施工图不一致时，应对枕缝进行调整，相邻轨枕间扣件间距应满足设计要求。

梯形轨枕施工现场影响梯形轨枕铺设的制约因素主要包括道岔区、人防门、路桥（隧）衔接点、梁缝、浮置板道床等，一方面这些构筑物的位置不便随意调整，另一方面还可能存在施工误差，故梯形轨枕轨排架设前应对这些控制性部位进行测量，根据测量结果对梯形轨枕轨排的枕缝进行适当的调整，避免梯形轨枕跨越人防门、结构分界点、梁缝以及侵入道岔里程范围内等情况，枕缝的调整标准应保证相邻扣件的间距符合设计规定。

（2）轨排吊运、装载及运输。吊运、装载、运输梯形轨枕轨排时应采取固定和防护措施，不应损伤梯形轨枕、隔振部件、缓冲部件和隔离材料。

单块梯形轨枕长度约 6m、宽度超过 2m、自重约 40kN，故吊运、装载及运输过程中，应采用特制的吊装带及锚锁工装加以可靠固定，避免滑移、磕碰或挤压，以免造成混凝土结构掉块掉角或隔振部件、缓冲部件和隔离材料的移位、破损或脱落。

（3）梯形轨枕轨排架设。梯形轨枕轨排应采用支承架架设，如图 6-73 所示。支承架设置间距不宜大于 2m，直线段支承架应垂直线路方向，曲线段支承架应垂直线路的切线方向。

a)

b)

图 6-73 支承架架设梯形轨枕轨排
a）圆形隧道；b）矩形隧道

目前，我国城市轨道交通无砟轨道铺轨大多采用支承架将钢轨及轨排架立起来的"自上而下"施工方法，这种施工方法能保证轨道几何状态精度，施工速度快，并取得了很丰富的经验。

（4）轨道静态几何尺寸调整。梯形轨枕轨排架设过程中，轨道静态几何尺寸的调整应优先通过调整梯形轨枕的位置再调整扣件的方式实现。

曲线地段仅靠扣件不足以调整钢轨偏移量，此时需将梯形轨枕进行平移，梯形轨枕定位按其端部第二对扣件的连线中点位于线路中心线上布置，然后通过扣件辅助调整钢轨位置，以满足偏移量和轨道静态几何尺寸的要求。

①散铺法梯形轨枕施工要求。目前，梯形轨枕轨道施工有机铺和散铺两种施工方法。机铺法是将梯形轨枕、钢轨、扣件及相关配件在铺轨基地组装成25m轨排，再吊装、运输至施工作业面上进行定位的方法；散铺法是将梯形轨枕直接运输至施工作业面后进行定位，再组装钢轨、扣件及相关配件的方法。

正常情况下一般采用轨排机铺法，这种方法的施工速度快、效率高，但在轨排运输条件受限时，则需要采用更灵活的散铺法。

散铺法施工时，无砟道床梯形轨枕应根据设计要求安装，定位允许偏差应符合表6-18的规定。

散铺法无砟道床梯形轨枕定位允许偏差　　　　　　表6-18

项　　目	允许偏差（mm）	检查部位
中线位置	±5	每片枕两端
梯形轨枕纵向前后方向	±10	每片枕中部
梯形轨枕横向左右方向	±5	每片枕中部

注：前后方向是相对梯形轨枕的设计规定位置；左右方向是相对轨道中心线位置。

②梯形轨枕轨道静态几何尺寸要求。轨道几何状态调整后，无砟道床梯形轨枕轨道静态几何尺寸应符合表6-19、表6-20的规定。

无砟道床混凝土浇筑前轨排铺设允许偏差　　　　　　表6-19

检查项目	允许偏差
轨距	−1mm～+2mm，变化率不应大于1‰
水平	2mm
轨向	直线不应大于2mm/10m弦
高低	直线不应大于2mm/10m弦
中线	5mm
高程	±5mm
轨底坡	1:35～1:25（设计文件为1:30时）；1:45～1:35（设计文件为1:40时）

轨道曲线正矢（20m弦量）调整允许偏差 表6-20

曲线半径（m）	缓和曲线正矢与计算正矢差（mm）	圆曲线正矢连续差（mm）	圆曲线正矢最大与最小值差（mm）
R≤250	4	6	9
250＜R≤350	3	5	7
350＜R≤450	2	4	5
450＜R≤650	2	3	4
R＞650	1	2	3

5）底座施工

底座施工相关规定及要求如下：

（1）混凝土浇筑前，应预埋各种过轨管线，不同道床形式间排水过渡段的设置应符合设计规定，并经隐蔽工程检查验收合格，形成隐蔽工程检查验收文件。

轨道交通沿线设备管线较多，很多管线需要穿越线路，在空间狭小的隧道内，大部分过轨管线均在轨道道床内横穿线路，由于轨道施工先于设备安装，所以，轨道施工时需要为设备过轨管线横穿线路预留条件。无砟道床梯形轨枕轨道的底座在部分地段也需要为各设备预留过轨管线通道。

混凝土浇筑前，施工单位应通知设备各相关人员到施工现场进行各自过轨管线的预留预埋，并在联合隐检单上签字确认，其中消防水管应从相邻梯形轨枕间的枕缝中过轨，其他过轨管线可在底座中预埋。监理单位和施工单位还应对梯形轨枕轨道与其他形式道床间的排水过渡段的设置进行检查确认，并对钢筋工程进行隐蔽工程验收，形成隐蔽工程检查验收文件。

（2）混凝土浇筑前，梯形轨枕隔振部件、缓冲部件和隔离材料应齐全，将梯形轨枕、钢轨和扣配件进行保护性包裹后方可进行混凝土浇筑。

隐蔽工程检查时，要将梯形轨枕外贴隔振部件、缓冲部件和隔离材料是否齐全作为检查重点，因为这是保证梯形轨枕减振效果和减振空间的核心部件和材料，一旦有所缺失应立即补贴齐全。若混凝土浇筑时有所缺失将会严重影响梯形轨枕轨道的减振性能和受力特性。

为了减轻或避免混凝土浇筑时对钢轨、扣件和梯形轨枕的污染，应在混凝土浇筑前，对其进行包裹。

（3）底座模板应支立牢固，模板支立允许偏差应符合现行国家标准《混凝土结构工程施工质量验收规范》（GB 50204）的规定。

底座模板位置和垂直度允许偏差应符合现行国家标准《混凝土结构工程施工质量验收规范》（GB 50204—2015）第4.2节中的有关规定；现浇结构模板允许安装偏差及检验方法应符合表6-21的规定。

（4）底座混凝土应从钢轨外侧向线路中心线连续浇筑，不得内外双方向浇筑，振捣应密实，振动器不应触及支承架和梯形轨枕。

现浇结构模板安装的允许偏差及检验方法　　　　　表6-21

项　　目		允许偏差（mm）	检　验　方　法
轴线位置		5	尺量
底模上表面高程		±5	水准仪或拉线、尺量
模板内部尺寸	基础	±10	尺量
	柱、墙、梁	±5	尺量
	楼梯相邻踏步高差	5	尺量
柱、墙垂直度	层高≤6m	8	经纬仪或吊线、尺量
	层高>6m	10	经纬仪或吊线、尺量
相邻模板表面高差		2	尺量
表面平整度		5	2m靠尺和塞尺量测

注：检查轴线位置，当有纵、横两个方向时，沿纵、横两个方向量测，并取其中偏差的较大值。

（5）曲线地段轨道超高应按设计要求在底座施工中设置。

（6）底座混凝土初凝前应对表面进行抹面处理，并在底座顶面做出横向排水坡，排水坡的坡度应符合设计规定，抹面平整度允许偏差为3mm/m；底座顶面与梯形轨枕顶面间高差不应小于20mm，底部隔离材料外露厚度不应小于20mm，如图6-74所示。

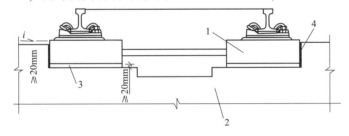

图6-74　地下线梯形轨枕轨道断面示意图
1-梯形轨枕；2-底座；3-底部隔离材料；4-侧面隔离材料

混凝土初凝阶段，虽然已开始进行一定的水化作用，但还未形成一定的强度，这时有利于混凝土抹面。抹面平整度允许偏差是为保证无砟道床面层和水沟不积水而制定的。底座排水坡的设置根据不同的排水系统而灵活调整，图6-75是顶面向外侧排水的示意图。

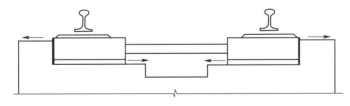

图6-75　无砟道床梯形轨枕轨道断面排水坡示意图

（7）底座混凝土浇筑完12h内，应及时养护。高架桥上由于直接受日照和风吹，混凝土水分蒸发过快，容易造成道床的开裂，故应采取覆盖措施。

（8）模板拆除后，应及时清除梯形轨枕底部、枕缝及四周粘连的混凝土残渣。

尽管浇筑底座混凝土之前在梯形轨枕与底座之间的接触面进行了可靠隔离，但根据以往工程经验，混凝土浇筑时难免在局部存在与梯形轨枕粘连的多余混凝土，这些多余的混凝土应在底座拆模后立即予以清除，若留待后续时间清除，不仅难度加大，而且难免遗漏，成为运营期间的病害隐患。

（9）模板拆除后，应对混凝土底座外观进行检查，对不影响正常使用的外观缺陷，应进行整修处理；对影响梯形轨枕正常使用的缺陷，应进行返修处理。

不影响正常使用的外观缺陷是指蜂窝、麻面、裂纹、掉角等缺陷；影响梯形轨枕正常使用的缺陷是指梯形轨枕侧面与底座间存在黏结现象，底座隔振部件处露筋，隔离间隙以及梯形轨枕枕缝中的混凝土残留物等。

（10）底座浇筑同时应留置混凝土试件，同一配合比，每浇筑100m应留置2组试件，一组在标准条件下养护，另一组与底座同条件下养护。

混凝土抗压试件留置数量是根据无砟道床梯形轨枕轨道施工具体情况，结合现行钢筋混凝土工程施工有关标准而确定的。标准条件是指将混凝土试块在温度（20±5）℃的环境中静置一昼夜至两昼夜，然后拆模。拆模后立即放入温度为（20±2）℃、相对湿度为95%以上的标准养护室中养护，或在温度为（20±2）℃的不流动的$Ca(OH)_2$饱和溶液中养护。

（11）底座混凝土强度达到5MPa前，严禁拆除钢轨支承架；达到设计强度的70%前，严禁在轨道上行驶车辆和承重。

若底座混凝土强度达到5MPa前拆除钢轨支承架，在梯形轨枕轨排的自重荷载作用下，底座会产生变形或碎裂，造成轨道静态几何尺寸不可恢复的严重变化，通过扣件无法调整达标，从而造成梯形轨枕受力不均，严重影响梯形轨枕轨道的使用功能，甚至危及行车安全。

若底座混凝土达到设计强度的70%前，在轨道上行驶车辆和承重，也会对底座造成无法修复的破坏，危及行车安全。

成型的高架线梯形轨枕无砟道床如图6-76所示。

图6-76 成型的高架线梯形轨枕无砟道床

三 浮置板式无砟轨道施工

1. 浮置板式无砟轨道简介

传统减振技术因减振降噪的效果有限，各国都潜心研究试图找到一种在减振降噪方面有突出效果的技术，德国率先取得突破，最先开发了橡胶支承浮置板轨道结构（图6-77），在多特蒙德的一座轻轨铁路隧道内铺设了试验段。橡胶浮置道床减振效果一

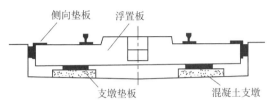

图6-77 橡胶支承浮置板式无砟轨道

般为15~20dB，适用于特殊减振地段。但该轨道结构体积庞大，需要大型机械施工，施工与维修不便，且造价较高。1994年投入运营的柏林地铁采用了螺旋（钢）弹簧浮置板式无砟轨道（图6-78）。2002年北京地铁13号线西直门站和东直门站首次引进钢弹簧浮置道床减振产品，铺设和减振效果较好，得到国内认可，相继在国内其他城市铺设。

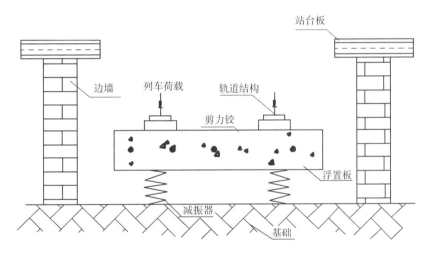

图6-78 钢弹簧浮置板式无砟轨道

2. 钢弹簧浮置板轨道结构组成

钢弹簧浮置板轨道结构是一种特殊减振轨道结构形式，由支承在基础结构上的钢弹簧隔振器及钢筋混凝土道床板等组成，各道床板间以剪力铰连接。它将具有一定质量和刚度的混凝土道床板置于钢弹簧隔振器上，构成质量-弹簧隔振系统。经过钢弹簧浮置板道床的隔离，列车产生的强大振动只有极少量会传递到下部结构，对下部结构和周围环境起到很好的保护作用，隔振效果为20~25dB。浮置板形式包括矩形地段和圆形地段两种，圆形地段弹簧浮置板轨道如图6-79所示。

钢弹簧浮置板轨道结构组成及各部分作用如下：

（1）浮置板基础：隧道仰拱混凝土施工进行回填，为了解决排水，在隧道仰拱回填时，需要预留道床中间排水沟。

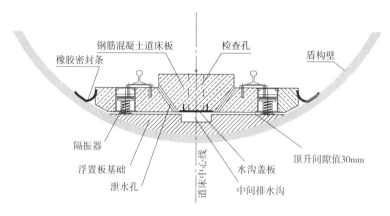

图 6-79　圆形地段钢弹簧浮置板轨道结构

（2）隔振器：弹簧浮置板道床基本隔振元件，用于将浮置板与隧道、桥梁、路基等结构分离、连接，通过调节系统的频率、吸收输入的能量达到隔振减振的效果。

隔振器主要由三部分组成：外套筒、内套筒和弹簧隔振器上的调整垫板。

外套筒（浇筑在浮置板里）：一般由金属材料构成，与浮置板混凝土浇筑在一起，传递荷载到内套筒。外套筒如图 6-80 所示。

内套筒：由弹簧和阻尼材料组成，是弹簧隔振器的核心部件，如图 6-81 所示。

调整垫片放在外套筒和内套筒之间，用来调节道床高程，如图 6-82 所示。

　　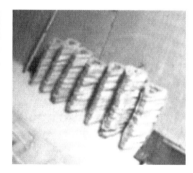

图 6-80　隔振器外套筒　　　图 6-81　隔振器内套筒　　　图 6-82　调整垫片

（3）剪力铰：为使相邻两浮置板块在接头处变形基本一致，钢轨不额外受剪，在浮置板之间的接头处设置剪力铰，有埋入式和上承式两种，如图 6-83 所示。剪力铰分别埋设在两块相邻浮置板中间，纵向可以相对自由伸缩，径向刚度很大，可以传递垂向载荷，这样可以保证相邻浮置板之间协同受力，该剪力伸缩设备结构简单，但无法检查与更换。近年来，新研制了两种剪力伸缩设备——剪力伸缩板和剪力伸缩销。

（4）橡胶密封条：用于密封浮置板之间及两侧与其他结构的间隙，防止杂物由间隙处落入浮置板底。

3. 浮置板的浮离弹性原理

1）隔振器静态剖视图

隔振器安装之后，在没有受力前的静态剖视图如图 6-84 所示。

项目6　无砟轨道施工

 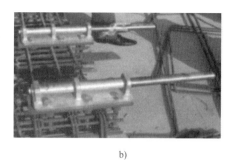

　　　　　a)　　　　　　　　　　　　　　　b)

图 6-83　剪力铰

a）埋入式剪力铰；b）上承式剪力铰

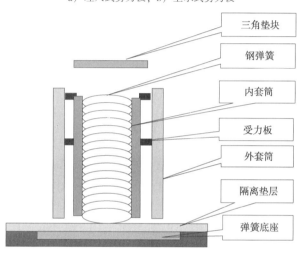

图 6-84　隔振器静态剖视图

2）浮置板的弹性状态

浮置板的浮离弹性原理如图 6-85 所示。

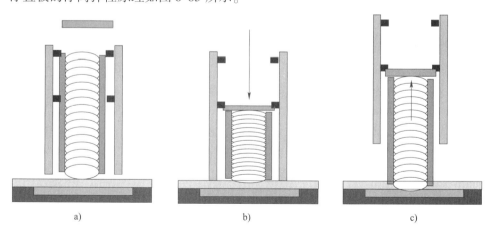

　　a)　　　　　　　　　　b)　　　　　　　　　　c)

图 6-85　浮置板的浮离弹性原理示意图

a）弹簧自由状态；b）弹簧压缩状态；c）弹簧反弹状态

（1）弹簧自由状态。钢弹簧安装后，在三角垫块未安装之前，弹簧处于自由状态，弹

201

簧、底座均不受力。

（2）弹簧压缩状态。三角垫块从外套筒顶部的缺口装入（有方向性），向三角垫块施加压力，压迫弹簧收缩，然后将三角垫块旋转60°，使垫块被外套筒内壁的承力装置抵挡而不致弹出。此时，如外力不撤除，钢弹簧始终受压力，弹簧底座同时受压，外套筒暂时不受力。

（3）弹簧反弹状态。在撤除外力后，由于外套筒顶部的特殊造型，三角垫块受外套筒内壁的承力装置阻止，无法从顶部缺口弹出。弹簧的回弹力通过三角垫块和承力装置传递给外套筒，外套筒带动整个浮置板道床上升，这就是浮置板的浮离弹性原理。此时，凡本结构的所有受力部件，均受力，所有浮置板道床的力量均由基底的弹簧底座共同承担。

4. 钢弹簧浮置板轨道施工

钢弹簧浮置板轨道施工包括基底施工、浮置板道床施工、浮置板顶升施工等工程内容。钢弹簧浮置板道床施工具有施工周期长及施工工艺要求高的特点，施工方法主要有散铺法和钢筋笼轨排法两种。浮置板散铺施工是指直接在施工现场绑扎浮置板钢筋笼，组装隔振筒和轨排的施工工艺。

散铺法施工组织难、施工进度慢。

钢筋笼轨排法利用铺轨基地场地进行浮置板钢筋笼轨排拼装，轨道车运输轨排至作业面，利用洞内作业面的铺轨门吊将钢筋笼轨排吊运至已浇筑完成的浮置板基底面，洞内进行钢筋笼的就位、轨道几何尺寸的调整、混凝土的浇筑等作业。此工法实现了浮置板钢筋笼轨排拼装、隧道仰拱回填、轨道板混凝土浇筑3大工序平行流水作业。钢筋笼轨排法施工工艺将原散铺法施工平均进度6~8m/（天·面）提高到平均25~50m/（天·面），解决了浮置板道床施工进度慢的难题。此工法在天津地铁3号线及苏州地铁2号线中得到了很好的应用。

1）基底施工

（1）基底施工工艺流程，如图6-86所示。

（2）基底施工过程，如图6-87所示。

（3）基底施工要求。《地下铁道工程施工标准》（GB/T 51310—2018）第18.5.7条规定，基底混凝土施工时要求严格控制道床基础的表面平整度，浮置板基底高程允许偏差为±5mm。实际施工时基底混凝土表面高度只能出现负误差，不允许出现正误差，因为基底混凝土表面高程若出现正误差，则会导致隔振器外筒露出浮置板面过多，引发烧轨等问题。基础混凝土浇筑后，应对隔振器位置的高程、水平度进行检查。安装隔振器的位置允许偏差为±5mm，放置隔振器位置的上表面平整度为±2mm/m^2。不满足要求的部位可采用整体打磨或垫高的办法进行处理，打磨范围应超出隔振器外筒底部边缘100mm。严禁采用在混凝土表面局部垫高或挖深的方法来满足隔振器放置要求。

基底混凝土施工满足要求后需要在浮置板基础和隧道边墙位置铺设塑料薄膜隔离层（不小于1mm），隔离层在边墙两侧应高于弹簧浮置板道床不小于200mm，以防止浇筑浮置板时新的混凝土和垫层混凝土（或盾构管壁）黏结在一起。隔离层上表面宜粗糙，当顶升浮置板道床时，使塑料薄膜能粘在浮置道床上，方便下一道工序施工。

项目6 无砟轨道施工

图6-86 基底施工工艺流程

图6-87 浮置板式无砟道床基底施工过程

2）浮置板道床施工——钢筋笼轨排法

钢筋笼轨排法浮置板道床施工工艺流程，如图6-88所示。

浮置板钢筋网轨排在铺轨基底进行拼装时，精度应符合设计文件要求。安装完的轨排与钢筋网应采用专用工具连接，连接位置、数量应进行验算。钢筋网就位后轨道中心与线路中心允许偏差不应超过10mm。具体施工过程，如图6-89所示。

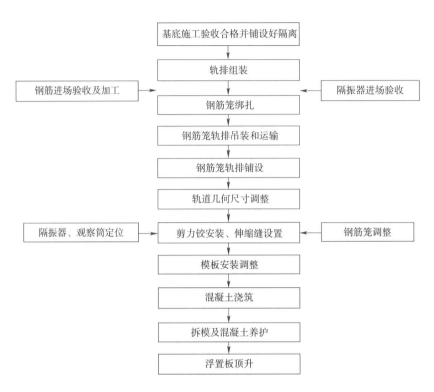

图 6-88　钢筋笼轨排法浮置板道床施工工艺流程

图 6-89　钢筋笼轨排法浮置板道床施工过程

3）浮置板顶升施工

当浮置板道床混凝土浇筑 28d，且达到设计强度后，需要进行浮置板顶升作业。顶升作业是用厂家提供的专用液压千斤顶将浮置板道床从浮置板基底抬起至设计高度，安装隔振器弹簧形成浮置板道床。

（1）浮置板顶升作业流程，如图 6-90 所示。
（2）浮置板顶升作业过程。

①安装密封条。安装密封条的目的是将橡胶密封条用金属条和膨胀螺栓固定在隧道壁上和两块板之间，在浮置板浮起后阻止杂物进入板与板、板与隧道壁的间隙。具体施工过程为弹线确定密封条安装位置，标出金属条的位置（高于浮置板面 100～150mm），并用油漆笔标记钻孔位置。用冲击钻打孔，塞入膨胀螺栓塑料套管。将橡胶密封条、金属条依次按在隧道壁上，按塑料套管位置将膨胀螺栓旋入并拧紧。

按同样的方法在板与板的接缝处安装橡胶密封条。安装密封条施工过程，如图 6-91 所示。

②放置隔振器。将隔振器放置在套筒内，为顶升做好准备。每个隔振器位置均需埋设定位销，定位销长度有 50mm、30mm 两种，原则上采用 50mm 长度的定位销，在碰到钢筋的位置，钻孔深度达不到 50mm、大于 35mm 时，采用 30mm 的定位栓。

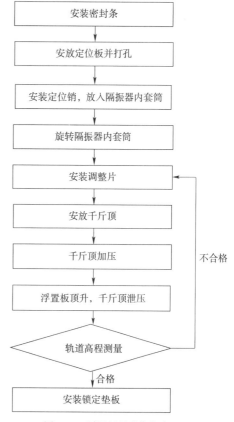

图 6-90　浮置板顶升作业流程

图 6-91

图 6-91 钢弹簧浮置板顶升作业——安装密封条

具体施工过程为将隔振器依次摆放到套筒旁边，打开套筒上的盖子，用刀将筒底的隔离层割掉，将定位板放置在套筒底部。禁止不使用定位板在基底上打孔，定位板磨损、内径变化后应及时更换，以防止基底上孔位不居中，导致隔振器放入后无法使用锁定板对隔振器、调整垫片进行锁定。安装定位栓可借助工具将其砸入，定位栓直径 30mm 的端部必须全部埋入混凝土基底中。利用安装杆将隔振器放入套筒内，隔振器底面必须与混凝土基底密贴，不能出现因定位销顶住隔振器底面中心而使隔振器不稳定的情况。利用安装杆旋转隔振器，使隔振器的 3 个支承角位于套筒支承板的下方。取出安装杆，放入锁定垫板，检查锁定垫板与隔振器的孔位是否对准。具体施工过程，如图 6-92 所示。

③浮置板顶升。在套筒中添加调整垫片。用千斤顶压缩隔振器，利用其反作用力浮起浮置板。调整垫片规格有 12mm、5mm、3mm、2mm 四种。在套筒内放置 1 片 12mm 调整垫片，将千斤顶放在套筒内，整体旋转千斤顶，使其三个爪位于套筒支承板的下方，严禁单独旋转千斤顶的三个爪。

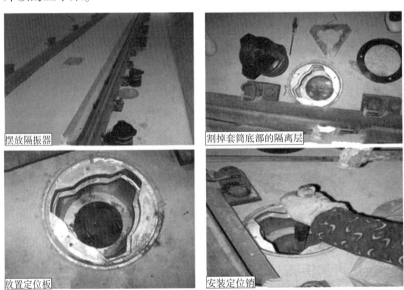

图 6-92

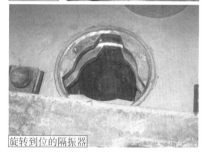

图 6-92　钢弹簧浮置板顶升作业——放置隔振器

进行千斤顶加压操作。操作分两组同时进行，每组由三人分工作业，施工人员甲负责扶正千斤顶，施工人员乙负责拨调整垫片，而施工人员丙只负责操作电动加压设备。施工过程中，必须口令清楚，行动统一，严禁人体的任何部位位于千斤顶的正上方，严禁用手拨调整垫片。

进行卸压操作时，由施工人员丙负责，可多按设备的 down 键几次，以便充分回油。操作完成后，隔振器回弹，将调整垫片紧紧顶在套筒支承板上，将千斤顶提出套筒。操作过程中必须口令清楚，行动统一。

重复上述过程。1 个套筒每次顶升只添加 1 块垫片，顶升顺序从浮置板地段的一端向另一端依次进行，两个小组的顶升应同步进行。每个套筒中各放入 12mm 的调整垫片 3 片。隔振器受压产生的反作用力通过套筒作用在浮置板上，使浮置板道床缓慢浮起。

测量高程。精确计算每个套筒需要增加的高度，利用 5mm、3mm、2mm 垫片进行调整，放入锁定板，用锁定螺栓将隔振器、调整垫片、锁定板连成整体。安装外套筒的盖子，以便保护隔振器并防止杂物进入。施工过程，如图 6-93、图 6-94 所示。

图　6-93

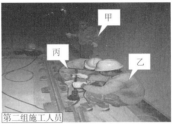

图 6-93 钢弹簧浮置板顶升作业①

图 6-94 钢弹簧浮置板顶升作业②

④浮置板道床顶升特殊情况处理。若套筒位置偏向轨道内侧过多,隔振器无法放入,顶升时需拆轨,如图 6-95 所示。

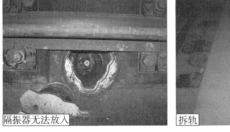

图 6-95 浮置板道床顶升特殊情况处理

项目6 无砟轨道施工

四 减振垫无砟道床施工

1. 减振垫无砟轨道简介

减振垫无砟轨道是利用橡胶的弹性来减弱道床与结构的刚性接触，从而达到减振的目的，其主要由基底、减振垫、整体道床、轨枕、扣件及钢轨组成，结构较为简单，施工方便。减振垫道床的固有频率为 10~12Hz，可避开列车转向架的共振频率，在列车荷载作用下，道床板的下沉变形不大于3mm，减振效果达到15dB以上。减振垫无砟道床适用于地下线圆形隧道、矩形隧道、马蹄形隧道及高架线，如图6-96所示。

2. 减振垫无砟道床技术要求

1）轨道结构技术要求

（1）减振垫无砟道床基底结构。

①基底采用C40混凝土，HRB400级螺纹钢筋，钢筋混凝土最小保护层厚度40mm。地下线矩形隧道及马蹄形隧道道床两侧还设置有挡墙及水沟等，基底中部一般设置中心水沟以利于减振垫下部排水。

②基底一般每约12m设置一处基底伸缩缝，伸缩缝宽度、材料与一般整体相同。

③基底表面允许高程误差 -5~0mm，平整度约为5mm/m。

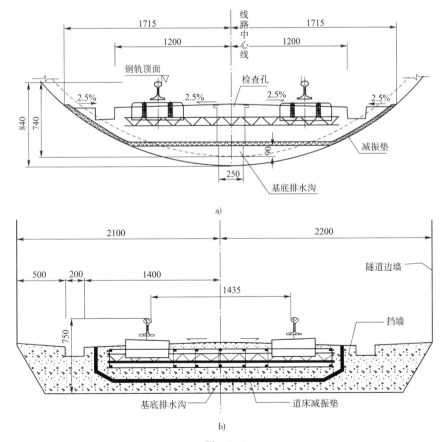

图 6-96

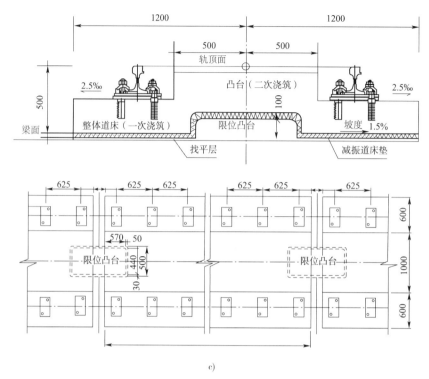

图 6-96 减振垫浮置道床断面图（尺寸单位：mm）

a）圆形隧道典型断面图；b）矩形隧道典型断面；c）高架线减振垫整体道床结构断面

（2）减振垫。

基底与整体道床之间设置减振垫作为弹性垫层，减振垫主要分为 G 系列和 USM 系列。G 系列为平面型，主要用于国家铁路和地铁车辆段内有砟道床。USM 系列为圆锥截顶型和圆柱凸起型，主要用于高速铁路和城市轨道交通无砟道床。

（3）减振垫浮置整体道床结构。

①道床轨枕布置标准间距一般为 600mm，道床一般每 10 对轨枕设置一处道床伸缩缝，伸缩缝宽度、材料与一般整体相同，沥青麻筋封顶做防水处理。结构沉降缝处应设道床（基底）伸缩缝，并且短轨枕应避开道床伸缩缝，局部板长可根据需要做适当调整，但需保证每块道床包含 7~11 对（根）轨枕。

②整体道床采用 C40 混凝土，HRB400 级螺纹钢筋，钢筋混凝土最小保护层厚度 40mm。

③高架线上还应设置限位凸台（凹槽）作为整体道床限位措施。

④曲线地段整体道床边线、钢筋边线及减振垫的铺设边线以轨道中心线定线。

⑤整体道床长度和宽度施工误差分别为 ±10mm 和 ±5mm。

2）相关接口技术要求

（1）杂散电流防护。道床上，相邻两个伸缩缝之间的道床称为一个道床结构段，每个道床结构段内的结构钢筋应电气连续，每个结构段内的钢筋焊接引出端子等按防杂散电流要求施工。

（2）铺轨基标设置。一般设置在右线的右侧，左线的左侧。

（3）排水沟。

①一般设有基底中心水沟，在基底中心水沟上方，每块整体道床中部设置一处检查孔（约300mm×300mm）。

②一般设有道床表面浅沟或道床两侧排水沟，直线地段道床表面一般设2.5%"人"字形排水坡，坡向道床水沟；曲线地段排水坡随超高值旋转，当超高大于38mm时将人字坡改为单面坡，坡向曲线内股一侧排水沟；水沟外侧混凝土表面向水沟设置2.5%横向排水坡。

（4）过轨管线的设置。减振垫浮置整体道床范围内若有过轨管线，管线一般在整体道床内过轨，管径一般不大于80mm，管线在轨枕空隙位置上下层钢筋内横穿，且不得穿越减振垫。

（5）弹性过渡。

①减振垫浮置整体道床中部应为标准段，与一般整体道床衔接时，在减振垫整体道床范围内设置弹性过渡段，过渡段应使减振垫整体道床标准段的垂向刚度平缓过渡到与之衔接的道床的刚度，一般设置三块整体道床，长度约18m。

②减振垫浮置整体道床与中等减振道床衔接时，不设置弹性过渡段。

③减振垫浮置道床与特殊减振道床衔接时，特殊减振道床内实施过渡。

④弹性一致标准段长度不宜小于列车长度，当需要设置弹性过渡段时，刚度过渡应在标准段长度的基础上额外增加刚度过渡段长度。

3. 减振垫无砟道床施工

圆形隧道减振垫道床分两步施工：第一步为道床基底混凝土施工；第二步为减振垫道床施工。

矩形隧道减振垫道床分三步施工：第一步为侧墙施工；第二步为垫层（基底）施工；第三步为浮置减振垫道床施工。

高架地段分两步施工：第一步为限位凸台及找坡层施工；第二步为减振垫道床施工。

（1）圆形隧道施工流程，如图6-97所示。

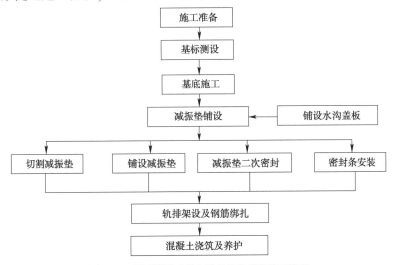

图6-97 圆形隧道减振垫浮置整体道床施工流程

（2）具体施工过程，如图 6-98 所示。

图 6-98　减振垫无砟道床施工过程

施工完成后的减振垫无砟道床，如图 6-99 所示。

图 6-99　施工完成后的减振垫无砟道床（圆形隧道）

（3）减振垫道床施工要点。

①道床基底施工前，应对结构进行检查、验收，对于渗水地段应先进行处理，再进行垫层施工。

②基底混凝土施工时，严格控制其高程及平整度。《地下铁道工程施工质量验收标准》（GB/T 50299—2018）规定减振垫道床基底高程允许偏差应为 -5mm～+10mm，平整度偏差应为 5mm/m。高架线上设置的限位凸台（凹槽）作为整体道床限位措施，其长度、宽度、高度的允许偏差均为 ±5mm。

③采用钢轨支承架架设轨排时，在立柱底部位的减振垫采用钻孔的方式，防止减振垫出现局部受力，使减振垫受力不均匀。

④因隧道实际施工存在误差，为控制道床施工质量，在道床施工中，钢筋、检查孔、基底水沟中心位置定线应在轨道中心铅垂线位置。钢筋加工及绑扎需要考虑实际的偏差量。

⑤钢筋焊接时，应在焊点下方铺垫湿石棉布等防火材料，避免焊渣掉落烧坏减振垫。

⑥道床板混凝土浇筑过程中，应控制混凝土的倾落高度，尽量降低高度，以免对轨道几何尺寸产生影响，并加强混凝土的捣实，以提高板的密实度，尽量避免道床板裂缝的产生。

⑦减振垫铺设完毕后，严禁在减振垫铺设范围内出现金属件及杂物穿透减振垫。检查孔应放置在减振垫上方，不得穿透减振垫，以免形成刚性接触，影响减振效果。

⑧当减振道床与普通道床的连接时，应考虑刚度过渡段的设置。

⑨减振垫铺设前，应提前做好与其前后其他形式的道床排水沟的过渡衔接，以确保道床前后地段排水顺畅，避免积水或堵塞。

⑩减振垫道床起始、终止点排水沟两端及所有检查孔在施工完毕后应立即用土工布、海绵或纱布塞死，防止灰尘及杂物（被水带入）进入减振垫下部，引起淤积，影响减振效果。

⑪混凝土浇筑完毕，轨道支架拆除时应避免杂物进入丝杆孔内，拆除后应立即将丝杆孔进行封堵。

⑫施工中如要配合其他系统需要埋设过轨管线时，过轨管线在道床板内完成过轨，不得穿越减振垫。

复习思考题

一、填空题

1. 长枕埋入式无砟轨道施工时，当道床板混凝土强度达到_____MPa后，即可拆除工具轨与支承架。
2. CRTS Ⅰ型板式无砟轨道的凸形挡台分为_____和_____两种。
3. CRTS Ⅰ型板式无砟轨道路基上的底座板在基床表层上分段设置，通常每_____块标准轨道板长度设置1道宽_____mm的伸缩缝。
4. CRTS Ⅱ型板式无砟轨道的轨道板间纵向张拉装置的安装和张拉，应在充填层砂浆的强度达到_____MPa和灌注窄接缝砂浆强度达到_____MPa时进行。
5. 弹性支承块无砟轨道根据施工环境、轨道结构不同，一般采用_____和_____的施工方法

二、单选题

1. CRTS双块式轨排粗调后的高程只允许比设计（　　）。
   A. 高　　　　B. 低　　　　C. 相同　　　　D. 都可以
2. CRTS Ⅰ型板式无砟轨道CA砂浆灌注采用（　　）。
   A. 灌注袋　　B. 封边灌注　　C. 都可以　　D. 不确定
3. CRTS Ⅱ型板式无砟轨道的轨道板之间横接缝处一般没有（　　）。
   A. 轨道基准点（GRP）　　　　B. 定位圆锥体
   C. 凸形挡台　　　　　　　　D. "一"字形固定装置
4. 梯形轨枕为左右两道预应力混凝土纵梁及若干连接钢杆组成的框架纵梁轨枕板，吊装时一般采用（　　）点吊装。
   A. 1　　　　B. 2　　　　C. 3　　　　D. 4
5. 钢弹簧浮置板轨道施工最适合采用（　　）。
   A. 散铺法　　　　　　　　　B. 散铺架轨法
   C. 轨排架轨法　　　　　　　D. 钢筋笼轨排法

三、多选题

1. 长枕埋入式无砟轨道的结构组成包括（　　）。
   A. 钢轨与弹性扣件　　　　　B. 普通混凝土轨枕
   C. 混凝土道床板　　　　　　D. 隔离层（或弹性垫层）
   E. 混凝土底座

2. CRTS Ⅰ型板式无砟轨道结构组成包括（　　）。
   A. 混凝土底座　　　　　　　　B. 预制轨道板
   C. 凸形挡台　　　　　　　　　D. 水泥乳化沥青砂浆调整层
   E. 侧向挡块
3. CRTS Ⅰ型板式无砟轨道半圆形凸形挡台位于（　　）。
   A. 梁端　　　　　　　　　　　B. 路基上每4块轨道板
   C. 路基上无砟轨道结束端　　　D. 圆曲线起讫点
4. CRTS Ⅱ型板式无砟轨道在梁缝两端各1.5m范围设硬泡沫塑料弹簧板的目的是（　　）。
   A. 平衡梁段两端高低不平
   B. 减小钢轨内部的温度应力
   C. 增加无砟轨道的弹性
   D. 减弱底座板因温度变化产生变形形成的剪切力
5. 弹性支承块式无砟轨道主要依靠（　　）减振。
   A. 道床板　　　　　　　　　　B. 混凝土底座
   C. 支承块下部的橡胶垫板　　　D. 橡胶套靴
   E. 支承块

四、简答题

1. 简述长枕埋入式无砟轨道结构的组成。
2. 简述Ⅰ型双块式无砟轨道施工工艺流程与施工要点。
3. Ⅰ型双块式无砟轨道施工使用的工具轨应检查哪些项目？应如何检测？应满足哪些要求？
4. CRTS Ⅰ型板式无砟轨道由哪几部分组成？其主要特点有哪些？
5. 简述 CRTS Ⅰ型板式无砟轨道的主要施工工艺流程。
6. CRTS Ⅰ型板式无砟轨道凸形挡台周围灌注填充树脂应如何进行？有哪些注意要点？
7. 简述 CRTS Ⅱ型板式无砟轨道桥上设置两布一膜滑动层的作用。
8. 简述桥上 CRTS Ⅱ型板式无砟轨道施工工艺。
9. 简述 CRTS Ⅱ型板式无砟轨道精调的方法。
10. 调查城市轨道交通减振降噪措施，并举例说明。
11. 调查城市轨道交通常用的无砟轨道结构类型。
12. 简述弹性支承块无砟轨道的施工工艺流程及轨道精调的步骤及要求。
13. 简述梯形轨枕的结构特点。
14. 简述钢弹簧浮置板轨道结构的组成及各部分作用。
15. 简述减振垫无砟轨道结构组成及应用情况，简述减振垫道床施工要点。

项目 7

扣件作业

教学导入

20××年6月16日9时56分,C30304次货物列车运行至哈尔滨局管内嫩林线K517+364处,后部补机机车及尾前5辆车辆(C70,装载货物为煤,载重均为70t)脱轨,中断单线正线行车20h33min,脱轨处线路为300m半径曲线的缓和曲线,脱轨地点轨枕使用了可调扣板式扣件。由于该种扣件扣压力不易保持,且曲线下股混凝土轨枕挡肩连续破损15处(其中失效9根,严重伤损6根),重载列车低速通过曲线时,曲线下股横向力增大,轨道框架强度不足,轨距瞬间扩大,曲线下股车轮落于钢轨内侧,同时将曲线上股钢轨挤翻,因而造成此次脱轨事故。

扣件是轨道的中间连接零件,钢轨与轨枕通过扣件连接在一起。扣件的作用是固定钢轨,阻止钢轨和轨枕间的纵向和横向位移,防止钢轨倾翻。轨道要根据运营条件及轨道结构类型选择合适的扣件类型,运营过程中应保持扣件齐全,位置正确,若扣件部件损坏或不能保持应有的扣压力应有计划地修理或更换,避免类似的事故发生。

教学目标

▶ **知识目标**

1. 了解扣件的类型及技术特点。
2. 掌握弹条型扣件、WJ系列等主流扣件的安装步骤及技术要求。

▶ **技能目标**

1. 会根据具体情况选择适当的扣件类型。
2. 会进行扣件的安装与更换。

任务7.1 扣件认知

一、扣件的功能与分类

扣件是轨道的中间连接零件,钢轨与轨枕通过扣件连接在一起。扣件的作用是固定钢轨,阻止钢轨和轨枕间的纵向和横向位移,防止钢轨倾翻,同时扣件还具有弹性、绝缘性能,便于调整轨距、水平,并且构造简单,便于安装及拆卸。

根据铺设轨枕的不同,扣件分为木枕扣件和混凝土轨枕扣件。

根据扣件的弹性不同,扣件可分为刚性和弹性扣件。

根据轨枕结构不同,扣件分为有挡肩和无挡肩扣件。

根据与钢轨、轨枕连接的形式不同,扣件分为分开式扣件、不分开式扣件和混合式扣件。分开式扣件是指垫板分别与轨枕和钢轨单独扣紧的扣件;不分开式扣件是指钢轨直接与轨枕扣紧的扣件;混合式扣件是指除将钢轨和垫板与轨枕一起扣紧外,另将垫板单独与轨枕扣紧的扣件。

根据道床的类型,扣件分为有砟轨道扣件和无砟轨道扣件。

以上各类型扣件在我国铁路和城市轨道交通中都有广泛使用。

二、铁路有砟轨道扣件

1. 普速线路有砟轨道扣件

1)木枕扣件

中华人民共和国成立初期我国铁路基本铺设木枕。最初的木枕不分开式扣件就是直接用钩头道钉将钢轨和木枕连接起来,后来在钢轨下增设了铁垫板,铁垫板上设 1:40 的轨底坡。它除了用 3 个道钉(钢轨内侧 2 个,外侧 1 个)将钢轨、垫板和木枕一起扣紧外,还另用 2 个(钢轨内外侧各 1 个)道钉将垫板与木枕单独扣紧,称为混合式扣件。该扣紧方式可减轻垫板的振动,且零件少,安装方便;其缺点是钢轨受荷载后向上挠曲,易将道钉拔起,降低扣着力,线路稳定性差,需辅以防爬设备、轨距杆等加强。该扣件至今在部分木枕线路上仍然使用,是我国传统形式扣件,如图 7-1 所示。

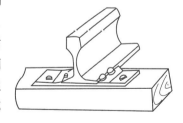

图 7-1 木枕不分开式扣件

20 世纪 60 年代,铁路科技人员研制了木枕分开式 K 形扣件,如图 7-2 所示。它是用 4 个螺纹道钉连接垫板与木枕,2 个底脚螺栓扣压钢轨与垫板,其道钉和底脚螺栓构成 "K"形,故称为"K 形扣件"。该扣件适用于有砟桥和钢梁明桥面木枕轨道,防止了钢轨爬行并减少了梁、轨之间的相互作用力,大大提高了轨道稳定性;其缺点是零件多,用钢量大,更换钢轨麻烦。

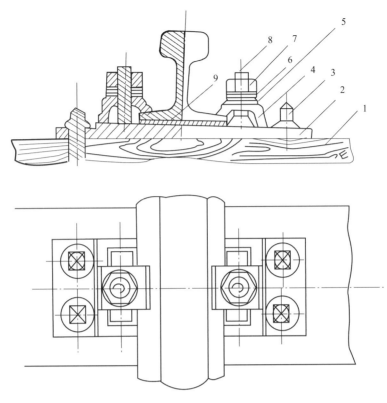

图 7-2 木枕分开式扣件
1-木枕；2-轨卡垫板；3-螺纹道钉；4-轨卡；5-弹簧垫圈；6-平垫圈；7-螺母；8-螺栓；9-轨下垫板

随着生产力的发展、铁路运量及速度的提高，木枕分开式弹性扣件问世，该扣件结构基本上移植混凝土枕弹性扣件主要部件，钢轨与铁垫板用 ω 形弹条及 T 形螺栓连接，铁垫板与木枕用螺纹道钉连接，该扣件结构合理，有适量的弹性，并且具有一定的调整轨距、水平的能力，加大了起拨道周期，减少了对碎石道床的扰动，线路稳定，节省维修工作量。

2）混凝土枕扣件

20 世纪 50 年代末至 60 年代初我国开始研制铺设混凝土枕，混凝土枕逐渐取代木枕，混凝土枕扣件应运而生。目前，混凝土枕定型产品有Ⅰ型、Ⅱ型、Ⅲ型三大类，另外还有混凝土宽枕。Ⅰ型、Ⅱ型及宽枕为有挡肩混凝土枕，Ⅲ型混凝土枕分为有挡肩和无挡肩两种形式。

有挡肩扣件用于有挡肩混凝土枕，扣件中的螺纹道钉不承受横向水平力，由轨枕承轨槽的混凝土挡肩承受钢轨传递给扣件的水平力。无挡肩扣件用于无挡肩混凝土枕，扣件依靠螺纹道钉承受钢轨传递给扣件的水平力。

(1) 刚性扣件——扣板式扣件。目前我国混凝土枕使用的扣件均为不分开式，除早期研制的螺栓扣板式（图 7-3）、63 型（图 7-4）及 70 型（图 7-5）扣板式扣件为刚性扣件外，其他均为弹性扣件。63 型扣板式扣件由于当时生产水平所限，尚无硫黄锚固技术，只能在混凝土枕中预埋木栓，拧入螺级道钉，供扣件与轨枕的连接，此形式已成历史，现在已很难见到。70型扣板式扣件为有挡肩型，适用于50kg/m、43kg/m钢轨，用扣板扣压钢轨、更换不同号码的扣板可调整轨距，螺纹道钉与轨枕的连接采用硫黄锚固形式，取消了木栓。目前，新建铁路已很少铺设，仅在既有线维修时用，嫩林线上采用的便是该类型扣件。

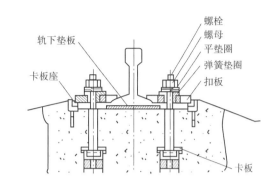

图7-3　螺栓扣板式扣件

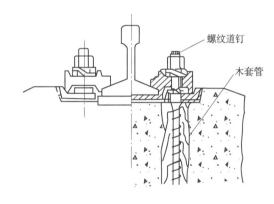

图7-4　63型扣板式扣件

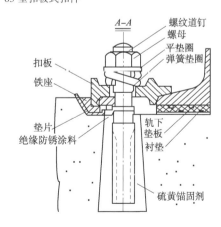

图7-5　70型扣板式扣件

（2）弹性扣件。弹性扣件具有扣压力大、连接牢固、弹性良好，能保持钢轨处于正确位置和稳定状态、延长轨道各部件使用寿命、减少线路的养护维修工作量等优点。混凝土枕弹性扣件由螺纹道钉、螺母、平垫圈、弹性扣压件、轨距挡板、绝缘缓冲垫片、绝缘缓冲垫板和衬垫等组成。螺纹道钉与混凝土枕采用硫黄水泥砂浆锚固并涂刷绝缘防锈涂料，或在混凝土枕中预埋尼龙套管等方式连接。

目前常用的弹性扣件有以下几种产品。

①弹条Ⅰ型扣件。该扣件于20世纪70年代中期至80年代初期开始研制，用于我国干线铁路上，广泛取代70型扣板式扣件。弹条Ⅰ型扣件为有挡肩型，适用于50kg/m、60kg/m钢轨，该扣件由ω形弹条、螺纹道钉、轨距挡板、挡板座及轨下橡胶垫板等组成，如图7-6所示。弹条由直径为13mm的$60Si_2Mn$或$55Si_2Mn$热轧弹簧圆钢制成。弹条有A、B两种型号：A型弹条的扣压力为8kN，弹程9mm；B型弹条的扣压力为9kN，弹程8mm。其中A型弹条较长，对于50kg/m钢轨除14号接头轨距挡板安装B型弹条外，其余均安装A型弹条，60kg/m钢轨则一律安装B型弹条。由于扣压力大，使用弹条Ⅰ型扣件，可不安装钢轨防爬设备，线路稳定，目前铁路仍广泛使用。

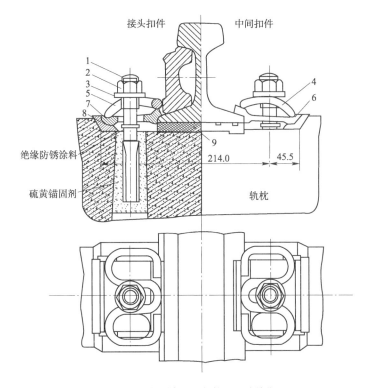

图7-6 60kg/m钢轨弹条Ⅰ型扣件（尺寸单位：mm）
1-螺纹道钉；2-螺母；3-平垫圈；4、5-弹条；6、7-轨距挡板；8-挡板座；9-橡胶垫板

轨距挡板的作用是调整轨距，传递钢轨的横向水平推力。轨距挡板中间有长圆孔，其大小是一定的，但孔中心位置有两种，相应就有两个号码。50kg/m、60kg/m钢轨各有两个号码，分别为20号、14号和10号、6号。

挡板座用于支承挡板，后背斜面支承在轨枕挡肩上，要求挡板座有一定强度来承受和传递横向水平力，并有足够的绝缘性能以防止漏电。由于挡板座两斜面的厚度不同，故可调换使用，也可起到调整轨距的作用。50kg/m有2~4和0~6两种号码，而60kg/m钢轨只有2~4一种号码。

不同号码的挡板与挡板座配合使用，就可以用来调整轨距。

②弹条Ⅱ型扣件。弹条Ⅱ型扣件为有挡肩型，除弹条采用新材料设计以外，其余部件与弹条Ⅰ型扣件通用，如图7-7所示。弹条Ⅱ型扣件为了提高弹条的扣压力和弹程，选用了优质弹簧钢 $60Si_2CrVA$ 作为弹条的材料，使其屈服强度和抗拉强度分别提高了42%和36%。弹条初始扣压力10kN，弹程10mm。弹条Ⅱ型扣件具有扣压力大、强度安全储备大、残余变形小等优点，适用于Ⅱ型或Ⅲ型混凝土枕的60kg/m钢轨线路。

图7-7 弹条Ⅱ型扣件

③弹条Ⅲ型扣件。弹条Ⅲ型扣件是无螺栓无挡肩扣件。无螺栓无挡肩扣件是世界各国轨枕扣件发展的趋势，特别适用于重载大运量、高密度的运输条件。图7-8为弹条Ⅲ型扣件，它由e形弹条、预埋铁座、绝缘轨距块、轨下橡胶垫板组成。e形弹条，直径<20mm，弹程13mm，初始扣压力11kN。轨枕预埋铁座，弹条安装在铁座上，不需要螺栓连接，可使用轨距垫调整轨距。弹条Ⅲ型扣件适用于标准轨距铁路直线或半径 $R>350m$ 的曲线上，铺设60kg/m钢轨和Ⅲ型无挡肩混凝土枕的无缝线路轨道，该扣件已大量铺设在我国重载、提速线路上。

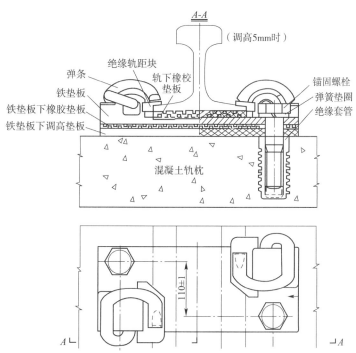

图7-8 弹条Ⅲ型扣件（尺寸单位：mm）

3）我国混凝土枕扣件的主要技术性能

我国混凝土枕扣件的主要技术性能，见表7-1。

我国混凝土枕扣件的主要技术性能表　　　　　　　　　　　　　　　表 7-1

技术性能	扣件类型					
	70型扣板式扣件	弹条Ⅰ型扣件（A型弹条）	弹条Ⅰ型扣件（B型弹条）	弹条Ⅰ型扣件（调高扣件）	弹条Ⅱ型扣件	弹条Ⅲ型扣件
单个弹条的初始扣压力（kN）	7.8	>8	9	>8	≥10	≥11
弹性变形量（mm）	—	9	8	9	10	13
疲劳200万次条件下抗横向力的能力（kN）	40	60	60	60	70	70
扣件节点静刚度（kN/mm）	110~150	90~120	90~120	90~120	60~80	60~80
轨距调整量（mm）	0/+16	-4/+8	-4/+8	-4/+8	-8/+12	-8/+4
调高量（mm）	0	≤10	≤10	≤20	≤10	0
扣压件形式	扣板	ω形弹条	ω形弹条	ω形弹条	ω形弹条	e形弹条
备注	目前少用	常用	常用	多用于无砟轨道	近年推广使用	近年推广使用

2. 高速铁路有砟轨道扣件

高速铁路有砟轨道扣件主要采用弹条Ⅳ型、弹条Ⅴ型和FC型三种类型扣件，按轨下基础形式分为有挡肩和无挡肩扣件，见表7-2。

高速铁路有砟轨道扣件类型　　　　　　　　　　　　　　　　　　表 7-2

扣件类型	配套轨枕	扣件类型	配套轨枕
弹条Ⅳ型扣件	无挡肩轨枕	FC型扣件	无挡肩轨枕
弹条Ⅴ型扣件	有挡肩轨枕		

1）弹条Ⅳ型扣件

弹条Ⅳ型扣件系统是为满足客运专线运营条件，针对铺设预应力混凝土无挡肩枕的有砟轨道的线路条件，并依据《客运专线扣件系统暂行技术条件》而设计的一种无挡肩无螺栓扣件系统，是在原弹条Ⅲ型扣件系统的基础上经多年深入研究和大量试验优化改进而成。弹条Ⅳ型扣件系统重点在4个方面进行了优化完善。

（1）弹条的结构进一步优化，降低其工作应力，减小残余变形。
（2）橡胶垫板物理性能采用国际铁路联盟（UIC）标准与国际接轨。
（3）为实现轨距的精确调整，绝缘轨距块号码按1mm一级配置。
（4）对零部件的制造验收提出更高要求。

弹条Ⅳ型扣件及部件组成如图7-9所示。

弹条Ⅳ型扣件结构特点：

（1）制作轨枕时预先埋设预埋铁座，弹条通过插入预埋铁座扣压钢轨。
（2）预埋铁座与钢轨间设有绝缘轨距块，通过更换绝缘轨距块实现钢轨左右位置的调整。

图 7-9 弹条Ⅳ型扣件

(3) 该扣件不能进行钢轨高低调整。

2) 弹条Ⅴ型扣件

弹条Ⅴ型扣件按铺设 60kg/m 钢轨设计,满足《客运专线扣件系统暂行技术条件》要求,适用于铺设预应力混凝土有挡肩枕的有砟轨道。

弹条Ⅴ型扣件主要由弹条(分一般地段用的 W2 型和桥上小阻力地段用的 X3 型)、螺纹道钉、平垫圈、轨距挡板、轨下垫板(分橡胶垫板和复合垫板)和定位于预应力混凝土有挡肩枕的预埋套管组成,钢轨高低调整时采用调高垫板。弹条Ⅴ型扣件及部件组成如图 7-10 所示。

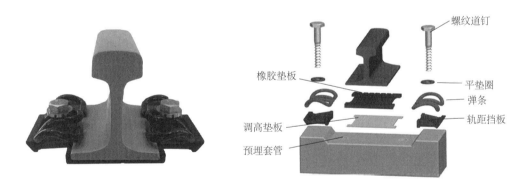

图 7-10 弹条Ⅴ型扣件

弹条Ⅴ型扣件结构特点:

(1) 制作轨枕时预先埋设预埋铁座,螺纹道钉与套管配合坚固弹条。
(2) 通过更换轨距挡板实现钢轨高低调整。
(3) 可垫入调高垫板实现钢轨高低调整。

3) FC 型扣件

潘得路(Pandrol)快速弹条轨道扣件系统(FC 型扣件)是潘得路的新扣件产品,代表着铁路扣件技术的最新水平和发展方向,用于有砟轨道。FC 型轨道扣件系统已经被广泛应用于德国、法国、日本、澳大利亚及北美等国家及地区的铁路上,也是我国引进应用在客运专线上的有砟轨道扣件系统,合武、石太客运专线已采用这种轨道扣件系统。FC

型轨道扣件系统如图 7-11 所示。

图 7-11　FC 型扣件

FC 型扣件结构特点：

（1）制作轨枕时预先埋设预埋底座，弹条通过插入预埋底座扣压钢轨。

（2）预埋底座与钢轨间设有绝缘轨距块，通过更换绝缘轨距块实现钢轨左右位置的调整。

（3）该扣件不能进行钢轨高低调整。

三　铁路无砟轨道扣件

无砟轨道扣件除了应具备普通钢轨扣件所具有的所有功能外，它还应具有其特殊的功能，具体表现在以下方面：①更强的保持轨距能力；②足够的防钢轨爬行扣压力；③良好的减振性能；④结构简单和养护维护工作量少；⑤可靠性高和较好的绝缘性能等。目前，无砟轨道扣件主要应用于铁路客运专线和城市轨道交通中。

1. 我国铁路无砟轨道扣件类型

我国从 20 世纪 60 年代开始对无砟轨道扣件进行研究，采用过多种扣件类型，如 TF-M 型扣件、TF-Y 型扣件、64-Ⅲ 型扣件、秦岭隧道整体道床用弹性扣件、弹条 Ⅰ 型扣件、弹条 Ⅱ 型扣件（WJ-3 型）、弹条 Ⅲ 型（WJ-4 型）弹性分开式扣件、WJ-1 型和 WJ-2 型扣件等。随着客运专线的发展又新研发的 WJ-7 型和 WJ-8 型客运专线无砟轨道扣件等。《铁路轨道设计规范》（TB 10082—2017）第 6.3.3 条规定，无砟轨道扣件类型可根据运营条件及无砟轨道结构类型按表 7-3 选用。

铁路无砟轨道扣件类型　　　　　　　　　　　　　　　　　　　表 7-3

铁 路 等 级	无砟轨道结构类型	采用扣件类型
高速铁路	CRTS 双块式	WJ-7B，WJ-8B
	CRTS Ⅰ 型板式	WJ-7B
	CRTS Ⅱ 型板式	WJ-8
	CRTS Ⅲ 型板式	WJ-8B
城际铁路	CRTS 双块式	WJ-7B，WJ-8B
	CRTS Ⅰ 型板式	WJ-7B
	CRTS Ⅲ 型板式	WJ-8B
	弹性支承块式	弹性扣件
客货共线铁路 重载铁路	CRTS 双块式	WJ-7A，WJ-8A
	弹性支承块式	弹条Ⅶ型扣件 预埋铁座式扣件
	长枕埋入式	WJ-12 型扣件（重载） WJ-13 型扣件（客货共线）

2. 高速铁路无砟轨道扣件

1）WJ-7 型扣件

为适应铺设各类无挡肩无砟轨道，我国研发了带铁垫板的无挡肩弹性分开式结构的 WJ-7 型无砟轨道扣件系统（图 7-12），该扣件系统是在原 WJ-1 型和 WJ-2 型无砟轨道扣件系统的基础上优化而成的。WJ-7 型扣件系统在桥上、隧道内和路基上的轨枕埋入式（双块式轨枕和长轨枕）和板式无砟轨道均可应用。2012 年 12 月 1 日开通运营的我国首条高寒高速铁路——哈大铁路采用了该扣件系统，效果良好。

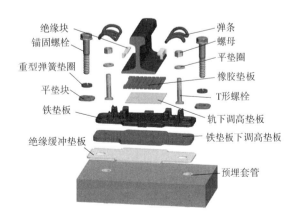

图 7-12　WJ-7 型扣件

WJ-7 型扣件结构特点为混凝土轨枕或轨道板承轨槽不设置挡肩，钢轨传来的横向荷载主要依靠铁垫板的摩擦力消除，铁垫板通过锚固螺栓与预埋套管配合紧固。钢轨轨底与铁垫板间设橡胶垫板，通过更换不同刚度的轨下垫板满足运营要求。铁垫板适用多种类型弹条（常规扣压力弹条和小扣压力弹条），使用不同摩擦系数的轨下垫板（橡胶垫板或复合垫板）可获得不同的线路阻力。弹条的弹程较大并且疲劳强度高，采用较低刚度轨下弹性垫层时扣压力衰减小。铁垫板上钢轨挡肩与钢轨间设有绝缘块，与轨枕或轨道板间设置绝缘缓冲垫板以提高绝缘性能。方向和轨距调整通过移动带有椭圆孔的铁垫板实现，无须任何备件，为连续无级调整，可精确设置轨向和轨距，另外可垫入调高垫板实现钢轨高低调整。

2) WJ-8 型扣件

为适应铺设有挡肩无砟轨道，我国研发了带铁垫板的弹性不分开式结构的客运专线 WJ-8 型无砟轨道扣件系统（图 7-13）。混凝土轨枕或轨道板承轨槽设挡肩，钢轨传来的横向荷载通过铁垫板和轨距挡板，最后传至混凝土挡肩，降低了横向荷载的作用位置，结构稳定。铁垫板上挡肩与钢轨间设有工程塑料制成的绝缘块，可缓冲钢轨对铁垫板的冲击，大幅度提高扣件系统的绝缘性能。铁垫板与混凝土挡肩间设置工程塑料制成的轨距挡板，以保持与调整轨距，同时起绝缘作用。采用的弹条类型与 WJ-7 型扣件系统相同。铁垫板下设弹性垫层，弹性垫层采用长寿命热塑性弹性体材料制成，具有良好的弹性。武广、郑西客运专线及京津城际铁路均采用该扣件系统，使用效果良好。

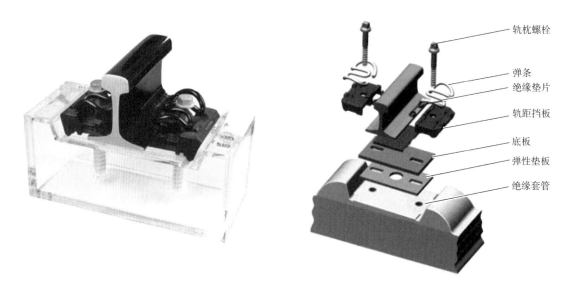

图 7-13　WJ-8 型扣件

除了上述两种扣件，我国高速铁路系统还引进吸收了德国福斯罗 w300-1 型扣件（图 7-14）及英国潘得路（PANDROL）的 SFC 弹条轨道扣件系统（带单层底板的快速弹条扣件系统）。其中 w300-1 型扣件为有挡肩扣件，SFC 扣件为无挡肩扣件。SFC 扣件分为错列式和直列式两种形式，如图 7-15 所示。

项目7 扣件作业

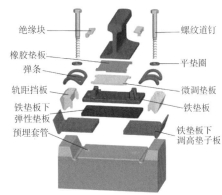

图 7-14　w300-1 型扣件

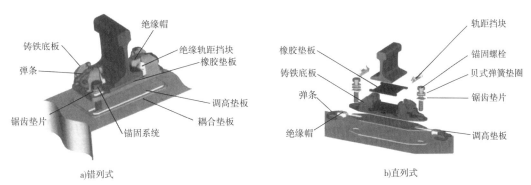

a)错列式　　　　　　　　　　　　　b)直列式

图 7-15　SFC 扣件

四　城市轨道交通无砟轨道扣件

1. 一般弹性扣件

地铁与轻轨的地面线路使用的扣件基本上是铁路定型扣件，为了满足地下线路、高架线路的不同要求，地铁与轻轨建设项目自行设计了专用扣件。地下线路、高架线路一般铺设混凝土整体道床，整体道床刚度大，轨道弹性主要依靠扣件及橡胶垫板提供，因此，扣件应具有较好的弹性，以减少列车荷载冲击。扣件还应具有良好的扣压力，同时满足整体道床需要的轨距和高低调整量。在高架桥上的扣件，需要较大的高低调整量以适应预应力梁的徐变和桥墩的不均匀沉陷，同时为满足高架桥无缝线路的需要，我国研制了小阻力扣件以减小梁轨的温度力作用。我国已建和在建的地铁与轻轨铺设的扣件类型较多，主要类型详见表 7-4。除天津地铁 1 号线既有线改建前曾铺设刚性扣板扣件外，其他均铺设弹性扣件。这些扣件基本上是在铁路弹条扣件基础上研制的，以无挡肩、分开式为主要形式。

我国城市轨道交通扣件主要类型　　　　　　　　表 7-4

扣件名称		DTⅢ-2型扣件	DTⅣ-1型扣件	DTⅥ-1型扣件	DTⅥ-2型扣件	WJ-2型扣件	弹条Ⅱ型分开式	WJ-5型扣件
扣件类型	有无挡肩	无挡肩	无挡肩	无挡肩	无挡肩	无挡肩	无挡肩	无挡肩
	是否分开式	分开式	分开式	分开式	分开式	分开式	分开式	分开式

续上表

扣件名称		DTⅢ-2型扣件	DTⅣ-1型扣件	DTⅥ-1型扣件	DTⅥ-2型扣件	WJ-2型扣件	弹条Ⅱ型分开式	WJ-5型扣件
弹条形式	形式	φ13mm国铁Ⅰ型弹条	φ13mm国铁Ⅰ型弹条	φ18mmDⅠ型弹条	φ18mmDⅠ型弹条	φ13mm弹条	φ13mm国铁Ⅱ型弹条	G型弹条（小阻力）国铁Ⅰ型（B）弹条
	有无T形螺栓	有螺栓	有螺栓	无螺栓	无螺栓	有螺栓	有螺栓	无螺栓
抗横向水平（kN）	疲劳荷载	—	—	35	—	40	30	40
	静载						45	60
节点垂直静刚度（kN/mm）		20~40		20~40		40~60	35~50	
调整量（mm）	轨距	+12/-12	+4/-8	+4/-8	+12/-12	+20/-20	+8/-12	+12/-12
	水平	+30/-5	+10	—	+30	+40	+15	+30
适用轨型（kg/m）		60	50	60	60	60	60	50
适用范围		地下线	木枕碎石道床	木枕碎石道床	地下线	高架线	地下线	高架线
铺设地点		上海地铁9号线	深圳地铁一期车辆段	天津地铁1号线	北京地铁复八线	上海地铁3号线一期	深圳地铁一期	大连现代有轨电车
备注		ω形弹条	ω形弹条	e形弹条	e形弹条	ω形弹条	ω形弹条	ω形弹条

2. 减振扣件

地铁运营后对环境振动影响应满足国家《城市区域环境振动标准》（GB 10070—1988）相关规定。其超标地段应采取减振措施以满足国家环保及相关规范要求。因此，在线路通过市区敏感地段根据需要铺设轨道减振扣件，以满足环保要求。以下介绍几种减振扣件。

1）轨道减振器扣件（图7-16）

该扣件由德国于1978年研制，1979年首次用于科隆地铁，因其外观呈蛋形，故称为科隆蛋扣件。1987年，我国研制成第一代Ⅰ型轨道减振器扣件，并于1990年通过上海市科研技术鉴定，并铺设于上海地铁1、2号线，以后又陆续在广州、北京等地铁广泛铺设。其主要特点是承轨板与铁座之间用减振橡胶硫化黏结为一整体，利用橡胶圈剪切变形，获得弹性，减振器扣件的垂直静刚度约为10kN/mm，最低为6kN/mm，该扣件较一般扣件可降低振动噪声4~5dB。

Ⅰ型轨道减振器扣件适用于轨型60kg/m、减振要求较高地段短轨枕式无砟道床，水平调整量一般为+10mm。2001年根据大连快速轨道交通3号线等工

九广轻轨铁路

北美地铁

上海地铁1号线

广州地铁2号线

图7-16 减振器扣件

程的需求，我国研究开发了适用于50kg/m钢轨的Ⅱ型轨道减振器扣件。2006年研制出综合性能更优的Ⅲ型轨道减振器扣件，适用于60kg/m、地下线较高减振地段枕式无砟道床。其轨距调整量为+8mm，-12mm；水平调整量一般为20mm。后又研制出Ⅳ型轨道减振器扣件，适用于60kg/m、高架线较高减振地段枕式无砟道床，轨距调整量达到±16mm，水平调整量一般为40mm。

2) 高弹性扣件（LORD 扣件）（图 7-17）

美国LORD公司生产的高弹性扣件，静刚度为10~15kN/mm，广州地铁4号线实测减振效果约为6dB，最大优点是可以降低轨道高度，缺点是造价较高。主要在上海地铁有应用，广州地铁有试验段。

我国研制的高弹性扣件，轨下设两层铁垫板，上下铁垫板之间嵌入橡胶垫板，扣件垂直静刚度在10~15kN/mm时可降低振动噪声6.8dB，天津地铁1号线高架桥上已铺设。

3) Vanguard（先锋）扣件（图 7-18）

该扣件是英国PANDROL公司研制的一种减振扣件，钢轨通过两块较大的橡胶楔块支承在轨头下及轨腰两侧使轨底悬空，并通过两侧铸铁挡板固定于轨枕上。该扣件我国已经引进并在广州地铁3、4号线上使用，经测试可减少振动噪声11~15dB，减振效果良好，在其他地铁线路上也已推广使用。

图7-17 高弹性扣件

图7-18 Vanguard扣件

任务7.2 扣件安装

由于轨道扣件的种类繁杂，本节主要针对有砟轨道介绍弹条Ⅳ型和Ⅴ型扣件的安装作业，针对无砟轨道介绍无挡肩分开式WJ-7型扣件和有挡肩不分开式WJ-8型扣件的安装作业。

一 弹条Ⅳ型扣件安装作业

1. 作业范围

弹条Ⅳ型扣件的作业范围是线路行车最高速度350km/h客运专线（高速铁路）及线

路行车最高速度 250km/h 客运专线（兼顾货运）运营条件的有砟轨道扣件系统。弹条Ⅳ型扣件组装，如图 7-19 所示。

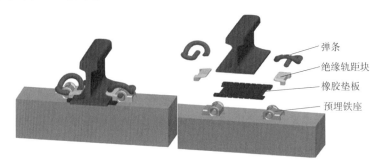

图 7-19　弹条Ⅳ型扣件组装

2. 作业质量

1）弹条

弹条Ⅳ型扣件的弹条分 C4 型、JA 型和 JB 型三种，如图 7-20 所示。一般地段安装 C4 型弹条，钢轨接头处安装 JA 和 JB 型弹条，C4 型弹条的直径为 20mm，JA 和 JB 型弹条的直径为 18mm。JA 型弹条防锈涂料为灰色，与 7 号、8 号和 9 号接头绝缘轨距块配用；JB 型弹条防锈涂料为黑色，与 10 号、11 号、12 号和 13 号接头绝缘轨距块配用。

图 7-20　弹条形式

弹条就位以其小圆弧内侧与预埋铁座端部相距 8~10mm 为准，如图 7-21 所示。不得顶紧或距离过大，如图 7-22 所示。

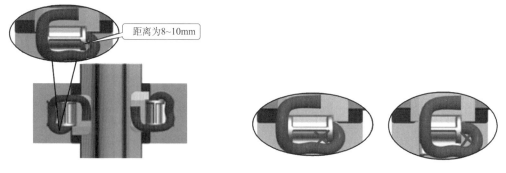

图 7-21　弹条正确就位　　　　图 7-22　弹条位置不正确

2）预埋铁座

该部件预先埋设于轨枕中，埋设精度应满足图 7-23 所示要求。

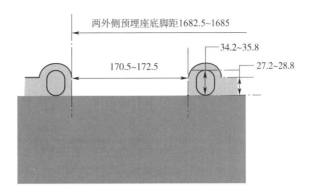

图7-23 弹条Ⅳ型扣件预埋件埋设精度图（尺寸单位：mm）

3）绝缘轨距块

绝缘轨距块（简称轨距块）分一般地段使用的轨距块 G4 和钢轨接头处使用的轨距块 G4J 两种，每种轨距块又各有 7 种规格，即 7 号、8 号、9 号、10 号、11 号、12 号、13 号。标准轨距时采用 9 号和 11 号，如图 7-24 所示。除 7 号、8 号和 9 号接头轨距块为非黑色外，其他轨距块均为黑色。

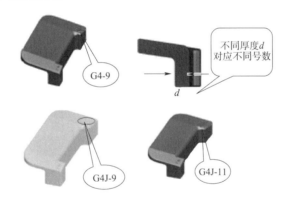

图7-24 绝缘轨距块

3. 作业程序与要领

1）安装前准备

（1）按表 7-5 选择并准备 9 号和 11 号轨距块，适当准备 8 号、10 号和 12 号轨距块，以备轨距不合适时调整轨距之用；同时还要适当准备相应号码的接头轨距块，以备用于钢轨接头处。

轨距块号码配置表　　　　　　　　　表7-5

轨距调整量 (mm)	左股钢轨		右股钢轨	
	外侧	内侧	内侧	外侧
-8	13 号	7 号	7 号	13 号
-7	12 号	8 号	7 号	13 号
-6	12 号	8 号	8 号	12 号
-5	11 号	9 号	8 号	12 号

续上表

轨距调整量（mm）	左股钢轨		右股钢轨	
	外侧	内侧	内侧	外侧
-4	11 号	9 号	9 号	11 号
-3	10 号	10 号	9 号	11 号
-2	10 号	10 号	10 号	10 号
-1	9 号	11 号	10 号	10 号
0	9 号	11 号	11 号	9 号
+1	8 号	12 号	11 号	9 号
+2	8 号	12 号	12 号	8 号
+3	7 号	13 号	12 号	8 号
+4	7 号	13 号	13 号	7 号

（2）准备 C4 型弹条，适当准备 JA 和 JB 型弹条，以备用于钢轨接头处。

（3）上道轨枕中预埋铁座的埋设位置必须准确。凡预埋铁座埋设位置歪斜、上翘或埋设高度、同一侧两预埋铁座的间距或两外侧预埋铁座的底角距不符合规定的轨枕不得上道，如图 7-25 所示。

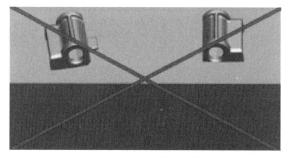

图 7-25　预埋铁座的底角距不符合要求

（4）清除两预埋铁座间轨枕承轨面的泥污和预埋铁座孔内的砂浆，如图 7-26 所示。

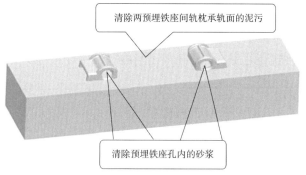

图 7-26　清除预埋铁座泥污砂浆

（5）清除轨底的泥污。

2）安装顺序及要求

（1）铺设橡胶垫板。

将橡胶垫板放在两预埋铁座之间，橡胶垫板两侧的槽口中心线与预埋铁座中心线应对齐，如图 7-27 所示。

图 7-27　橡胶垫板位置铺设图

如图 7-28 所示，a）图为错误的安放橡胶垫板方位，b）图是正确的方位。

（2）铺设钢轨，如图 7-29 所示。

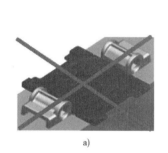 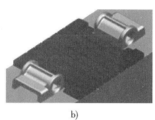 

图 7-28　安放橡胶垫板方位
a）错误；b）正确

图 7-29　铺设钢轨

（3）安装轨距块。根据所检查的轨距调整量，对照表 7-5，选取合适型号的轨距块进行安装，如图 7-30 所示。

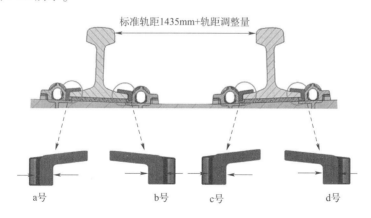

图 7-30　不同型号轨距块选择

标准轨距按表 7-5 安设 9 号和 11 号轨距块，轨距块的边耳应扣住预埋铁座，如图 7-31 所示。若因钢轨、轨枕和轨距块的制造偏差，安设规定号码的轨距块不能满足轨距要求或轨距块不能安装入位时，可根据实际情况予以调换，不得猛烈敲击使其入位。

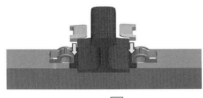

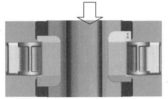

图 7-31　轨距块安装

（4）钢轨接头处应使用接头轨距块 G4J，如图 7-32 所示。

（5）安装弹条步骤如下：

①安装弹条前，钢轨、橡胶垫板和轨枕承轨面之间，以及轨距块扣压钢轨面与钢轨轨底上表面均应密贴，如图 7-33 所示。

②安装弹条时应采用专用工具，弹条中部入孔位置要平放、放正，不得歪斜，如图 7-34 所示。

安装时切忌生拉硬扳，用力要适中，支点与加力点要正确，如图 7-35 所示。

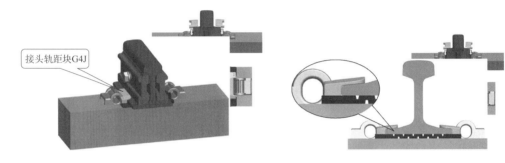

图 7-32　接头轨距块 G4J　　　　图 7-33　安装弹条前各部件要求

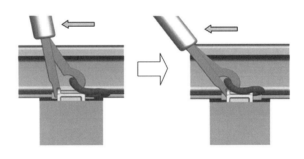

图 7-34　安装弹条专用工具

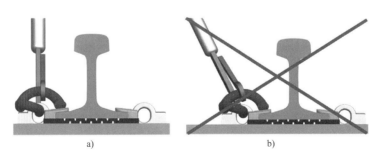

图 7-35　安装弹条

a）正确；b）错误

如遇到个别弹条就位困难时，在使用安装工具的同时可用小锤轻敲弹条尾部，使其就位，如图 7-36 所示。

③在钢轨接头处应安装 JA 和 JB 型弹条，如图 7-37 所示；灰色的 JA 型弹条与非黑色的 7 号、8 号和 9 号接头轨距块配用，如图 7-38 所示；黑色的 JB 型弹条与黑色的 10 号、11 号、12 号和 13 号接头轨距块配用，如图 7-39 所示。

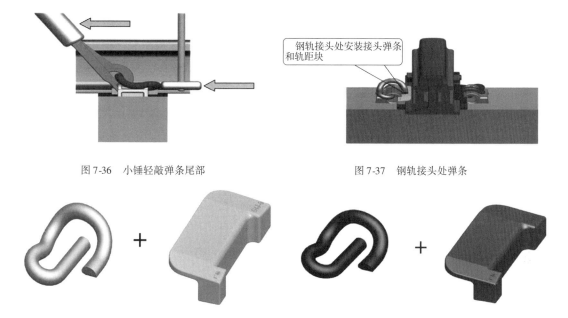

图 7-36　小锤轻敲弹条尾部　　　　　　　图 7-37　钢轨接头处弹条

图 7-38　灰色弹条与非黑色接头轨距块配用　　图 7-39　黑色弹条与黑色接头轨距块配用

4. 安全注意事项

（1）使用弹条Ⅳ型扣件不得在轨下安设调高垫板，以免造成弹条残余变形甚至折断，如图 7-40 所示。

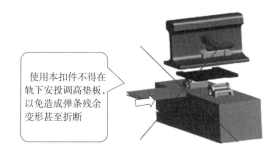

图 7-40　错误安装调高垫板

（2）运营初期应注意观察轨枕和扣件的使用情况，发现有轨枕空吊、高低和水平不平顺或三角坑时，应及时进行起道捣固，不得使用调高垫板进行钢轨调高作业。

（3）使用中若发现轨距块破裂、橡胶垫板破裂或弹条折断应及时更换，如图 7-41 所示。

（4）在进行无缝线路应力放散时，须用专用工具（同安装工具）将弹条卸下，如

图 7-42 所示。应力放散结束后,应检查橡胶垫板和轨距块位置是否正确,如有错位,应在调整后再安装弹条。

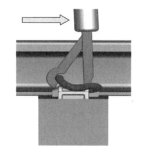

图 7-41　更换轨距块　　　　　图 7-42　拆卸弹条

二　弹条 V 型扣件安装作业

1. 作业范围

线路行车最高速度 350km/h 客运专线（高速铁路）及线路行车最高速度 250km/h 客运专线（兼顾货运）运营条件的有砟轨道扣件系统。

2. 作业质量

1）弹条

弹条分两种,即一般地段使用的 W2 型弹条和桥上可能使用的 X3 型弹条,W2 型弹条的直径为 14mm,X3 型弹条的直径为 13mm,如图 7-43 所示。此外,作为备件的弹条 I 型扣件 A 型弹条可能用于钢轨接头处。

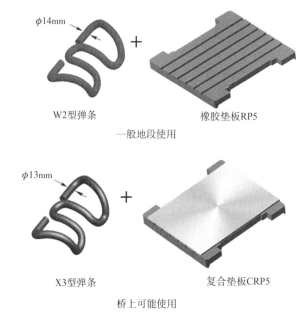

图 7-43　弹条形式

2）轨下垫板

轨下垫板分一般地段使用的橡胶垫板 RP5 和桥上可能使用的复合垫板 CRP5 两种。桥上需要降低线路阻力时，可采用 X3 型弹条并配用复合垫板，此时每组扣件的钢轨纵向阻力为 4kN。

3）轨距挡板

轨距挡板 G5 分 7 种型号，即 2 号、3 号、4 号、5 号、6 号、7 号和 8 号，如图 7-44 所示。标准轨距时采用 4 号和 6 号。

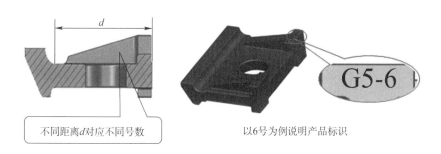

图 7-44　轨距挡板

4）预埋套管

该部件预先埋设于轨枕中，埋设精度应满足图 7-45 所示的要求，且预埋套管 D1 顶面应与轨枕承轨面齐平。

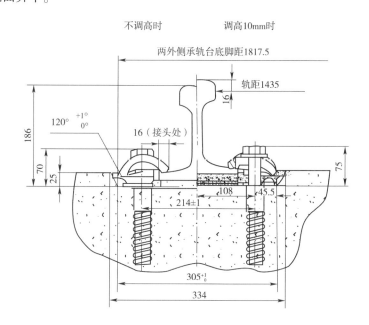

图 7-45　预埋套管埋设精度（尺寸单位：mm）

预埋套管埋设后，应加盖塑料（或其他材料）盖以防雨水和泥污进入，如图 7-46 所示。

5）调高垫板

调高垫板 TD5 按厚度分为 1mm、2mm、5mm、8mm 四种规格，放置于轨下垫板与轨枕承轨面之间，如图 7-47 所示。

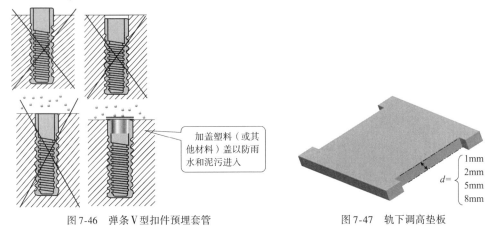

图 7-46　弹条 V 型扣件预埋套管　　　　　　　图 7-47　轨下调高垫板

3. 作业程序与要领

1）安装前准备

（1）按以上要求选择并准备合适类型的弹条（W2 型或 X3 型）和合适类型的轨下垫板（橡胶垫板 RP5 或复合垫板 CRP5）。

（2）适当准备弹条 I 型扣件 A 型弹条，以备用于钢轨接头处。

（3）根据表 7-6 选择并准备 4 号和 6 号轨距挡板，并适当准备 3 号、5 号和 7 号轨距挡板，以备轨距不合适时调整轨距之用。

轨距挡板号码配置表　　　　　　　　　　　　　　表 7-6

轨距调整量（mm）	左股钢轨		右股钢轨	
	外侧轨距挡板	内侧轨距挡板	内侧轨距挡板	外侧轨距挡板
-8	8 号	2 号	2 号	8 号
-7	7 号	3 号	2 号	8 号
-6	7 号	3 号	3 号	7 号
-5	6 号	4 号	3 号	7 号
-4	6 号	4 号	4 号	6 号
-3	5 号	5 号	4 号	6 号
-2	5 号	5 号	5 号	5 号
-1	4 号	6 号	5 号	5 号
0	4 号	6 号	6 号	4 号
+1	3 号	7 号	6 号	4 号
+2	3 号	7 号	7 号	3 号
+3	2 号	8 号	7 号	3 号
+4	2 号	8 号	6 号	2 号

（4）清除轨枕承轨面和轨底的泥污，如图 7-48、图 7-49 所示。

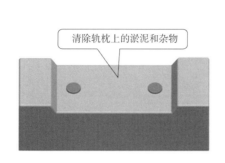 

图 7-48 清除轨枕承轨面泥污　　图 7-49 清除轨底泥污

（5）摘除预埋套管上的塑料（或其他材料）盖，如图 7-50 所示。

2）安装顺序及要求

（1）铺设轨下垫板，如图 7-51 所示。

将轨下垫板放在承轨面的中间位置，垫板的凸缘应扣住承轨面，如图 7-52 所示。

（2）铺设钢轨，如图 7-53 所示。

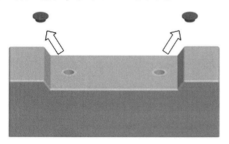 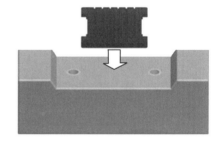

图 7-50 摘除预埋套管上塑料（或其他材料）盖　　图 7-51 铺设轨下垫板

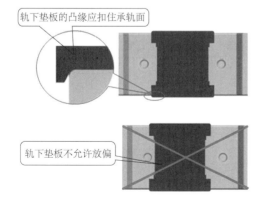

图 7-52 轨下垫板安置　　图 7-53 铺设钢轨

（3）安装轨距挡板。按表 7-6 所列、图 7-54 所示选择合适规格的轨距挡板进行安装，如图 7-55 所示。

轨距挡板应放置在轨下垫板两边之间，不得压住轨下垫板，如图 7-56 所示。

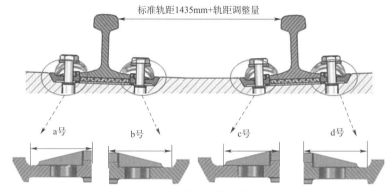

图 7-54 选择合适轨距挡板

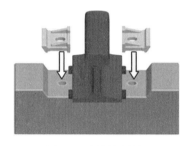

图 7-55 安装轨距挡板

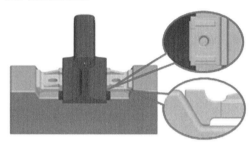

图 7-56 正确安装轨距挡板

若因钢轨、轨枕和轨距挡板的制造偏差，安设规定号码的轨距挡板不能满足轨距要求或轨距挡板不能安装入位时，可根据实际情况予以调换，不得猛烈敲击使其入位，如图 7-57 所示。

（4）安装弹条。安装弹条，如图 7-58 所示。

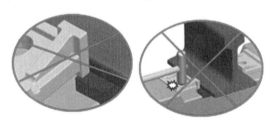

图 7-57 错误安装轨距挡板

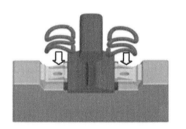

图 7-58 安装弹条

将螺纹道钉套上平垫圈，螺纹部分涂满铁路专用防护油脂，如图 7-59 所示。

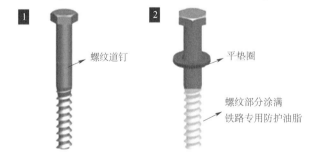

图 7-59 涂防护油脂

拧入套管，紧固弹条，如图7-60所示。

弹条的紧固以弹条中部前端下颚与钢轨接触为准，如图7-61所示，此时紧固力矩见表7-7。

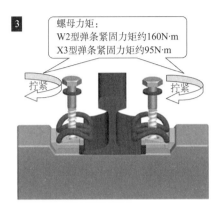

图7-60　拧紧螺母

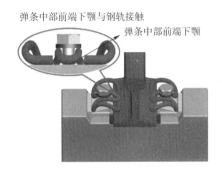

图7-61　弹条就位正确

紧 固 力 矩 值　　　　　　　　　　表7-7

弹条类型	W2型弹条	X3型弹条
紧固力矩（N·m）	约160	约95

（5）在钢轨接头处，当在小号码轨距挡板上安装W2型弹条和X3型弹条有困难时，应安装弹条Ⅰ型扣件A型弹条，如图7-62所示。

（6）检查轨距和轨向，如有不适，按表7-6调换不同号码的轨距挡板。

4. 安全注意事项

（1）运营初期应注意观察扣件和轨枕的使用情况，如因轨下垫板压缩残变引起扣件松弛，应及时复拧。发现有轨枕空吊、高低和水平不平顺或三角坑时，应及时进行起道捣固，如遇有少量高低和水平不平顺难以进行起道捣固作业时，可以垫入调高垫板，如图7-63所示。

图7-62　钢轨接头处弹条安装

图7-63　钢轨下垫入调高垫板

作业时，应提升钢轨，在轨下垫板下放入调高垫板并使其边耳卡住轨距挡板，如图7-64所示。

（2）调高垫板应放在轨下垫板下，放入的调高垫板总厚度不得大于10mm，调高垫板的数量不得超过两块，如图7-65所示。

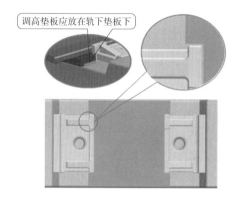
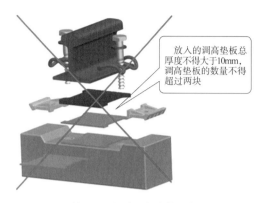

图 7-64　调高垫板正确安放　　　　　　图 7-65　调高垫板安装要求

轨距挡板应放置在调高垫板和轨下垫板两边耳之间,不得压住调高垫板或轨下垫板,如图 7-66 所示。

（3）使用中如发现扣件部件损坏应及时更换。

（4）在进行大型养路机械起道捣固作业前,应将调高垫板全部取下。起道捣固作业完成后,如个别地段钢轨高低和水平有少量不平顺时,可按以上方法放入调高垫板。

（5）如遇需要卸下螺纹道钉的情况时,应避免泥污进入预埋套管。

图 7-66　调高垫板安装要求

三　WJ-7 型扣件安装作业

1. 作业范围

线路行车最高速度 350km/h 客运专线（高速铁路）,以及线路行车最高速度 250km/h 客运专线（兼顾货运）运营条件的无砟轨道扣件系统。WJ-7 型扣件组装如图 7-67 所示。

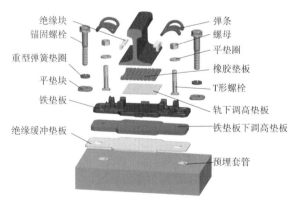

图 7-67　WJ-7 型扣件组装

2. 作业质量

1）弹条

弹条分两种,即一般地段使用的 W1 型弹条和桥上可能使用的 X2 型弹条,W1 型弹条的直径为 14mm，X2 型弹条的直径为 13mm，如图 7-68 所示。

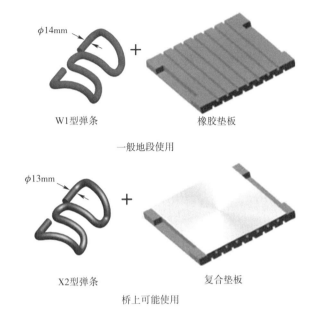

图 7-68　弹条与垫板图

2）轨下垫板

轨下垫板分 A、B 两类。A 型用于兼顾货运的客运专线，B 类用于客运专线。每一类又分一般地段使用的橡胶垫板和桥上可能使用的复合垫板两种，如图 7-68 所示。

桥上需要降低线路阻力时，可采用 X2 型弹条并配用复合垫板，此时每组扣件的钢轨纵向阻力为 4kN。

3）预埋套管

该部件预先埋设于轨枕或轨道板中，埋设精度应满足图 7-69 所示的要求，且预埋套管顶面应与轨枕或轨道板承轨面齐平，如图 7-70 所示。预埋套管埋设后，应加盖塑料（或其他材料）盖以防雨水和泥污进入。

4）调高垫板

调高垫板分轨下调高垫板和铁垫板下调高垫板两种，分别放置于轨下垫板与铁垫板之间和铁垫板与绝缘缓冲垫板之间。轨下调高垫板按厚度分为 1mm、2mm、5mm、8mm 四种规格，铁垫板下调高垫板按厚度分为 5mm 和 10mm 两种规格，如图 7-71 所示。

3. 作业程序与要领

1）安装前准备

（1）按以上要求选择并准备合适类型的弹条（W1 型或 X2 型）和合适类型的轨下垫板（A 类或 B 类橡胶垫板或复合垫板）。

（2）适当准备轨下调高垫板，以备微量调整钢轨高低之用。

（3）清除轨枕或轨道板承轨面和轨底的泥污，如图 7-72 所示。

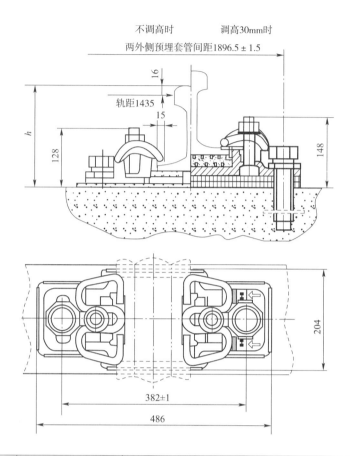

轨下垫板类型	WJ7-A 橡胶垫板	WJ7-A 复合垫板	WJ7-B 橡胶垫板	WJ7-B 复合垫板
h（mm）	211	212.2	213	214.2

图 7-69　预埋套管埋设精度（尺寸单位：mm）

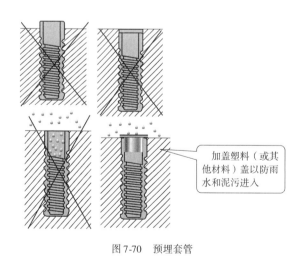

图 7-70　预埋套管

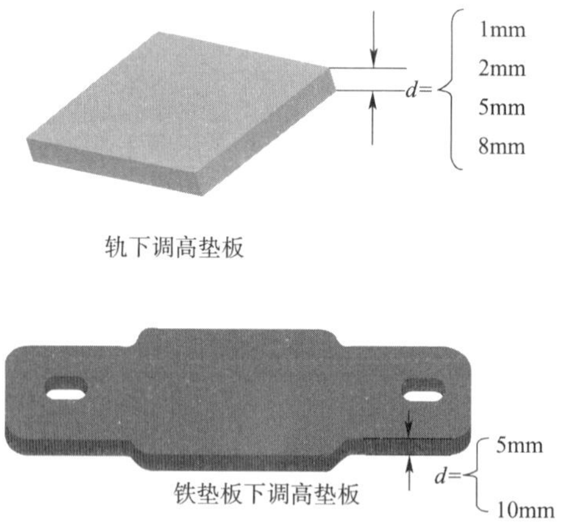

图 7-71　调高垫板尺寸

注：《高速铁路无砟轨道维修规则》使用的厚度为 8mm。

(4) 摘除预埋套管上的塑料（或其他材料）盖，如图 7-73 所示。

图 7-72　轨枕或轨道板承轨面和轨底泥污　　图 7-73　预埋套管上塑料（或其他材料）盖

2) 安装顺序及要求

(1) 铺设绝缘缓冲垫板，使垫板孔与预埋套管孔对中，如图 7-74 所示。

(2) 安放铁垫板，使轨底坡朝向轨道内侧（按铁垫板上的箭头方向）。铁垫板的螺栓孔中心应与预埋套管中心对正，如图 7-75 所示。

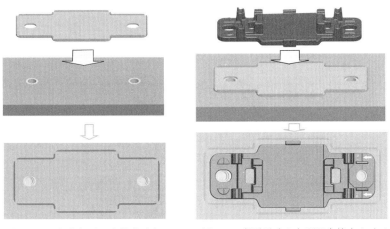

图 7-74　垫板孔与预埋套管孔对中　　图 7-75　螺栓孔中心与预埋套管中心对正

单根轨枕上安装两块铁垫板，如图 7-76 所示。

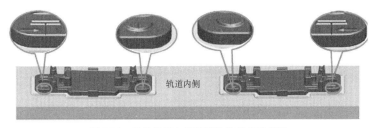

图 7-76　单根轨枕上安装两块铁垫板效果图

(3) 将平垫块放在铁垫板上，并使平垫块距圆孔中心较长一侧朝内，如图 7-77 所示。

(4) 将锚固螺栓套上弹簧垫圈，并将螺纹部分涂满铁路专用防护油脂，旋入预埋套管中。在锚固螺栓拧紧前调整铁垫板位置使铁垫板上标记线与平垫块上的标记线对齐，如图 7-78 所示。

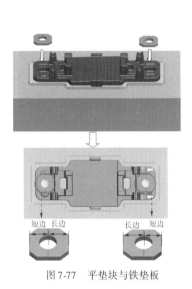

图 7-77 平垫块与铁垫板

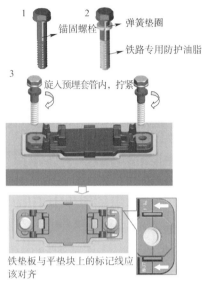

图 7-78 拧紧锚固螺栓

（5）将轨下垫板安放在铁垫板承轨面上，如图 7-79 所示。

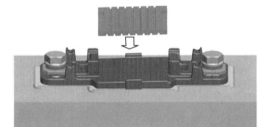

以橡胶垫板为例，左图为错误的安放橡胶垫板方位，右图是正确的方位

错误的安装橡胶垫板位置

正确的安装橡胶垫板位置

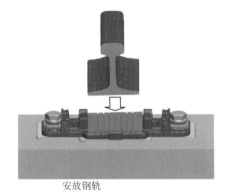

安放钢轨

图 7-79 安放轨下垫板

（6）铺设钢轨。

（7）将绝缘块安放在钢轨和铁垫板挡肩之间，不得猛烈敲击使其入位，如图 7-80 所示。

（8）安放 T 形螺栓，如图 7-81 所示。

将 T 形螺栓头部插入铁垫板底部后旋转 90°，然后上提使 T 形头完全嵌入槽中，具体的过程如下：

①T 形螺栓头部按照图 7-82 所示角度，插入铁垫板。

②T 形螺栓头部插入铁垫板后，按顺时针方向旋转 T 形螺栓 90°，螺栓头部到预定位置，然后上提使 T 形头完全嵌入槽中，如图 7-83 所示。

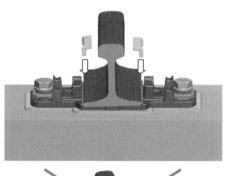

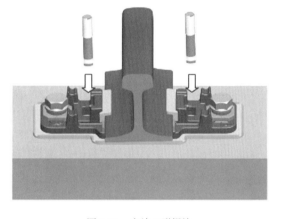

图 7-81　安放 T 形螺栓

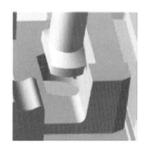

 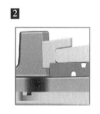

图 7-80　安放绝缘块

图 7-82　插入 T 形螺栓

图 7-83　T 形螺栓安装

（9）安放弹条及垫圈。

①安放弹条，如图 7-84 所示。

②放平垫圈和拧紧螺母，在 T 形螺栓的螺纹部分涂油，然后紧固弹条，如图 7-85 所示。

③弹条的紧固以弹条中部前端下颚与绝缘块接触为准，如图 7-86 所示，此时紧固力矩见表 7-8。

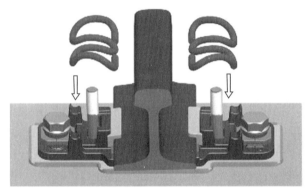

图 7-84　安放弹条

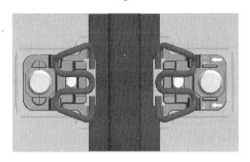

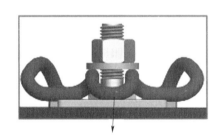

图 7-85　安放平垫圈　　　　　　　图 7-86　紧固弹条

紧 固 力 矩 值　　　　　　　　表 7-8

弹条类型	W1 型弹条	X2 型弹条
紧固力矩（N·m）	约 120	约 80

（10）调整轨距和轨向，如图 7-87 所示。

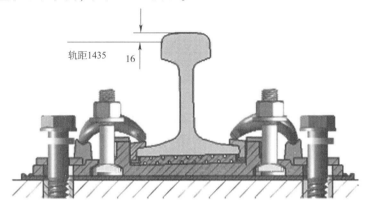

图 7-87　调整轨距和轨向（尺寸单位：mm）

①检查轨距和轨向，如有不适，调整轨距的步骤如图 7-88 所示。
②出现卡阻时（图 7-89），按图 7-90 所示步骤进行操作。

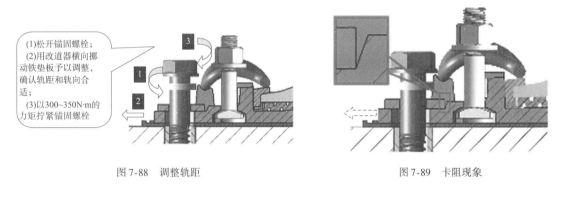

图 7-88　调整轨距　　　　　　　　　图 7-89　卡阻现象

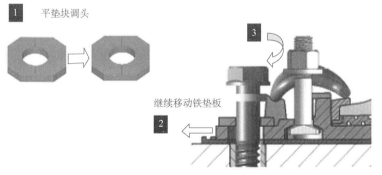

图 7-90　调整卡阻

（11）检查钢轨空吊、高低和水平，如有不适，用轨下调高垫板进行轨身高度调整。此时应松开弹条，提升钢轨，在轨下垫板下放置轨下调高垫板，钢轨落下后，再拧紧弹条。

（12）轨下调高垫板应放在轨下垫板下，放入的轨下调高垫板总厚度不得大于 10mm，轨下调高垫板的数量不得超过两块，并应把最薄的轨下调高垫板放在下面，以防轨下调高垫板窜出，如图 7-91、图 7-92 所示。

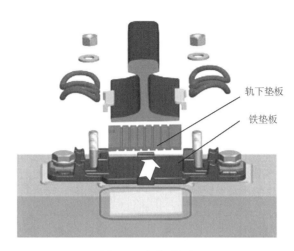

图 7-91 钢轨下调高

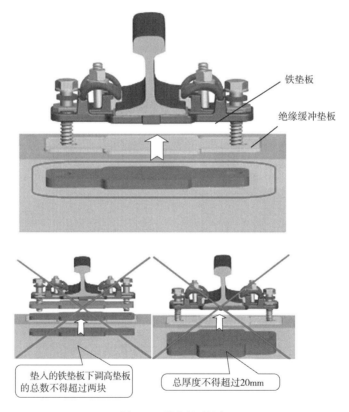

图 7-92 铁垫板下调高

4. 安全注意事项

（1）运营初期应注意观察钢轨空吊和高低、水平不平顺，如发现上述情况，应及时垫入轨下调高垫板。如因轨下垫板压缩残余变形引起扣件松弛应及时复拧。

（2）在运营期间如因桥梁徐变上拱或基础下沉引发钢轨高低和水平不平顺时，可在轨下设置调高垫板，当调高量超过 10mm 时，可同时在铁垫板下设置调高垫板，此时，应卸下锚固螺栓，提升钢轨，垫入需要厚度的铁垫板下调高垫板，钢轨复位后检查轨向和轨距，必要时予以调整，确认轨向和轨距合适后，再拧紧锚固螺栓。

（3）垫入的铁垫板下调高垫板的总数不得超过两块，总厚度不得超过 20mm，如图 7-93 所示。

（4）当需要进行轨向和轨距调整时，松开锚固螺栓，用改道器移动铁垫板，如果移动铁垫板被平垫块卡阻时，应将平垫块调头使用。确认轨距和轨向合适后，再行拧紧锚固螺栓。

（5）应对 T 形螺栓进行定期涂油，防止螺栓锈蚀。

（6）应保持扣件系统的清洁，特别要防止缓冲垫板排水口堵塞，如图 7-94 所示。

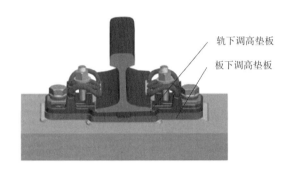

图 7-93　垫板总块数　　　　　　图 7-94　保持扣件系统的清洁

（7）如遇需要卸下锚固螺栓的情况时，应避免泥污进入预埋套管。

四　WJ-8 型扣件安装作业

1. 作业范围

线路行车最高速度 350km/h 客运专线（高速铁路）及线路行车最高速度 250km/h 客运专线（兼顾货运）运营条件的 CRTS Ⅱ 型板式无砟轨道扣件系统。

2. 作业质量

1）弹条

弹条分两种，即一般地段使用的 W1 型弹条和桥上可能使用的 X2 型弹条，W1 型弹条的直径为 14mm，X2 型弹条的直径为 13mm，如图 7-95 所示。

2）轨下垫板

轨下垫板分一般地段使用的橡胶垫板和桥上可能使用的复合垫板两种。桥上需要降低线路阻力时，可采用 X2 型弹条并配用复合垫板，此时每组扣件的钢轨纵向阻力为 4kN。

3）轨距挡板

轨距挡板分一般地段用 WJ8 轨距挡板和钢轨接头处用 WJ8 接头轨距挡板两种。

一般地段用 WJ8 轨距挡板分 2 号、3 号、4 号、5 号、6 号、7 号、8 号、9 号、10 号、11 号和 12 号十一种规格，标准轨距时使用 7 号轨距挡板，其中 10、11、12 号三种规格可用于钢轨接头处，如图 7-96 所示。

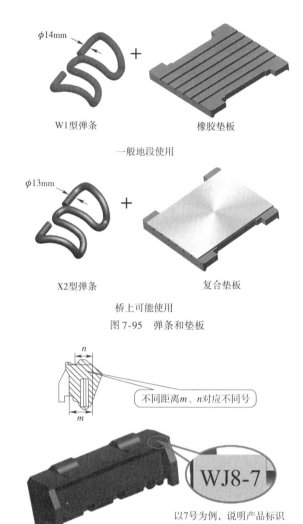

图 7-95　弹条和垫板

图 7-96　轨距挡板

WJ8 接头轨距挡板分 2 号、3 号、4 号、5 号、6 号、7 号、8 号、9 号八种规格，标准轨距时使用 7 号，如图 7-97 所示。

图 7-97　接头轨距挡板

4）绝缘块

绝缘块分 Ⅰ 型和 Ⅱ 型两种。一般地段采用 Ⅰ 型，钢轨接头处采用 Ⅱ 型绝缘块，如图 7-98、图 7-99 所示。

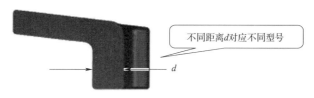

图 7-98　绝缘块

5）铁垫板下弹性垫板

铁垫板下弹性垫板分 A、B 两类。A 类用于兼顾货运的客运专线，B 类用于客运专线，如图 7-100 所示。

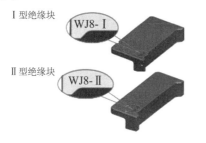

图 7-99　Ⅰ、Ⅱ型轨距块　　　图 7-100　铁垫板下弹性垫板

6）螺纹道钉

螺纹道钉分 S2 型和 S3 型两种，如图 7-101 所示。在钢轨调高量不大于 15mm 时用 S2 型，大于 15mm 时用 S3 型。

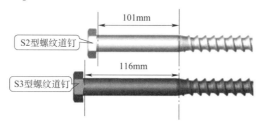

图 7-101　螺纹道钉

7）预埋套管

该部件预先埋设于轨枕或轨道板中，埋设精度应满足图 7-102 所示的要求，且预埋套管顶面应与轨枕或轨道板承轨面齐平。预埋套管埋设后，应加盖塑料（或其他材料）盖以防雨水和泥污进入，如图 7-103 所示。

8）调高垫板

调高垫板分轨下微调垫板和铁垫板下调高垫板两种，分别放置于轨下垫板与铁垫板之间和铁垫板下弹性垫板与轨枕或轨道板承轨面之间。轨下微调垫板按厚度分为 1mm、2mm、5mm、8mm 四种规格，如图 7-104 所示；铁垫板下调高垫板按厚度分为 10mm 和 20mm 两种规格，铁垫板下调高垫板由两片组成，应成对使用，如图 7-105 所示。

3. 作业程序与要领

1）安装前准备

（1）按以上要求选择并准备合适类型的弹条（W1 型或 X2 型）和合适类型的轨下垫

板（橡胶垫板或复合垫板）。同时适当准备厚度 1mm 和 2mm 的轨下微调垫板。

（2）准备Ⅰ型绝缘块，并适当准备Ⅱ型绝缘块以备用于钢轨接头处。

（3）根据表 7-9 选择并准备 7 号轨距挡板，并适当准备 6 号、8 号轨距挡板和相同型号的接头轨距挡板。

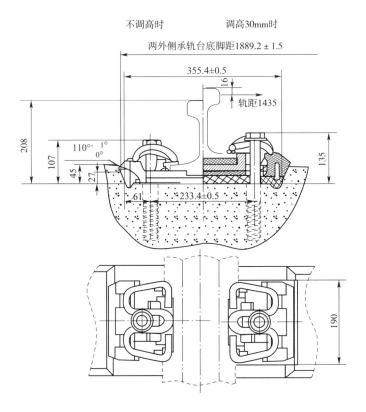

图 7-102　WJ-8 型扣件预埋套管埋设精度图（尺寸单位：mm）

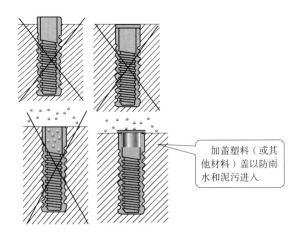

图 7-103　预埋套管

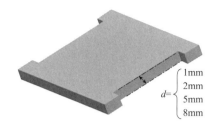

图7-104 轨下微调垫板

图7-105 铁垫板下调高垫板

轨距挡板号码配置表 表7-9

轨距调整量 (mm)	左 股 钢 轨		右 股 钢 轨	
	外侧轨距挡板	内侧轨距挡板	内侧轨距挡板	外侧轨距挡板
-10	12号	2号	2号	12号
-9	11号	3号	2号	12号
-8	11号	3号	3号	11号
-7	10号	4号	3号	11号
-6	10号	4号	4号	10号
-5	9号	5号	4号	10号
-4	9号	5号	5号	9号
-3	8号	6号	5号	9号
-2	8号	6号	6号	8号
-1	7号	7号	6号	8号
0	7号	7号	7号	7号
+1	6号	8号	7号	7号
+2	6号	8号	8号	6号
+3	5号	9号	8号	6号
+4	5号	9号	9号	5号
+5	4号	10号	9号	5号
+6	4号	10号	10号	4号
+7	3号	11号	10号	4号
+8	3号	11号	11号	3号
+9	2号	12号	11号	3号
+10	2号	12号	12号	2号

（4）根据前面要求选择并准备铁垫板下弹性垫板（A类或B类）。

（5）选择并准备S2型螺纹道钉。

（6）清除轨枕或轨道板承轨面和轨底的泥污，如图7-106所示。

（7）摘除预埋套管上的塑料（或其他材料）盖，如图7-107所示。

图 7-106　清除泥污　　　　　　　　　　图 7-107　摘除塑料盖

2）安装顺序及要求

（1）在承轨台中间位置铺设铁垫板下弹性垫板，使垫板孔与预埋套管孔对中，如图 7-108 所示。

（2）安放铁垫板，铁垫板的螺栓孔中心应与预埋套管中心对正，如图 7-109 所示。

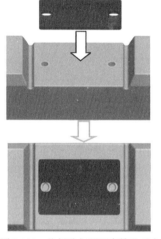 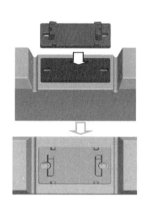

图 7-108　垫板孔与预埋套管孔对中　　图 7-109　螺栓孔中心与预埋套管中心对正

（3）在铁垫板中间位置安放轨下垫板，轨下垫板的凸缘应扣住铁垫板，如图 7-110 所示。

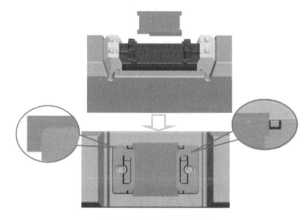

图 7-110　轨下垫板凸缘

（4）按表7-9安设合适规格的轨距挡板，轨距挡板的圆弧凸台应安放在轨枕或轨道板承轨槽底脚的凹槽内，如图7-111所示。

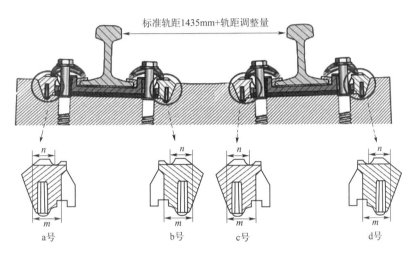

图7-111　选择合适的轨距挡板

轨距挡板斜面和前端两支承面应与轨枕或轨道板的承轨槽挡肩、承轨面密贴。若因钢轨、轨枕和轨距挡板的制造偏差，安设规定号码的轨距挡板不能满足轨距要求或轨距挡板不能安装入位时，可根据实际情况予以调换，如图7-112所示，不得猛烈敲击使其入位，如图7-113所示。

（5）铺设钢轨，如图7-114所示。

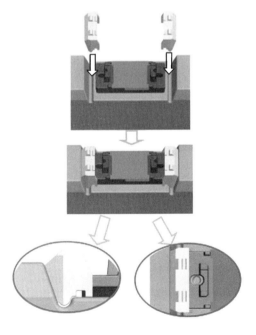

图7-113　禁止猛烈敲击

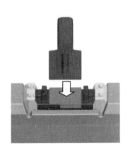

图7-112　调整轨距挡板

图7-114　铺设钢轨

（6）绝缘块不得猛烈敲击使其入位，如图7-115所示。

（7）安放弹条，如图7-116所示，将螺纹道钉套上平垫圈且在螺纹部分涂满铁路专用防护油脂，然后拧入套管，紧固弹条，如图7-117所示。弹条的紧固以弹条中部前端下颚与绝缘块接触为准，如图7-118所示，此时紧固力矩见表7-10。

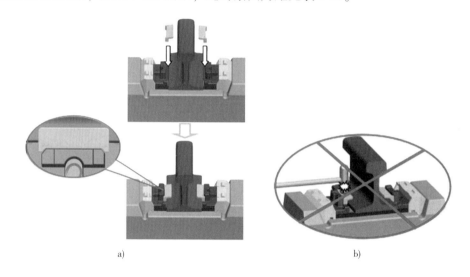

图7-115　安放绝缘块

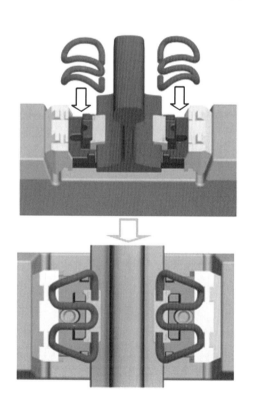

图7-116　安放弹条

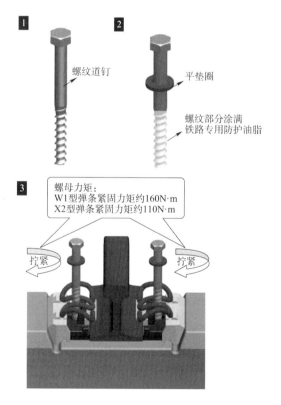

图7-117　安装螺纹道钉

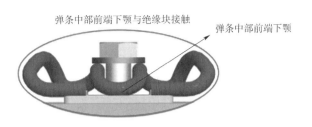

图 7-118　弹条中部前端下颚与绝缘块接触

紧固力矩值　　　　　　　　　　　　　　表 7-10

弹条类型	W1 型弹条	X2 型弹条
紧固力矩（N·m）	约 160	约 110

钢轨接头处要用 WJ8 接头轨距挡板和Ⅱ型绝缘块，如图 7-119 所示。

（8）检查轨距和轨向，如有不适，调换不同号码的轨距挡板，如图 7-120 所示。

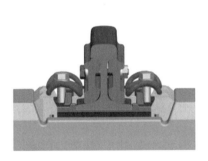
图 7-119　WJ8 接头轨距挡板和Ⅱ型绝缘块

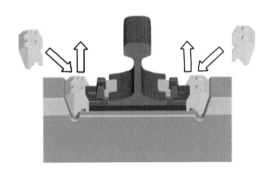
图 7-120　调换轨距挡板

（9）检查钢轨空吊、高低和水平，如有不适，参照表 7-11 放入适当厚度的调高垫板。

调高垫板使用表　　　　　　　　　　　　表 7-11

钢轨高低调整量 （mm）	轨下微调垫板总厚度 （mm）	铁垫板下调高垫板厚度 （mm）
0	0	0
1~10	1~10	0
11~20	1~10	10
21~30	1~10	20

（10）轨下调高垫板应放在轨下垫板下，放入垫板的总厚度不得大于 10mm，总数不得超过两块，如图 7-121 所示。

4. 安全注意事项

（1）运营初期应注意观察扣件的使用情况，如因铁垫板下弹性垫板压缩残变引起扣件松弛，应及时复拧。当发现钢轨空吊和高低不平顺，应及时垫入调高垫板。

（2）铁垫板下调高垫板每对由两片组成，从侧面插入。铁垫板下调高垫板只能单对使用，不能摞叠使用，如图7-122所示。钢轨相对正常状态的调高量大于15mm时，应采用S3型螺纹道钉。

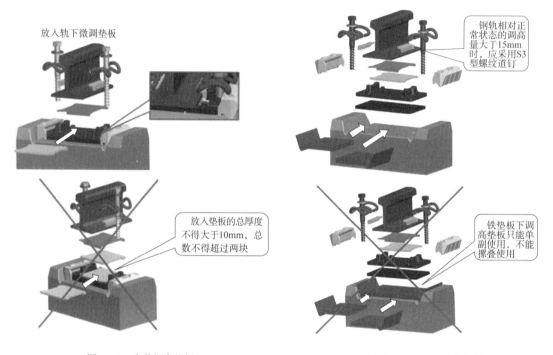

图 7-121　安装调高垫板　　　　　　　图 7-122　铁垫板下调高垫板

（3）使用中如发现扣件部件损坏应及时更换。

（4）如遇需要卸下螺纹道钉的情况时，应避免泥污进入预埋套管。

复习思考题

一、填空题

1. 弹条Ⅲ型扣件由＿＿＿＿＿、＿＿＿＿＿、＿＿＿＿＿和＿＿＿＿＿组成。

2. 弹条Ⅳ型扣件C4型弹条的直径为＿＿＿＿＿mm，JA和JB型弹条的直径为＿＿＿＿＿mm，JA型弹条防锈涂料为＿＿＿＿＿色，JB型弹条防锈涂料为＿＿＿＿＿色。

3. 弹条Ⅳ型扣件预埋铁座与钢轨间设有＿＿＿＿＿，通过更换＿＿＿＿＿实现钢轨左右位置的调整。

4. WJ-7型扣件用于桥上需要降低线路阻力时，可采用＿＿＿＿＿型弹条并配用＿＿＿＿＿垫板。

5. WJ-7型扣件调高垫板分为＿＿＿＿＿和＿＿＿＿＿两种。

二、单选题

1. 弹条Ⅲ型扣件是（　　）扣件。
   A. 有螺栓有挡肩　B. 有螺栓无挡肩　C. 无螺栓有挡肩　D. 无螺栓无挡肩
2. 使用弹条Ⅳ型扣件时，在一般地段应安装（　　）型弹条。
   A. C4 型　　　　　B. JA 型　　　　　C. JB 型　　　　　D. W1 型
3. 弹条Ⅴ型扣件适用于（　　）。
   A. 普速铁路有螺栓有挡肩　　　　B. 普速铁路无螺栓无挡肩
   C. 高速铁路有螺栓有挡肩　　　　D. 高速铁路无螺栓无挡肩
4. WJ-7 型扣件一般地段使用的 W1 型弹条比和桥上使用的 X2 型直径要（　　）。
   A. 粗　　　　　　B. 细　　　　　　C. 相等　　　　　D. 不一定
5. WJ-7 型扣件通过轨下调高垫板和铁垫板下调高垫板的最大调高量分别是（　　）。
   A. 10mm　10mm　B. 10mm　20mm　C. 20mm　10mm　D. 20mm　20mm

三、多选题

1. 弹条Ⅳ型扣件的弹条可分为（　　）。
   A. C4 型　　　　　B. JA 型　　　　　C. JB 型　　　　　D. W1 型
2. WJ-7 型扣件的弹条分为（　　）。
   A. W1 型　　　　　B. X2 型　　　　　C. JA 型　　　　　D. JB 型
3. 弹条Ⅳ型扣件中 JA 型弹条与下列（　　）轨距块配用。
   A. 7 号　　　　　　　　　　　　　B. 8 号
   C. 9 号　　　　　　　　　　　　　D. 10 号
   E. 11 号
4. WJ-7 型扣件轨下调高垫板按厚度分有（　　）几种规格。
   A. 1mm　　　　　　B. 2mm　　　　　　C. 3mm
   D. 5mm　　　　　　E. 8mm　　　　　　F. 10mm
5. WJ-8 型扣件铁垫板下调高垫板按厚度分有（　　），每种由两片组成。
   A. 5mm　　　　　　B. 10mm　　　　　C. 15mm
   D. 20mm　　　　　E. 25mm

四、简答题

1. 普速铁路有砟轨道线路主要的扣件类型有哪些？主要的技术特点是什么？
2. 高速铁路有砟轨道线路主要的扣件类型有哪些？主要的技术特点是什么？
3. 高速铁路无砟轨道线路主要的扣件类型有哪些？主要的技术特点是什么？
4. 城市轨道交通减振扣件类型有哪些？主要的技术特点是什么？
5. 调查一下所在的城市（开通地铁或轻轨的话）所用的扣件类型主要有哪些？主要技术特点是什么？
6. 弹条Ⅳ、Ⅴ型、WJ-7 型及 WJ-8 型扣件主要由哪几部分组成？在安装过程中应注意哪些问题？

项目 8

道岔施工

教学导入

2020 年 4 月 12 日 14 时 29 分，由赤峰南开往山海关的 K7384 次旅客列车以 50km/h 的速度运行至锦承上行线大营子线路所 3 号道岔处，机车及机后 1~2 位车辆脱轨并侵入锦承下行线，无人员伤亡，锦承下行线行车中断 12h 28min、上行线行车中断 14h 01min，构成铁路交通较大事故，直接经济损失总计 70.7 万元。锦承线改造前为单线无缝线路，2014 年设计批复，全线改造为Ⅰ级双线铁路，新建改建地段设计速度 120km/h。2019 年 12 月 24 日，事故地段改建开通。造成该起事故的原因为：事故地段道岔于 2019 年 12 月 24 日投入使用，施工进行无缝线路胶接时气温为 -16.1℃并按此锁定轨温，超出设计锁定轨温范围。事故发生时当地气温为 20.2℃、轨温 37℃，锁定轨温和实际轨温差达 53.1℃。设备管理单位未按规定针对气温回升情况及时实施应力放散，轨道发生胀轨，造成 3 号道岔尖轨与基本轨离缝。K7384 次旅客列车运行至此，机车车轮从尖轨尖端处挤入道岔直尖轨与曲基本轨间缝隙，导致脱轨❶。

道岔是轨道结构中较为复杂的部件，同时也是轨道结构的三大薄弱环节之一，出现故障的可能性较大，道岔出现故障会直接影响列车的安全运行。因此，必须重视道岔的施工质量，加大运营维护时的检查力度，在道岔发生故障时及时发现并解决，确保轨道线路的安全运营。

教学目标

▶ **知识目标**

1. 了解不同种类道岔的作用。
2. 熟悉单开道岔构造与技术特点。

▶ **技能目标**

1. 能够进行普通单开道岔的计算。
2. 能够进行有砟道岔及无砟道岔的铺设。

---

❶ 资料来自国家铁路局官方网站。

项目8 道岔施工

任务8.1 认识道岔

道岔是机车车辆从一股轨道转入或越过另一股轨道时必不可少的线路设备,是轨道结构的重要组成部分,也是制约列车运行速度的关键因素之一。根据用途和条件的不同,可以利用道岔把许多股道连接组合成不同形式的车站或车场。

道岔具有数量多、构造复杂、使用寿命短、限制列车速度、行车安全性低、养护维修投入大等特点,因此,道岔与曲线、接头并称为轨道结构的三大薄弱环节。

道岔的功能和类型

根据道岔的用途和构造形式的不同,道岔可分为连接设备、交叉设备、连接与交叉设备。常用的线路连接设备主要有普通单开道岔、对称双开道岔(对称道岔)和三开道岔;交叉设备主要有直交叉和菱形交叉;连接与交叉设备主要有渡线道岔和交分道岔,如图8-1所示。

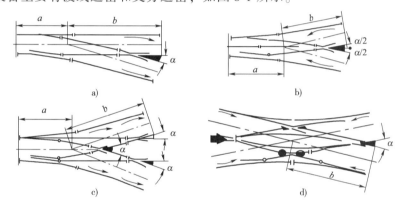

图8-1 各种主要道岔
a) 普通单开道岔; b) 对称双开道岔; c) 三开道岔; d) 交分道岔
a-道岔前长; b-道岔后长; α-辙叉角

普通单开道岔,简称单开道岔,是目前我国轨道结构中使用最多的道岔形式,如图8-2所示。单开道岔主线一般为直线,侧线由主线向左侧(称左开道岔)或右侧(称右开道岔)岔出。单开道岔构造相对简单,但它具有其他道岔的共有特点和要求,是学习其他类型道岔的基础。因此,了解和掌握这种道岔的基本特征,对各类道岔的设计、制造、铺设、养护均具有十分重要的意义。关于单开道岔的构造及作用将在本项目的任务8.2中做详细说明。

对称道岔(图8-3)是单开道岔的一种特殊形式,整个道岔对称于主线的中线或辙叉角的平分线,列车通过时无直向及侧向之分。对称道岔尖轨长度相同时,尖轨作用边和主线方向所成的角约为单开道岔辙叉角的一半,如图8-1b)所示;导曲线❶半径相等时,对称道岔的长度要比单开道岔的短,其他条件相同时,导曲线半径约为单开道岔的两倍;在曲线半径和长度保持不变时,可采用比单开道岔更小号数的辙叉。因此,在道岔长度固定的条件下,

---

❶ 导曲线的相关知识会在本项目任务8.2讲解。

使用对称道岔可获得较大的导曲线半径，能提高过岔速度；同样的道理，在过岔速度一定的条件下，对称道岔能缩短道岔长度，从而缩短站坪长度，进而增加股道的有效长度。对称道岔的这些特点使得它在驼峰下、三角线上、工业铁路线和城市轻轨线上广泛应用。

图 8-2　单开道岔

图 8-3　对称道岔

三开道岔（图 8-4），又称复式异侧对称道岔，是复式道岔中常用的一种形式。它相当于两组异侧顺接的单开道岔，但其长度却远比两组单开道岔的长度之和要短。基于三开道岔的这个特点，在有地形限制或者其他特殊需要地段时可采用此种道岔形式，如铁路轮渡桥头引线、驼峰编组场等。三开道岔主要由一组转辙器、一组中间辙叉和两组同号数的后端辙叉组成，如图 8-1c) 所示。三开道岔的构造较一般单开道岔、对称道岔复杂，铺装、维修较为困难，一般情况下，不轻易采用。

交分道岔（图 8-5）有单式、复式之分。复式交分道岔相当于两组对向铺设的单开道岔，实现不平行股道的交叉。交分道岔具有道岔长度短、开通进路多及两个主要行车方向均为直线等优点。因此，交分道岔只需要占用很少部分的用地，就能起到提高调车能力、改善列车运行条件的作用。交分道岔由菱形交叉、转辙器和连接曲线等部分组成，如图 8-1d) 所示。菱形交叉一般是直线与直线的交叉，由两副锐角辙叉、两副钝角辙叉和连接钢轨组成。

图 8-4　三开道岔

图 8-5　交分道岔

项目8 道岔施工

任务8.2 普通单开道岔的构造认知

一 单开道岔的结构

普通单开道岔主要由转辙器、连接部分、辙叉及护轨组成，如图8-6所示。

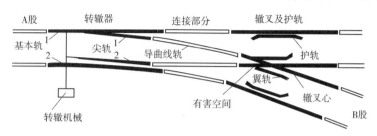

图8-6 单开道岔组成

尖轨尖端前的基本轨端轨缝中心处称道岔始端（或称岔头），辙叉跟端轨缝中心处则称道岔终端（或称岔尾）。

站在道岔始端面向道岔终端，凡侧线位于直线左方的称左开道岔；侧线位于直线右方的称右开道岔。

列车经过道岔时，凡由道岔终端驶向道岔始端时，称顺向通过道岔；由始端驶向终端时，称逆向通过道岔。

目前，我国铁路干线上普遍使用60kg/m钢轨固定型辙叉12号单开道岔。为适应铁路提速改造要求，2007年11月，国内首组速度350km客运专线60kg/m钢轨18号单开道岔通过铁道部专家组的技术审查。这组道岔代表了当时我国铁路道岔研发制造的最高水平，已基本达到国际先进水平，为我国高速道岔研制奠定了坚实基础。2011年4月，亚洲最大、世界第二大道岔——62号高速道岔在哈大高速铁路长春西客站安全平顺吊装到位，这不仅填补了我国独立自主研发和铺设大型高速铁路专用道岔领域的空白，也突破了制约高速列车进出站速度的关键性瓶颈，为今后的高速铁路道岔铺设积累了经验。

1. 转辙器

单开道岔的转辙器，是引导机车车辆沿主线方向或侧线方向行驶的线路设备，由两根基本轨、两根尖轨、各种零配件组成。

1）基本轨

基本轨由标准断面的钢轨制成，直线方向的为直基本轨，侧线方向的为曲基本轨。

基本轨是用一根12.5m或25m标准断面的普通钢轨制成，主股为直线，侧股按转辙器各部分的轨距在工厂事先弯折成规定的折线或采用曲线型。通常，道岔中不设轨底坡，为改善钢轨的受力条件，提速道岔中基本轨设有1∶40轨底坡。基本轨除承受车轮的垂直压力外，还与尖轨共同承受车轮的横向水平力。为防止基本轨的横向移动，可在其外侧设置轨撑，为了增加钢轨表面硬度，提高耐磨性并保持与尖轨良好的密贴状态，基本轨头顶面一般还进行淬火处理。

图 8-7 配件中的尖轨

2）尖轨

尖轨是转辙器中的重要部件，依靠尖轨的扳动，将列车引入正线或侧线方向，如图 8-7 所示。尖轨在平面上可分为直线型和曲线型。过去我国铁路的大部分 12 号及 12 号以下的道岔，均采用直线型尖轨。直线型尖轨制造简单，便于更换，尖轨前端的刨切较少，横向刚度大，尖轨的摆度和跟端轮缘槽较小，可用于左开或右开，但这种尖轨的转辙角较大，列车对尖轨的冲击力大，不利于侧向行车速度的提高。

我国新设计的 12 及 12 号以上道岔直向尖轨为直线型，侧向尖轨为曲线型。这种尖轨冲击角较小，导曲线半径大，列车进出侧线比较平稳，有利于机车车辆的高速通过。但曲线型尖轨制造比较复杂，前端刨切较多，并且左右开不能通用。曲线型尖轨又分为切线型、半切线型、割线型、半割线型四种，我国铁路主要采用半切线型和半割线型曲线尖轨。

尖轨可用普通断面钢轨或特种断面钢轨制成。用普通断面钢轨制成的尖轨，一般在尖轨前端加补强板以增强其横向刚度。用特种断面钢轨制成的尖轨，其断面粗壮、整体性强、刚度大，稳定性比普通断面钢轨好。与基本轨高度相同的称为高型特种断面，较矮者称为矮型特种断面。为便于在跟端与连接部分连接，特种断面钢轨跟部要加工成普通钢轨断面。我国已广泛推广使用特种断面钢轨如图 8-8 所示。

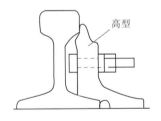 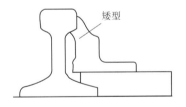

图 8-8 特种断面尖轨

为使转辙器正确引导列车的行驶方向，尖轨尖端必须细薄，且与基本轨紧密贴合。从尖轨尖端开始，尖轨断面逐渐加宽，其非作用一侧与基本轨作用边一侧应紧密贴合，保证直向尖轨作用边为一直线，侧向尖轨作用边与导曲线作用边为一圆曲线。

尖轨与基本轨的贴靠通常有两种，即贴尖式与藏尖式。当采用普通钢轨刨切时，将头部经过刨切的尖轨置于较基本轨高出 6mm 的滑床板上，形成贴尖式尖轨；当采用矮型特种断面钢轨加工尖轨时，在轨头下颚轨距线以下作 1∶3 的斜切，使尖轨尖端藏于基本轨的轨距线之下，形成藏尖式结构，以保护尖轨尖端不被车轮轧伤。

为保证尖轨具有承受车轮压力的足够强度，尖轨顶宽 50mm 以上部分方能完全受力，尖轨顶宽 20mm 以下部分，由基本轨受力，尖轨顶宽 20～50mm 的部分为轮载过渡段。尖轨与基本轨之间保持有必要的轨顶面相对高差。

尖轨跟端为尖轨与导曲线钢轨连接的一端。尖轨跟部结构保证尖轨能根据不同的转辙要求在平面上左右摆动，要求坚固稳定，制造简单，维修方便。尖轨跟端主要采用间隔铁鱼尾板式和弹性可弯式跟端结构。间隔铁鱼尾板式跟端结构（图 8-9）主要由间隔铁、跟端夹板及双头螺栓等组成，零件较少，尖轨扳动灵活，但稳定性较差。弹性可弯式尖轨在跟端前 2～3 根轨枕处，将轨底削去一部分，形成柔性部位，使尖轨具有能从一个位置扳动到另一位置足够的弹性。提速道岔中未对尖轨跟端轨底作刨切，虽增加了尖轨扳动力，但有利于保持尖轨跟端强度。跨区间无缝线路中，为限制尖轨伸缩位移，在跟部的基本轨和尖轨轨腰上安装有限位器，有利于将过大的温度力传递给外侧基本轨。

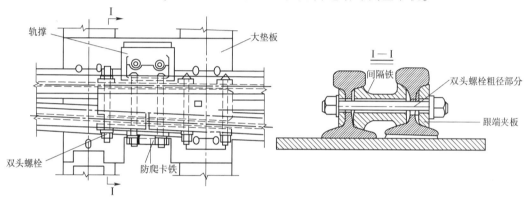

图 8-9 间隔铁鱼尾板式跟端结构

3）转辙器上的零配件

转辙器上的零配件有间隔铁、限位器、滑床板、轨撑、顶铁、各种特殊形式的垫板、道岔拉杆和连接杆、转辙机械、锁闭机构、密贴检查器、融雪设备、道岔监测系统等。

（1）间隔铁。间隔铁设置于尖轨跟端，在无缝道岔中可将尖轨中的温度力传至基本轨，限制尖轨尖端的伸缩位移；而在有缝道岔中则是间隔铁鱼尾板式跟端结构，保证尖端的扳动及其稳定性。

（2）限位器。在跨区间无缝线路中，为限制尖轨尖端的伸缩位移，在尖端跟部的基本轨和尖轨轨腰上可安装限位器，将过大的温度力传递给外侧基本轨。

（3）滑床板。在整个尖轨长度范围内的岔枕面上，有承托尖轨和基本轨的滑床板。滑床板有分开式和不分开式两种。分开式是轨撑由垂直螺栓先与滑床板连接，再用道钉或螺纹道钉将垫板与岔枕连接；不分开式用道钉将轨撑、滑床板直接与岔枕连接，尖轨放置于滑床板上，与滑床板之间无扣件连接。普通道岔中，尖轨一侧的基本轨轨底通过滑床台扣压；提速道岔中，滑床板内设有穿销式弹性扣压件对基本轨实施弹性扣压；客运专线道岔中，滑床板内设"几"形弹性扣压件对基本轨实施弹性扣压，扣压力大，基本轨横向稳定性好，可取消基本轨外侧轨撑。

为降低尖轨转换中的摩阻力，可在滑床台上喷涂聚四氟乙烯、镍铬镀层等减摩材料以降低摩擦系数，或通过设置辊轮机构实现滚动摩擦。

(4)轨撑。用于防止基本轨倾覆、扭转和纵、横向移动，安装在基本轨的外侧。它用螺栓与基本轨相连，并用两个螺栓与滑床板连接。轨撑有双墙式和单墙式之分。不是所有道岔都有轨撑，比如提速道岔中由于扣件扣压力足够大，未设轨撑。

(5)顶铁。尖轨刨切部位紧贴基本轨，而在其他部位则依靠安装在尖轨外侧腹部的顶铁，将尖轨承受的横向水平力传递给基本轨，以防止尖轨受力时弯曲，并保证尖轨与基本轨的位置正确。

(6)各种特殊形式的垫板。如铺设在尖轨之前的辙前垫板和之后的辙后垫板；铺设在尖轨尖端和跟端的通长垫板；为保持导曲线的正确位置而设置的支距垫板等。

(7)道岔拉杆和连接杆。道岔拉杆连接两根尖轨，并与转辙设备相连，以实现尖轨的摆动，故又叫转辙杆。连接杆为连接两根尖轨的杆件，其作用是加强尖轨间联系，提高尖轨的稳定性。

(8)转辙机械。最常用的道岔转换设备的种类有机械式和电动式。若按操纵方式分，则有集中式和非集中式两种。机械式转换设备可分为集中式和非集中式，电动式转换设备则为集中式。道岔转换设备必须具备转换（改变道岔方向）、锁闭（锁闭道岔，在转辙杆中间处尖轨与基本轨之间不允许有4mm以上的间隙）和显示（显示道岔正位或反位）等功能。

(9)锁闭机构。有内锁和外锁两种形式，内锁是通过转辙连杆在转辙机内部锁定，因轮轨横向力由转辙机承受，故障率较高；外锁则是通过楔形燕尾锁、拐肘锁及钩形锁实现尖轨与基本轨在牵引点处锁闭，可靠性高，列车荷载由锁闭器传递给基本轨共同承受。锁闭机构应具有使尖轨牢固锁闭和满足无缝线路尖轨伸缩的双重功能。我国速度120km/h以上道岔采用的是分动钩形外锁转换机构，120km/h及以下的道岔基本采用的是联动内锁转换机构。

(10)密贴检查器。高速道岔中为保证尖轨与基本轨的密贴，在牵引点间设置密贴检查器，对尖轨完成转换、锁闭及运营过程中可能出现的缝隙、异物实施检测，还对非工作尖轨在第一牵引点处的开口和最小间距部位进行检测，确保道岔可动部件处于最佳技术状态。

(11)融雪设备。在基本轨轨底、轨腰或滑床板上安装加热条，在冬天下雪或下雨时启动加热设备，可及时除去尖轨转换范围内的积雪和积冰，确保道岔可动部件的正常转换，目前在青藏线上无人值守车站道岔中，安装了电加热融雪设备。

(12)道岔监测系统。可对道岔及其转换设备和道岔的综合状态和运行情况进行实时、在线监测，为道岔的维护和使用提供参数。监测参数主要有轮缘槽参数、转辙机转换阻力、转换时间、转辙机动态力、转辙机工作电流和电压、道岔环境温度和环境湿度、振动加速度等，道岔监测系统不是道岔功能所必需的，但可为道岔实现科学养护提供支持。德国、法国高速道岔均开发有较完善的道岔监测系统，国内道岔监测系统也已相对成熟。

2. 辙叉及护轨

辙叉是使车轮由一股钢轨越过另一股钢轨的设备。辙叉及护轨包括辙叉、护轨、主轨（安装护轨的基本轨）及其他连接零件。其中，辙叉主要由叉心、翼轨和连接零件组成。

按平面形式分,辙叉有直线辙叉和曲线辙叉两类;按构造类型分,有固定辙叉和可动辙叉两类。在单开道岔上,以直线式固定辙叉最为常用,提速道岔及客运专线道岔中以可动心轨结构为主。

1) 固定辙叉

直线式固定辙叉分两种,即整铸辙叉和钢轨组合式辙叉。曲线型固定辙叉生产工艺较复杂,很少采用。

整铸辙叉(图8-10)是用高锰钢浇铸的整体辙叉。高锰钢是一种锰碳含量均较高的合金钢(含锰约12.5%,碳约1.2%),具有较高的强度,良好的冲击韧性,经热处理后,在冲击荷载作用下,会很快产生硬化,表面具有良好的耐磨性能。同时,由于心轨和翼轨同时浇铸,整体性和稳定性好,可不设辙叉垫板而直接铺设在岔枕上。这种辙叉还具有使用寿命长,养护维修方便的优点。

图8-10 整铸辙叉

钢轨组合式辙叉是用钢轨及其他零件经刨切拼装而成的,它由长心轨、短心轨、翼轨、间隔铁、辙叉垫板及其他零件组成,如图8-11所示。辙叉是由长心轨、短心轨拼装而成,长心轨应铺设在正线或运量较大的线路方向上。为尽可能保持长心轨断面的完整,而将短心轨刨去一部分,使短心轨轨底叠盖在长心轨轨底上,以保持叉心的坚固稳定。这种结构取材容易,无特殊工艺要求,加工制造方便,但这种结构零件多,养护工作量大,目前我国正线上已很少使用。

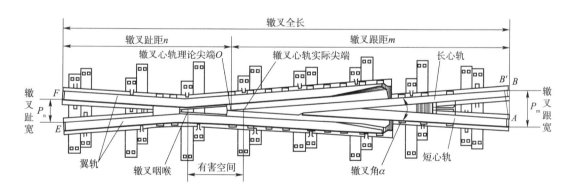

图8-11 组合辙叉及辙叉各部分名称

辙叉叉心两侧作用边之间的夹角称为辙叉角 α。心轨两侧工作边延长线的交点,称为辙叉理论中心(理论尖端)。由于制造工艺的原因,实际叉心尖宽为6~10mm,称为辙叉实际尖端。

辙叉上两翼轨工作边最小间距处称为辙叉咽喉。为保证直向和侧向两个方向的列车都能顺利通过,固定辙叉上从辙叉咽喉到心轨实际尖端之间的轨线出现中断,该区域称为"有害空间"。

道岔号数以辙叉号数 N 表示:

$$N = \cot\alpha \tag{8-1}$$

式中，α 为辙叉角，则：

$$\alpha = \text{arccot}\frac{1}{N} \tag{8-2}$$

辙叉号数 N 越大，辙叉角 α 越小，而有害空间则越大。

单开道岔辙叉从其趾端到跟端的长度 FA 或 EB，称为辙叉全长。从辙叉趾端到理论中心的距离 FO 或 EO，称为辙叉趾距，用 n 表示。从辙叉跟端到理论中心的距离 AO 或 BO，称为辙叉跟距，用 m 表示。辙叉趾端翼轨作用边间的距离 EF 和辙叉跟端叉心作用边间距 AB，分别称为辙叉趾宽 P_n 及辙叉跟宽 P_m，如图 8-11 所示。

2）可动辙叉

可动辙叉是指辙叉个别部件可以移动，以保证列车过岔时轨线的连续，消除固定辙叉上存在的有害空间，并可取消护轨，同时辙叉在纵断面上的几何不平顺也可以大大减少，从而显著地降低辙叉部位的轮轨相互作用，提高运行的平稳性，延长辙叉的适用寿命。可动辙叉有如下 3 种基本形式。

（1）可动心轨式辙叉。可动心轨式辙叉，顾名思义是中心轨可动，翼轨固定的辙叉形式，如图 8-12 所示。这种辙叉的优点是列车作用于心轨的力能直接传递给翼轨，保证了辙叉的横向稳定性。由于心轨的转换与转辙器同步，不会因为误认进路时发生脱轨事故，保证行车安全。其缺点是制造比较复杂，并较固定式辙叉长。

可动心轨辙叉包括两根翼轨、长心轨、短心轨、转换设备及各种连接零件。为了保证无缝线路温度力能顺利地从心轨传递至翼轨上，一般采用长翼轨结构，用高强螺栓或胶结

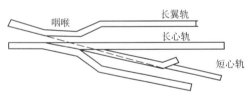

图 8-12 可动心轨式辙叉

的办法用几个间隔铁在心轨跟端处将翼轨与心轨连接起来。德国和法国高速道岔中也采用了强有力的跟端结构连接心轨与翼轨。

心轨跟端有铰接式和弹性可弯式两种。铰接式心轨跟端通过高强螺栓固定在翼轨上的间隔铁上，能保证心轨与翼轨的相对位置，并传递水平力。这种辙叉的优点是便于铸造，转换力较小，可以保持原有固定式辙叉的长度。铺设这种可动心轨辙叉时不致引起车站平面的变动，因此，尤其适用于既有线站场的技术改造。但是在辙叉范围内可能出现活接头，结构稳定性大大降低。

弹性可弯式跟部结构有两种形式，即心轨的一肢跟端为弹性可弯式，另一端为活动铰接式；或者是心轨的两肢均为弹性可弯式。前一种结构不仅连接可靠，而且构造简单，辙叉转换力也较小，我国研制的可动心轨辙叉选用的就是此种形式。后一种结构在转换时长短心轨接合面上将产生少量的相对滑动，这种心轨较长，且转换力要求较大，但因消除了钢轨接头，通过合理设置牵引点的数量和位置，可满足侧向 140km/h 以上的高速行车要求，一般只在高速道岔中使用。

（2）可动翼轨式辙叉。可动翼轨式辙叉中心轨固定，翼轨可动，又可分为单侧翼轨可动和双侧翼轨可动两种形式。这类辙叉比较灵活，可设计成与既有固定式辙叉互换的尺

寸，铺设时可以避免引起站场平面的变动，同时又满足了消灭有害空间的要求。其缺点是可动翼轨的横向稳定性较差，翼轨的固定装置结构复杂。

（3）其他消灭有害空间的辙叉形式。我国新近研制的客运专线18号道岔采用单肢弹性可弯式心轨辙叉结构，心轨为60D40型钢轨组合结构，长心轨跟端弹性可弯，短心轨跟端滑动。沿用我国提速道岔中大量采用的60AT型钢轨局部锻压特种断面并加焊60kg/m标准轨的翼轨结构，为解决60D40型钢轨的断面难以锻制转换凸缘这一难题，采取了以下方案：心轨尖端不再锻制转换凸缘，而是改变锁钩结构并上移，同时将心轨尖端附近轨底刨切10mm，翼轨内侧轨底刨切17mm，轨底上表面也做适量刨切，以满足锁钩的结构要求；采用防跳卡铁和防跳顶铁限制心轨的跳动；翼轨跟端采用大间隔铁，并与心轨连接。

3）护轨

护轨设于固定辙叉两侧，主要作用是引导列车车轮轮缘，使之进入适当的轮缘槽，防止与叉心碰撞。目前，我国道岔的护轨类型主要有钢轨间隔铁型、H形和槽形三种。护轨的防范范围应包括辙叉咽喉至叉心顶端50mm的一段长度，并要求有适当余量。辙叉护轨由中间平直段、两端缓冲段和开口段组成，成折线型。护轨平直段是实际起着防护作用的部分，缓冲段及开口段起着将车轮平顺地引入护轨平直段的作用。缓冲段的冲击角应与列车允许的通过速度相匹配。

3. 连接部分

连接部分是转辙器和辙叉之间的连接线路，包括直股连接线和曲股连接线（也称导曲线）。直股连接线与区间线路构造基本相同。导曲线的平面形式可以是圆曲线、缓和曲线或变曲率曲线。我国目前线路上铺设的道岔导曲线均为圆曲线，两端一般不设缓和曲线。当转辙器尖轨或辙叉为曲线型时，其本身就是导曲线的一部分，确定导曲线平面形式时应将尖轨和辙叉平面一并考虑。导曲线由于长度及限界的限制，一般不设超高。普通道岔中，未设轨底坡，提速道岔及客运专线道岔中设置了1:40轨底坡。

为防止导曲线钢轨在动荷载作用下的外倾及轨距扩大，可设置一定数量的轨撑或轨距拉杆，也可同区间线路一样设置一定数量的防爬器及防爬木撑，以减少钢轨的爬行。在提速道岔及客运专线道岔中，因采用混凝土岔枕及弹性扣件，所以未设轨距拉杆及防爬器。

二 单开道岔的几何尺寸

1. 道岔各部分轨距

直线轨道的轨距为1435mm，曲线轨道应根据曲线半径、运行速度及机车车辆的通过条件等因素来决定。单开道岔各部位的轨距，按机车车辆以正常强制内接条件计算并加一定的余量，需加宽部位有：基本轨前接头处轨距S_1、尖轨尖端轨距S_0、尖轨跟端直股及侧股轨距S_h、导曲线中部轨距S_c、导曲线终点轨距S。我国铁路92型标准道岔上各部位的轨距值见表8-1。

标准道岔部分的轨距尺寸（mm）　　　　表 8-1

道岔各部分轨距	9 号道岔	12 号道岔		18 号道岔
		直线尖轨	曲线尖轨	
S_1	1435	1435	1435	1435
S_0	1450	1445	1437	1438
S_h	1439	1439	1435	1435
S_c	1450	1445	1435	1435

道岔各部分的轨距加宽，应有适当的递减距离，以保证行车的平稳性。尖轨尖端的轨距加宽，应按不大于 6‰ 的递减率向尖轨外方向递减。S_0 与 S_h 的差数，应在尖端范围内均匀递减。导曲线中部轨距加宽的递减距离，至导曲线起点为 3m，至导曲线终点为 4m，尖端、跟端直股轨距 S_h 的递减距离为 1.5m。

提速道岔中，除尖轨尖端宽 2mm 处因刨切引起的轨距构造加宽外，其余部分轨距均为标准轨距 1435mm。

道岔各部分的轨距应符合标准规定，如有误差，不论是正线、到发线、站线或专用线，一律不得超过 +3mm 或低于 -2mm，有控制锁的尖轨尖端不超过 ±1mm，较一般轨道有更严格的要求。同时还需要考虑道岔轨距在列车作用下将有 2mm 的弹性扩张，由此可以计算出道岔各部分的最小、正常和最大轨距值。

2. 转辙器几何尺寸

道岔转辙器上需要确定的几何尺寸主要有最小轮缘槽 t_{min}（mm）和尖轨动程 d_0（mm）。

1）尖轨的最小轮缘槽 t_{min}

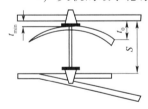

图 8-13　曲线尖轨轮缘槽

当使用曲线尖轨直向过岔时，应保证在最不利条件下，即具有最小宽度的轮对一侧车轮轮缘紧贴直股尖轨时，另一侧车轮轮缘能顺利通过而不冲击尖轨的非工作边，如图 8-13 所示。此时，曲线尖轨在其最凸出处的轮缘槽，较其他任何一点的轮缘槽为最小，称曲线尖轨最小轮缘槽 t_{min}。要保证轮对顺利通过该轮缘槽，而不以轮对的轮缘撞击尖轨的非工作边，轮缘槽的宽度应取以下最不利组合时的数值：

$$t_{min} \geqslant S_{max} - (T + d)_{min} \tag{8-3}$$

式中，S_{max} 为曲尖轨凸出处直向线路轨距的最大值，计算时还应考虑轨道的弹性扩张和轨道公差。以提速道岔为例，采用车辆轮，代入具体值，求得：

$$t_{min} \geqslant 1435 + 3 - (1350 + 22 - 2) = 68\text{mm}$$

我国实际采用的 $t_{min} \geqslant 68$mm。同时 t_{min} 也是控制曲线尖轨长度的因数之一，为缩短尖轨长度，不宜规定得过宽，根据经验，t_{min} 可减少至 65mm。

对于直线尖轨来说，t_{min} 发生在尖轨跟端。尖轨跟端轮缘槽 t_0 应不小于 74mm。这时跟端支距 $y_g = t_0 + b$，如图 8-14 所示。b 为尖轨跟端钢轨头部的宽度。取 $b = 70$mm，代入有关数据，可得 $y_g = 144$ mm。

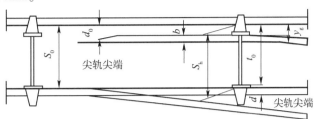

图 8-14　直线尖轨尖端与跟端

2）尖轨动程 d_0

尖轨动程为尖轨尖端非作用边与基本轨作用边之间的拉开距离，规定在距尖轨尖端 380mm 的第一根连接杆中心处量取。尖轨动程应保证尖轨扳开后，最小宽度的轮对对尖轨非作用边不发生侧向挤压。曲线尖轨的动程由 t_{min}、曲线尖轨最凸出处的钢轨轨宽、曲线半径 R 等因素确定。对直线尖轨要求轨尖端开口部小于 $(y_g + S_0 - S_h)$。由于目前各种转辙机的动程已基本定型，故尖轨的动程应与转辙机的动程配合。目前大多数转辙机的标准动程为 152mm，因此《铁路线路维修规则》第 3.8.1 条规定：尖轨在拉杆处的最小动程，直尖轨为 142mm，曲尖轨为 152mm，AT 弹性可弯尖轨为 180mm。

3. 导曲线几何尺寸

导曲线部分需要确定的几何尺寸，主要是导曲线外轨工作边上各点以直向基本轨作用边为横坐标轴的垂直距离，也称导曲线支距。它对正确设置导曲线并保持其圆顺度起着十分重要的作用。

计算导曲线支距的方法有多种，当采用曲线尖轨、单圆曲线型导曲线时，取直股基本轨上正对尖轨跟端的 O 点为坐标原点，如图 8-15 所示。这时，导曲线始点的横坐标 x_0 和支距 y_0 分别为

$$\begin{cases} x_0 = 0 \\ y_0 = y_g \end{cases} \tag{8-4}$$

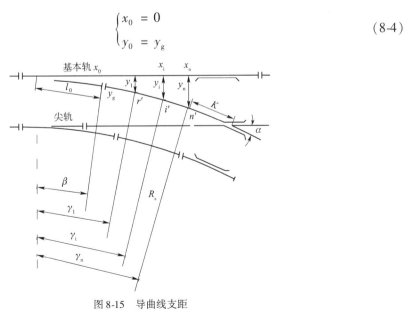

图 8-15　导曲线支距

导曲线终点的横坐标 x_n 和支距 y_n 则分别为

$$\begin{cases} x_n = R(\sin\gamma_n - \sin\beta) \\ y_n = y_g + R(\cos\beta - \cos\gamma_n) \end{cases} \quad (8\text{-}5)$$

式中：R——导曲线外轨半径（mm）；

β——尖轨跟端处曲线尖轨作用边与基本轨作用边形成的转辙角（°）；

γ_n——导曲线终点 n 所对应的偏角（°），$\gamma_n = \alpha$。

令导曲线上各支距测点 i 的横坐标为 x_i（依次为 2m 的整数倍），则其相应的支距 y_i 为

$$y_i = y_0 + R(\cos\beta - \cos\gamma_i) \quad (8\text{-}6)$$

式中的 γ_i 可用式（8-7）近似公式求得：

$$\sin\gamma_i = \sin\beta + \frac{x_i}{R} \quad (8\text{-}7)$$

最后计算得到的 y_n（mm），可用式（8-8）进行校核，即

$$y_n = S - K\sin\alpha \quad (8\text{-}8)$$

式中：K——导曲线后插直线长（mm）。

4. 辙叉及护轨几何尺寸

1）固定辙叉及护轨

固定辙叉及护轨需要确定的几何形位主要是辙叉咽喉轮缘槽 t_1、查照间隔 D_1、护背距离 D_2、护轨轮缘槽 t_g、翼轨轮缘槽 t_w 及有害空间长度 l_h。

（1）辙叉咽喉轮缘槽 t_1。辙叉咽喉轮缘槽确定的原则是保证具有最小宽度的轮对一侧车轮轮缘紧贴基本轨时，另一侧车轮缘不撞击辙叉的翼轨。如图 8-16 所示，这时最不利的组合为

$$t_1 \geqslant S_{\max} - (T + d)_{\min} \quad (8\text{-}9)$$

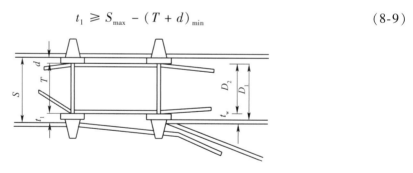

图 8-16 查照间隔

考虑到道岔轨距允许最大误差为 3mm，轮对车轴弯曲后，内侧距减少 2mm，取车辆轮为计算标准，则：

$$t_1 \geqslant (1435 + 3) - (1350 - 2) - 22 = 68\text{mm}$$

t_1 不宜规定过宽，否则将不必要地增加有害空间。

（2）查照间隔 D_1 及护背距离 D_2。护轨作用边至心轨作用边的查照间隔 D_1 确定的原则是具有最大宽度的轮对通过辙叉时，一侧轮缘受护轨的引导，而另一侧轮缘不冲击叉心或滚入另一线，这时最不利的组合为

$$D_1 \geq (T+d)_{\max} \tag{8-10}$$

考虑到车轴弯曲使轮背内侧距增大2mm，代入具体值，$T+d$取较车辆轮更大的机车轮为计算标准，求得：

$$D_1 \geq (1356+2)+33 = 1391\text{mm}$$

护轨作用边至翼轨作用边的距离称为护背距离，护背距离D_2确定的原则是具有最小宽度的轮对直向通过时不被卡住，必须有：

$$D_2 \leq T_{\min} \tag{8-11}$$

代入具体值，T取较机车轮更小的车辆轮为计算标准，并考虑车辆轴上弯后轮对内侧距的减小值2mm，则：

$$D_2 \leq 1350-2 = 1348\text{mm}$$

显然，D_1只能有正误差，不能有负误差，容许变化范围为1391~1394mm；同样，D_2只能有负误差，不能有正误差，容许变化范围为1346~1348mm。

(3) 护轨中间平直段轮缘槽t_{g1}。如图8-17所示，护轨中间平直段轮缘槽t_{g1}应确保D_1不超过规定的容许范围，计算公式为

$$t_{g1} = S - D_1 - 2 \tag{8-12}$$

式中，2mm为护轨侧面磨耗限度。取$S=1435$mm，$D_1=1391~1394$mm，得$t_{g1}=39~42$mm，一般取为42mm。

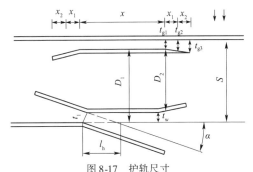

图8-17 护轨尺寸

为使车轮轮缘槽能顺利进入护轨轮缘槽内，护轨平直段两端应分别设置缓冲段及开口段。终端轮缘槽t_{g2}应保证有和辙叉咽喉轮缘槽相同的通过条件，即$t_{g2}=t_1=68$mm。在缓冲段的外端，再设开口段，开口段终端轮缘槽t_{g3}应能保证线路轨距为最大允许值1456mm时，具有最小宽度的轮对能顺利通过，而不撞击护轨的终端开口，由此得：

$$t_{g3} = 1456-(1350+22-2) = 86\text{mm}$$

实际采用$t_{g3}=90$mm，采用将钢轨头斜切的方法得到。

护轨平直部分长x，相当于辙叉咽喉起至叉心顶宽50mm处止，外加两侧各100~300mm。缓冲段长x_1按两端轮缘槽宽计算确定，开口段长$x_2=150$mm。

(4) 辙叉翼轨平直段轮缘槽t_w。根据图8-17，辙叉翼轨平直段轮缘槽t_w应保证查照间隔和护背距离不超出规定的容许范围，计算公式为

$$t_w = D_1 - D_2 \tag{8-13}$$

采用不同的D_1、D_2组合，得到t_w的变化范围为43~48mm。我国规定采用46mm，从

辙叉心轨尖端至心轨宽50mm处，t_w均应保持此宽度。为了减少顺向过岔时的翼轨的冲击角，也可将翼轨平直段的防护宽度放宽至心轨顶宽20~50mm范围内。

辙叉翼轨轮缘槽也有过渡段与开口段，其终端轮缘槽宽度、缓冲段的转折角与护轨相同。辙叉翼轨各部分长度可比照护轨进行相应的计算。

(5) 有害空间长度l_h。辙叉有害空间长度l_h可采用式(8-14)计算：

$$l_h = \frac{t_1 + b_1}{\sin\alpha} \tag{8-14}$$

式中，b_1为叉心实际尖端宽度，通常可取为10mm。因α很小，可近似取$\frac{1}{\sin\alpha} \approx \frac{1}{\tan\alpha} = \cot\alpha = N$，所以，式(8-14)可改写成：

$$l_h \approx (t_1 + b_1)N \tag{8-15}$$

取$t_1 = 68\text{mm}$，$b_1 = 10\text{mm}$，则9号、12号及18号道岔的有害空间分别为702mm、936mm及1404mm。

2) 可动心轨辙叉及护轨

可动心轨辙叉的主要几何形位有辙叉咽喉轮缘槽宽度、翼轨端部轮缘槽宽度、心轨动程。可动心轨辙叉与固定式辙叉不同，其咽喉宽度不能用最小轮背距和最小轮缘厚度进行计算，而应根据转辙机的参数来决定。现有电动转辙机的动程为152mm，调整密贴的调整杆的轴套摆度最小可达90mm。因此，可动心轨辙叉咽喉的理论宽度t_1不应小于90mm，并不大于152mm。现已使用的60kg/m钢轨提速12号可动心轨辙叉，这个数值采用120mm。

翼轨端部的轮缘槽宽度t_2不应小于固定式的辙叉咽喉宽度68mm，一般采用$t_2 > 90\text{mm}$。若可动心轨辙叉中设置有防磨护轨，护轨轮缘槽确定的原则为确保心轨不发生侧面磨耗而影响心轨与翼轨的密贴，一般采用与固定辙叉护轨相同的设置值。

心轨第一牵引点处动程由辙叉咽喉轮缘槽宽度等因素确定，提速道岔中采用98mm，其他牵引点动程可按与尖轨类似的方法确定。

三　单开道岔的总布置图

道岔的设计一般分为两种情况。

一种是给出钢轨类型、侧向容许通过速度、机车类型等条件进行道岔设计，这时必须按规定的容许离心加速度、加速度时变率及撞击动能损失的容许值来确定所需要的道岔号数、导曲线半径、各部分轨距，并进行整个道岔的设计。

另一种是在生产实际中大量遇到的情况，已知钢轨的类型和道岔号数、导曲线半径、转辙器类型及长度，来计算道岔布置总图。

单开道岔总图设计，包括以下几项主要内容：道岔主要尺寸计算、配轨计算、导曲线支距计算、各部分轨距计算、岔枕布置总图绘制、道岔布置总图绘制、材料数量表提出。

1. 曲线尖轨、直线辙叉单开道岔的计算

1) 转辙器计算

曲线尖轨大多采用圆曲线型。半切线型尖轨如图8-18所示。

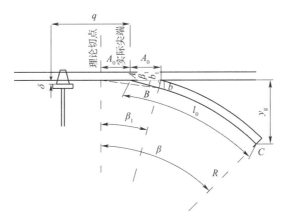

图 8-18 半切线型尖轨

半切线型尖轨曲线的理论起点与基本轨相切,在尖轨顶宽为 b_1 处(通常为 20～40mm)开始,将曲线改为切线(若不改动,则为全切线型),为避免尖轨尖端过于薄弱,在顶宽 3～5mm 处再作一斜切,这种形式的曲线尖轨的侧向行车条件较直线尖轨好,且尖轨比较牢固,加工也比较简单,是我国道岔应用较多的尖轨形式。

曲线尖轨转辙器中的主要尺寸包括:曲线尖轨长度 l_0(mm)、直向尖轨长度 l'_0(mm)、基本轨前端长 q(mm)、基本轨后端长 q'(mm)、尖轨曲线半径 R(mm)、尖轨尖端始转辙角 β_1(°)、尖轨转辙角 β(°)和尖轨跟端支距 y_g(mm)。

尖轨曲线半径通常与导曲线半径相同,保持转辙器与导曲线容许通过速度一致,并使道岔全长较短。设侧股轨道中心线的半径为 R_0,则标准轨距道岔中尖轨工作边的曲率半径为 $R = R_0 + 717.5$mm。

尖轨尖端角为导曲线实际起点的半径与垂直线的夹角,又叫尖轨尖端始转辙角 β_1。由图 8-18 可得:

$$\beta_1 = \arccos \frac{R - b_1}{R} \tag{8-16}$$

图 8-18 中 AB 线为 B 点的切线,理论切点 O 与 A、B 点所形成的三角形中,有 OA = AB。由于转辙角极小,可近似认为尖轨实际尖端至理论起点的距离与尖轨实际尖端至尖轨顶宽 b_1 处的距离相等,此距离用 A_0 表示,则 A_0 可采用式(8-17)计算:

$$A_0 = R \cdot \tan \frac{\beta_1}{2} \tag{8-17}$$

基本轨前端长 q 是道岔与连接线路或另一组道岔之间的过渡段,为使两组道岔对接时,道岔侧线的理论顶点能够设置在道岔的前端接头处,尖轨尖端前部基本轨的长度 q 应不小于 $A_0 - \frac{\delta}{2}$(δ 为基本轨端部轨缝)。同时,q 值还应满足轨距递变的限制,即 $q \geq \frac{S_0 - S}{i}$,S_0 为尖轨尖端处的轨距值,S 为正常轨距值,i 为容许的轨距递变率,i 应不大于 6‰,q 值的长短还应考虑到岔枕的布置。我国在 9 号和 12 号 92 型标准道岔上,在满足岔枕合理布置的前提下,统一采用 $q = 2646$mm。

然后计算曲线尖轨的长度。尖轨跟部所对的圆心角为 β，称转辙角：

$$\beta = \arccos \frac{R - y_g}{R} \tag{8-18}$$

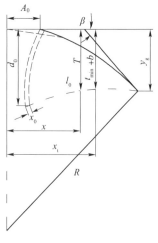

图 8-19 曲线尖轨轮缘槽

由图 8-18 可知，曲线尖轨的长度为

$$l_0 = AB + BC = A_0 + \frac{\pi}{180} R(\beta - \beta_1) \tag{8-19}$$

曲线尖轨扳开后，与基本轨之间所形成的最小轮缘槽的位置在尖轨中部某个位置上，如图 8-19 所示，这个宽度应该满足最小轮缘槽的要求。因此，所算得的尖轨长度还是根据该尖轨扳开时所形成的轮缘槽的宽度来进行调整。这时可变更尖轨跟端支距为 y_g，重新计算 l_0，并校核轮缘槽宽度，直至符合要求。最小轮缘槽的计算公式见式（8-3）。

设尖轨跟端支距为 y_g，尖轨转辙杆安装在离尖轨尖端 x_0 处，尖轨的动程为 d_0。尖轨扳开后，尖轨凸出处距尖轨理论起点的距离为 x，这时该尖轨工作边与基本轨工作之间的距离为 T，此处的尖轨轨头顶宽为 b，根据图 8-19，利用曲边三角形的关系得：

$$T \approx \frac{x^2}{2R} + \frac{d_0(l_0 + q - x)}{l_0 - x_0} \tag{8-20}$$

令 $\frac{dT}{dx} = 0$，则可得到尖轨最凸出处（最小轮缘槽宽度位置）距尖轨理论起点的距离 x_t 为

$$x_t = \frac{d_0 R}{l_0 - x_0} \tag{8-21}$$

因此，尖轨非工作边与基本轨之间的轮缘槽最小宽度为

$$t_{\min} = \frac{x_t^2}{2R} + \frac{d_0(l_0 + q - x_t)}{l_0 - x_0} - b \tag{8-22}$$

尖轨的长度还与跟部的构造有关。如尖轨跟部为间隔铁式，则 l_0 可按式（8-19）计算；如果是弹性可弯式跟部结构，则公式求得的尖轨长度还需要增加 1.0~2.0m，作为尖轨跟部的固定部分。

转辙器的另一根尖轨为直尖轨。直尖轨以曲线尖轨实际尖端与跟端在水平方向的投影长作为其长度，这样可保持两尖轨的尖端及跟端对齐。直尖轨长 l_0' 为

$$l_0' = A_0 + R(\sin\beta - \sin\beta_1) \tag{8-23}$$

基本轨后端长 q' 主要决定于尖轨跟端连接结构、岔枕布置及配轨要求。新设计的 60kg/m 钢轨 12 号提速单开道岔转辙器中采用的是全切线型尖轨，仅在尖轨尖端轨头宽 2mm 处作补充刨切，使尖端藏于基本轨轨线以内。其尺寸的计算原理与半切线尖轨是一致的，基本参数为：$R = 350717.5$mm；$q = 2916$mm；$b_2 = 2$mm；$y_g = 311$mm；

二维码 8-2
单开道岔主要尺寸

$l_0 = l_0' = 13880$mm；尖轨尖端轨距加宽值2mm；导曲线理论起点离实际尖端886mm；导曲线实际起点离尖轨实际尖端298mm。

2）锐角固定辙叉的主要几何尺寸

锐角固定辙叉的主要尺寸包括趾距、跟距及辙叉全长。趾距影响道岔连接部分及配轨的长度，跟距决定道岔后端接头的位置，直接影响道岔的全长。

直线锐角辙叉的长度应根据给定的钢轨类型、辙叉角或辙叉号数进行计算。首先，根据辙叉的构造要求，即根据我国夹板的孔型布置，能使各个夹板螺栓顺利穿入为控制条件，计算辙叉的容许最小长度；其次，按岔枕布置及护轨长度等条件进行调整；最后，确定其采用值。新设计的60kg/m钢轨12号提速道岔中锰钢固定式辙叉的长度是$n = 2038$mm，$m = 3954$mm。

3）道岔的主要尺寸

半切线尖轨、直线辙叉单开道岔中主要尺寸如图8-20所示，图中各项符号的意义如下：道岔号数N或辙叉角α，轨距S，轨缝δ，转辙角β，尖轨长l_0、l_0'，尖轨跟端支距y_g，基本轨前端长q，辙叉趾距n，辙叉跟距m，导曲线外轨半径R，导曲线后插直线长K。O点为道岔直股中心线与侧线辙叉部分中心线的交点，又称道岔中心。

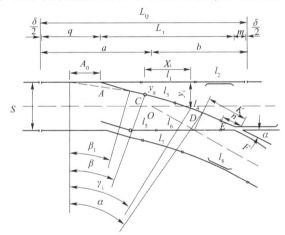

图8-20 单开道岔总图

需要计算的尺寸如下：道岔前长a（道岔前轨缝中心到道岔中心的距离），道岔后长b（道岔中心到道岔后轨缝中心的距离），道岔理论全长L_t（尖轨理论尖端至辙叉理论尖端的距离），道岔实际全长L_Q（道岔前后轨缝中心之间的距离），导曲线后插直线长K。

导曲线后插入直线段是为了减少车辆对辙叉的冲击作用，避免车轮与辙叉前接头相撞，而使辙叉两侧的护轨完全铺设在直线上，一般要求K的长度为2～4m，最短不得小于辙叉趾距n加上夹板长度l_H的1/2，即

$$K_{min} \geq n + \frac{l_H}{2} \tag{8-24}$$

为求得道岔有关数据，把导曲线外股作用边$ACDEF$投影到直股中心线上，得：

$$L_t = R\sin\alpha + K\cos\alpha - A_0 \tag{8-25}$$

再把它投影到直股中线的垂直线上，得：

$$S = y_g + R(\cos\beta - \cos\alpha) + K\sin\alpha \tag{8-26}$$

由此得道岔各主要尺寸的计算公式为

$$K = \frac{S - R(\cos\beta - \cos\alpha) - y_g}{\sin\alpha} \quad (8-27)$$

或

$$R = \frac{S - K\sin\alpha - y_g}{\cos\beta - \cos\alpha} \quad (8-28)$$

$$L_Q = q + L_t + m + \delta \quad (8-29)$$

$$b = \frac{S}{2\tan\dfrac{\alpha}{2}} + m + \frac{\delta}{2} \quad (8-30)$$

$$a = L_Q - b \quad (8-31)$$

【例8-1】 60kg/m 钢轨12号提速道岔曲线尖轨、固定型直线辙叉式单开道岔（图8-21），$R = 350717.5$mm，$n = 2038$mm，$m = 3954$mm，曲线尖轨长 $l_0 = 13880$mm，直线尖轨长 $l_0' = 13880$mm，基本轨前端长 $q = 2916$mm，$S = 1435$mm，跟端支距 $y_g = 311$mm，道岔前后轨缝 δ 除尖轨跟端及辙叉趾端外轨缝按6mm计外，其余皆按8mm计。导曲线理论起点离尖轨实际尖端866mm，导曲线实际起点离尖轨实际尖端298mm，试进行道岔主要尺寸计算。

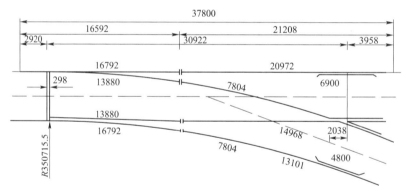

图8-21 12号固定型辙叉提速道岔平面主要尺寸（尺寸单位：mm）

解：

（1）转辙角计算。

$$\beta = \arccos\frac{R - y_g}{R} = \arccos\frac{350717.5 - 311}{350717.5} = 2°24'47''$$

$\cos\beta = 0.9991132$。

（2）道岔主要尺寸计算。

由于道岔号数为 $N = 12$，可计算辙叉角 $\alpha = 4°45'49''$，$\cos\alpha = 0.99654580$，$\sin\alpha = 0.08304495$，$\tan\dfrac{\alpha}{2} = 0.04159431$。

导曲线后插直线长：

$$K = \frac{S - R(\cos\beta - \cos\alpha) - y_g}{\sin\alpha}$$

$$= \frac{1435 - 350717.5 \times (0.9991132 - 0.996545480) - 311}{0.08304495} = 2691 \text{mm}。$$

道岔理论全长：

$$\begin{aligned} L_t &= R\sin\alpha - A_0 + K\cos\alpha \\ &= 350717.5 \times 0.08304495 - 886 + 2691 \times 0.99654580 \\ &= 30921 \text{mm}。 \end{aligned}$$

道岔实际全长：

$$L_Q = q + L_t + m + \delta = 2916 + 30921 + 3954 + 8 = 37799 \text{mm}。$$

道岔后长：

$$b = \frac{S}{2\tan\frac{\alpha}{2}} + m + \frac{\delta}{2} = \frac{1435}{2 \times 0.04159431} + 3954 + 4 = 21208 \text{mm}。$$

道岔前长：

$$a = L_Q - b = 37799 - 21208 = 16591 \text{mm}。$$

4）配轨计算

一组单开道岔，除转辙器、辙叉及护轨外，一般有8根连接轨，分4股，其中2股为直线，2股为曲线，每股2根。所谓配轨就是计算这8根钢轨的长度并确定其接头的位置。

配轨时应考虑如下原则：

（1）转辙器及辙叉的左右基本轨长度应尽可能一致，以减少基本轨备件的规格，并有利于左右开道岔的互换；

（2）连接部分的钢轨不宜过短，小号码道岔一般不短于4.5m，大号码道岔不短于6.25m；

（3）配轨时应保证对接接头，并尽量使岔枕布置方便，同时要考虑安装轨道电路绝缘接头的可能性；

（4）充分利用整轨、缩短轨、整轨的整分数倍的短轨，做到少锯切、少废弃，选用钢轨利用率较高的方案。

单开道岔配轨计算公式为（图8-19）

$$\begin{cases} l_1 + l_2 = L_Q - l_j - 3\delta \\ l_3 + l_4 = \left(R + \frac{b_0}{2}\right)(\alpha - \beta)\frac{\pi}{180} + K - n - 3\delta \\ l_5 + l_6 = L_t - l_0' - n - 3\delta \\ l_7 + l_8 = q + A_0 - S_0\tan\beta_1 + \left(R - S - \frac{b_0}{2}\right)(\alpha - \beta_1)\frac{\pi}{180} + K + m - 2\delta - l_j \end{cases} \quad (8\text{-}32)$$

式中：b_0——钢轨头部的宽度；

S_0——尖轨尖端处的轨距；

$S_0\tan\beta_1$——曲线尖轨起点超前内轨起点的距离；

l_j——基本轨的长度。

仍对60kg/m钢轨12号提速单开道岔进行计算，基本轨 $l_j = 16584$mm，其他数据采用以上的计算结果。
$$l_1 + l_2 = 37800 - 16584 - 3 \times 8 = 21192 \text{mm}$$
取
$$l_1 = 7770 \text{mm}, \quad l_2 = 13422 \text{mm}$$
$$l_3 + l_4 = (350717.5 + 35) \times 2.350555° \times 0.01745329 + 2692 - 2038 - 8 - 3 \times 6 = 15024 \text{mm}$$
取
$$l_3 = 7804 \text{mm}, \quad l_4 = 7220 \text{mm}$$
$$l_5 + l_6 = 30922 - 13880 - 2038 - 3 \times 8 = 14980 \text{mm}$$
取
$$l_5 = 7770 \text{mm}, \quad l_6 = 7210 \text{mm}$$
$$l_7 + l_8 = 2916 + 298 - 1437 \times 0.0003377 + (350717.5 - 1435 - 36.5) \times$$
$$4.760234° \times 0.01745329 + 2692 + 3954 - 2 \times 8 - 16584 = 22271 \text{mm}$$
取
$$l_7 = 7804 \text{mm}, \quad l_8 = 14467 \text{mm}$$

5）导曲线支距计算

导曲线支距计算已在前面做了介绍。现仍对 60kg/m 钢轨 12 号提速单开道岔进行计算。已知的参数为：$\beta = 2°24'47''$，$\alpha = 4°45'49''$，$y_g = 311 \text{mm}$。

支距计算起始点：$x_0 = 0 \text{mm}$，$y_0 = 311 \text{mm}$。

支距计算终点坐标为
$$x_n = R(\sin\alpha - \sin\beta) = 350717.5 \times (0.08304495 - 0.0421033) = 14359 \text{mm}$$
$$y_n = S - K\sin\alpha = 1435 - 2692 \times 0.08304495 = 1211 \text{mm}$$

其余各点支距可按公式（8-6）进行计算。

2. 直线尖轨转辙器的计算

直线尖轨、直线辙叉与上述的曲线尖轨、直线辙叉单开道岔的计算方法和步骤基本一致。在计算时需要考虑如下特点：

（1）两根尖轨都是直线型的，因此冲击角、始转辙角和转辙角都是一样的，同时尖轨也比较短；

（2）尖轨的跟部结构通常采用间隔铁鱼尾板式，尖轨非工作边与基本轨工作边之间的最小距离发生在尖轨辙跟处；

（3）一般在导曲线前插直线 K'，以减少车轮对尖轨辙跟的冲击；

（4）直线尖轨侧股线路的轨距加宽要比曲线尖轨的大。

3. 可动心轨辙叉的计算

1）主要参数

可动心轨的主要参数有：心轨转换过程中不发生弯折的长度 l_1，弹性肢长 l_2，转辙机必需的扳动力 P，心轨角 β，第一、第二转辙杆处的心轨动程等，如图 8-22 所示。

在计算这些参数时，心轨可作为 l_1 段，为绝对刚体，l_2 段为弹性可弯的一端固定的梁，在第一、第二转辙杆处作用有 P_1 和 P_3 力。根据这样的力学模型便可得到这些参数的一系列计算公式。但是上述参数都是互相关联的未知量，无法直接计算出来。实用的工程方法是先假定某几个值，计算其他的量，从而得到一系列曲线。在此曲线上查找合适的数据，同时考虑构造上的要求及岔枕布置，最后定出合理的参数。

如果可动心轨只设一根转辙杆，其参数的选择主要取决于转辙设备的动程、功率的大小、心轨截面及可弯部分在心轨转换时的弯曲应力值。通常可根据经验，参照转辙器部分尖轨的转换条件进行选定。

2）心轨摆动部分的长度

心轨实际尖端至弹性可弯中心的一段（图 8-22 中的 AN）为心轨摆动部分。心轨摆动部分的长短与转辙机的扳动力及摆度、心轨危险截面的弯曲应力等因素有关。心轨摆动部分的长度加长，对上述各项指标有利。现有的 60kg/m 钢轨 12 号可动心轨辙叉中，这一数值为 6.041m。

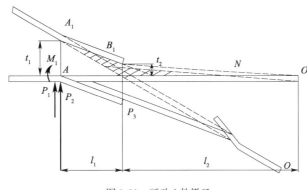

图 8-22　可动心轨辙叉

3）辙叉趾距 n

可动心轨辙叉的最小趾距，不能采用固定式辙叉趾端接头，即按构造计算的方法据趾端的稳定性来决定，而要与道岔配轨、岔枕布置等一并考虑。现已使用的 60kg/m 钢轨 12 号可动心轨辙叉，辙叉趾距为 2548mm。

4）辙叉跟距 m

辙叉跟距是指辙叉轨距线交点至辙叉跟端的距离。当叉跟不设置伸缩接头时，辙叉跟距指轨距线交点至心轨跟端间的距离，这时

$$m_{\min} \geqslant L + l_1 - \frac{t_1}{2\sin\frac{\alpha}{2}} \tag{8-33}$$

式中：L——长心轨的尖端到可弯中心的距离（mm）；

l_1——心轨可弯中心到辙叉跟端的距离（mm），此值不应小于 2m；

t_1——心轨尖端处的咽喉宽（mm）。

在 60kg/m 钢轨 12 号可动心轨辙叉中，辙叉跟距为 5861mm。

任务8.3　有砟道岔铺设

目前，国内外有砟轨道道岔的铺设方法主要有三种：一是工厂组装，整体运输，现场铺设法；二是散件运输，原位铺设法；三是散件运输，预铺移设法。

一 国外铺设道岔情况简介

国外有砟道岔铺设采用现场铺设法较多。现场铺设法是先在道岔工厂按图纸组装成道岔，然后再运往施工现场进行铺设的方法。这种方法既可以减少现场工作量，又能保证预铺质量。

1. 道岔组装

根据施工要求，工厂组装分为成组组装和分段组装两种。日本、苏联等国家的准高速、高速铁路多使用 12 号、18 号等可动心轨道岔，道岔全长在 40～70m，采用成组组装；法国客运高速铁路采用大号码道岔，全长 200 多米，他们一般采用分段组装、分段铺设的方法。

2. 道岔运输与铺设

道岔工厂化组装必须配有相应的专用道岔运输车。先在工厂将组装好的道岔吊放在专用车辆上，再将组装后的长岔枕部分斜放着不超出限界，直接运往施工现场。有的国家将道岔组装及铺设一体化，采用道岔运输及铺设组合机组。

近年来，铁路起重技术发展很快，适应各种用途的专用起重设备相继问世。法国、日本、苏联一般采用铁路专用起重机分段铺设道岔。法国的大号码道岔铺设技术要求高，铺设时使用法国吉斯马公司的 PUM 专用设备。该设备由多组机动门式起重机与运送小车组成，根据道岔长度，采用不同组数作业。施工时需要机车配合，并需要铺设临时轨道，以便将道岔送入预定位置。奥地利普拉塞·陶依尔公司开发的 4 柱起重架与专用两用运输车组合机组用于道岔的分组铺设。专用两用运输车装有升降履带走行装置，可在无轨道时将道岔运到 4 柱起重架之下，完成铺设工作。芬兰开发的 DESEC 型铺轨机，可用于铺设道岔。它由龙门起重框架和运送车组成。龙门起重框架下有 4 组升降履带走行机构，可以吊重在道床上任意行走，完成道岔横移铺设工作。该机可实现两机联动作业，可以从专用道岔运输车上吊起道岔组件完成铺设，适合道岔组装运输、铺设一条龙作业。

这种施工方法机械化程度高、施工质量高，可保证道岔的高精度与高平顺性，应该是道岔最理想的铺设方案。但是我国目前尚无专用道岔运输车，高速道岔的铺设装备也正在研制中，该方法有待于在我国高速铁路建设中的应用。

二 我国高速铁路有砟道岔铺设方法

我国高速铁路正线道岔铺设一般采用原位铺设法（简称原位法）或预组装平移就位铺设法（简称移位法），铺设时设置组装平台，且正线有砟道岔采用先铺设临时轨排过渡，待线路道床达到初期稳定后，再换铺正式道岔的方法组织施工。该方法可以有效地使铺设好的道岔保持良好状态，避免道岔在正式运营过程中产生病害，满足高速行车的需要。

1. 我国高速铁路有砟道岔施工工艺流程

我国高速铁路有砟道岔施工工艺流程如图 8-23 所示。

项目8 道岔施工

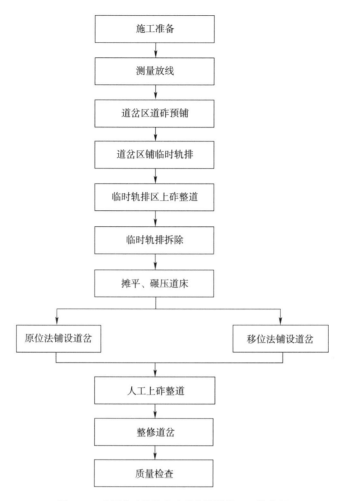

图 8-23 我国高速铁路有砟道岔铺设施工工艺流程

2. 我国高速铁路有砟道岔施工要点

1）施工准备

依据设计资料,采用基桩控制网（CPⅢ网）放样岔头、岔心、岔尾桩位,采用混凝土包钢筋桩。并在沿线路方向每5m设一对护桩,桩顶刻十字丝,建立道岔控制网。道岔前后至少各200m线路范围同道岔区完成联测。

2）道砟预铺

预铺道砟前对道砟进行检验,包括道砟的等级、材质、级配等,对路基基床表面的平整度再次进行检验,清除表面杂物、积水等。运砟车辆应缓行缓停,载重运行速度宜小于15km/h,压实强度不小于160kPa。

整平道床、夯实,待道床稳定及前后长轨锁定后,拆除临时过渡的轨排,摊平、碾压道砟,使道砟的密实度和平整度达到要求。铺设完成后道砟的密度不小于$1.7g/cm^3$,道砟面平整度用3m靠尺检查,偏差不得大于10mm/3m。预铺道床厚度宜比设计小80~100mm。道岔前后各30m范围内应做好顺坡并碾压。

3) 道岔铺设

道岔铺设可采用原位法或移位法。

（1）原位法道岔铺设。原位法是在岔位压实平整后的道床上放好台位线，按照平台尺寸要求搭设道岔拼接平台，并在平台上按照道岔间距要求临时标注岔枕位置，在平台上组装道岔，用门式起重机吊装轨枕到位组装道岔。道岔组装完成后进行粗调，然后整体顶起架空道岔，拆除拼装平台，完成道岔铺设，回填道砟。原位法铺设道岔具体施工流程如图 8-24 所示。

①搭设组装平台。道岔原位铺设组装平台是采用方钢、垫木搭设拼装平台，方钢要使用刚性较高的材料。

用于支垫的垫木要求硬度良好，加工垫木时要顺木材的纹理方向，以免不合理的切割在使用时抗裂、抗折强度大幅降低。道岔原位铺设组装平台搭设水平偏差应控制在 ±10mm，不平的地方在木板与方钢之间用木楔找平。

②道岔组装。

a. 摆放岔枕。摆放岔枕应先确定左、右开别，在组装平台上标记出各岔枕的位置，然后按岔枕编号及规定间距依次摆放岔枕。摆放岔枕时，严禁用撬棍插入岔枕套管内进行作业。

b. 组装垫板。按与岔枕对应的编号组装垫板，并保持岔枕位置及方向不变。

c. 安装钢轨件。铺设道岔应先直股后曲股，先转辙后辙叉。钢轨吊铺到位后，首先应调整基本轨的位置、方向，在此基础上进行道岔其他几何尺寸的调整。密贴调整应在高低、方向、轨距、水平调整到位后进行。

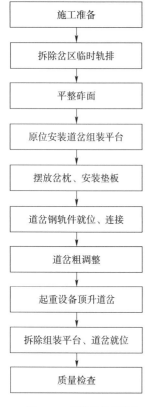

图 8-24 原位法铺设道岔施工工艺流程

③道岔粗调。在组装平台上将道岔的方向、轨距、支距进行粗调。

道岔组装，调整完毕后，道岔主要结构允许偏差应符合表 8-2 的规定。

道岔主要结构尺寸允许偏差　　　　表 8-2

序号	检 测 项 目	允许偏差（mm）
1	轨距	±1（逐枕测量）
2	支距	±1
3	尖轨第一牵引点前与基本轨间隙	<0.5
4	尖轨其余部分与基本轨间隙	<1.0
5	尖轨轨腰与顶铁的间隙	<1.0
6	尖轨轨底与滑床台间隙	<1.0，且 1.0mm 缝隙不得连续出现
7	转辙器部分最小轮缘槽	≥65

续上表

序号	检测项目	允许偏差（mm）
8	心轨第一牵引点前与翼轨的间隙	<0.5
9	心轨其余部分与翼轨的间隙	<1.0
10	尖轨（心轨）各控制断面（轨头宽度大于15mm）相对基本轨或翼轨顶面的降低值	±1.0
11	心轨轨底与台板的间隙	<1.0
12	心轨轨腰与顶铁的间隙	<1.0
13	密贴状态下，尖轨轨底和辊轮的间隙 Δ_1	$1 \leq \Delta_1 < 2$
14	斥离状态下，尖轨轨底和道床台板的缝隙 Δ_2	$1 \leq \Delta_2 < 3$
15	尖轨限位器两侧间隙值	±0.5（焊联前测量）
16	尖轨各牵引点处开口值	±3
17	可动心轨辙叉第一牵引点处开口值	±1
18	心轨实际尖端至直股翼轨趾端的距离	+4 +0
19	护轨轮缘槽宽度	+1.0 -0.5
20	查照间隔	≥1391
21	牵引点位置岔枕间距极限偏差	+5 +0
22	岔枕位置偏差	±5，累计±10
23	道岔全长	18号道岔±10，大于18号道岔±20

④道岔内部焊接。组装完毕后，在组装平台上即开始道岔内部铝热焊，焊接顺序如图8-25所示。

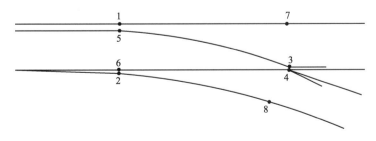

图8-25 道岔内铝热焊顺序

各焊头焊接顺序为：1、2、3、4、5、6、7、8。

⑤道岔顶升。道岔组装并经过粗调之后，采用专用升降设备使道岔整体顶升，实现同起同落，顶升后的道岔处于同一平面。然后拆除道岔下面的方木、方钢，使道岔整体架空。

（2）移位法道岔铺设。移位法作业流程和方法与原位法大致相同，移位法需要在道岔组装厂搭设组装平台，运至道岔铺设位置，采用道岔换铺机换铺道岔。移位法铺设工艺流程如图8-26所示。

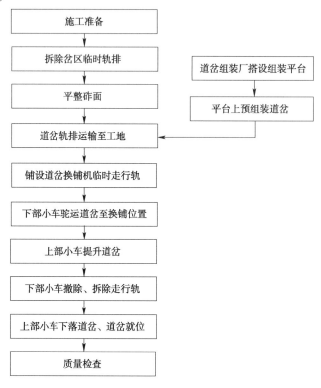

图8-26 移位法施工工艺流程

4）道岔铺砟整道

道岔铺砟整道。道岔铺砟整道按照图8-27所示的流程进行，具体要求如下：

①道岔铺设到位后，采用起道机将道岔起平，采用规定等级的水准仪测量道岔整体高程，起平后的道岔高程宜低于设计高程50mm。

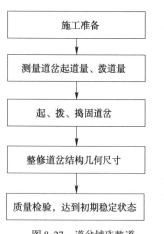

图8-27 道岔铺砟整道

②道岔及可动心轨辙叉部分用防护布料做好防护后方可回填道砟，边回填边用小型道岔捣固机对道岔下方15cm范围内的道岔进行捣固，同时调整道岔高低、方向、水平，使道岔初步就位。

③道岔经初步整平养护后，应用钩锁器固定尖轨、心轨，开通在直股位置，严禁擅自扳动道岔。

④专业道岔整修队伍应按设计标准经常检查道岔的内部尺寸是否满足要求，主要检查道岔的方向、高低、水平、尖轨密贴、心轨密贴、各项轨距、各部支距以及所有螺栓的紧固程度等，对超标点进行整修养护，使道岔各项几何尺寸达到初步验收标准。

调整后正线道岔静态铺设标准见表8-3。

道岔静态铺设标准　　　　　　　　　　　表8-3

序号	检验项目	允许偏差	备 注
1	轨距	±1	逐枕测量
		1/1500	变化率
2	轨向	2	弦长10m
		2	30m弦5m校核（轨道几何状态测量仪）
3	高低	2	弦长10m
		2	30m弦5m校核（轨道几何状态测量仪）
4	水平	2	逐枕测量
5	扭曲	2	基线长3m

5）道岔焊接锁定

无缝道岔与相邻无缝线路的焊接应在设计锁定轨温范围内采用滚筒放散法进行；道岔与相邻轨条的锁定轨温差不应大于5℃；准确记录实际锁定轨温；在放散前埋设位移观测桩。道岔焊接要求如图8-28所示。

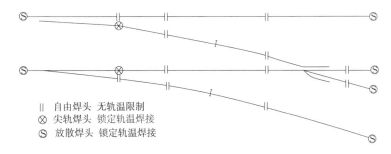

图8-28　无缝道岔焊接要求

焊接完成后必须对每一个焊接接头进行探伤，探伤应符合要求。

道岔钢轨铝热焊接接头平直度应符合表8-4的规定。

道岔钢轨铝热焊接接头平直度允许几何偏差（$v \geqslant 200$km/h）　　表8-4

序　号	部　　位	允许偏差（mm/1m）
1	轨顶面	+0.2 / 0
2	钢轨内侧工作面	+0.3 / 0
3	轨底（焊筋）	+0.5 / 0

注：①轨顶面中，符号"+"表示高出钢轨母材规定基准面；
②轨头内侧工作面中，符号"+"表示凹进；
③轨底（焊筋）中，符号"+"表示凸出。

铺岔完成，经自检、电务互检合格后，电务应及时安装转辙及锁闭装置。安装转辙装置时，工务、电务部门应配合施工。转换设备未安装前，应用钩锁器固定尖轨，直向限速15km/h通过，侧向禁止通过工程列车。

道岔开通后，为保证道岔在行车中不产生变形，对道岔定期维修养护，采用轨检小车测量道岔的轨距、方向和水平，利用道岔捣固机对道岔进行捣固，使道岔质量保持良好。

3. 工程实例

2008年4月18日，我国速度达250km/h的客运专线合宁铁路正式通车。合宁铁路铺设的49组，是引进法国Vossloh Cogifer技术设计的客运专线铁路60kg/m钢轨18号高速单开道岔，其中43组采用原位组装换铺法（原位法）施工、6组采用现场预铺插入法（移位法）施工完成。铺设效果良好。

厦深客运专线福建段，全线铺设42号有砟道岔6组均采用原位铺设施工法铺设。

任务8.4　道岔区无砟轨道施工

我国目前所铺设的无砟轨道道岔有长枕埋入式和板式两种。

一　长枕埋入式无砟道岔施工

1. 铺设工艺流程

1）长枕埋入式无砟道岔铺设工艺流程（图8-29）

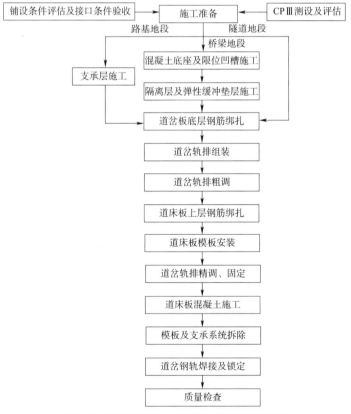

图8-29　岔区轨枕埋入式无砟轨道施工工艺流程

2）道岔轨排组装、调整及固定

道岔轨排组装、调整及固定施工工艺流程，如图8-30所示。

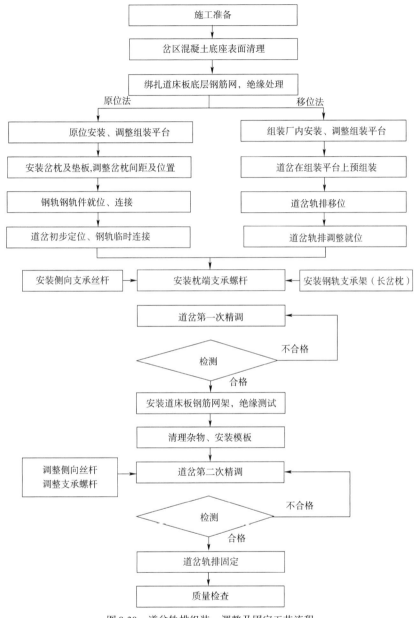

图 8-30 道岔轨排组装、调整及固定工艺流程

（1）施工准备。底座混凝土强度达到75%后方可进行道岔铺设。道岔铺设前应依据CPⅢ控制点在道岔始端、道岔中心、道岔终端直股和侧股的两侧位置及道岔前后100m范围内，测设道岔控制基标及加密基标。

（2）道岔组装。

①道岔原位组装。组装平台安装前，根据道岔线路中心线在底座混凝土表面弹墨线，放样定出组装平台纵梁位置，然后安装纵梁。纵梁顶面高程值按设计线路高程值反算确

定，纵梁顶面高程调整到位后，进行固定。在纵梁上按岔枕间隔做标记。

在设计道岔位置安装道岔原位组装平台，组装平台安装有道岔限位调整机构，具备组装和调试道岔的能力。

道岔组装按以下工序进行：铺设混凝土岔枕安装道岔垫板、扣件→吊装道岔钢轨→连接、紧固道岔→起平、调整。

道岔组装后，利用组装平台调整机构进行整组道岔的总体方向、水平调整，检查轨距、支距、钢轨端头方正等主要几何尺寸指标，调整密贴、直线度，消除超限偏差。整组道岔组装、调整完毕后要求各部件组装正确、完整，钢轨、工具轨之间连接牢靠，钢轨接头处应平顺不得有错牙及错台，道岔岔枕间距允许偏差±5mm。道岔铺设主要结构尺寸偏差符合表8-2的规定。

道岔组装调整完成后，安装竖向和横向支承系统，支承牢固后拆除道岔组装平台。道岔初定位后，高程允许偏差-5/0mm，中线允许偏差5mm。

②道岔预组装、移位铺设。道岔在组装厂预组装完毕，质量检测合格后，按道岔铺设图分解为道岔轨排运至铺设现场，道岔一般分解成3段，分别是尖轨段、中间连接段、辙叉段，如图8-31所示。

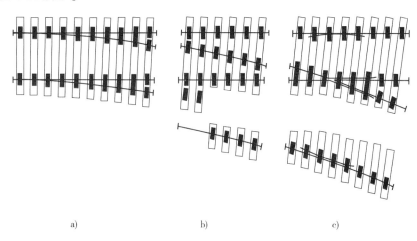

图8-31 道岔移位铺设分解图
a）尖轨段；b）中间连接段；c）辙叉段

待底层钢筋网绑扎完毕后，安装道岔轨排移动平车，以道岔铺设图为准，将道岔轨排依次吊装至各段道岔轨排移动平车上，道岔轨排沿走行轨道纵向移动到道岔设计位置。依据道岔控制点，对道岔进行初步定位。平面位置允许偏差控制在5mm以内。道岔初步定位后，支立竖向支承螺杆，拆除道岔轨排移动平车，此时高程允许偏差为-5/0mm。

③道岔精调。依据CPⅢ控制点采用全站仪自由设站，轨道几何状态测量仪配合支承装置对道岔轨排进行精调。采用轨道几何状态测量仪检测道岔方向、高低、水平、轨距等几何形位。

根据偏差值进行轨排几何形位调整，调整竖向支承螺杆精调起平道岔，调整侧向支承丝杆，使道岔方向满足设计要求。

调整轨距、支距，调整尖轨、可动心轨密贴和顶铁间隙等细部尺寸。

整组道岔精调完毕后，弹条螺栓、岔枕螺栓、限位器螺栓、翼轨间隔铁螺栓、长短心轨与间隔铁螺栓的力矩应达到设计值。

整组道岔精调完毕后，使用轨道几何状态测量仪测量道岔轨道几何状态，道岔静态铺设精度符合表8-3的规定。

④道床板钢筋安装。道岔第一次精调完成后，进行上层道床板钢筋安装、接地钢筋焊接及绝缘测试，并安装固定销钉。

依据道岔控制基标或加密基标测放出的道床板模板边线，安装模板。道床板混凝土侧模应采用定型钢模板，模板安装应牢固、稳定、接缝严密，并避免与道岔调整装置接触。

道岔转换设备基坑模板应根据设计结构形式选配，转换设备基坑两侧岔枕之间加设临时支承，固定岔枕间距。

道床板混凝土浇筑前，应对道岔进行二次精调。道岔二次精调依据轨道控制网CPⅢ，采用轨道几何状态测量仪检测道岔方向、高低、水平、轨距等几何形位指标，根据检测反馈数值逐点调整道岔轨排方向、高低、水平，使其符合标准规定。道岔二次精调完成后，采用固定装置对道岔轨排进行固定，固定装置应有足够的强度、刚度和稳定性，确保浇筑道床板混凝土时道岔轨排不产生上浮和侧移。

道岔轨排精调好后，应及时浇筑混凝土。如间隔时间过长，或环境温度变化超过15℃，或受到外部条件影响，应重新检查或调整道岔轨排。

⑤道床板混凝土施工。

a. 道床板混凝土应由辙叉区向两端浇筑，道床板混凝土初凝后，应及时松开调整螺栓半圈到一圈，以确保不被混凝土固定，同时松开除转辙器和可动心轨辙叉以外的钢轨扣件螺栓、混凝土终凝后拆除调整螺栓。

b. 混凝土道床板表面应密实、平整、颜色均匀，不得有露筋、蜂窝、空洞和缺棱角等缺陷，外形尺寸偏差应符合表8-5规定。

道床板外形尺寸允许偏差　　　　表8-5

序号	检查项目	允许偏差（mm）	序号	检查项目	允许偏差（mm）
1	顶面宽度	±10	4	平整度	3/1m
2	道床板顶面与承轨台相对高差	±5	5	伸缩缝位置	10
3	中线位置	2	6	伸缩缝宽度	±5

c. 转换设备基础施工完成后应表面平整，棱角整齐，外形尺寸偏差应符合表8-6的规定。

转换设备基坑外形尺寸允许偏差　　　　表8-6

序号	检查项目	允许偏差（mm）	序号	检查项目	允许偏差（mm）
1	深度	±10	4	轴线偏斜	5
2	宽度	±5	5	平整度	2/1m
3	轴线位置	2			

d. 道床板排水坡面应平顺，坡度不应小于设计要求。

e. 道床板混凝土模板拆除后，应及时清理道岔部件及混凝土表面，采用同级砂浆填充密实竖向支承螺杆留下的孔洞。道床板混凝土达到一定强度后，恢复拧紧各扣件螺栓。

⑥道岔钢轨焊接及锁定。

a. 道岔与区间钢轨焊接前应安装转换设备，进行联合调试，道岔状态符合相关规定。

b. 道岔内及两端钢轨接头宜采用铝热焊。道岔钢轨焊接，应先焊接道岔内焊缝，后焊接道岔外焊缝。

c. 道岔前后钢轨焊接顺序：先岔前，再岔后；先直股，再曲股。

d. 道岔内钢轨接头焊接时，焊缝宽度允许偏差±2mm。

e. 焊接及锁定过程应保持限位器子、母块位置居中，两侧间隙差不应大于0.5mm。

f. 无缝道岔岔区内部钢轨接头的焊接宜在设计锁定轨温范围内进行，无缝道岔与相邻无缝线路的焊接应在设计锁定轨温±3℃范围内进行。

g. 无缝道岔与相邻单元轨节的锁定轨温差不应大于5℃。

h. 无缝道岔岔区内部钢轨接头的焊接应在轨面高程、轨向和水平达到设计标准后，方可施焊，并准确记录锁定轨温。

i. 焊接完毕后，立即进行焊头表面平直度检测和超声波探伤，若有问题及时处理。在焊头附近轨腰处进行焊头编号。

⑦道岔锁定。道岔锁定与锁定焊接同步完成，道岔区两端与无缝线路的锁定焊接距道岔不宜小于24m，使得道岔区锁定后处于无缝线路的固定区内；不应在道岔内进行温度放散。道岔焊接完成后，两尖轨尖端相错量不得大于5mm。

2. 工程实例

郑西客运专线的渭南北高架车站8组无砟18号长枕埋入式高速道岔，临潼东站4组无砟18号长枕埋入式高速道岔和4组无砟41号长枕埋入式高速道岔均采用原位法道岔铺设。

二 道岔区板式无砟轨道施工

1. 道岔区板式无砟轨道施工工艺流程

道岔区板式无砟轨道施工工艺流程，如图8-32所示。

2. 道岔区板式无砟轨道施工要点

1）施工准备

（1）铺设条件评估及接口条件。道岔区及前后200m的路基宜作为一个整体对沉降变形观测资料进行分析评估，工后沉降变形符合设计要求后方可进行无砟道岔铺设。

施工前应由建设单位组织相关单位，根据线下工程、排水、信号、供电等设计图，逐一核对道岔区路基范围内各种管线沟槽的数量、位置、结构尺寸及与道岔区无砟轨道接口是否正确，并确认基础表面尺寸验收合格。

项目8 道岔施工

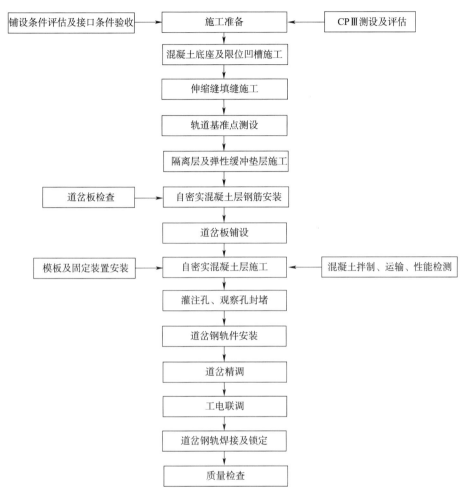

图 8-32 道岔区板式无砟轨道施工工艺流程

（2）CPⅢ测设及评估。道岔板铺设施工放样前，必须确认轨道控制网 CPⅢ建立完成，并经专业评估合格。

（3）施工准备。板式无砟道岔施工应统筹考虑道岔板及道岔的生产、运输和铺设等环节制定实施方案，确定道岔板及岔轨的最佳运输路线、存放场地及运输吊装方案，做好施工协调工作，提前完成测量设备及精调系统的验证，完成自密实混凝土工艺试验和钢轨焊接形式试验。

道岔板质量应符合相关技术条件，道岔板出厂及铺设前应及时检查外观质量情况，对道岔板的螺栓孔及位置、标识、预埋件、螺栓配件安装情况、门形锚固筋尺寸位置、棱镜孔、混凝土缺陷等进行检查并记录，及时处理存在的问题。道床板质量检查如图 8-33 所示。

2）混凝土底座及限位凹槽施工

混凝土底座及限位凹槽施工同板式无砟轨道施工。

图 8-33 道床板质量检查

3）轨道基准点测设

轨道基准点应设于混凝土底座上，位于道岔板接缝的中央，相应里程中心点的法线上，偏离轨道中心线 10cm。基准点平面测量应采用全站仪自由设站并联测轨道控制网 CPⅢ的方式进行，高程测量应采用精密水准测量方法进行。

轨道基准点测量精度应满足下列要求。

（1）基准点各测量的坐标值与其平均值间的差≤0.4mm。

（2）重叠区内基准点的平面位置允许偏差：横向≤0.3mm、纵向≤0.4mm。

（3）基准点往返测高程值与其平均值间的较差≤0.3mm；重叠区内基准点高程较差≤0.3mm。

4）道岔板铺设

道岔板铺设工艺流程，如图 8-34 所示。

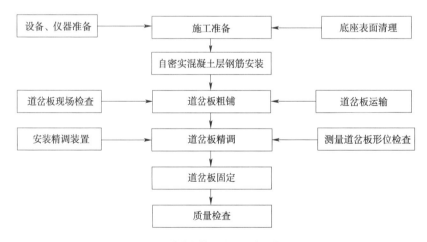

图 8-34 道岔板铺设施工基本工艺流程

道床板铺设前，应复测底座及凹槽平面位置及高程，并将底座隔离层表面清理干净，表面应无残渣、积水等。底座混凝土超过设计强度 75%，且底座及凹槽外形尺寸各项指标经检验符合要求后，方可进行道岔板铺设。根据已建立并完成复测的轨道控制网CPⅢ合格评估报告，对CPⅢ控制点进行道岔板使用范围内（道岔区两端各延长200m）的复测。

自密实混凝土层钢筋焊接网及凹槽钢筋应按设计位置安装，并绑扎成整体。钢筋安装应符合相关规定。

（1）道岔粗铺。道岔粗铺前，应复核道岔板规格型号、检查外观质量，道岔板外观应无裂纹、破损及缺棱掉角。道岔板粗铺前，将纵向钢筋按设计要求绝缘绑扎在道岔板门形筋内侧。道岔板应按布板图编号依次进行铺设，并采用专用设备吊装就位。道岔板接地端子应位于线路外侧。按放线位置将道岔板吊置于支承块上。道岔板粗铺时的平面定位允许偏差：纵向不应大于5mm，横向不应大于精调装置横向调程的1/2。

（2）道岔板精调。

①道岔板精调通过精调系统（包括精调装置、全站仪、对中三脚架、精密微型棱镜及底座等）实现。

②利用基准点精调道岔板时，全站仪架设在特制对中三脚架上，在基准点上进行设站，设站位置应距离待精调道岔板6.5~25m，定向棱镜设在待精调道岔板的另一端基准点上。

③单开道岔从一端向另一端与全站仪测量司镜相反的方向依次精调；渡线道岔板宜先精调渡线区内道岔板，再由此向两端延伸。

④单块道岔板精调按以下方法进行。

a. 先调整棱镜孔的高度，使道岔板的4个角处于同一高程。

b. 精调平面位置时以直股两点为标准，曲股两点进行核查。

c. 对短板精调时使用两对角进行调整。

d. 4个角点的平面及高度调整好后，调整板中部高程。

e. 道岔板精调应采用全站仪三维放样模式，分部精确测量每块道岔板上的4个（或6个）棱镜位的三维坐标，并根据放样与计算差值调整板道岔精调装置，对道岔板进行横向、纵向和竖向的调整。精调时道岔板控制偏差应符合表8-7规定。

精调时道岔板控制偏差　　　　表8-7

项　　目	纵向	中线	高程	相邻道岔板承轨面相对横向及高程偏差
允许偏差（mm）	±3	0.3	±0.3	0.3

f. 精调完成后，要对道岔板进行系统的平面和高程复测，根据精度具体情况适时对道岔板进行微调。

Ⅰ平面测量：用全站仪测量4对CPⅢ点自由设站后，对精调棱镜孔位进行整体复测，最大视距不应超过25m。

Ⅱ高程测量：使用精密数字水准仪进行水准测量。

Ⅲ复测时，司镜方向应保持一致，站与站之间应重叠1~2块板，以便判定搭接误差和测量精度。

g. 将复测结果进行分析处理后，作出复测分析评估报告，对超出允许偏差范围的道岔板进行再次微调并复测，直至符合标准要求。

（3）自密实混凝土层施工。底座自密实混凝土灌注施工基本工艺流程，如图 8-35 所示。

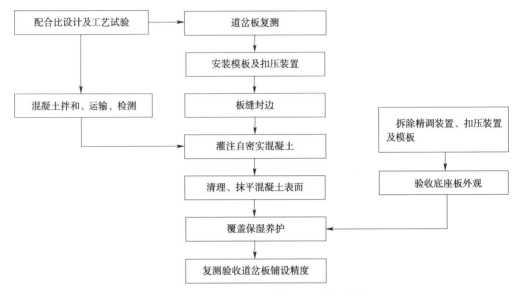

图 8-35　底座自密实混凝土灌注施工基本工艺流程

自密实混凝土灌注完后，复测道岔板形位，道岔板位置允许偏差应符合表 8-8 的规定。

自密实混凝土灌注完后道床板位置允许偏差　　　表 8-8

项　目	纵向	中线	高程	相邻道岔板承轨面相对横向及高程偏差
允许偏差（mm）	±3	1.5	±1.5	1

（4）转换设备基础施工。转换设备基础施工前应将基底清理干净，整平后支立转换设备基础模板，模板面应平整，棱角垂直牢固、接缝严密。

转换设备基础混凝土施工完成后应表面平整，棱角整齐，外形尺寸允许偏差符合表 8-6 的规定。

（5）道岔钢轨件组装。道岔钢轨组装施工基本工艺流程，如图 8-36 所示。

道岔钢轨件应按铺设图进行安装，并应符合下列规定。

①道岔钢轨安装前，应清除黏附在道岔板上的尘土、污垢、油污，确保承轨槽处清洁无杂物，螺栓孔内无异物、残渣。

②对照铺设图检查钢轨部件的完整性，更换缺损零件；检查并调整尖轨及心轨工装点平齐，检查螺栓力矩。

③道岔组装时，与道岔板的连接螺栓应手工入扣，拧紧力矩符合设计要求，不得过大或过小，严禁电动入扣或锤击入扣。

④道岔钢轨件摆放后，应首先调整直基本轨的位置、高低、方向，再进行道岔其他几何参数的调整。

⑤密贴调整应在高低、方向、轨距、水平调整到位后进行。轨距调整时，应根据要求放置适当型号的轨距块，禁止强行砸入轨距块。

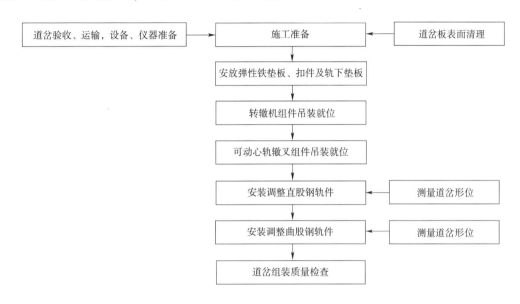

图 8-36　道岔钢轨件组装施工基本工艺流程

⑥道岔铺设主要结构尺寸允许偏差应符合表 8-2 的规定。

⑦道岔（直向）静态铺设精度符合表 8-3 的规定。

（6）道岔工电联调。

①电务转换设备安装调试完成后，由工务和电务技术人员相互配合进行道岔工电联调及定位。配合电务转换设备调试，进行道岔调整。局部调整轨距、支距及轨向，重点对尖轨和可动心轨密贴段检查调整，使允许偏差符合设计要求。

②密贴调整与电务转换设备调整同步进行，确保尖轨与基本轨密贴、可动心轨在轨头切削范围内应分别与两翼轨密贴、开通侧股时叉跟尖轨尖端与短心轨密贴。经过道岔工电联调后，电务转换设备应保证可动机构在转动过程中动作平稳、灵活，无卡阻现象。锁闭装置正确锁闭、表示正确。道岔轨距、方向、密贴和间隔等检测顶点达到设计要求。

③道岔系统工电联调检测、标记、记录。道岔系统工电联调检测过程中，应对转换装置、锁闭装置工作性能检测值和道岔轨距、方向、密贴和间隔等几何尺寸检测值进行详细记录。调整到位后，进行定位标记。

（7）道岔钢轨焊接锁定。板式道岔钢轨焊接锁定与轨枕埋入式道岔钢轨焊接锁定相同。

3. 工程实例

京沪高速铁路 JHTJ-2 标段德州东站（DK327+066.44+~DK329+241.48）范围内正线道岔板及道岔铺设工程，共铺设板式无砟道岔 10 组，其中 18 号道岔 8 组，42 号道岔 2 组。

复习思考题

一、填空题

1. 我国铺设和使用的标准道岔有：普通单开道岔、_____、_____、_____和交分道岔。
2. 单开道岔常以它的钢轨的_____和_____来分类。
3. 普通单开道岔由_____、_____、_____及护轨部分组成。
4. 道岔尖轨按尖轨跟端构造形式可分为_____和_____两种。
5. 辙叉的有害空间是指从_____至_____之间的距离。

二、单选题

1. 下列都属于单开道岔的转辙器部分的是：（　　）。
   A. 基本轨、尖轨、转辙器　　B. 尖轨、基本轨、合拢轨
   C. 尖轨、基本轨、护轨　　　D. 转辙器、辙叉、护轨
2. 为保证单开道岔转辙器尖轨具有承受车轮压力的足够强度，尖轨顶宽（　　）mm 以上部分方能完全受力。
   A. 20　　　B. 30　　　C. 40　　　D. 50
3. 道岔号数以辙叉号数 N 来表示，其值越大，辙叉角（　　）。
   A. 越大　　B. 越小　　C. 不变　　D. 并非越大
4. 列车顺向通过道岔是指（　　）。
   A. 列车由道岔始端驶向终端时
   B. 列车由道岔终端驶向始端时
   C. 列车由道岔直股驶向侧股时
   D. 列车由道岔侧股驶向直股时
5. 单开道岔查照间隔 D_1 指的是（　　）。
   A. 护轨作用边至尖轨作用边的距离
   B. 基本轨作用边至尖轨作用边的距离
   C. 护轨作用边至心轨作用边的距离
   D. 护轨作用边至翼轨作用边的距离

三、多选题

1. 轨道结构的三大薄弱环节指的是（　　）。
   A. 钢轨接头　　　B. 道岔　　　C. 曲线
   D. 道口　　　　　E. 道床
2. 间隔铁鱼尾板式跟端结构主要由（　　）等组成。
   A. 间隔铁　　　　B. 跟端夹板　　　C. 绝缘鱼尾板
   D. 普通高强螺栓　E. 双头连接螺栓
3. 组合式辙叉是用钢轨及其他零件经刨切拼装而成的，它由（　　）组成。
   A. 尖轨　　　　　B. 长心轨　　　　C. 短心轨

D. 翼轨　　　　　　　　　E. 间隔铁
4. 可动辙叉的基本形式主要有（　　）。
　　A. 可动心轨式辙叉　　　　　　　　B. 可动护轨式辙叉
　　C. 可动翼轨式辙叉　　　　　　　　D. 可动尖轨式辙叉
　　E. 其他消灭有害空间的辙叉形式
5. 道岔施工时的主要控制桩包括（　　）。
　　A. 岔头桩　　　　B. 岔尖桩　　　　C. 岔心桩
　　D. 岔身桩　　　　E. 岔尾桩

四、简答题

1. 简述道岔的主要类型。
2. 单开道岔的主要组成部分及功用是什么？
3. 怎样理解辙叉咽喉、有害空间、查照间隔、道岔中心、道岔前长、道岔后长、道岔实际全长及道岔理论全长的物理意义？
4. 道岔导曲线支距计算方法是什么？
5. 单开道岔总布置图有何用途？图中应标明哪些主要内容和数据？
6. 国内外有砟道岔铺设的方法有哪些？我国高速铁路有砟道岔铺设主要采用什么方法？
7. 我国目前所铺设的无砟轨道道岔有哪几种？
8. 高速铁路正线道岔铺设后的静态标准是什么？

项目 9

无缝线路施工

教学导入

在普通有缝线路上，考虑到钢轨热胀冷缩的因素，每隔一个标准 25m 长的钢轨，就会留下接头和缝隙，钢轨随着温度的变化会缩短和伸长，其内部产生的应力会通过钢轨轨缝进行释放。但是这种有缝线路存在很多缺点：一是车轮跨越钢轨接头轨缝会产生撞击发出声响，引起列车振动，使乘客感觉不适；二是使钢轨接头和车轮等磨损加大；三是加大了线路的维修频率，提高了养护维修成本。因此，发展无缝线路，是大势所趋。

德国是无缝线路发展最早的国家，1926 年就开始试铺，到 20 世纪 50 年代，已将无缝线路作为国家的标准线路。我国无缝线路从 1957 年开始试铺，开始时采用电弧焊法，分别在北京、上海各试铺了 1km，以后逐步扩大。目前，我国主要干线均已铺设无缝线路，至今无缝线路已铺设超 10 万 km。我国仍在不断加快既有铁路的无缝化改造进度，同时规定：今后新建线路，条件许可时均要设计铺设无缝线路或跨区间无缝线路。

教学目标

▶ **知识目标**

1. 了解无缝线路的工作原理。
2. 熟悉无缝线路的特点。

▶ **技能目标**

1. 能够进行无缝线路的相关计算。
2. 能够进行有砟和无砟轨道无缝线路的施工。
3. 会无缝线路应力放散与锁定施工。

任务9.1 无缝线路认知

一 无缝线路基本概念

所谓无缝线路就是把钢轨焊接起来形成的线路，国外又称焊接长钢轨线路，因其消除了线路上的大部分轨缝，故一般又称为无缝线路。

新线无缝线路铺设时通常是在焊轨场将无孔标准轨焊接成250~500m的长钢轨，然后用专用长轨运输车运送到铺轨现场铺设，再在现场采用气压焊或接触焊等方式焊接形成1500~2000m的单元轨节，最后经过应力放散与锁定焊接形成跨区间无缝线路。2004年上海铁路局铺设的上海至南京的无缝线路长度就达到了303km，是当时我国最长的一条跨区间无缝线路。

二 无缝线路的基本特点及分类

1. 特点

与普通线路相比，无缝线路在其长钢轨段内消灭了轨缝，从而消除了车轮对钢轨接头的冲击，使得列车运行平稳，旅客舒适，延长了线路设备和机车车辆的使用寿命，减少了线路养护维修工作量，并能适应高速行车的要求，是轨道现代化的发展方向。

2. 分类

无缝线路根据处理钢轨内部温度应力方式的不同，可分为温度应力式和放散温度应力式两种类型。

（1）温度应力式无缝线路是在相邻长轨节间设置2~4根25m标准轨（称为缓冲轨），长轨节和普通轨之间采用普通钢轨接头。无缝线路锁定后，长轨因受扣件及道床纵向阻力等约束，两端自由伸缩受到一定的限制，中间部分的自由伸缩则完全受到限制，故随着温度的变化，长轨节内夏季会产生温度压力，冬季则产生温度拉力。

（2）放散温度应力式无缝线路，又分为自动放散式和定期放散式两种，适用于年轨温差较大的地区。它们分别采用允许长轨节两端自由伸缩和每年定期松开长轨节扣件，使其自由伸缩放散应力后重新锁定的方式，防止长轨节内产生过大的温度力使钢轨拉断或胀力过大导致线路失稳。

无缝线路根据轨节长度和是否跨越闭塞分区划分为普通无缝线路、全区间无缝线路和跨区间无缝线路。普通无缝线路轨节长度一般为1~2km，两根长轨间设置2~4根25m标准轨组成缓冲区，普通无缝线路的钢轨接头虽然大大减少，但在缓冲区仍有普通钢轨接头存在。全区间无缝线路在整个自动闭塞分区内无普通钢轨接头，线路用普通钢轨组成的缓冲区隔开。跨区间无缝线路是将连续的几个区间的钢轨焊接起来，区间线路也与道岔焊接或采用胶接接头，信号闭塞区间采用胶接绝缘接头，因而最大限度地消灭了轨缝，是名副其实的无缝线路。

三 无缝线路工作原理

1. 温度力、伸缩位移与轨温变化的关系

一根长度为 L，可自由伸缩的钢轨，当轨温变化 Δt℃时，其伸缩量为

$$\Delta L = \alpha \cdot L \cdot \Delta t \tag{9-1}$$

式中：α——钢轨的线膨胀系数（1/℃），取 11.8×10^{-6}/℃；

L——钢轨长度（mm）；

Δt——钢轨温度变化幅度（℃）。

如果将处于自由状态的钢轨两端完全固定，则钢轨内部将产生温度应力 σ（MPa）：

$$\sigma = E\varepsilon = E\frac{\Delta L}{L} = E\frac{\alpha L \Delta t}{L} = E\alpha\Delta t \tag{9-2}$$

式中：E——钢的弹性模量，$E = 2.1 \times 10^5$ MPa；

ε——钢轨在温度变化下发生的应变。

将 E、α 值代入式（9-2），则温度应力为

$$\sigma_t = 2.1 \times 10^5 \times 11.8 \times 10^{-6} \Delta t = 248\Delta t \tag{9-3}$$

一根钢轨所受的温度力 P_t（N）为

$$P_t = F\sigma_t = 2.48F\Delta t \tag{9-4}$$

式中：F——钢轨截面积（mm²）。

由以上公式可知：

（1）两端固定的钢轨中所产生的温度力，与 L 无关，与 Δt 呈线性关系。

（2）不同类型的钢轨在同一轨温变化幅度下所产生的温度力大小不同。钢轨断面积越大，同一轨温变化幅度下所产生的温度力越大。

（3）无缝线路钢轨自由端伸长量与轨温变化幅度 Δt、轨长 L 有关，与钢轨断面积无关。

2. 轨温与锁定轨温

轨温是指钢轨的温度。钢轨温度与气温不同。影响轨温的因素较多，它与气候变化、风力大小、日照强度、线路走向、钢轨所处地段和测量部位等有关。无缝线路的钢轨温度力大小和分布与轨温变化幅度有直接的关系，而它又是影响无缝线路的强度和稳定性的主要因素，所以，钢轨的温度变化幅度就成为无缝线路设计、铺设和维修养护的重要资料。

轨温可采用专用轨温计进行测量，轨温计按测量方式可分为吸附式轨温计和非接触式红外线轨温计，按显示方式分有指针式轨温计和数显式轨温计。采用吸附式轨温计测量时，应先清除待测钢轨表面铁锈污物，再将轨温计吸附在钢轨表面，5min 后读取轨温计示数，即为实测轨温。需要连续测量时，可将轨温计吸附在轨腰部位，但列车通过后需等待 3min 后再去读数，因为列车行驶的时候会产生较大的气流，导致钢轨表面温度下降，此时读数会有较大的误差。

1) 轨温与气温的关系

根据长期大量的测量结果，最高轨温一般要比当地最高气温高 18～25℃，最低轨温比当地最低气温低 2～3℃。在无缝线路设计时，一般取当地历年最高气温加 20℃ 作为当地最高轨温，当地历年最低气温作为最低轨温。

2) 中间轨温

中间轨温 T_z 是最高轨温 T_{max} 与最低轨温 T_{min} 的平均值，即

$$T_z = \frac{T_{max} + T_{min}}{2} \tag{9-5}$$

3) 锁定轨温

无缝线路锁定时的轨温称锁定轨温，因线路刚锁定时温度应力为零，又称零应力轨温。锁定轨温在设计、施工和运营时的含义并不相同。

为降低无缝线路铺设后长轨条内的温度应力，保证夏天不胀轨，冬天不断轨，应根据气象资料和无缝线路允许温升、温降，计算确定无缝线路锁定轨温，称为设计锁定轨温 T_{sf}，又称中和轨温。为便于指导施工，应明确一个允许无缝线路作业的轨温范围，一般定为 $(T_{sf} \pm 5)$℃，称为设计锁定轨温范围。

在铺设无缝线路时，将长轨条始终端落槽就位时的平均轨温称为施工锁定轨温，其值必须确保在设计锁定轨温范围之内。施工锁定轨温同时也是管理和维修无缝线路的重要依据。

无缝线路运营过程中处于温度力为零状态时的轨温称为实际锁定轨温。由于施工、运营、养护等方面的原因，在无缝线路长度范围内会因钢轨的伸缩位移引起锁定轨温的变化，使长轨条各个截面的实际锁定轨温与原施工锁定轨温不同。若通过应力法或应变法等方法，监测到无缝线路实际锁定轨温超出设计锁定轨温，则必须调整钢轨内力或放散温度力后重新锁定。

3. 线路纵向阻力

1) 接头阻力

钢轨接头处由钢轨夹板通过螺栓拧紧，产生阻止钢轨纵向位移的阻力称接头阻力。接头阻力由钢轨与夹板间的摩阻力和接头螺栓的抗剪力提供。为了安全，对接头阻力我国仅考虑钢轨与夹板间的摩阻力。

接头阻力的特点有：接头阻力是摩擦力，只有存在相对运动或相对运动趋势时才会产生；钢轨首先要克服接头阻力，然后才能伸长或缩短；钢轨从伸长转入缩短或从缩短转入伸长状态要克服两倍接头阻力，如图 9-1 所示。

接头阻力与螺栓个数 n、材质、直径和拧紧程度有关。研究表明，一根接头螺栓的拉力 P 接近它所产生的接头阻力 P_H。因此，接头阻力 P_H 可近似表示为

$$P_H = n \cdot P \tag{9-6}$$

在其他条件相同的情况下，接头螺栓的拧紧程度是保持接头阻力的关键。螺栓拧紧程度用螺栓的力矩 T 表示。力矩 T 与螺栓拉力 P 的关系为

$$T = K \cdot D \cdot P \tag{9-7}$$

式中：T——拧紧螺母时的力矩（N·m）；
K——力矩系数，取 0.18 ~ 0.24；
D——螺栓直径（m）；
P——螺栓拉力（N）。

图 9-1　钢轨伸缩克服接头阻力 R_j 示意图

列车通过钢轨接头时产生的振动，会使接头螺栓力矩下降，接头阻力值降低。据国内外资料，可降低到静力测定值的 40% ~ 50%。所以，定期检查螺栓力矩，重新拧紧螺母，保证接头阻力值在长期运营过程中保持不变，是一项十分重要的措施。《铁路线路维修规划》规定无缝线路钢轨接头必须采用 10.9 级螺栓，力矩应保持在 700 ~ 900N·m。

2）扣件阻力

中间扣件和防爬设备抵抗钢轨沿轨枕面纵向位移的阻力，称为扣件阻力。为了防止钢轨爬行，要求扣件阻力必须大于道床纵向阻力。

扣件阻力是由钢轨与轨枕垫板面之间的摩阻力和扣压件与轨底扣着面之间的摩阻力所组成。摩阻力的大小取决于扣件扣压力和摩擦系数的大小。一组扣件的阻力 F 为

$$F = 2(\mu_1 + \mu_2)P \tag{9-8}$$

式中：P——一侧扣件对钢轨的扣压力（kN）；
μ_1——钢轨与垫板之间的摩擦系数；
μ_2——钢轨与扣件之间的摩擦系数。

据试验，如果混凝土轨枕下采用橡胶垫板，不论是扣板式扣件还是弹条式扣件，其摩擦系数为：$\mu_1 + \mu_2 = 0.8$。

扣压力 P 的大小与螺栓所受拉力的大小有关。以扣板式扣件为例：

$$P = \frac{b}{a+b}P_{拉} \tag{9-9}$$

式中：$P_{拉}$——扣板螺栓拉力，与螺母力矩有关（kN）；
a、b——扣板着力点至螺栓中心的距离（m）。

代入式（9-8），得扣件摩阻力 F 为

$$F = 2(\mu_1 + \mu_2)\frac{b}{a+b}P_{拉} \tag{9-10}$$

实测资料指出，在一定的力矩下，扣件阻力随钢轨位移的增加而增大。当钢轨位移达到某一定值之后，钢轨产生滑移，阻力不再增加。

垫板压缩和扣件局部磨损，将导致扣件阻力下降，通常垫板的压缩与扣件的磨损按

1mm 估计。

此外，列车通过时的振动会使螺母松动，力矩下降，导致扣件阻力下降。为此规定：扣板扣件力矩应保持在 80~120N·m；弹条扣件为 100~150N·m。

3）道床纵向阻力

道床纵向阻力系指道床抵抗轨道框架纵向位移的阻力。一般以每根轨枕的阻力值，或每延厘米（或毫米）分布阻力表示。它是抵抗钢轨伸缩，防止线路爬行的重要参数。

道床纵向阻力受道砟材质、颗粒大小及级配、道床断面、捣固质量、脏污程度、轨道框架质量等因素的影响。只要钢轨与轨枕间的扣件阻力大于道床抵抗轨枕纵向移动的阻力，则无缝线路长钢轨的温度应力将完全由接头阻力和道床纵向阻力承担。与钢轨接头阻力类似，当长钢轨从缩短转为伸长状态时，也要克服 2 倍的道床纵向阻力。

道床抵抗轨道框架纵向位移的阻力由轨枕与道床之间的摩阻力和枕木盒内道砟抗推力共同组成。图 9-2 为实测得到的单根轨枕在正常轨道状态下，道床纵向阻力与位移关系曲线。由图可以看出：道床纵向阻力值随轨枕位移增大而增大，当位移达到一定值后，轨枕盒内的道砟颗粒之间的结合被破坏，在此情况下，即便位移再增加，阻力也不再增大；在正常轨道条件下，混凝土轨枕位移小于 2mm、木枕位移小于 1mm，可认为道床处于弹性工作范围，对应道床纵向阻力值见表 9-1。

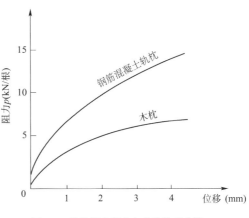

图 9-2　轨枕纵向阻力与位移关系曲线

道床纵向阻力值　　　　　　　表 9-1

道床特征	单根轨枕的道床纵向阻力 R（N）	一股钢轨下单位道床纵向阻力 p（N/mm）	
		1840 根轨枕/km	1760 根轨枕/km
木枕线路	7000	6.4	6.1
混凝土轨枕线路	10000	9.1	8.7

线路维修作业会扰动道床，导致道床纵向阻力下降，容易引起轨道爬行，甚至影响到轨道稳定性，因此，道床作业后应加强道床捣固夯实，并加强动力稳定，以尽快恢复道床阻力。

4. 温度力分布图

温度力沿长钢轨的纵向分布，常用温度力分布图（简称温度力图）来表示，其实质是钢轨内力图。温度力图的横坐标表示钢轨长度，纵坐标表示钢轨温度应力（拉力为正，压力为负）。钢轨内部温度力和钢轨外部阻力随时保持平衡，是温度力纵向分布的基本条件。一根焊接长钢轨沿其纵向的温度力分布并不是均匀的，它不仅与阻力和轨温变化幅度等因素有关，而且还与轨温变化的过程有关。

1) 长钢轨变形约束条件

(1) 接头阻力约束。无缝线路长轨条锁定后，当轨温变化不大时会在钢轨全长范围内产生温度力 P_t，当产生的温度力 P_t 不超过接头阻力 R_j 时，由于有接头约束长轨条不会产生伸缩。而当温度力 P_t 大于接头阻力 R_j 时，钢轨开始伸缩。

(2) 道床纵向阻力约束。接头阻力被克服后，当轨温继续变化时，道床纵向阻力开始阻止钢轨伸缩。但道床纵向阻力的产生是体现在道床对轨枕的位移阻力，随着轨枕位移的根数的增加，相应的阻力也增加。为计算方便，常将单根钢轨的阻力换算为钢轨单位长度上的阻力 p，并取为常量。由上述特征可见，道床纵向阻力是以阻力梯度 p 的形式分布。故在克服道床纵向阻力阶段，钢轨有少量伸缩，钢轨内部温度力放散，因而各截面的温度力并不相等，以斜率 p 分布。

2) 温度力图

下面以秋季无缝线路作业时锁定轨温大于中间轨温（$T_{sf} > T_z$），之后经历降温到最低轨温，然后升温到最高轨温之后再次降温的过程，分析各阶段钢轨温度力沿钢轨纵向分布的规律。

(1) 当 $t = T_{sf}$ 时，长钢轨内温度力 $P_t = 0$，接头阻力为零。

(2) 轨温下降时，首先温度力与钢轨接头阻力平衡，如图 9-3 中 I 线，为平行 x 轴的直线。当温度力达到接头能提供的最大阻力 R_j 前，钢轨与接头夹板不产生相对移动。结合式 (9-4) 可知：

$$P_t = R_j = 2.48 F \Delta t_j \tag{9-11}$$

则接头阻力能阻止钢轨发生相对位移的轨温变化幅度 $\Delta t_j = \dfrac{R_j}{2.48 F}$。

(3) 轨温再下降，则温度力大于钢轨接头阻力，钢轨与夹板产生相对移动，道床阻力开始发挥作用，温度力图为图 9-3 中的 II 线，其中部为直线，两端为斜率为 p 的斜线。

$$P_t = 2.48(T_{sf} - t) \cdot F = R_j + px \tag{9-12}$$

式中：p——单位道床纵向阻力（N/mm）；

x——从轨端算起提供纵向道床阻力的长度（mm）。

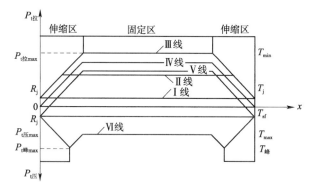

图 9-3 长钢轨温度力分布图

(4) 当温度继续下降至 $t = T_{min}$ 时，温度力图为图 9-3 中的 III 线，此时钢轨温度拉力

达到最大值 $P_{t拉max}$，提供纵向道床阻力的长度 x 也达到最大值，即为伸缩区长度 l_s，此时：

$$P_{t拉max} = 2.48(T_{sf} - T_{min}) \cdot F = R_j + pl_s \quad (9-13)$$

$$l_s = (P_{tmax} - R_j)/ = 2.48\Delta T_{max} \cdot F/p \quad (9-14)$$

最低轨温时的无缝线路伸缩区长度 l_s 为

$$l_s = (P_{t拉max} - R_j)/p = 2.48(T_{sf} - T_{min}) \cdot F/p \quad (9-15)$$

（5）反向升温过程。长钢轨处于最低轨温时接头阻力及道床阻力分布如图9-4a）所示。轨温回升时，钢轨有伸长趋势，接头阻力逐渐减小，如图9-4b）所示。此时钢轨全长范围内温度拉力都减小，温度力图平行下移，如图9-3中Ⅳ线所示。

轨温继续升高至锁定轨温 T_{sf} 时，反向接头阻力起作用（由拉力变为压力），如图9-4c）所示，此时温度力图继续平行下移，如图9-3中Ⅴ线所示。

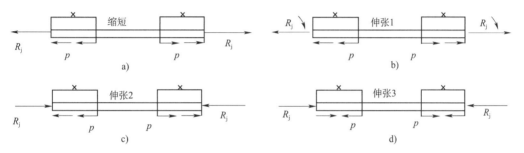

图9-4 反向升温接头阻力及道床阻力变化过程
a）最低轨温时纵向阻力分布；b）反向升温时接头阻力下降；c）反向继续升温接头阻力反向；d）反向继续升温道床阻力反向

轨温继续升高，钢轨端部开始伸长，反向道床阻力开始起作用，如图9-4d）所示。当轨温升高到最高轨温 T_{max} 时，长钢轨中部固定区温度压力达到最大值，而此时温度图上出现了温度压力峰 $P_{t峰max}$，其值大于固定区的最大温度压力 $P_{t压max}$，如图9-3中Ⅵ线所示。温度压力峰等于固定区最大温度拉力与最大温度压力的平均值，即

$$P_{t峰max} = \frac{1}{2}(P_{t压max} + P_{t拉max}) \quad (9-16)$$

压力峰所对应的伸缩区长度：

$$L_{峰} = \frac{\left(P_{t压max} + P_{t拉max}\right) - 2R_j}{2p} \quad (9-17)$$

由于无缝线路作业时，锁定轨温往往高于中间轨温，则轨温从最低轨温向最高轨温反向变化时，会在伸缩区出现温度压力峰而影响到无缝线路的稳定性。而从国内外无缝线路失稳的事故来看，事故多发季节不是在夏季高温季节，而是在春夏之交的3~5月。其主要原因是此时轨温接近锁定轨温，容易放松对道床阻力的重视，而此时由于温度压力峰的存在，诱发了胀轨跑道事故的发生。因此在温度回升时，更应注意保持无缝线路尤其是伸缩区的道床阻力，预防胀轨跑道事故的发生。

3) 伸缩区长度计算

无缝线路伸缩区长度 l_s 可按式（9-14）计算，式中 ΔT_{max} 取 $T_{max} - T_{sf}$ 与 $T_{sf} - T_{min}$ 中的大值计算。伸缩区长度一般取 50～100m，宜取为标准轨长度的整数倍。

【例9-1】 某地区铺设无缝线路，已知该地区年最高轨温为 65.2℃，最低轨温为 -20.6℃，道床阻力梯度为 9.1N/mm，接头阻力为 490kN，60kg/m 钢轨断面面积为 7745mm²，当锁定轨温为当地中间轨温加 5℃时，试计算：

(1) 克服接头阻力所需升降的轨温；
(2) 固定区最大拉、压温度力；
(3) 伸缩区长度；
(4) 绘制轨温从锁定轨温单向变化到最低、最高温度时的温度力图，并标注有关数据。

解：

(1) $\Delta t_j = \dfrac{R_j}{2.48F} = \dfrac{490 \times 1000}{2.48 \times 7745} = 25.5℃$。

(2) $T_z = \dfrac{T_{max} + T_{min}}{2} = \dfrac{65.2 - 20.6}{2} = 22.3℃$。

$T_{sf} = T_{sz} + 5 = 22.3 + 5 = 27.3℃$。

$P_{t拉max} = 2.48 (T_{sf} - T_{min}) \cdot F = 2.48 (27.3 + 20.6) \times 7745 = 920044N = 920.044kN$。

$P_{t压max} = 2.48 (T_{max} - T_{sf}) \cdot F = 2.48 (65.2 - 27.3) \times 7745 = 727968N = 727.968kN$。

(3) $l_{s1} = (P_{t拉max} - R_j)/p = (920.044 - 490) \times 1000/9.1 = 47258mm = 47.258m$。

$l_{s2} = (P_{t压max} - R_j)/p = (727.968 - 490) \times 1000/9.1 = 26150mm = 26.150m$。

取 $l_s = 50m$。

(4) 绘制轨温从锁定轨温单向变化到最低、最高温度时的温度力图如图 9-5 所示。

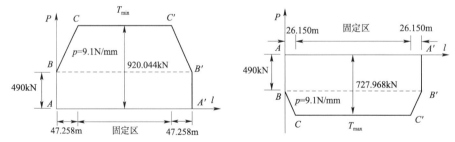

图 9-5 锁定轨温单向变化到最低、最高温度时的温度力图

5. 钢轨端部伸缩量

从温度力图 9-3 中可知，无缝线路长轨条中部承受大小相等的温度力，钢轨不能伸缩，称为固定区。在固定区两端，温度力是变化的，在克服道床纵向阻力阶段，钢轨有少量的伸缩，称为伸缩区。伸缩区两端设置的 2～4 根 25m 标准轨称为缓冲区。在无缝线路设计中要对缓冲区的轨缝进行计算，因此，需对长轨及标准轨端的伸缩量进行计算。

1) 长轨一端的伸缩量

由温度力图 9-6 可见，其中阴影部分为克服道床纵向阻力阶段释放的温度力，从而实

现了钢轨伸缩。由材料力学可知,长轨端部伸缩量 λ 与阴影线部分面积的关系为

$$\lambda = \frac{\triangle ABC}{EF} = \frac{p \cdot l_s^2}{2EF} \tag{9-18}$$

式中,$l_s = (P_{tmax} - R_j)/p = \dfrac{2.48F\Delta T_{max} - R_j}{pF}$。

故长轨一端的最大伸缩量为

$$\lambda_{\text{长}} = \frac{p \cdot l_s^2}{2EF} = \frac{(2.48F\Delta T_{max} - R_j)^2}{2EF \cdot p} \tag{9-19}$$

2) 标准轨一端的缩量

标准轨轨端伸缩量计算与长轨一端的伸缩量计算方法基本相同。轨温变化时产生的温度力,先克服接头阻力,再克服道床纵向阻力。由于标准轨长度短,轨枕根数有限,温度下降到一定程度后道床阻力就被全部克服,其温度力图如图 9-7 所示。之后,钢轨可以自由伸缩,温度力得到释放。与长轨一端的伸缩量计算类似,可得到标准轨一端伸缩量 $\lambda_{\text{短}}$ 的计算公式:

$$\lambda_{\text{短}} = \frac{\square BKGH}{EF} - \frac{\triangle BKC}{EF} = \frac{(P_{tmax} - R_j)l}{2EF} - \frac{p \cdot l^2}{8EF} \tag{9-20}$$

式中:l——标准轨长度 (mm);

P_{tmax}——从锁定轨温到最低或最高轨温时所产生的温度力,$P_{tmax} = \alpha EF(T_{sf} - T_{min})$ (拉) 或 $P_{tmax} = \alpha EF(T_{max} - T_{sf})$ (压)。

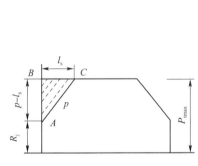
图 9-6 长轨条轨端伸缩量计算图

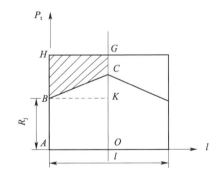
图 9-7 标准轨轨端伸缩量计算图

温度力图中梯形 ABCO 的面积对应着标准轨一端由于接头阻力和道床纵向阻力限制轨缝的两端标准轨的缩短量 C (mm):

$$\frac{1}{2}C = \frac{\square ABKO}{EF} + \frac{\triangle BKC}{EF} = \frac{R_j l}{2EF} = \frac{p \cdot l^2}{8EF} \tag{9-21}$$

将式 (9-21) 代入式 (9-20),则有:

$$\lambda_{\text{短}} = \frac{P_{tmax}l}{2EF} - \frac{C}{2} \tag{9-22}$$

因此,当钢轨接头两端都为标准轨时,轨缝的变化量为

$$a_{\text{短}} = 2\lambda_{\text{短}} = 2\left(\frac{P_{tmax}l}{2EF} - \frac{C}{2}\right) = \alpha l \Delta t T_{max} - C = \alpha l(T_{sf} - T_{min}) - C \quad (\text{最低轨温时})$$

或

$$a_{\text{短}} = \alpha l (T_{\max} - T_{\text{sf}}) - C \quad (\text{最高轨温时})$$

6. 预留轨缝

若无缝线路设置缓冲区，在缓冲区的标准轨之间，以及标准轨与长轨之间要预留轨缝。预留轨缝应满足冬季轨温达最低轨温 $T_{\min}$ 时，轨缝值不超过构造轨缝 a_g（即 $a_{\max} \leq a_g$）；夏季轨温达最高轨温 $T_{\max}$ 时，轨缝不挤严（即 $a_{\min} \geq 0$）。

这里令最低轨温 $T_{\min}$ 时，使轨缝达到最大值 $a_{\max} = a_g$ 预留轨缝值为预留轨缝的上限（$a_{\text{上}}$）；令最高轨温 $T_{\max}$ 时，轨缝达到最小值 $a_{\min} = 0$ 的预留轨缝值为预留轨缝的下限（$a_{\text{下}}$）。

1）普通线路或无缝线路缓冲区标准轨之间的预留轨缝值 a_0

（1）预留轨缝的上限计算。在最低轨温 $T_{\min}$ 时，轨缝达到最大值 $a_{\max}$：

$$a_{\max} = a_0 + a_{\text{短}} = a_0 + \alpha L(T_{\text{sf}} - T_{\min}) - C \leq a_g \tag{9-23}$$

令 $a_{\max} = a_g$，则 $a_0 = a_{\text{上}}$，式（9-23）改写为

$$a_{\text{上}} = a_g - [\alpha L(T_{\text{sf}} - T_{\min}) - C] \tag{9-24}$$

（2）预留轨缝的下限计算。在最高轨温 $T_{\max}$ 时，轨缝达到最小值 $a_{\min}$：

$$a_{\min} = a_0 - a_{\text{短}} = a_0 - [\alpha L(T_{\max} - T_{\text{sf}}) - C] \geq 0 \tag{9-25}$$

令 $a_{\min} = 0$，则 $a_0 = a_{\text{下}}$，式（9-25）改写为

$$a_{\text{下}} = \alpha L(T_{\max} - T_{\text{sf}}) - C \tag{9-26}$$

（3）预留轨缝的计算。根据预留轨缝的上下限，《铁路线路修理规则》建议取 $a_{\text{上}}$ 和 $a_{\text{下}}$ 的中间值，作为预留轨缝的 a_0 值。即

$$a_0 = \frac{a_{\text{上}} + a_{\text{下}}}{2} = \alpha L\left(\frac{T_{\max} + T_{\min}}{2} - T_{\text{sf}}\right) + \frac{a_g}{2} = \alpha L(t_z - T_{\text{sf}}) + \frac{a_g}{2} \tag{9-27}$$

2）无缝线路长轨节与标准轨之间的预留轨缝值 a_0

无缝线路长轨节与标准轨之间的预留轨缝值与标准轨之间的预留轨缝的原则相同。

因此预留轨缝的上限为

$$a_{\text{上}} = a_g - (\lambda_{\text{长}} + \lambda_{\text{短}}) \tag{9-28}$$

预留轨缝的下限为

$$a_{\text{下}} = (\lambda'_{\text{长}} + \lambda'_{\text{短}}) \tag{9-29}$$

同理，预留轨缝的 a_0 值为

$$a_0 = \frac{a_{\text{上}} + a_{\text{下}}}{2} \tag{9-30}$$

式中：$\lambda_{\text{长}}$、$\lambda_{\text{短}}$——T_{sf} 至轨温 $T_{\min}$ 时，长轨、标准轨一端产生的缩短量（mm），分别由式（9-19）和式（9-20）计算；

$\lambda'_{\text{长}}$、$\lambda'_{\text{短}}$——T_{sf} 至轨温 $T_{\max}$ 时，长轨、标准轨一端产生的缩短量（mm），计算方法同上。

3）允许铺轨的年轨温差

式（9-23）减式（9-25）得

$$\alpha L(T_{\max} - T_{\min}) - 2C \leq a_g$$

即 $T_{max} - T_{min} \leqslant \dfrac{a_g + 2C}{\alpha L}$，即允许铺轨的年轨温差 $[\Delta T] = \dfrac{a_g + 2C}{\alpha L}$。

7. 无缝线路稳定性

1）稳定性概念

无缝线路作为一种新型轨道结构，其最大特点是在夏季高温季节在钢轨内部存在巨大的温度压力，容易引起轨道横向变形。在列车动力或人工作业等干扰下，轨道弯曲变形有时会突然增大，这一现象常称为胀轨跑道，在理论上称为丧失稳定，这将严重危及行车安全。

从大量的室内模型轨道和现场实际轨道的稳定试验以及现场事故观察分析，轨道胀轨跑道的发展过程基本上可分为三个阶段，即持稳阶段、胀轨阶段和跑道阶段，胀轨跑道总是从轨道的薄弱地段（即具有原始弯曲的不平顺）开始。在持稳阶段，轨温升高，温度压力增大，但轨道不变形。胀轨阶段，随着轨温的增加，温度压力也随之增加，此时轨道开始出现微小变形，此后，温度压力的增加与横向变形之间呈非线性关系。当温度压力达到临界值时，这时轨温稍有升高或稍有外部干扰时，轨道将会突然发生鼓曲，道砟抛出，轨枕裂损，钢轨发生较大变形，轨道受到严重破坏，此为跑道阶段，至此稳定性完全丧失。

2）影响无缝线路稳定性的因素

对无缝线路大量调查后表明，很多胀轨跑道事故并非温度压力过大所致，而是由于对无缝线路起稳定作用的因素认识不足，在养护维修中破坏了这些因素而发生的。因此，我们必须研究保持稳定与诱发失稳两方面的因素，注意发展有利因素，克服、限制不利因素，防止胀轨跑道事故，以充分发挥无缝线路的优越性。

（1）保持稳定因素。

①道床横向阻力：道床抵抗轨道框架横向位移的阻力称道床横向阻力，它是防止无缝线路胀轨跑道，保证线路稳定的主要因素。

道床横向阻力是由轨枕两侧及底部与道砟接触面之间的摩阻力和枕端的砟肩阻止横移的抗力组成。其中，道床肩部占30%，轨枕两侧占20%~30%，轨枕底部占50%。道床单位横向阻力 q 可用单根轨枕的横向阻力 Q 和轨枕间距 a 表示：$q = Q/a$（N/cm）。

影响道床横向阻力的因素很多，主要与道床的材料、肩宽以及维修作业等方面有关。

a. 道砟。道床是由道砟堆积而成，道床的饱满程度、道砟的材质及粒径尺寸对道床横向阻力都有影响。饱满的道床可以提高道床的横向阻力。道砟的材质不同，提供的阻力也不一样。据国外资料，砂砾石道床比碎石道床提供的横向阻力低30%~40%。道床粒径较大提供的横向阻力也较大，例如粒径由25~65mm减小到15~30mm，横向阻力将降低20%~40%。

b. 道床肩宽。适当的道床肩宽可以提供一定的横向阻力，但当肩宽增加到一定程度，超出轨枕端部滑动面之后，横向阻力不再增大。经验表明，道床肩部堆高比肩部加宽提高道床横向阻力效果更明显，且节约道砟。

c. 线路维修作业方式的影响。凡可能扰动道床的维修作业，如起道捣固、清筛等改变道砟间或道砟与轨枕间的接触状态，都会导致道床阻力的下降。

②轨道框架水平刚度：轨道框架刚度是反映其自身抵抗弯曲能力的参数。轨道框架刚度越大，弯曲变形越小，所以是保持轨道稳定的因素。轨道框架水平刚度，等于两股钢轨的水平刚度及钢轨与轨枕接点间的阻矩之和。越是重型的钢轨，截面积越大，其水平刚度越大。扣件的强度越大，扣压力越大，与轨枕的连接刚度越大，其阻矩也越大。

（2）诱发失稳因素。

①温度压力：由于温度升高引起的钢轨轴向温度压力是构成无缝线路失稳问题的根本原因。为控制胀轨跑道的发生，无缝线路相邻单元轨节的锁定轨温之差不应大于5℃，同一区间内单元轨节的最高最低锁定轨温之差不应大于10℃，左右股锁定轨温差当车速大于160km/h时不大于3℃，车速为160km/h以下时不应大于5℃。

②轨道初始弯曲：轨道初始弯曲主要有塑性初始弯曲（硬弯）和弹性初始弯曲，是影响稳定的直接因素，胀轨跑道多发生在轨道的初始弯曲处，因而控制初始弯曲的大小，对保证轨道稳定有重要作用。无缝线路的钢轨，用1m直尺测量，要求不得有0.5mm以上的硬弯，直线无缝线路的方向误差不得超过4mm。

四 无缝线路施工概述

无缝线路施工基本工艺流程如图9-8所示。

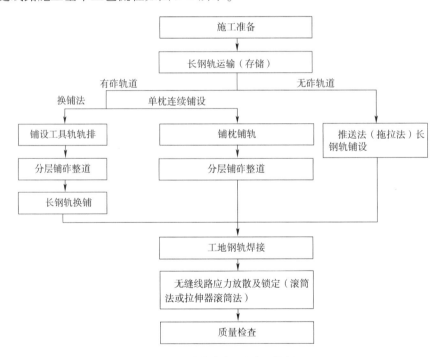

图9-8　无缝线路施工基本工艺流程

无缝线路铺设施工应配备机车、长钢轨运输车、长钢轨铺机组、移动式闪光焊接作业车、拉轨器、锯轨机、钢轨打磨机、正火机、调直机、探伤仪等主要机械设备。

无缝线路轨道施工前应具备以下技术资料：轨道设计说明书、桥隧施工图、长钢轨配轨表、无缝线路布置平纵断面图、线路复测桥隧资料等。同时应掌握以下技术资料：轨道类型、线路平纵断面、长钢轨布置、单元轨节起讫点里程、缓冲区位置及设置标准、设计锁定轨温范围、纵向位移观测桩设置位置及标准、绝缘接头位置、平过道位置、桥梁墩台位置、隧道及无砟道床起讫点里程、不同路基过渡段起讫点里程、道岔区配轨设计、使用线上材料的规格及安装标准、钢轨焊接要求、钢轨伸缩调节器设置位置等。

施工前应调查当地气温资料，收集不同天气轨温实测资料，掌握轨温变化规律，合理安排施工组织。铺轨时长钢轨之间的接头应使用无孔夹板临时连接，并应加强对道床成品的保护，扣配件装卸应避免砸坏道床和承轨槽。铺轨后应及时组织铺砟整道作业。

任务9.2 无砟轨道长钢轨铺设

无砟轨道长钢轨铺设主要有拖拉法、推送法两种方法，其施工基本工艺流程如图9-9所示。

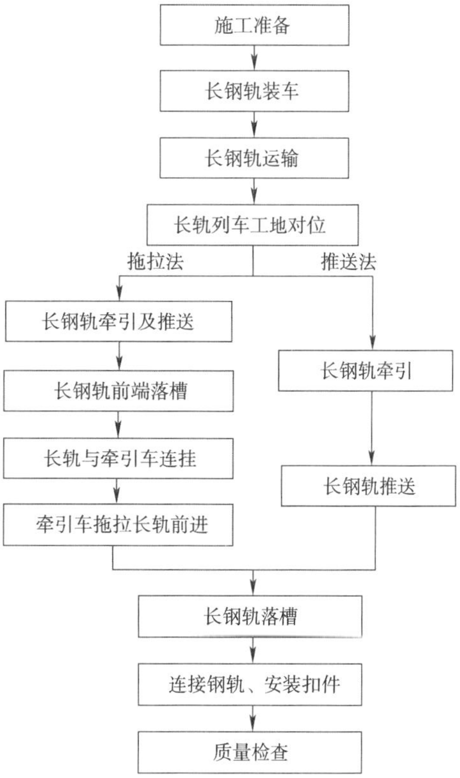

一 长钢轨铺设主要设备

（1）拖拉法主要铺轨设备：机车、长轨运输车、分轨推送车、顺坡小车、引导车及其他辅助部件等。

（2）推送法主要铺轨设备：机车、长钢轨运输车、长钢轨推送车（含过渡车）、顺坡架等。

二 铺设长钢轨应具备的条件

（1）无砟轨道铺轨应在无砟道床施工完毕，经验收合格并达到规定强度后方可施工。

（2）铺轨前，应按配轨表配轨，并依次编写铺轨编号，配轨时应考虑工地焊接头与桥墩台、过渡段等位置关系。

（3）道床及承轨槽表面清洁、无杂物。

（4）扣配件预组装到位，螺栓应涂长效防腐油脂。

三 无砟轨道长钢轨铺设施工

图9-9 无砟轨道长钢轨铺设施工基本工艺流程

长钢轨长度受焊轨场设备、场地、长钢轨运输车等条件限制，一般采用250～500m。下面以京沪高速铁路某段CRTS Ⅱ型板式无砟轨道采用拖拉法铺设500m长钢轨为例介绍施工过程。

1. 施工准备

500m长钢轨铺设前需要做好充分准备，主要包括调度集中运输指挥系统建立，机车乘务和列检组织、长轨运输通道、长轨和扣配件集中存储、线路道床检查等。为保证长轨工程列车正点运行，铺轨前必须建立高度集中指挥的行车调度所，沿线车站按临时开站管理。设置铺轨基地预先存储长钢轨和扣配件是确保 WZ500-TY 型铺轨机不间断连续作业的基本条件。机车乘务换班和列检作业则需要根据施工进度和每日工程列车发车要求，提前规划。线路道床检查是在铺设长轨前，首先评定无砟整体道床是否具备铺轨条件、勘查现场是否存在铺轨障碍。

2. 螺栓孔注油和散铺扣配件

1）螺栓孔注油

在拧套螺纹道钉前，逐一揭开螺栓孔保护帽，检查螺栓孔，清理杂物。采用 BADGER 型防锈脂加注机配合人工，按福斯罗扣件在螺栓孔中添注 10～15g 润滑剂，对套管和螺纹道钉进行润滑防护。

2）散铺扣配件

京沪高速铁路预制 CRTSⅡ型板式（博格板式）无砟轨道，需待整体道床形成后，再组织将扣配件运输到现场邻近堆料点，采用垂直运输机械和物料运输车转运至道床上人力散铺安装，并按隔一紧六，拧紧预上的扣配件。

3. 长钢轨装车

（1）长钢轨一般采用横向装车法，每层 12～14 根长钢轨，按配轨计划组织长钢轨运输车在存轨场装车线将已选配并标识好的长轨按铺设里程左右股配对，由内向外装车。因钢轨长度长，吊装时应采用集中电气控制的群吊同步起吊（图 9-10），以防止不均匀受力造成钢轨扭曲、变形。

（2）应使每根长钢轨在同一个钢轨滚道上只压在一个滚子上，且同根钢轨在不同断面的滚道上

图 9-10 采用群吊进行长钢轨装车

的位置相同，如图 9-11 所示。每装完一层钢轨，应在钢轨锁定车上对已装载的钢轨进行锁定，每根钢轨在同一个钢轨锁定车上应锁定两次，如图 9-12 所示，以防止在运输过程中长钢轨出现滑移。

图 9-11 长钢轨运输车上钢轨布置

图 9-12 长钢轨锁定方式

(3) 装车完毕，逐根逐层检查长钢轨锁定状态，确保锁固。

4. 长钢轨运输

长钢轨装车和锁固完毕，经列检作业，以东风4型机车为牵引动力，从存轨场经由接轨站、长钢轨运输临时通道按超长货物运输组织方案组织运输至铺轨现场。途中，列车尾部、锁定装置旁派遣随车人员，进行引道和监控长轨运行中的稳定状态，随时与机车上乘务长保持联系，确保运行安全。

5. 长轨列车工地对位

长轨列车运行过程中，机车启动与制动加速度不大于 $0.2m/s^2$；在施工地段运行限速 5km/h；在接近已铺长钢轨轨头 10m 处，应减速缓慢而准确对位。对位时，应在钢轨上划出停车标记，并派专人安放铁斜和止轮器。

6. 长钢轨推送喂轨

当运输列车停好就位后，松开要拖拉钢轨的锁定装置，将分轨导框调到与拖拉钢轨位置相应的宽度，用 WZ500-TY 型长轨推送器上的卷扬机钢丝绳（带夹轨器）牵拉长钢轨至推送器钢轨夹钳处，锁定钢轨夹钳并关闭卷扬机，启动 WZ500-TY 型长轨推送器推送长轨至 WZ500 型铺轨牵引车钢轨夹钳处，将钢轨头与牵引车钢轨夹钳锁固好。

7. 牵引机牵引拖拉长钢轨

长钢轨轨头与 WZ500 型牵引车钢轨夹钳锁固就绪后，启动拖拉钢轨前行，在无砟轨道轨枕边缘（靠近前进方向），每隔约 12m 随着运行依次放置一对滚轮。运行中每间隔约 50m 各设防护员监护长轨运行，确保不刮碰螺杆扣件及滚轮正位滑移。在长大上坡或曲线地段，摩擦阻力增大运行困难时，开启推轨器加力推送，提高铺轨效率。牵引运行限速 5km/h，离末端还有 10m 时，降速至 0.5km/h，开启过渡桥吊缓慢引导钢轨下滑，钢轨末端下滑至前分轨小车滑槽时停车，前拉或后退微调，把钢轨后端平稳移拉，直至与已铺好的钢轨连接密贴，后端安装钢轨接头应急保护夹轨器，前端将铺轨牵引车钢轨夹钳处松开，推出轨头。

8. 收取滚轮和整理紧固扣件

依次取出滚轮，采用 ROBEL 型内燃液压紧固机按直线地段隔7紧1、曲线及大坡度地段隔5紧1拧紧一组扣件，接头前后各5根轨枕扣件应安装齐全拧紧。用运输小平车收取滚轮，在牵引车尾部平台码放好。铺轨列车以不大于 5km/h 的速度推进，循环进行下一对长钢轨的铺设。

任务9.3　有砟轨道轨排"换铺法"施工

一、轨排"换铺法"概述

轨排"换铺法"施工无缝线路是充分利用我国铁路轨道工程现有的工程机械和技术，

并加以合理组合进行无缝线路长钢轨铺设施工。此法先在铺轨基地利用工具轨、轨枕、扣件组装成标准轨排后与基地焊接长钢轨一起运至工地,再利用常规铺轨机将标准轨排铺设在底层道砟上,轨排铺完后,铺轨机及轨排运输列车退至轨排铺设起点,拆除工具轨,用长钢轨推送装置将长钢轨直接推送入轨枕承轨槽,上好扣件完成长钢轨换铺施工。随后回收工具轨,运回铺轨基地再次利用。轨排"换铺法"的优点是设备简单,施工速度快,安全可靠;缺点是需要大量工具轨周转,同时需要进行长钢轨换铺作业。该方法在我国城市轨道交通与铁路中均有采用,效果良好。

二 长钢轨换铺作业

长钢轨换铺作业应在第一次铺砟整道后线路基本稳定后进行。长钢轨装车、运输方法与无砟轨道长钢轨铺设中方法基本一致,此处不再重复讲述,重点介绍长钢轨卸车、换铺与工具轨回收作业。

1. 长钢轨卸车

卸轨时应先确定长轨端头位置,并用机车控制准确对位,用钢丝绳将对称的一对长钢轨轨端系牢,钢丝绳另一端固定在已铺好的线路钢轨上,利用机车反向牵引,以不大于5km/h的速度退车,长钢轨经过渡车上的滚道和下道装置卸到线路两侧(人工换铺长轨的作业方式一般卸于线路中心以减少拨轨工作量)。将长钢轨按放送位置由前往后依次放送到位,直到将全部长轨卸完。卸轨过程中要统一指挥,防止长轨扭曲变形。

2. 长钢轨换铺

长钢轨换铺的作业方式主要有三种,分别是人工方式进行长钢轨换铺作业、采用换轨小车组进行换轨作业和采用新型组合式换轨车作业。其中采用换轨小车组换铺长钢轨的作业方式所需设备简单,效率也比较高,使用较为广泛。换轨小车组由Ⅰ号小车和Ⅱ号小车组成,配有牵引车和引导架,两个小车之间用钢丝绳柔性连接。作业时Ⅰ号小车在前走在工具轨排上,用于拨入新轨;Ⅱ号小车在后走在刚拨入的长钢轨上,用于拨出工具轨,如图9-13所示。其施工工艺如下:

图9-13 采用换轨小车组进行换轨作业

（1）长钢轨卸完后，机车牵引长轨运输车返回铺轨基地，工地开始换轨作业。首先拆除一对长钢轨范围内轨排的钢轨扣件，将拆下的扣件摆放在钢轨两侧的轨枕面上。

（2）将Ⅰ、Ⅱ号换轨小车从平板运输车上卸下，Ⅰ号小车在前、Ⅱ号小车在后安放在轨道上，两小车间用钢丝绳连接形成小车组，最前面由轨道车连接牵引，然后将线路上的工具轨及长钢轨分别穿入换轨车上的相应框架。

（3）轨道车牵引换轨小车组以 3~5km/h 的速度前行，换轨小车Ⅱ将工具轨拨出到轨枕的两侧，同时换轨小车Ⅰ将长钢轨引导进入刚拨出工具轨的轨枕承轨槽内。

（4）换轨结束后，工具轨落在轨道内侧，等待收轨小车回收，长钢轨经过轨距调整后将扣件安装齐全固定。

3. 工具轨回收

工具轨回收车采用两辆平板车作为一组，每辆平板车中部设 T 形吊轨架，吊轨架上横梁两端设电动葫芦，横梁长度 4m。回收作业时一组回收车与一对工具轨对应停放，两个吊轨架上电动葫芦的夹轨钳夹住工具轨颚部，将工具轨吊上平板车并密排在转向架上，每组回收车可装载 25m 工具轨 80 根。工具轨回收装车结束后由轨道车牵引返回铺轨基地，将工具轨卸放到钢轨垛上以便重复利用组装轨排。工具轨每倒用 3~5 次，应进行一次检验矫直方可继续使用。

任务9.4　有砟轨道"单枕连续铺设法"施工

一　概述

新建铁路只有铺设无缝线路，才能保证轨道具有良好的平顺性，使新建铁路开通时的速度进一步提高。一次性铺设无缝线路技术改变了传统的先铺 25m 标准轨再换长轨实现无缝化的方法，是轨道铺设技术的一次重大进步，它不仅大大减轻了劳动强度，而且作业效率高、施工进度快，是客运专线铁路和高速铁路轨道铺设技术的主要发展方向。

比较成熟的有砟轨道一次性铺设无缝线路方式，包括单枕连续铺设法和长轨排铺设法两种。

（1）单枕连续铺设法：将长钢轨和轨枕运至工地，先将长钢轨拖卸在线路两侧底层道床上，再将轨枕按设计间距布放在底层道床上，然后用收轨装置将长钢轨收入轨枕承轨台，铺枕铺轨车边布枕、边收轨，随即上扣件，构成浮放在道床上的长钢轨轨道。

（2）长轨排铺设法：将长钢轨和轨枕组装成长轨排，用专用的运输机械将长轨排运送到工地，再用多台门式起重机将长轨排吊放在底层道床上，构成浮放在道床上的长钢轨轨道。

从施工效率看，单枕连续铺设法优于长轨排铺设法，近年来在我国新建铁路上得到了广泛运用。本任务主要讲解有砟轨道单枕连续铺设法铺轨铺枕。

二、有砟轨道单枕连续铺设法铺轨铺枕

1. 施工准备工作

有砟轨道单枕连续铺设法的施工准备工作，主要包括与轨道施工有关技术资料的收集、审核经批准的设计和施工技术文件、进行施工调查、编制实施性施工组织设计、轨道部件的质量检验及储存、施工人员培训及机械准备、检测机构设置及相应设备和线路基桩设置、铺轨基地的建设等内容。铺轨准备工作中需强调以下两点。

1) 道砟储备

由于对道砟质量的要求不断提高，加上铺轨作业相对集中，因此，道砟供应是保障铺轨进度的主要控制因素之一，应根据施工工期要求制订道砟供应方案，必要时可设专门道砟存储场提前生产并储存道砟，确保道砟供应。底层道砟可分散备料，面层道砟集中存储于铺轨基地的道砟存储场。

2) 铺轨基地

平均每个铺轨基地承担正线铺轨工程量不超过 400km 为宜，具体情况应进行具体分析。铺轨基地均应设置焊轨场和道砟储存场，根据铺轨进度指标要求设置。铺轨基地储存轨道材料的能力应满足铺轨进度和连续铺轨要求。

2. 铺轨前预铺底层道砟

预铺底层道砟是一次铺设跨区间无缝线路施工的第一个正式工序，它必须为后续工序提供良好的基础，它的施工质量好坏直接影响到铺设的跨区间无缝线路质量，故要求底层道砟具有良好的平整度，以保证轨道在铺设初期就具有一定的平顺性，避免工程列车在轨道上运行对轨道造成伤损，同时保证轨枕受力良好，不被折断；底层道砟要有较高的密实度，使轨道初期就有一定的支承刚度，为轨道提供初步的稳定条件。

预铺底层道砟主要设备包括道砟摊铺机或布砟机、压实机械、自卸车、装载机等。铺轨前铺砟厚度宜为 15～20cm，单线顶宽 4.0m、底宽 4.5m，预铺底层道砟完成后砟面应平整，中间不应凸起。铺轨前铺砟的施工基本工艺流程如图 9-14 所示。

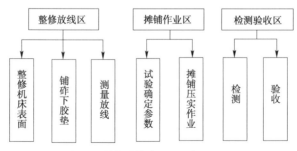

图 9-14　铺轨前铺砟施工基本工艺流程

注：铺设砟下胶垫按设计执行。

1) 整修基床表面

对基床表面进行检测验收评估，检测路段高程、几何外形尺寸是否正确，并对因施工或其他原因造成的基床表面的损伤进行整修处理，使之符合要求。

2) 铺砟下胶垫

我国高速铁路规定在通过居民区的桥上有砟轨道道砟下铺设厚度为 2.5cm 的胶垫,来改善轨道结构弹性,起到减振降噪效果。因此,当设置砟下胶垫时应按设计要求对胶垫质量进行检测,合格后按设计铺设范围进行铺设。

3) 测量放线

用全站仪放设摊铺外边线,并在距外连线外侧约 0.3m 处每隔 10m 打下一根钢钎,钢钎上装有可调带孔横杆,钢弦挂在横杆上。钢弦线一次拉挂长度为 200m,每隔 50m 用加紧器将钢弦拉紧。摊铺作业时,摊铺机随机自动找平装置通过传感器与钢弦线接触来接收信号以控制摊铺底砟的厚度及方向。

4) 试验确定参数

摊铺机设置参数包括结构参数和运行参数,作业前根据需要进行选择和调整确认:需要调整的参数包括熨平板宽度和拱度,按照摊铺底砟的外形尺寸要求调整;熨平板的工作仰角,根据摊铺厚度选择仰角,然后再根据实际摊铺厚度检查结果予以调整;摊铺机的作业速度和振动频率,确定摊铺作业速度一是要根据底砟摊铺的质量,如密实程度要求,二是要考虑供料设备如何保证摊铺作业连续不间断地进行,充分发挥机械的效能。经过试铺、检验、复核、比选,熨平板工作仰角选择 2%~4% 为宜,走行速度 1.2~1.8m/min 为宜。

5) 摊铺压实作业

(1) 道砟检验装车:道砟装车前应先检验道砟质量是否符合设计的特级或一级道砟标准。

(2) 道砟倒运:新建铁路第Ⅰ线必须采用汽车自道砟存储场向正线倒运道砟,可沿线路方向每隔 3~5km 设一上道口,汽车由上道口驶上路基。汽车在路基表层行驶时,应做到缓行缓停,禁止突然加速和紧急制动,运载速度应控制在约 15km/h。

(3) 摊铺作业:单线底砟摊铺顶宽 4.0m,底宽 4.5m,摊铺厚度为 15~20cm;并在轨枕中间位置拉出凹槽,其宽度为 60cm,深度为 40mm。

(4) 压实作业:底层道砟应采用压强不小于 160kPa 的机械碾压,压实密度不低于 1.6g/cm^3。

6) 检测

对已摊铺好底砟及时进行几何尺寸、表面平整度、摊铺厚度及中间凹槽等外形方面的检测,对底砟密实度用专用仪器进行抽检,检测结果应符合以下规定。

(1) 砟面外形:铺砟宽度、厚度等断面尺寸每千米抽检 4 处,应采用观察检查、尺量,底砟厚度允许偏差为 ±50mm,半宽允许偏差为 0~+50mm。

(2) 表面平整度:砟面应平整,用 3m 直尺检查,基本线路地段每千米抽检 4 处,各方向平整度偏差不应大于 20mm,轨枕中部的道床不得凸出;每组道岔处抽检 4 处,其平整度允许偏差为 10mm。

(3) 压实密度:底层道砟摊铺压实后,应采用道床密度仪或灌水法检测道床密度,基本线路地段每 5km 抽检 5 处,每处测 2 个点位,密度不宜小于 1.6g/cm^3;每组道岔处底砟抽检 3 个点，压实密度不低于 1.7g/cm³。

3. 铺枕、铺设长钢轨

正线轨道铺设宜采用单枕铺设法，主要设备为长钢轨铺设和轨枕布设一体机（图 9-15），由履带式牵引拖拉机、铺轨主机、轨枕转运门式起重机、收轨装置、长钢轨抽送装置、枕轨运输列车等部分组成。

图 9-15 长钢轨铺设和轨枕布设一体机

单枕连续铺设法施工主要作业程序是：将轨枕、厂焊长钢轨装至枕轨双层运输车上，上层装轨枕，下层装长钢轨→机车推送枕轨运输车至铺轨现场与铺轨机组连挂→铺轨主机与牵引车分离，钢轨抽拉装置抽拉长钢轨至牵引车，牵引车拖拉长钢轨卸至路基两侧→铺轨主机前进，布枕机构按要求布设轨枕，同时收轨器将路基两侧的长钢轨收至承轨槽内，后续人员补上扣件。如此循环，将枕、轨运输车的所有轨料铺设完毕，枕轨运输车与铺轨机组分离，由机车牵引返回基地装料，然后进行下一单元的铺设，基本工艺流程如图 9-16 所示，其施工作业要点如下：

（1）铺轨作业前应按设计要求精确测量线路中心线，直线地段每隔 50m、缓和曲线每隔 10m、圆曲线每隔 20m 加密测设线路中心桩，并按铺轨机作业要求，用醒目颜色设置铺轨机走行标示线或设置导向边桩及钢弦，如图 9-17 所示。

（2）铺轨铺枕所需轨料包括长钢轨、轨枕和扣配件，采用特制的双层枕轨运输车按枕轨运输技术要求进行装载和运输。双层枕轨运输车的底层用来存放长钢轨，上层用来存放轨枕，配件放在最后一个平板车上。长钢轨装车时应按铺设里程左右股配对装车，由于拖拉长轨时是由两侧向中间逐根拖拉，故装轨时必须对号入座。在装车过程中要防止长钢轨扭曲、倾覆，装车完毕后要保证其锁定牢固。长钢轨装车完毕才可以开始轨枕装车，装车中必须注意堆放整齐，确保轨枕中心线与车辆中心线重合，避免偏载。每装完一层须在轨枕承轨槽的正中央位置放置 10cm×8cm

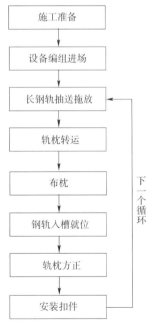

图 9-16 单枕连续铺设法施工基本工艺流程

的通长木条，严禁装偏、漏垫支垫物。

（3）铺轨列车进场应按履带式牵引拖拉机、主桁架、轨枕存放车、枕轨运输车的顺序编组进场。履带式牵引拖拉机提前开至作业现场，轨枕转运门式起重机在运输过程中必须锁定牢固以确保安全，如图9-18所示。

图9-17 铺轨机走行标示设置及长轨拖放

图9-18 运枕门式起重机运输时锁定

（4）在底层道砟上按纵向10m、横向3~3.25m间距成对布放拖轨滚筒，牵引车或长钢轨拖放车在长钢轨推送装置的配合下，将长钢轨沿滚筒拖放到线路两侧，如图9-19、图9-20所示。

图9-19 长钢轨抽送拖放

图9-20 铺轨机布枕

（5）长钢轨拖拉完毕后，牵引车解除与长钢轨的连接，原路返回与主桁架连挂，并将长钢轨收拢到牵引车的初始导向装置内，做好布枕、收轨的准备。之后，铺轨机沿线路中心线匀速前行，轨枕布设装置按规定间距在平整的底层道砟上布设轨枕，如图9-21所示。

（6）铺轨机布设轨枕的同时，可用门式起重机进行轨枕转运，起吊前应先整理轨枕端部后缓慢起吊，每次可转运28根混凝土枕。轨枕转运宜分层进行，避免各轨枕运输平车之间由于载重悬殊产生车面高差，如图9-22所示。

图 9-21　轨枕转运门式起重机分层转运轨枕　　　　图 9-22　轨底橡胶垫板安放

（7）长钢轨入槽前将橡胶垫板放至轨枕承轨槽中，如图 9-23 所示。

（8）收轨装置在铺轨机前进时自动将长钢轨收入至轨枕承轨槽中，长钢轨就位应准确，并避免碰伤轨枕预埋铁座和长钢轨。左右两股长钢轨接头应相对，相错量不超过 100mm，接头处应采用临时连接器连接。

（9）长钢轨就位后，应初装约 10% 扣件（图 9-24），保证铺轨机组安全通过。铺轨机组通过后要及时补齐扣件，并对施工现场进行收尾作业。

图 9-23　钢轨入槽就位　　　　图 9-24　扣件安装

任务 9.5　铺轨后分层铺砟整道

在铺枕铺轨之后，必须采用大型机械化整道作业车组进行分层铺砟、起道、拨道、捣固、夯拍道床和动力稳定，使道床尽快进入初期稳定阶段，道床状态参数指标达到设计要求，方可进行无缝化施工作业。

分层铺砟整道施工主要设备包括风动卸砟车，以及机械化整道作业车组（简称 MDZ 车组），由配砟整形车（图 9-25），起、拨道捣固车（图 9-26）和动力稳定车（图 9-27）等设备组成。分层铺砟整道次数及起道量由枕下道床厚度及起道作业后道床的回落量和设备能力决定。一般分层铺砟整道次数为 3~4 次，起道量由下至上逐层递减，第一、二层宜为 80mm，第三、四层宜为 50mm，最后一次达到设计高程，并考虑机养作业后的道床沉落量（约为起道量的 20%）。

图 9-25 SPZ-200 型配砟整形车

图 9-26 08-32 型起、拨道捣固车

分层铺砟整道施工基本工艺流程如图 9-28 所示。

图 9-27 WD-32 型动力稳定车

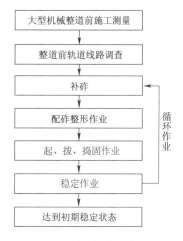

图 9-28 分层铺砟整道施工基本工艺流程

铺砟整道施工应注意以下几点。

（1）长钢轨铺设后应及时铺砟整道，第一次铺砟整道必须与铺轨紧密衔接，以免轨节变形。

（2）铺砟整道基本作业严格按已选的综合整道作业参数进行。为保证长轨条的稳定性，要求一次起道量不大于 80mm，起、拨道量超过最大时，应分多次作业，作业应在长轨铺设温度的 -20~+15℃ 范围内进行，严禁超温作业。

（3）捣固作业结束前，应在作业终点划上标记，并以此开始按不大于 2.0‰ 的坡度递减顺坡，达到安全行车的要求。一般情况下不在圆曲线上顺坡，严禁在缓和曲线上顺坡。

（4）在碎石道床的桥上，枕下道砟厚度不足 150mm 时不能进行捣固作业。

(5) 为保证捣固质量，一次起道量 60~80mm 时，宜捣固两次、夹持时间约 0.6s；同时，捣固车捣固频数每分钟不得超过 20 次。插镐深度从枕下算起至镐尖一般不少于起道高度。对桥头、焊接接头等薄弱处应加强捣固。

(6) 曲线超高大于 20mm 时，宜分次设置，每次不大于 20mm。

任务9.6 工地钢轨焊接

长钢轨铺设进度超过 1 个区间后，应将相邻长钢轨工地焊接成 1500~2000m 的单元轨节，作为无缝线路应力放散与锁定的基本单元。工地钢轨焊接应采用闪光焊方式顺铺轨方向依次进行，焊轨时需要在线路两端设置防护，以保证施工设备及人员安全。

工地钢轨闪光焊接应配备移动式闪光焊接作业车、拉轨器、锯轨机、钢轨打磨机、正火机、调直机、探伤仪等机械设备。

1. 拆除扣件和支垫滚轮

拆除待焊钢轨所有扣件以及待焊轨距后端钢轨约 10m 范围的扣件，在待焊钢轨下每隔 12.5m 支垫滚轮，使待焊钢轨处于自由状态，满足焊接过程拉轨的需要。

2. 钢轨除锈

采用手提砂轮打磨机打磨轨缝两侧的轨腰及轨端面，对焊轨接头处除锈。要求表面光洁，不得有锈斑，打磨量 1 次不超过 0.2mm，接头前后各打磨 700mm。

3. 焊机就位和钢轨对位

当载有移动焊机的平板车第一个轮对距焊接位置约 2.4m 时，焊机对位完成，迅速安放斜铁；利用液压支腿顶升平板车，使其前轮离开轨顶面 6~8cm。利用手摇式起道机将钢轨顶起，在距待焊端面约 1m 的钢轨轨底敲入斜铁，夹紧两待焊钢轨进行对位，满足预拱度为 1.7~2mm，轨头水平和垂直方向错边不得超过 0.5mm，轨底边缘错边不得大于 1mm。

4. 钢轨焊接

使用移动闪光焊机对钢轨进行焊接。焊机夹紧钢轨后自动焊接钢轨并推除焊瘤。焊机操作人员应认真观察焊接过程并填写焊接记录。焊接结束后立即检查焊机钳口部位及钢轨与钳口接触处，如果焊头存在被钳口烧伤、严重错位、推瘤推歪、裂纹等缺陷都应判为不合格。每焊完一个焊头应对钳口进行清理，保证钳口表面光洁、平整。

5. 焊后正火

正火使用火焰加热器对接头进行加热。正火过程中应控制好氧气、乙炔流量及摇火摆动频率。加热起始阶段轨头表面中心线温度应在 400℃ 以下，加热终了轨底表面中心线温度应约为 850℃。正火结束后用光电测温仪测量并记录温度，用波磨尺测量轨顶面和内侧工作面的平直度是否满足规范要求。

6. 粗磨及精磨

利用钢轨角磨机对焊接接头的轨顶面、侧面、轨底角表面进行粗打磨，打磨时不宜横向打磨焊缝。接头降温至50℃以下后，采用仿形打磨机对焊缝两侧各450mm范围内的轨顶面、轨头内侧工作边进行精打磨。精磨后接头表面的平直度应满足焊缝中心线两侧各100mm范围内不大于0.2mm。钢轨焊头顶面及侧面应纵向打磨平顺，不得有低接头。工地钢轨焊接接头平直度允许偏差应符合表9-2的规定。

钢轨焊头平直度允许偏差（mm/1m） 表9-2

序 号	部 位	旅客列车设计行车速度 v（km/h）	
		$v<200$	$200<v≤250$ 及 $300≤v≤350$
1	轨顶面	+0.3，0	+0.2，0
2	轨头内侧工作面	+0.3，0	+0.2，0
3	轨底	+0.5，0	+0.5，0

注：①轨顶面中，符号"+"表示高出钢轨母材规定基准面；
②轨头内侧工作面中，符号"+"表示凹进；
③轨底中，符号"+"表示凸出。

7. 钢轨焊接接头探伤检查

每个钢轨焊接接头均应进行超声波探伤检查，探伤时接头的温度不应高于40℃。焊接接头中发现缺陷当量大于探伤灵敏度规定值时，应判定为不合格，经外观和探伤检查不合格者均必须锯切重焊。

8. 工地钢轨闪光焊接收尾工作

工地钢轨闪光焊接完成后应做好以下工作：

（1）检查焊接接头质量，填写焊接记录报告，并对每个接头进行标识，标识应清晰、端正。

（2）线路恢复时，扣配件应安装正确、配件齐全。

（3）将轨道恢复到正常状态并清理焊接现场。

任务9.7 无缝线路应力放散及锁定

无缝线路应力放散及锁定是一次铺设跨区间无缝线路施工中继预铺底砟、铺枕铺设长轨、铺砟整道、单元轨焊接之后的又一道关键工序，是一次铺设跨区间无缝线路成功与否的关键。由于铺设长钢轨时的轨温与单元轨设计锁定轨温并不一致，另外在铺砟整道、动力稳定、焊轨等作业时，造成钢轨温度的变化，所以钢轨内部会产生温度应力。为了防止无缝线路的长轨条因气温变化和车辆运行等引起的折断或胀轨跑道，必须对长轨条进行应力放散处理，并进行强有力的锁定，以确保线路的高稳定性。

无缝线路应力放散与锁定主要设备包括钢轨拉伸器、撞轨器、锯轨机、滚筒、轨温计、工地焊接设备等。采用的方法主要有拉伸器滚筒法和滚筒法。

一 拉伸器滚筒法

拉伸器滚筒法又称综合放散法，是作业轨温在设计锁定轨温范围以下时，松开全部扣件，轨下垫滚筒，使钢轨能自由伸缩，并利用钢轨拉伸器和撞轨器配合作用，通过均匀拉伸长轨条，以提高它的零应力轨温，使锁定轨温一步到位的方法。拉伸器滚筒法施工工艺流程如图 9-29 所示。

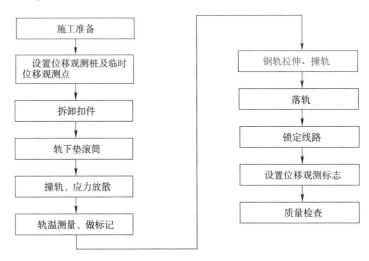

图 9-29 拉伸器滚筒法施工工艺流程

1. 施工准备

在应力放散前应全面对轨道进行检测，检测项目有：轨道几何尺寸、轨面高程、线路中线位置、焊接质量、横向阻力等，通过全面的质量检测，确认线路已达到初步稳定，方可准备进行线路锁定施工。

进行近期轨温调查，通过调查，了解近期轨温的变化情况，当地轨温的变化规律，确定应力放散与线路锁定的作业时间。

2. 位移观测桩及临时位移观测点设置

位移观测桩是无缝线路施工养护的重要标志桩，应满足牢固、可靠、易于测量和不易被破坏的要求，且必须在单元轨节应力放散前预先设置完毕。位移观测桩应采用混凝土预制桩，也可就近利用接触网基础、桥梁防护墙或凸形挡台等设置，但应与电务设备错开。位移观测桩宜成对设置并使其连线垂直于线路，区间按单线每 500m 设置 1 对，岔区按每副道岔 5 对设置。跨区间无缝线路的长轨条起、终点，距长轨条起始点 100m 位置各设 1 对位移观测桩。

为检测应力是否放散均匀、彻底，同时排除影响放散的障碍，在应力放散过程中应设置临时位移观测点，全过程观测钢轨的位移，应每隔 100m 左右设 1 处临时位移观测点观测钢轨的位移量。

3. 拆卸扣件、轨下垫滚筒

拆除待放散单元轨节的全部扣件，每隔不大于10m垫入一个滚筒，每隔不大于500m设置一台撞轨器。

4. 撞轨、应力放散

由于铺设长轨与正在进行的作业轨温不一致，拆卸扣件、垫入滚筒后，钢轨可产生位移，但由于摩阻力的影响，此时钢轨内部应力仍不为零，可用撞轨器撞击钢轨，同时观测各点的位移量变化情况。当钢轨位移发生反弹且各点位移变化均匀时，则视为钢轨达到自由伸缩状态，钢轨内应力为零，此时停止撞轨，否则，应检查滚筒有无倾斜、脱落，钢轨有无落槽及撞击力不够等现象。

5. 轨温测量、做标记

钢轨内部应力为零时，测量出单元轨节始、中、末端轨温，取其平均值作为单元轨节的轨温，同时做好位移观测标记，读取并记录初始读数。

6. 钢轨拉伸、撞轨

若测量的平均轨温低于设计锁定轨温，钢轨拉伸量 ΔL 可按式（9-31）计算：

$$\Delta L = \alpha \cdot L \cdot \Delta t \tag{9-31}$$

式中：ΔL——单元轨节拉伸量（mm）；

α——钢轨的线膨胀系数，$\alpha = 0.0118$ [mm/(m·℃)]；

L——单元轨节长度（m）；

Δt——设计锁定轨温与施工锁定轨温之差（℃）。

拉伸钢轨时在单元轨节终点按计算钢轨拉伸量用拉轨器拉伸钢轨，并辅以撞轨器进行撞轨，使钢轨内应力分布均匀，直至实际拉伸量达到计算值。

7. 落轨、锁定线路

钢轨拉伸到位后，记录施工锁定轨温和拉伸量，钢轨拉伸器保压，撤除滚筒，将钢轨落槽，安装扣件，锁定线路。施工锁定轨温加上钢轨拉伸换算轨温即为实际锁定轨温。

8. 设置位移观测标志

线路锁定后，应立即在钢轨上设置纵向位移观测"零点"标志。按规定开始观测并记录钢轨位移情况。

二 滚筒法

当施工作业时的轨温在设计锁定轨温范围内时，应采用滚筒法放散应力。滚筒法施工基本工艺流程如图9-30所示。作业前应设置好临时位移观测点，松开扣件和防爬器，长钢轨下垫滚筒，使钢轨能自由伸长或缩短，并用撞轨器配合撞轨，当钢轨发生反弹现象且各观测点位移变化均匀时，即视为钢轨内为零应力。然后应对长钢轨的不同位置进行多点测量轨温，取其平均值作为实际锁定轨温，随即落轨入承轨槽并锁定钢轨，再设置好纵向位移观测"零点"标志，应力放散及锁定工作完成。

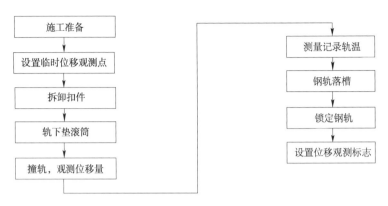

图 9-30 滚筒法施工基本工艺流程

三 无缝线路应力放散及锁定控制要点

（1）左右两股钢轨宜同步锁定，线路锁定后方可撤除钢轨拉伸器。

（2）钢轨拉伸器撤除后，已锁定单元轨节自由端会产生回缩量，下一单元轨节拉伸锁定时，应将该回缩量计入单元轨节拉伸量。

（3）无缝线路实际锁定轨温应控制在设计锁定轨温允许范围内。

（4）无缝线路锁定时应准确确定并记录锁定轨温。相邻单元轨节间锁定轨温差不应大于5℃；同一区间内单元轨节的最高与最低锁定轨温差不应大于10℃；左右两股钢轨锁定轨温差不应大于3℃，当设计速度小于或等于160km/h时，可放宽到不大于5℃。

（5）轨下胶垫应放正无缺损，扣件安装齐全，扣压力符合设计要求。

（6）线路锁定后，应每月观测钢轨位移情况并做好记录。伸缩区最大伸缩位移量不应超过20mm，固定区最大伸缩位移量不超过5mm。位移观测桩处相对位移换算轨温加上原锁定轨温超出设计锁定轨温允许范围时，应迅速查明原因并处理。

任务9.8 钢轨胶接绝缘接头施工

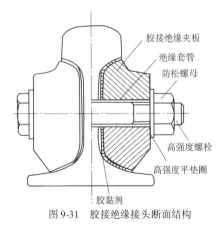

图 9-31 胶接绝缘接头断面结构

钢轨胶接绝缘接头安装在无缝线路地段铁路信号机的闭塞分区分界点或区间内，它是将绝缘接头进行胶接，在满足轨道电路闭塞分区的分隔需要的同时，不允许轨端伸缩，可保证绝缘接头的平顺和整体性，减轻列车轮对钢轨接头的附加动力作用，同时延长绝缘接头使用寿命。胶接绝缘接头主要由绝缘夹板、轨端绝缘塞片、绝缘套管、高强螺栓（60kg/m 钢轨用10.9级、M27螺栓；50kg/m 钢轨用12.9级、M24螺栓）、10H级防松螺母及高强度平垫圈、胶黏剂等组成，如图9-31所示。胶接绝缘夹板为夹板和绝缘胶板经热压结合成一体。由于现场施工条件的限制，胶接绝缘接头安装时对天气、施工工具、施工工艺有较高要求。

一 主要施工机械设备

工地钢轨胶接绝缘接头施工应配备钢轨液压拉伸器、锯轨机、端面打磨机、手提式砂轮机、角磨机、对轨架、起道机、小型发电机、温度计、测力扳手等主要机械设备。

二 基本工艺流程及工序要点

工地钢轨胶接绝缘接头施工宜在设计锁定轨温范围内进行，其基本工艺流程如图9-32所示。

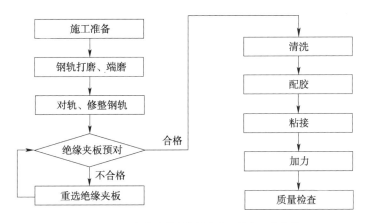

图9-32 工地钢轨胶接绝缘接头施工基本工艺流程

1. 施工准备

（1）根据设计图现场确定胶接绝缘接头位置。

（2）绝缘接头处钢轨平直度允许偏差不应大于0.3mm/1m。

（3）检查轨端有无低塌、轨头剥离、掉块或锈蚀等现象。

（4）钢轨胶接端的端面垂直度偏差及水平偏差均不应大于0.15mm。

（5）用起道机、短枕木头架起钢轨，根据绝缘接头夹板螺栓孔尺寸，在钢轨上打孔，螺栓孔直径及间距允许偏差为±0.5mm。

2. 钢轨打磨、端磨

用轨端打磨机打磨钢轨端面，要求平整，并从轨头向轨底稍微偏斜0.2mm。用角磨机打磨钢轨，要求距轨端600mm粘接范围彻底除锈（图9-33），粘接面完全露出金属光泽，无任何锈点，应用镜子检查轨颚部位的打磨情况，防止疏漏。

3. 对轨、修整钢轨

轨顶、轨头侧面及螺栓孔按45°倒角，倒角宽度

图9-33 钢轨打磨除锈

图 9-34 用拉伸器顶紧端板

为 0.8～1.5mm，并用砂布打磨达到无毛刺、无油污、无水气，手感光滑。用对轨架对正待粘接轨，调整轨缝，绝缘接头轨缝为 6～8mm，将绝缘端板插入预留轨缝处，并用液压钢轨拉伸器张拉钢轨，将端板顶紧（图 9-34），绝缘端板顶面不得低于钢轨顶面。用 1m 钢板尺测量，轨顶起拱 0.3mm，轨头侧面允许有 ±0.3mm 偏差，并将钢轨位置牢靠固定。

4. 绝缘夹板预对

预对前用毛刷将粘接面和夹板绝缘层清理干净。用挑棒将绝缘夹板对好，挑棒位置在第 2 和第 5 个螺栓孔位置。在其他孔插入绝缘套管，穿螺栓，带上垫片和螺母，再用加力扳手将螺栓力矩加到 1000N·m，然后用兆欧表测量两粘接钢轨的轨头与轨头、轨头与夹板间的电阻值，大于 300MΩ 时方能使用。注意在预对过程中不得损坏夹板绝缘层。

5. 清洗作业

粘接面和夹板绝缘层用丙酮或丁酮揩抹洁净，钢轨清洁范围为距端头 600mm 以内，夹板为整个绝缘层表面。清刷粘接面和夹板绝缘层时应均匀、全面、不漏点，遇有风沙天气，则应支起挡风棚。

6. 配胶作业

配胶前，测量并记录钢轨温度，作业轨温不得超出设计锁定轨温的范围。将双组分胶调和均匀，调和应迅速，在 12～35℃外露时间不得超过 15min，气温超过 35℃时外露时间不得超过 10min。

7. 粘接与加力

用刮刀在钢轨和夹板的贴合面上涂胶，要求均匀无遗漏，厚度 1mm。然后用挑棒分别插入夹板的第 2 和第 5 个螺栓孔位置，挑起夹板，依次一正一反用旋转状态插入螺栓，戴上垫圈和螺母，套上绝缘套管，并用开口扳手紧固螺栓。再用测力扳手由中间向两端按规定顺序拧紧螺栓（图 9-35），力矩应全部达到 1000N·m，并用道钉锤敲打夹板下沿，再复紧螺栓，反复敲打夹板，反复依次复紧螺栓 3 次。从和胶到紧完螺栓间长不得超过 16min。

图 9-35 测力扳手复拧螺栓

8. 质量检查

胶接绝缘接头安装完成后检查粘接接头，外观表面应美观、整洁，外观尺寸符合要求。用兆欧表测量绝缘接头电阻值并做好记录，大于 10MΩ 为合格。待甲乙胶凝固后，用角磨机打磨凸出的端板，并做其他修整。胶接绝缘接头质量检查应符合下列规定：

(1) 两股钢轨的绝缘接头应相对铺设,绝缘轨缝绝缘端板宜设于两承轨台中央,距承轨台边缘不应小于 100mm。

(2) 钢轨胶接绝缘接头应避免扣件与绝缘接头螺栓接触。

(3) 电绝缘性能:潮湿状态,在端板处浇水约 5L,用兆欧表测量电阻值应大于 1000 Ω。

(4) 工地钢轨胶接绝缘接头外观质量允许偏差应满足表 9-3 的规定。

胶接绝缘接头外观质量允许偏差表 表 9-3

序 号	项 目	允许偏差(mm)	
		$v>160$km/h	$v\leqslant160$km/h
1	轨顶面	+0.2,0	+0.3,0
2	轨头内侧工作面	+0.3,0	±0.3

注:①轨顶面中,符号"+"表示高出钢轨母材规定基准面;
②轨头内侧工作面中,符号"+"表示凹进。

任务9.9 轨道精调整理

铺设无缝线路后应进行轨道精调整理作业,使轨道工程施工质量符合相关质量验收标准的要求。

一 轨道精调整理主要机械设备

轨道精调应配备轨道几何状态测量仪、全站仪、气象传感器、CPI 棱镜组件、内燃电动扳手、钢轨精磨机、轨温计、调整部件等。

二 轨道精调整理工艺流程

轨道精调整理工艺流程如图 9-36 所示。

1. 施工准备

(1) 轨道整理前应检查轨道几何状态测量仪、全站仪等测量仪器的工作状态,并根据轨道结构类型和设备数量,提前配备相应数量调整件。

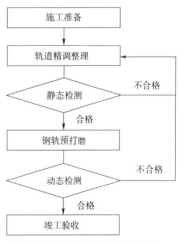

图 9-36 轨道精调整理工艺流程

(2) 按照连续贯通里程,连续两个 CPⅢ控制点之间按扣件节点沿里程增加方向单独连续编号。

(3) 在轨道几何状态测量仪中输入线路平、纵断面资料及 CPⅢ轨道控制网等资料,并对轨道 CPⅢ控制网进行复测。复测结果在限差以内时采用原测量成果,超限时应检查原因,确认原测量成果有错时,应采用复测成果。

2. 轨道精调整理

轨道精调整理应符合铁路无缝线路施工的相关规定，在规定的作业轨温范围内进行，并遵循"先轨向，后轨距""先高低，后水平"的原则。具体步骤如下：

（1）轨道静态调整应通过全站仪自由设站，采用轨道几何状态测量仪进行检测，确定轨道几何形位调整量。测量时，全站仪与轨道几何状态测量仪的观测距离宜为5～80m，使用轨道几何状态测量仪按照距全站仪由远及近，对轨道进行逐个扣件节点连续测量。区间轨道应连续测量，两次测量搭接长度不应少于20m。测量完成后，用软件进行调整量模拟试算，并对轨道线型优化，形成调整量表。

（2）轨道精调时先确定基准轨，将基准轨轨向、高低调整到位后，再依据基准轨通过轨距、水平调整另一股钢轨。现场根据调整量表，对计划调整地段进行标识，严格按照确定的原则和顺序进行轨向、轨距，高低、水平的调整，具体方法如下：

①轨距、轨向调整（轨道平面调整）：区间轨道通过更换轨距块或移动铁垫板来实现。
②高低、水平调整（轨面高程调整）：区间轨道、车站道岔均通过更换轨底调高垫板来实现。

（3）对调整完毕的区段，用轨道几何状态测量仪进行检核测量，并对超限尺寸进行反复调整，直到确认轨道状态符合标准要求，并按相关规定提交检测成果资料。

3. 轨道精调整理合格标准

轨道精调整理后应符合下列规定。

（1）无砟轨道静态平顺度允许偏差应符合表9-4的规定。

无砟轨道静态平顺度允许偏差 表9-4

序号	项目	允许偏差	备注
1	轨距	±1mm	相对于标准轨距1435mm
		1/1500	变化率
2	轨向	2mm	弦长10m
		2mm/测点间距 $8a$（m） 10mm/测点间距 $240a$（m）	基线长 $48a$（m） 基线长 $480a$（m）
3	高低	2mm	弦长10m
		2mm/测点间距 $8a$（m） 10mm/测点间距 $240a$（m）	基线长 $48a$（m） 基线长 $480a$（m）
4	水平	2mm	不包含曲线、缓和曲线上的超高值
5	扭曲	2mm	基长3m 包含缓和曲线上由于超高顺坡所造成的扭曲量
6	与设计高程偏差	10mm	站台处的轨面高程不应低于设计值
7	与设计中线偏差	10mm	

(2) 线间距允许偏差 0，+10mm。

(3) 扣件的轨距块应顶严靠紧，离缝不得大于 6%，最大离缝不应大于 0.5mm；扣件坚固，扣压力小于规定的不得大于 8%；胶垫无缺损，偏斜量大于 5mm 的不得大于 8%。

4. 钢轨预打磨

线路验收前应对全线钢轨进行预打磨作业，打磨应采用打磨列车、钢轨波纹研磨机等机械。

使用打磨列车（图 9-37）对正线打磨时，根据轨面状态，可采用停车打磨、列车运行打磨、成型打磨等作业方式。道岔尖轨及可动心轨、辙叉和钢轨伸缩调节器尖轨，应用手工操作的钢轨波纹研磨机进行打磨，严禁用普通打磨列车打磨。

图 9-37　打磨列车打磨作业

钢轨预打磨后应达到以下要求：

(1) 消除钢轨微小缺陷及锈蚀等；

(2) 消除钢轨在轧制过程中形成的轨面斑点及微小不平顺；

(3) 消除轨头表面约 0.3mm 厚的脱碳层；

(4) 钢轨表面应光滑、平顺、无斑点，使其适应列车速度，钢轨顶面平直度 1m 范围内的允许偏差为 0~0.2mm；

(5) 钢轨头部工作边实际横断面相对理论横断面允许偏差为 ±0.3mm。

5. 轨道动态检测

轨道静态调整符合标准要求后，线路开通前应由综合检测列车或轨道检查车进行动态质量检测，并依据检测数据进行调整。轨道动态调整应符合下列规定。

(1) 分析动态检测数据，查找超限点。

(2) 采用轨道几何状态测量仪、轨距尺、塞尺等工具，对超限点进行核对检查。现场核对检查应符合下列规定：

①首先必须对区段范围内的扣件、垫板进行全面检查，确认无异常后，再开始轨道几何尺寸检查。检测调整方法同轨道静态调整方法。

②局部短波不平顺应对轨道超限处前后各 50m 范围内进行全面检查，必要时扩大检查范围。

③长波不平顺应采用轨道几何状态测量仪在波峰或波谷里程前后各150m范围内进行测量。

④连续短波不平顺，可以采用轨道几何状态测量仪测量方法进行测量。

（3）根据现场核对检查资料计算调整量，形成调整量表。

（4）轨道动态调整方法、精度要求等与轨道静态调整相同。

轨道动态调整完毕，应对轨道几何尺寸，扣件、垫板状态进行全面复检，并对超限尺寸进行反复调整，直到确认轨道状态符合标准要求，并按相关规定提交检测成果资料。至此，轨道主体施工全部完成，可准备进行竣工验收。

复习思考题

一、填空题

1. 轨道框架刚度指的是钢轨与轨枕由中间扣件连接成框架之后，抵抗_____的能力。
2. 道床抵抗轨道框架横向位移的阻力，叫_____。
3. 无缝线路按钢轨内部的温度应力处理方式的不同，分为_____和_____两种类型。
4. 无缝线路长轨条的两端随轨温变化而伸缩的那一段长度为_____区。
5. 对无缝线路稳定不利的因素主要有：_____和_____。

二、单选题

1. 为防止无缝线路长钢轨沿轨枕爬行，无缝线路要求中间扣件阻力要（　　）轨枕底面的道床纵向阻力。
   A. 大于　　　　B. 等于　　　　C. 小于　　　　D. 两者不相关
2. 无缝线路上长钢轨从伸长变为缩短状态需要克服（　　）倍的接头阻力。
   A. 1　　　　B. 2　　　　C. 3　　　　D. 4
3. 无缝线路上的分区不包括（　　）。
   A. 固定区　　　B. 开口区　　　C. 缓冲区　　　D. 伸缩区
4. 下列不属于无缝线路应力放散的方法是（　　）。
   A. 滚筒放散法　B. 综合放散法　C. 拉伸器滚筒法　D. 机械顶推法
5. 胶接绝缘接头结构组成不包含（　　）。
   A. 绝缘螺栓　　B. 绝缘夹板　　C. 轨端绝缘塞片　D. 绝缘套管

三、多选题

1. 无缝线路根据轨节长度和是否跨越闭塞分区划分为（　　）。
   A. 普通无缝线路　　　B. 全区间无缝线路　　　C. 跨区间无缝线路曲线
   D. 温度应力式无缝线路　E. 超长无缝线路
2. 无缝线路轨道胀轨跑道的发展过程的三个阶段包括（　　）。
   A. 平衡阶段　　　B. 持稳阶段　　　C. 胀轨阶段　　　D. 跑道阶段

3. 机械化整道作业的 MDZ 车组由（　　）等设备组成。
   A. 履带式牵引车　　　B. 道砟摊铺车　　　C. 配砟整形车
   D. 起、拨道捣固车　　E. 动力稳定车
4. 无缝线路应力放散与锁定主要设备包括（　　）。
   A. 撞轨器　　　　　　B. 钢轨拉伸器　　　C. 钢轨钻孔机
   D. 焊接设备　　　　　E. 轨温计
5. 工地钢轨胶接绝缘接头施工应配备（　　）等主要机械设备。
   A. 钢轨拉伸器　　　　B. 锯轨机　　　　　C. 端面打磨机
   D. 起道机　　　　　　E. 测力扳手

四、简答题

1. 什么是无缝线路？无缝线路有哪些种类？
2. 什么是锁定轨温？锁定轨温在不同阶段有何不同含义？
3. 线路纵向阻力有哪些？产生原因和作用分别是什么？
4. 简述无缝线路轨道胀轨跑道的发展过程。
5. 影响无缝线路稳定性的因素有哪些？提高无缝线路稳定措施有哪些？
6. 单枕连续铺设法施工主要工序流程和作业要点有哪些？
7. 什么无缝线路应力放散与锁定？其主要方法有哪些？需要哪些设备？
8. 简述拉伸器滚筒法施工工艺流程及作业要点。
9. 简述工地钢轨闪光焊接的施工工序流程和要点。
10. 简述胶接绝缘接头施工的基本工艺流程与施工要点。

五、工程案例

某地区铺设 50kg/m 钢轨混凝土枕无缝线路，$F=65.8 \text{cm}^2$，接头阻力为 450kN，$p=64\text{N/cm}$，最高轨温 61.3℃，最低轨温 -21℃，锁定轨温为 (20±5)℃，构造轨缝 18mm，试确定伸缩区长度和缓冲区应预留的轨缝值。

参考文献

[1] 杨荣山. 轨道工程 [M]. 北京: 人民交通出版社, 2012.

[2] 王平. 铁路轨道施工 [M]. 北京: 中国铁道出版社, 2010.

[3] 谷爱军. 铁路轨道 [M]. 北京: 中国铁道出版社, 2005.

[4] 中华人民共和国住房和城乡建设部. 城市轨道交通技术规范: GB 50490—2009 [S]. 北京: 中国建筑工业出版社, 2009.

[5] 中华人民共和国住房和城乡建设部. 地铁设计规范: GB 50157—2013 [S]. 北京: 中国建筑工业出版社, 2014.

[6] 中华人民共和国住房和城乡建设部. 地下铁道工程施工标准: GB/T 51310—2018 [S]. 北京: 中国建筑工业出版社, 2018.

[7] 中华人民共和国住房和城乡建设部. 地下铁道工程施工质量验收标准: GB/T 50299—2018 [S]. 北京: 中国建筑工业出版社, 2018.

[8] 国家铁路局. 铁路碎石道砟 第2部分: 试验方法: TB/T 2140.2—2018 [S]. 北京: 中国铁道出版社, 2018.

[9] 王丹. 广州地铁二号线浮置板轨道振动特性分析 [D]. 成都: 西南交通大学, 2005.

[10] 丁静波. 城市轨道交通高架线道床结构设计方法探讨 [J]. 铁道标准设计, 2011, (7): 21-24.

[11] 汪加蔚, 谢永江. 中国铁路混凝土制品居国际前列 [J]. 混凝土世界, 2010, (2): 18-27.

[12] 高云锋, 岳渠德, 岳帅庆. 青岛岩层地铁减振轨道结构选型研究 [J]. 青岛理工大学学报, 2011, 32 (3): 97-102.

[13] 张明, 张峰. 城市轨道长枕埋入式无砟道床施工工法 [J]. 轨道交通, 2007, (2): 62-67.

[14] 国家铁路局. 铁路轨道设计规范: TB 10082—2017 [S]. 北京: 中国铁道出版社, 2017.

[15] 国家铁路局. 高速铁路设计规范: TB 10621—2014 [S]. 北京: 中国铁道出版社, 2015.

[16] 中国铁路总公司. 客货共线铁路轨道工程施工技术规程: Q/CR 9654—2017 [S]. 北京: 中国铁道出版社, 2017.

[17] 中国铁路总公司. 高速铁路轨道工程施工技术规程: Q/CR 9605—2017 [S]. 北京: 中国铁道出版社, 2017.

[18] 国家铁路局. 铁路轨道工程施工质量验收标准: TB 10413—2018 [S]. 北京: 中国

铁道出版社，2018.

[19] 中华人民共和国行业标准. 铁路无缝线路设计规范：TB 10015—2012 [S]. 北京：中国铁道出版社，2013.

[20] 国家铁路局. 高速铁路轨道工程施工质量验收标准：TB 10754—2018 [S]. 北京：中国铁道出版社，2019.

[21] 中国铁路总公司. 普速铁路线路修理规则：TG/GW 102—2019 [S]. 北京：中国铁道出版社，2018.

[22] 景琦. 铁路隧道弹性整体道床施工流程与工艺要点 [J]. 铁道建筑技术，2011，(10)：39-43.

[23] 蔡成标，徐鹏. 弹性支承块式无砟轨道结构参数动力学优化设计 [J]. 铁道学报，2011，33（1）：69-75.

[24] 练松良，刘加华. 城市轨道交通减振降噪型轨道结构的选择 [J]. 城市轨道交通研究，2003，6（3）：35-41.

[25] 李君. 减振型无砟轨道合理刚度的动力学分析 [D]. 成都：西南交通大学，2010.

[26] 杨宝锋，车彦海. 混凝土短轨枕式整体道床施工工艺及其改进 [J]. 城市轨道交通研究，2007，10（6）：60-63.

[27] 国家铁路局. 高速铁路扣件 第1部分：通用技术条件：TB/T 3395.1—2015 [S]. 北京：中国铁道出版社，2016.

[28] 国家铁路局. 客货共线铁路扣件通用技术条件：TB/T 3519—2018 [S]. 北京：中国铁道出版社，2019.

[29] 宋友富. 线路工（普速）[M]. 北京：中国铁道出版社，2010.

[30] 宋友富. 线路工（高速）[M]. 北京：中国铁道出版社，2010.

[31] 黎国清. 铁路工务检测技术 [M]. 2版. 北京：中国铁道出版社，2018.